KULTURWISSENSCHAFTLICHE ZEITSCHRIFT

Herausgegeben von der

Kulturwissenschaftlichen Gesellschaft

Heft 1/2025

Geistesgegenwart und Nachdenklichkeit

Kleine Formen der Intervention

Herausgegeben von
Bernhard Stricker

FELIX MEINER VERLAG
HAMBURG

Bibliographische Information der Deutschen Nationalbibliothek

Die Deutsche Nationalbibliothek verzeichnet diese Publikation in der Deutschen Nationalbibliographie; detaillierte bibliographische Daten sind im Internet über ‹https://portal.dnb.de› abrufbar.

ISBN 978-3-7873-4718-6 · ISBN eBook 978-3-7873-4719-3
ISSN (Print) 2751-3106 · ISSN (eJournal) 2451-1765

Diese Open-Access-Publikation wurde durch den Publikationsfonds der Sächsischen Landesbibliothek, Staats- und Universitätsbibliothek Dresden unterstützt.

DOI: https://doi.org/10.28937/978-3-7873-4719-3

Kontaktadresse nach EU-Produktsicherheitsverordnung:
Felix Meiner Verlag GmbH, Richardstraße 47, 22081 Hamburg
info@meiner.de

Felix Meiner Verlag Hamburg 2025

Druck: Libri Plureos GmbH, Norderstedt
Printed in Germany

Inhalt

Bernhard Stricker

Editorial

Am 28. April 2023 war im Feuilleton der *Frankfurter Allgemeinen Zeitung* unter dem Titel »Geistesgegenwart« die Dankesrede zu lesen, die der Dichter Durs Grünbein anlässlich der Verleihung des Premio Internationale NordSud der italienischen Fondazione Pescarabruzzo gehalten hat. Darin heißt es:

> Im Deutschen gibt es den Ausdruck Geistesgegenwart, der mir viel bedeutet, wenn nicht sogar alles. Wie ein Gedicht entsteht, werde ich oft gefragt. Aus Geistesgegenwart Tag für Tag, antworte ich, abwartender Wahrnehmung, Beobachtung der Verhältnisse ohne Intention, kommt der Blitz einer Sekunde, der alles verdichtet. Man kann ein Gedicht leicht dahinschreiben, dazu braucht es oft nur Minuten, aber sich aufmachen, einen Begriff zu erkunden, dauert ein ganzes Studium. Lebenszeit ist der Rahmen, in dem alle Begriffe, alle Worte und ihre Bedeutungen erst nach und nach ihre Konturen gewinnen.[1]

›Geistesgegenwart‹ firmiert hier zunächst als eine poetologische Kategorie: Sie liegt dem schöpferischen Akt zugrunde, aus dem Gedichte entstehen. Aber Geistesgegenwart, so macht Grünbein im weiteren Verlauf seiner Rede deutlich, hat auch eine kritische, politische Dimension, und zwar schon deshalb, weil der Moment der blitzhaften Verdichtung, wie er ihn schildert, nur aus der langen Dauer des Abwartens, der intentionslosen Erwartung entspringen kann. Damit widersetzt sich die Geistesgegenwart der Geschichtsvergessenheit, jener »Neutralisierung der Vergangenheit«[2], in der Grünbein im Zusammenhang mit dem weltweiten Aufschwung neurechter Bewegungen in den vergangenen Jahren eine der massiven Bedrohungen unserer Gegenwart erkennt.

Man darf sicher sein, dass Grünbein, dieser *poeta doctus*, der wenig später explizit u.a. auf Ernst Blochs Theorem der »Gleichzeitigkeit des Ungleichzeitigen«[3] Bezug nimmt und der Frankfurter Schule als der »einzig wirksamen Schutzimpfung und Imprägnierung gegen jeden Nationalismus, Militarismus, Faschismus« gedenkt,[4] sich

1 Grünbein, Durs (2023): Geistesgegenwart. In: *FAZ*, 23.04.2023.
2 Grünbein (2023): Geistesgegenwart.
3 Vgl. Bloch, Ernst (1985): *Erbschaft dieser Zeit*. Erw. Ausg. Frankfurt a.M.: Suhrkamp.
4 Grünbein (2023): Geistesgegenwart.

über die Bedeutung im Klaren ist, die der ›Geistesgegenwart‹ im Werk Walter Benjamins zukommt, auch wenn der Begriff dort vielfach nur in den Entwürfen zu Texten wie etwa den Thesen *Über den Begriff der Geschichte* auftaucht.[5] Vielleicht ist Grünbein sogar bewusst, dass für Benjamin Geistesgegenwart eng mit den Kalendertexten Johann Peter Hebels verbunden war, von dem er sagt, er habe die Geistesgegenwart verklärt »wie kaum ein anderer«.[6] Schließlich hat Grünbein selbst seine *Berliner Aufzeichnungen* aus dem neuen Millennium, in denen er wie in seiner Preisrede über den Sinn von ›Zeitgenossenschaft‹ nachdenkt, mit einer Art Pastiche von Hebels *Unverhofftem Wiedersehen* eröffnet.[7] Jedenfalls hat ›Geistesgegenwart‹ schon bei Benjamin eine sowohl poetologische als auch politische Dimension und einen dezidiert interventionistischen Zug. Wenn Benjamin angesichts des heraufziehenden Faschismus in den Entwürfen zu *Über den Begriff der Geschichte* schreibt, dass nur die blitzhafte Vergegenwärtigung eines ansonsten unrettbar Vergangenen in einem Moment der Gefahr das Kontinuum der Geschichte aufzusprengen vermag, dann hebt er sich damit ausdrücklich von einem kontemplativen Geschichtsverständnis ab, wie es sich geradezu paradigmatisch in Hegels *Vorlesungen über die Philosophie der Geschichte* manifestiert, wo es heißt:

> Indem wir es also nur mit der Idee des Geistes zu tun haben [...], so haben wir, wenn wir die Vergangenheit, wie groß sie auch immer sei, durchlaufen, es nur mit *Gegenwärtigem* zu tun; denn die Philosophie, als sich mit dem Wahren beschäftigend, hat es mit ewig Gegenwärtigem zu tun. Alles ist ihr in der Vergangenheit unverloren, denn die Idee ist präsent, der Geist ist unsterblich, d.h. er ist nicht vorbei und ist nicht noch nicht, sondern ist wesentlich jetzt.[8]

Eben dieser Vorstellung, dass die gesamte Gegenwart in einer erfüllten Gegenwart ›aufgehoben‹ und die geistigen Güter damit den Wirren des Zeitgeschehens entzogen seien, widersetzt sich Benjamin mit dem Gedanken, dass es eine je einmalige Gelegenheit zur ›Rettung‹ des Überlieferten im »Jetzt seiner Erkennbarkeit« gibt.[9]

---

5 Vgl. Benjamin, Walter (1991): *Gesammelte Schriften*, Bd. I, hg. von Rolf Tiedemann und Hermann Schweppenhäuser. Frankfurt a.M.: Suhrkamp, S. 1242 und 1244. Trotz der insgesamt 39 Belegstellen für »Geistesgegenwart« in den *Gesammelten Schriften* ist ihr kein eigener Artikel gewidmet in Opitz, Michael/Wizisla, Erdmut (Hg.) (2000): *Benjamins Begriffe*. 2. Bde. Frankfurt a.M.: Suhrkamp.

6 Benjamin (1991): *Gesammelte Schriften*, Bd. II, S. 1445.

7 Grünbein, Durs (2001): *Das erste Jahr. Berliner Aufzeichnungen*. Frankfurt a.M.: Suhrkamp, S. 7–12.

8 Hegel, Georg Wilhelm Friedrich (2021): *Vorlesungen über die Philosophie der Geschichte. Werke*, Bd. 12, hg. von Eva Moldenhauer. 14. Aufl. Frankfurt a.M.: Suhrkamp, S. 105.

9 Benjamin (1991): *Gesammelte Schriften*, Bd. I, S. 1242–1243.

Auf den ersten Blick scheint dieser Interventionismus auch den kontemplativen Konnotationen, die sich mit dem Begriff der ›Nachdenklichkeit‹ verbinden, eher entgegengesetzt zu sein. Umso bezeichnender aber ist, dass Grünbein in seiner Rede nicht nur auf das Bedingungsverhältnis von langer Dauer und blitzhafter Verdichtung hinweist,[10] sondern in diesem Zusammenhang auch den Ausdruck ›Lebenszeit‹ bemüht (»Lebenszeit ist der Rahmen, in dem alle Begriffe, alle Worte und ihre Bedeutungen erst nach und nach ihre Konturen gewinnen«). Leser:innen, die in der Suhrkamp-Kultur mit den Theoriebänden der *stw*-Reihe sozialisiert wurden, wird dieser unweigerlich Hans Blumenbergs Titel *Lebenszeit und Weltzeit* in Erinnerung rufen. Darin spricht Blumenberg von Geschichten aus der Lebenswelt, die »Nachdenklichkeit stiften mögen, aber Denken als ein Bedingungsverhältnis von Frage und Antwort überflüssig machen«. Und er führt weiter aus:

> Daher hat uns längst zu belustigen begonnen, in welchem Mißverhältnis die tradierten Moralschlüsse zur Bedeutungsfülle uralter Fabeln stehen, denen sie wie hilflose Annotationen nachgeschoben zu sein scheinen. Irgendwann brauchte man transportable Sätze, die die Geschichte überflüssig erscheinen ließen, und dann brauchte man zu diesen Sätzen die Fragen, auf die sie als Antworten gegeben sein konnten. Dieses Verfahren mochte kürzer sein und im Dienst der Zeitausschöpfung stehen, da Geschichten immer einen Grad von Umständlichkeit haben […].[11]

Was Blumenberg hier in aller Kürze präsentiert, ist nicht weniger als die Hypothese einer Entstehung der Dialektik aus dem Geiste der Zeitökonomie – einer Ökonomie, der sich Geschichten durch ihre »Umständlichkeit« widersetzen.[12] Bei dieser Charakterisierung kommt man nicht umhin, an Benjamins sehr ähnliche Kontrastierung der dauernden Erzählung mit der ephemeren Information in seinem *Erzähler*-Essay zu denken. Am Beispiel der berühmten Anekdote um den Ägypterkönig Psammenit erläutert Benjamin, dass gerade die Erklärungsabstinenz von Herodot, der sie überliefert,

10 Dieses Verhältnis lässt sich als ein Beispiel für die »Konfiguration von Länge und Kürze« begreifen, die für kleine Formen spezifisch ist nach Frey, Christiane/Fuchs, Florian/Martyn, David (2023): Introduction. In: dies. (Hgg.): *Colloquia Germanica* 56, Themenheft: »Below Genre: Short Forms and Their Affordances«, S. 93–110, hier S. 94.

11 Blumenberg, Hans (2016): *Lebenszeit und Weltzeit*. 5. Aufl. Frankfurt a.M.: Suhrkamp, S. 67–68.

12 Vgl. zum Verhältnis von Nachdenklichkeit und dialogischen oder dialektischen Strukturen Stricker, Bernhard (2023): ›Kannitverstan‹: Nonunderstanding in Blumenberg and Hebel. In: Goldmann, Marie-Luise/Hordych, Anna (Hgg.): *Unavailable. The Joy of not Responding*. Berlin: Kulturverlag Kadmos, S. 173–197. Den philosophiegeschichtlichen Hintergrund von Blumenbergs Aussage, transportable Sätze seien an die Stelle von Geschichten getreten, bildet natürlich die Entthronung des ›mythos‹ der Dichter (allen voran Homers) durch den ›logos‹ der Philosophen (allen voran Platons).

die Langlebigkeit der Geschichte verbürgt, sodass sie bis heute Stoff zum »Nachdenken« bietet:

> Herodot erklärt nichts. Sein Bericht ist der trockenste. Darum ist diese Geschichte aus dem alten Ägypten nach Jahrtausenden noch imstande, Staunen und Nachdenken zu erregen. Sie ähnelt den Samenkörnern, die jahrtausendelang luftdicht verschlossen in den Kammern der Pyramiden gelegen und ihre Keimkraft bis auf den heutigen Tag bewahrt haben.[13]

Was sich als eine Gemeinsamkeit von Blumenbergs und Benjamins Nachdenken über kleine Formen im Zeichen von ›Geistesgegenwart‹ und ›Nachdenklichkeit‹ ausmachen lässt, ist so die Idee einer Verdichtung, aufgrund derer kleine Formen einerseits ein hohes Maß an Affinität aufweisen zu unserer schnelllebigen, auf Rationalisierung und Effizienzsteigerung bedachten Gegenwart; dank derer sie aber andererseits auch ein Potential bergen, die Sach- und Systemzwänge, denen sie sich einschreiben, in subversiver Weise zu konterkarieren, indem sie Routinen unterbrechen und knappe Aufmerksamkeitsressourcen in unerschöpfliche Deutungsoptionen umschlagen lassen.

Dass kleine Formen aktuell in der literatur- und kulturwissenschaftlichen Forschung viel Aufmerksamkeit finden, kann angesichts des zunehmenden Aktualitätsdrucks einer global vernetzten Kommunikation, der Schnelllebigkeit von Informationen und den stets knappen zeitlichen Ressourcen kaum überraschen. Kürze und Knappheit sind aber nicht nur Voraussetzungen schneller Konsumierbarkeit, sondern bieten auch die Möglichkeit eines Eindringens in größere ›Texturen‹:[14] Die ursprüngliche Platzierung des Feuilletons ›unterm Strich‹[15] bildet hierfür ein ebenso prägnantes Beispiel wie die Entstehung der Kalendergeschichte durch das Ausfüllen der freien Seitenräume im Kalendarium.[16] Wenn kleine Formen somit typischerweise ›Randzonen‹ und ›Zwischenräume‹ ausloten,[17] dann stellen sie geradezu *per definitionem* – im Wortsinne –

---

13 Benjamin: *Gesammelte Schriften*, Bd. II, S. 446.

14 Gamper, Michael/Mayer, Ruth (Hgg.) (2017): *Kurz und Knapp. Zur Mediengeschichte kleiner Formen vom 17. Jahrhundert bis zur Gegenwart.* Bielefeld: transcript.

15 Jäger, Maren/Matala de Mazza, Ethel/Vogl, Joseph (2021): Einleitung. In: dies. (Hgg.): *Verkleinerung. Epistemologie und Literaturgeschichte kleiner Formen.* Berlin/Boston: De Gruyter, S. 1–12, hier S. 4–5.

16 Vgl. Goppelsröder, Fabian (2023): *Kalendergeschichte, Fait Divers, Twitter: zur Medienästhetik kleiner Formen.* Göttingen: Wallstein.

17 Althaus, Thomas/Bunzel, Wolfgang/Göttsche, Dirk (2007): Ränder, Schwellen, Zwischenräume. Zum Standort kleiner Prosa im Literatursystem der Moderne. In: dies. (Hgg.): *Kleine Prosa. Theorie und Geschichte eines Textfeldes im Literatursystem der Moderne.* Tübingen: Niemeyer, S. ix-xxvii.

›Interventionen‹ dar, ohne dass dieser Begriff von vornherein auf politischen Aktivismus im engeren Sinne zu beschränken wäre. Vielmehr geht es um die Frage, inwiefern kleine Formen dank ihres besonderen »Sensoriums für Flüchtigkeit«[18] dazu tendieren, die ökonomischen Zwänge ihrer Hervorbringung sowie die (zeit-)räumliche Konfiguration, in die sie sich einschreiben, zu reflektieren, zu durchbrechen und zu unterlaufen.[19] Indem sie die äußerlichen Bedingungen ihres Erscheinens in eine produktive Unterbrechung transformieren, konstituieren kleine Text- und Bildformate nach der Ausgangsüberlegung dieses Schwerpunktheftes ein Spielfeld, auf dem ein Umschlag von Zeitdruck in Zeitvertreib, von Effizienz in Emergenz stattfinden kann.

Die Beiträge des vorliegenden Heftes unternehmen je auf ihre Weise den Versuch, die vielfältigen Modi, in denen kleine literarische Formen sich auf Gegenwart beziehen und ihren eigenen Zeitbezug reflektieren, um in Prozessen und Diskursen zu intervenieren, im Ausgang von Benjamins ›Geistesgegenwart‹ und Blumenbergs ›Nachdenklichkeit‹ zu theoretisieren. Benjamin versteht unter Geistesgegenwart eine antizipatorische Aktionsform, die auf einer Aussetzung des Bewusstseins beruht, um wirksam werden zu können und die ihm als Modell für genuin revolutionäres Handeln auf dem Feld der Politik dient.[20] Nachdenklichkeit gilt Blumenberg dagegen als eine durch die philosophische Konfrontation von lebensweltlicher und szientifischer Rationalität gewonnene Suspendierung des Reiz-und-Reaktion-Schemas, die den Kern menschlicher Kulturleistungen darstellt.[21] Beide Begriffe markieren mit jeweils unterschiedlicher (hier politischer, da anthropologischer) Akzentsetzung einen interventionistischen Zug philosophischer Theorie. Und beide Autoren greifen dafür auf das Modell literarischer Kleinformen zurück: Wo Benjamins Geistesgegenwart neben dem Surrealismus auch in seiner Lesart der Kalendertexte Hebels gründet,[22] da speist sich

18 Brokoff, Jürgen (2020): Literarische Form und Intervention. Zur Formdiskussion im Kontext der proletarisch-revolutionären Literaturtheorie um 1930. In: Hahn, Torsten/Pethes, Nicolas (Hgg.): *Formästhetiken und Formen der Literatur. Materialität – Ornament – Codierung.* Bielefeld: transcript, S. 101–114, hier S. 104.

19 Autsch, Sabiene/Öhlschläger, Claudia: Einleitung: Das Kleine denken, schreiben, zeigen. Interdisziplinäre Perspektiven. In: dies./Süwolto, Leonie (Hgg.): *Kulturen des Kleinen. Mikroformate in Literatur, Kunst und Medien.* Paderborn: Fink 2014, S. 9–17, hier S. 10–11.

20 Weidmann, Heiner (1992): Geistesgegenwart: Das Spiel in Walter Benjamins Passagenarbeit. In: *MLN* 107, H. 3, S. 521–547.

21 Zill, Rüdiger (2015): Nachdenklichkeit, antik – und modern. Sokrates als Urbild narrativer Philosophie. In: Möller, Melanie (Hg.): *Prometheus gibt nicht auf. Antike Welt und modernes Leben in Hans Blumenbergs Philosophie.* Paderborn: Wilhelm Fink, S. 219–238.

22 Stricker, Bernhard (2021): Hebels Nachleben. Die Kalendergeschichte als kleine Form. In: *Archiv für Mediengeschichte* 19: »Kleine Formen«, S. 135–145.

Blumenbergs Nachdenken nicht nur aus Anekdoten,[23] sondern entwickelt er sein Konzept von Nachdenklichkeit auch auf der Grundlage der äsopischen Fabeln.[24]

Dass ›Geistesgegenwart‹ und ›Nachdenklichkeit‹ gleichwohl in einem spannungsvollen Verhältnis stehen, macht Rüdiger Zill in seinem »Versuch, Walter Benjamin und Hans Blumenberg beim Spazierengehen zu beobachten und dabei *en passant* ein Treffen am Ufer der Seine zu arrangieren« deutlich, indem er zunächst die Unselbstverständlichkeit einer Konjunktion dieser beiden »Meister der kleinen Form«[25] in Erinnerung ruft. Verdankte sich doch Hannelore Schlaffers Verdikt über Blumenbergs ›Anekdoten‹ eben einem Vergleich mit Benjamins ›Denkbildern‹, der von ihrem politischen Standpunkt aus nur zu Ungunsten des ersteren ausfallen konnte.[26] Den Wandel innerhalb der jüngeren Forschungsgeschichte zu ›kleinen Formen‹, der sich u.a. im Abbau dieser politischen Frontlinien zwischen ›Frankfurt‹ und ›Münster‹ zeigt, nimmt Zill zum Anlass, an die Ursprünge des ›Denkbilds‹ im ›Stadtbild‹, dem Genre des *Tableau*, zu erinnern, wie es v.a. von Louis-Sébastien Mercier geprägt wurde. Angesichts der Verwandtschaft von ›Gehen‹ und ›Sehen‹ nimmt Zills Essay seine Leser und Leserinnen mit auf einen Spaziergang entlang der Seine, bei dem sich herausstellt, dass Benjamins und Blumenbergs kurze Texte sich wider Erwarten in vielfältiger Weise wechselseitig bespiegeln. Die ›Einfälle‹ aus Blumenbergs nächtlichem Arbeitszimmer sind – zu diesem Schluss gelangt Zill, indem er besonders die Entdeckung einer Verschränkung von antikem und modernem Wirklichkeitsbegriff im ›technischen Eidos‹ hervorhebt – »gewiss keine gesellschaftliche Intervention, aber ebensowenig eine anthropologische Gemütlichkeit« (S. 29).

An diese Überlegungen knüpft Paul Flemings Beitrag nahtlos an: »Der Witz und seine Beziehung zur Nachdenklichkeit« unternimmt eine kritische Lektüre von Blumenbergs Freud-Preis-Rede, die von der überraschenden Feststellung ausgeht, dass Blumenberg Freud darin mit keinem Wort erwähnt – ein Umstand, der viel Stoff zum Nachdenken bietet, zumal wenn man bedenkt, dass unter den kleinen Formen, die in Blumenbergs Spätwerk eine so zentrale Rolle einnehmen, gerade der von Freud so

---

23 Fleming, Paul (2012): On the Edge of Non-Contingency: Anecdotes and the Life-World. In: *Telos* 158, S. 21–35. Hawkins, Spencer (2017): Anecdote as Philosophical Intervention: Hans Blumenberg's Figure of the Absent-Minded Phenomenologist. In: *Monatshefte* 109, No. 3, S. 430–452.

24 Blumenberg, Hans (1980): Nachdenklichkeit. https://www.deutscheakademie.de/de/auszeichnungen/sigmund-freud-preis/hans-blumenberg/dankrede. 01.10.2024. Fuchs, Florian (2022): Decoding Aesop: Blumenberg's Fabulistic Turn. In: *New German Critique* 145, Vol. 49, No. 1, S. 163–183.

25 Garber, Klaus (1987): *Rezeption und Rettung. Drei Studien zu Walter Benjamin.* Tübingen: Max Niemeyer, S. 45.

26 Schlaffer, Hannelore (1988): Ein Grund mehr zur Sorge. Hans Blumenbergs jüngste Veröffentlichungen. In: *Merkur* 470, S. 328–332.

geschätzte Witz eine eklatante Leerstelle bildet. Fleming spürt zunächst den strukturellen und funktionellen Analogien zwischen der Lebenswelt bei Blumenberg und dem Unbewussten bei Freud nach, um sodann den Kontrast zwischen den kleinen Formen der Fabel und des Witzes dergestalt zu pointieren, dass die Krux des Witzes eben darin besteht, einen Gedanken dem bewussten Nachdenken zu entziehen. Darum handelt es sich beim Witz nicht bloß um ein unter literarischen wie unter psychoanalytischen Gesichtspunkten gleichermaßen interessantes Gebilde; gerade am Witz wird nach Flemings Darstellung die Relevanz der Form besonders deutlich erkennbar, insofern diese sich als von seinem Effekt unabtrennbar erweist.

Im Mittelpunkt von Bernhard Strickers Beitrag über »Die Erfahrung des Gemeinplatzes« steht eine Form, die als klein nicht nur wegen ihrer Kürze, sondern auch wegen ihres geringen Ansehens gelten kann. So heißt es etwa in Kants *Anthropologie in pragmatischer Hinsicht*, dass »ein Sprichwort (*proverbium*) [...] kein Witzwort (*bon mot*)« sei, sondern »Sprache des Pöbels«.[27] Vor dem Hintergrund der Aufwertung, die Sprichwörter und Gemeinplätze im literarischen und theoretischen Œuvre des französischen Schriftstellers und Literaturkritikers Jean Paulhan erfahren, unternimmt der Artikel eine Profilierung des Gemeinplatzes als Kleinform, die wegen ihrer gestalthaften Qualitäten und ihrer paradoxen Aspekte Beachtung verdient und bei genauerer Betrachtung ein bemerkenswertes Potential für sprachschöpferische Verwendungen erkennen lässt. Der Aufsatz zeigt die theoriegeschichtliche Relevanz des Gemeinplatzes auf, indem er den Spuren nachgeht, die sich von Paulhans ethnographischen Essays über die madagassische Spruchdichtung der *hain-teny* bis zu Benjamins *Erzähler*-Aufsatz verfolgen lassen. So wird erstmals der Einfluss des hierzulande nur wenig bekannten Paulhan auf Benjamins Konzeption des Erzählers deutlich.

Einen weiten historischen Bogen – vom Volkskalender des 18. Jahrhunderts bis zu den sozialen Medien unserer Gegenwart – schlägt Fabian Goppelsröders Beitrag mit der titelgebenden Verbindung von »Kalendergeschichte, Fait Divers, Twitter«. Von der Konjunktur der Kürze in der digitalen Kultur ausgehend richtet Goppelsröder bei seiner Betrachtung der Texte von Johann Peter Hebel (1760–1826) für den *Rheinländischen Hausfreund* und von Félix Fénéon für *Le Matin* das Augenmerk besonders auf deren jeweilige mediale Einbettung. Die sprachliche Ökonomie, wie sie sich gerade in Fénéons *Nouvelles en trois lignes* aufs Äußerste zuspitzt, erweist sich in diesem Lichte als einer medienreflexiven Schreibpraxis geschuldet, die dem medialen Setting poetische Effekte der Störung und Irritation von Lesererwartungen abgewinnt. Eine formbildende Wirkung erkennt Goppelsröder v.a. dem Prinzip der Serialität zu, das noch in digitalen Formaten zur Anwendung kommt. Wo derartige Texte zur Beliebigkeit tendieren mögen, ist dies nach Goppelsröders Feststellung nicht ihrer Zeitgebundenheit

27 Kant, Immanuel (1980): *Anthropologie in pragmatischer Hinsicht*, hg. von Karl Vorländer. 7. Aufl. Hamburg: Meiner, S. 142.

geschuldet, sondern dem Umstand, dass sie die besonderen medialen und zeitlichen Bedingungen ihrer Hervorbringung allzu selbstverständlich voraussetzen.

Immer wieder wird in den Beiträgen dieses Schwerpunkthefts der intrinsische Verweis ›kleiner Formen‹ auf die größeren Zusammenhänge, in denen sie stehen, thematisch. In besonderer Weise gilt dies für Eva Axers eingehende Lektüre von Kim Stanley Robinsons *The Ministry for the Future* (2020), einem der vieldiskutierten Beispiele für das noch junge Genre der *climate* oder *anthropocene fiction*. Axer macht den zentralen Stellenwert deutlich, der in diesem großangelegten Roman kleinen Formen wie dem Protokoll, dem Augenzeugenbericht, dem Wörterbucheintrag und vor allem dem Rätsel zukommt, die sich als eine Art Meta-Kommentar zu den Herausforderungen einer Geschichte der Zukunft im Zeichen des Anthropozäns lesen lassen. In dem Maße, wie der Roman seinen Lesern und Leserinnen mittels der dem Rätsel eigentümlichen Dynamik von Transparenz und Intransparenz einen Teil der Handlung vorenthält, lenkt er den Fokus auf Fragen der Zuschreibung von *agency* und lässt sich so als eine Intervention begreifen, die im Vorgriff auf die Geschichte der Zukunft die Gegenwart adressiert.

Nicht-menschliche Formen der *agency* stehen auch im Mittelpunkt von Florian Fuchs' Aufsatz über »Das Protokoll als ›operierende[n] Text‹«. Der Artikel setzt sich nicht weniger als die Profilierung einer neuartigen Kategorie von Literatur bzw. Textualität zum Ziel: In Anlehnung an Harun Farockis Konzept des ›operativen Bildes‹ widmet er sich Texten, die vorrangig von nicht-menschlichen Akteur*innen produziert werden und damit zu einer veränderten Konzeption von Autorschaft Anlass geben. Ein Paradigma für diese »ontologisch andere Sorte von Text« (S. 130) stellt das Protokoll dar. An Erika Runges *Bottroper Protokollen* arbeitet Fuchs heraus, zu welchen Veränderungen des Leseakts die Alterität einer Textform herausfordert, die nicht schon als durch literarische Rezeptionsmuster vorstrukturiert erscheint. In den technischen Entstehungsbedingungen des Protokolls ist nach Fuchs' Diagnose der Anspruch impliziert, die Intervention eines nicht-menschlichen Akteurs in den Routinen unserer Lebenswelt zuzulassen.

Die letzten drei Artikel des Heftes erweitern das Feld kleiner Formen um dezidiert intermediale Beispiele. Von der nicht-menschlichen *agency* kehren wir mit Claudia Öhlschlägers Beitrag über »(Toten-)Masken als Archivalien des Ungleichzeitigen« zurück zum menschlichen Angesicht in einer seiner emphatischsten Darstellungsformen: der physiognomischen Miniatur. In ihrer Lektüre der feuilletonistisch-essayistischen Totenporträts von Hugo von Hofmannsthal, Stefan Zweig und Arnold Zweig als »Medien des Historiographischen« wirft Öhlschläger einen kritischen Blick auf die Memorialprojekte einer meist männlich kodierten Genealogie- und Identitätsstiftung, die in der kleinen Form des Physiognomischen Gestalt gewinnen. Ihnen stellt sie kontrastiv Helmar Lerskis Porträtserie *Metamorphosis Through Light* (1936) gegenüber, die sich durch ein nicht zuletzt in geschlechterpolitischer Perspektive außerordentlich fluides Identitätskonzept auszeichnet. Erst vor dem Hintergrund der literarischen Versuche, aus den Miniaturen verstorbener ›Geistesgrößen‹ ein ganzheitliches Geschichtsbild zu gewinnen, werden jedoch die politischen Implikationen von Lerskis photographischer Ästhetik, die Öhlschläger zwischen affirmativem Heroismus und kritischer Intervention situiert, deutlich erkennbar.

Anja Gerigks Beitrag wendet sich dem Gebiet der Architektur zu und präsentiert die erste systematische Lektüre von Paul Scheerbarts äußerst eigenwilliger *Glasarchitektur*-Prosa unter dem Aspekt der kleinen Form. Nach ihrer Diagnose reproduziert *Glasarchitektur* textintern den Brennpunkt medialer Ökonomien, der maßgeblich zum Entwicklungsschub der kleinen Formen in der frühen Moderne geführt hat. Ihr besonderes Augenmerk gilt dabei der Veranda, die sich vom Hauptgebäude freimacht, um selbst Hauptgebäude zu werden – einer formalen Absetzbewegung, mit der sich das architekturpoetische Manifest zu einem literarischen Programm verdichtet. Mittels seines durchgängigen ironisierenden Schreibgestus entzieht Scheerbart seinen Text nicht nur bewusst allen Gattungszuordnungen – ob technisches Sachbuch oder utopischer Traktat, Manifest oder Essay –, er verhält sich damit nach Gerigks Lesart auch zu dem von Benjamin unter dem Konzept der ›Geistesgegenwart‹ pointierten Paradox des Entweder–Oder von Handeln oder Interpretieren.

Annika Hildebrandt beschließt das Heft mit einem Beitrag über »Stimme und Intervention in Hanns Eislers Konzept des revolutionären Kampflieds«, der zunächst einen eklatanten blinden Fleck der Forschung zu kleinen Formen aufzeigt: Diese hat bisher die Lyrik und das Lied ignoriert. Mit einer Untersuchung des proletarischen Kampflieds von Eisler und Brecht nimmt Hildebrandt sich eine ›kleine Form der Intervention‹ *par excellence* zum Gegenstand. Im Unterschied zu etablierten Forschungsperspektiven privilegiert sie dabei weder die sprachliche noch die musikalische Komponente, sondern fokussiert mit dem intermedialen Berührungspunkt beider im Akt des Singens und im Medium der Stimme die spezifische, physisch gebundene Medialität dieser kleinen Form. Wenn sie neben dem werk- auch das theoriegeschichtliche Interesse von Eislers Überlegungen zu den spezifischen Produktionsbedingungen von Arbeiterchören und dem Interventionspotential des Kampflieds herausstellt, erhält auch Walter Benjamin noch einmal einen kleinen Gastauftritt, auf dessen Vortrag *Der Autor als Produzent* durch Hildebrandts Situierung im Kontext der innovativen Aufführungspraktiken Brechts und Eislers ein neues Licht fällt.

Alle Beiträge dieses Heftes gehen zurück auf eine Tagung, die unter dem gleichlautenden Titel vom 6. bis 7. Juli 2023 am Institut für Germanistik und Medienkulturen der Technischen Universität Dresden stattfand. Allen Beiträger:innen sei an dieser Stelle ganz herzlich für die überaus produktive Diskussionsatmosphäre gedankt, von der das vorliegende Heft hoffentlich einen Eindruck vermitteln kann.[28] Dass der historische Schwerpunkt aller Beiträge auf der Zeit ab dem Beginn des 20. Jahrhunderts liegt und alle Autor:innen sich in ihren Ausführungen stets mehr oder minder explizit auf die titelgebenden Konzepte beziehen, führt dazu, dass es zwischen den einzelnen Aufsätzen eine Fülle von Beziehungen und Querverweisen gibt, deren Entdeckung den Leser:innen des vorliegenden Heftes überlassen bleiben möge.

Literaturverzeichnis

Althaus, Thomas/Bunzel, Wolfgang/Göttsche, Dirk (2007): Ränder, Schwellen, Zwischenräume. Zum Standort kleiner Prosa im Literatursystem der Moderne. In: Dies. (Hgg.): *Kleine Prosa. Theorie und Geschichte eines Textfeldes im Literatursystem der Moderne.* Tübingen: Niemeyer, S. ix-xxvii.

Autsch, Sabiene/Öhlschläger, Claudia: Einleitung: Das Kleine denken, schreiben, zeigen. Interdisziplinäre Perspektiven. In: Dies./Süwolto, Leonie (Hgg.): *Kulturen des Kleinen. Mikroformate in Literatur, Kunst und Medien.* Paderborn: Fink 2014, S. 9–17.

Benjamin, Walter (1991): *Gesammelte Schriften.* 7 Bde. Frankfurt a.M.: Suhrkamp.

Bloch, Ernst (1985): *Erbschaft dieser Zeit.* Erw. Ausg. Frankfurt a.M.: Suhrkamp.

Blumenberg, Hans (2016): *Lebenszeit und Weltzeit.* 5. Aufl. Frankfurt a.M.: Suhrkamp.

Blumenberg, Hans (1980): Nachdenklichkeit. https://www.deutscheakademie.de/de/auszeichnungen/sigmund-freud-preis/hans-blumenberg/dankrede. 01.10.2024.

Brokoff, Jürgen (2020): Literarische Form und Intervention. Zur Formdiskussion im Kontext der proletarisch-revolutionären Literaturtheorie um 1930. In: Hahn, Torsten/Pethes, Nicolas (Hgg.): *Formästhetiken und Formen der Literatur. Materialität – Ornament – Codierung.* Bielefeld: transcript, S. 101–114.

Fleming, Paul (2012): On the Edge of Non-Contingency: Anecdotes and the Life-World. In: *Telos* 158, S. 21–35.

Frey, Christiane/Fuchs, Florian/Martyn, David (2023): Introduction. In: Dies. (Hgg.): *Colloquia Germanica* 56, Themenheft: »Below Genre: Short Forms and Their Affordances«, S. 93–110.

Fuchs, Florian (2022): Decoding Aesop: Blumenberg's Fabulistic Turn. In: *New German Critique* 145, Vol. 49, No. 1, S. 163–183.

Gamper, Michael/Mayer, Ruth (Hgg.) (2017): *Kurz und Knapp. Zur Mediengeschichte kleiner Formen vom 17. Jahrhundert bis zur Gegenwart.* Bielefeld: transcript.

Garber, Klaus (1987): *Rezeption und Rettung. Drei Studien zu Walter Benjamin.* Tübingen: Max Niemeyer.

---

28 Zur Tagung sind zwei Konferenzberichte erschienen. Vgl. Marchlewitz, Christian (2024): Geistesgegenwart und Nachdenklichkeit. Kleine Formen der Intervention (Internationale Tagung in Dresden, 6.–7.7.2023) [Konferenzbericht]. In: *Zeitschrift für Germanistik*, Neue Folge XXXIV, S. 253–255. Podulski, Henning (2023): Erweitern und Verdichten. Über kleine Formen. In: *Literaturwissenschaft in Berlin.* https://literaturwissenschaft-berlin.de/erweitern-und-verdichten-ueber-kleine-formen/. 01.10.2024.

Goppelsröder, Fabian (2023): *Kalendergeschichte, Fait Divers, Twitter: zur Medienästhetik kleiner Formen.* Göttingen: Wallstein.

Grünbein, Durs (2023): Geistesgegenwart. In: *FAZ*, 23.04.2023.

Grünbein, Durs (2001): *Das erste Jahr. Berliner Aufzeichnungen.* Frankfurt a.M.: Suhrkamp.

Hawkins, Spencer (2017): Anecdote as Philosophical Intervention: Hans Blumenberg's Figure of the Absent-Minded Phenomenologist. In: *Monatshefte* 109, No. 3, S. 430–452.

Hegel, Georg Wilhelm Friedrich (2021): *Vorlesungen über die Philosophie der Geschichte. Werke*, Bd. 12, hg. von Eva Moldenhauer. 14. Aufl. Frankfurt a.M.: Suhrkamp.

Jäger, Maren/Matala de Mazza, Ethel/Vogl, Joseph (2021): Einleitung. In: Dies. (Hgg.): *Verkleinerung. Epistemologie und Literaturgeschichte kleiner Formen.* Berlin/Boston: De Gruyter, S. 1–12.

Kant, Immanuel (1980): *Anthropologie in pragmatischer Hinsicht*, hg. von Karl Vorländer. 7. Aufl. Hamburg: Meiner.

Marchlewitz, Christian (2024): Geistesgegenwart und Nachdenklichkeit. Kleine Formen der Intervention (Internationale Tagung in Dresden, 6.–7.7.2023) [Konferenzbericht]. In: *Zeitschrift für Germanistik*, Neue Folge XXXIV, S. 253–255.

Opitz, Michael/Wizisla, Erdmut (Hg.) (2000): *Benjamins Begriffe.* 2. Bde. Frankfurt a.M.: Suhrkamp.

Podulski, Henning (2023): Erweitern und Verdichten. Über kleine Formen. In: *Literaturwissenschaft in Berlin.* https://literaturwissenschaft-berlin.de/erweitern-und-verdichten-ueber-kleine-formen/. 01.10.2024.

Schlaffer, Hannelore (1988): Ein Grund mehr zur Sorge. Hans Blumenbergs jüngste Veröffentlichungen. In: *Merkur* 470, S. 328–332.

Stricker, Bernhard (2023): ›Kannitverstan‹: Nonunderstanding in Blumenberg and Hebel. In: Goldmann, Marie-Luise/Hordych, Anna (Hgg.): *Unavailable. The Joy of not Responding.* Berlin: Kulturverlag Kadmos, S. 173–197.

Stricker, Bernhard (2021): Hebels Nachleben. Die Kalendergeschichte als kleine Form. In: *Archiv für Mediengeschichte* 19: »Kleine Formen«, S. 135–145.

Weidmann, Heiner (1992): Geistesgegenwart: Das Spiel in Walter Benjamins Passagenarbeit. In: *MLN* 107, H. 3, S. 521–547.

Zill, Rüdiger (2015): Nachdenklichkeit, antik – und modern. Sokrates als Urbild narrativer Philosophie. In: Möller, Melanie (Hg.): *Prometheus gibt nicht auf. Antike Welt und modernes Leben in Hans Blumenbergs Philosophie.* Paderborn: Wilhelm Fink, S. 219–238.

Rüdiger Zill

›Denkbilder‹ oder ›Unerlaubte Fragmente‹

Versuch, Walter Benjamin und Hans Blumenberg beim Spazierengehen zu beobachten und dabei *en passant* ein Treffen am Ufer der Seine zu arrangieren

ABSTRACT: When Hans Blumenberg's *Die Sorge geht über den Fluß*, a first selection of short glossary reflections from his »Unerlaubte Fragmente« (»Illicit Fragments«), was published in 1987, it was soon compared to Walter Benjamin's Denkbilder. But critical voices found the socio-critical potential of Benjamin's miniatures to be missing. Today, the interventionist character of both authors is more readily recognised. Other readers of Blumenberg's selection regretted the lack of contextual coherence of the reflections. However, this criticism raises the general question of whether ›small forms‹ do not always end up referring to the larger context in which they stand? If so, how does this come about? To answer this question, this article goes back to a model of these Denkbilder: the tableaux, impressions of the city, published in the 18th and 19th centuries. As it turns out, then, Benjamin and Blumenberg stand in a metaphorical connection with each other in which their respective characteristics and potentials can be better recognised.

KEYWORDS: Anekdote, Denkbild, Unerlaubte Fragmente, Eidos, Hans Blumenberg, Walter Benjamin

1. Prolog: Ausschweifung ins Kurze

Auf dem Höhepunkt seiner Karriere war Hans Blumenberg nicht verdächtig, ein Verfechter der kleinen Form zu sein. Im Gegenteil: Einem von seinem Kollegen Odo Marquard geprägten Bonmot zufolge war er Autor von »als gelehrte Wälzer getarnten Problemkrimis«[1], immer umfangreicher werdenden Monographien, die allerdings in den ersten Jahren aus einzelnen Aufsätzen synthetisiert worden sind, also gewissermaßen auch aus einer Form der kleinen Form, aber einer, die von Anfang an auf das große Ganze zielte.

1 Marquard, Odo (1981): Laudatio auf Hans Blumenberg. In: Deutsche Akademie für Sprache und Dichtung (Hg.): *Jahrbuch 1980* (II. Lieferung). Heidelberg: Lambert Schneider, S. 53–56, hier S. 55; siehe auch: https://www.deutscheakademie.de/de/auszeichnungen/sigmund-freud-preis/hans-blumenberg/laudatio. 14.10.2024.

Erst seit den frühen 1970er Jahren erlaubte Blumenberg sich zunächst im Geheimen das scheinbar Unstatthafte, nämlich kurze Glossen von ein bis fünf Typoskriptseiten, die in seiner privaten Archivierung mit einer sich selbst ironisierenden Geste unter der Sigle UNF – für *Unerlaubte Fragmente* – gesammelt wurden.[2] Im Druck erschienen einzelne dieser Glossen seit den achtziger Jahren in Zeitungen und Zeitschriften, als Buch gesammelt zum ersten Mal 1987 in dem Band *Die Sorge geht über den Fluß*. Für diese Publikation in der Bibliothek Suhrkamp verfasste Blumenberg selbst den Klappentext, der allerdings nur deutlich gekürzt erscheinen konnte. Neben der Dankesrede bei der Verleihung des Sigmund-Freud-Preises für Wissenschaftliche Prosa der Deutschen Akademie für Sprache und Dichtung in Darmstadt 1980 – jener Gelegenheit, bei der Marquard die Laudatio hielt, in der das Wort von den Problemkrimis geprägt wurde – ist dies der zweite programmatische Text zu seiner Praxis der kleinen Form. Darin spricht er von sich selbst in der dritten Person und zitiert sogar die Marquard'sche Charakterisierung. Was er nun vorlege, seien »Vergnügungen der Ausschweifung ins Kürzere und Kurze«, »Momente der Lust am Komprimierten, Bildhaften, auch Episodischen und Anekdotischen«. »Da die Kultur des Essays«, heißt es da weiter, »von kompetenten Kritikern mittels Essay totgesagt worden ist, hat der Autor sich nicht angemaßt, sie auferstehen zu lassen. Statt dessen setzt er Vertrauen auf die Unbestimmtheit der Gattung, zu der seine Texte geschlagen werden könnten.«[3]

2. Gute Unterhaltung

Mag Blumenberg seine kleinen Texte deshalb als »unerlaubt« empfunden haben, weil sie sein Zeitbudget belasteten und vom »Hauptwerk« ablenkten, einige seiner Leserinnen und Leser haben die »Nebendinge«, als sie zum ersten Mal in Buchform erschienen, aus ganz anderen Gründen abgelehnt. Zwei Vorwürfe wurden dabei erhoben: Der erste betraf die in dem Band versammelten Fragmente im Einzelnen, der andere ihre Zusammenstellung. Die prominenteste Kritikerin, auch die mit dem harschesten Ton, war Hannelore Schlaffer, die dem Autor in einer Sammelrezension für den *Merkur* unter anderem vorwarf, er imitiere Stil und Denkgestus von Theodor W. Adornos *Minima Moralia*. »Doch trifft er die Gesellschaft«, heißt es dann dort wörtlich,

2 Das erste *Unerlaubte Fragment* ist in Blumenbergs eigener Produktionsliste für den 29.07.1973 vermerkt.

3 Blumenberg, Hans (1987): *Die Sorge geht über den Fluß*. Frankfurt a.M.: Suhrkamp, Klappentext; vgl. auch Blumenberg, Hans: Ms. Klappentext zu *Die Sorge geht über den Fluß*, Sigle SFL E (DLA Marbach, A: Blumenberg).

nie ins Mark, er balsamiert sie vielmehr mit guter Unterhaltung. Blumenberg nämlich gelingt es nicht, den Historiker abzustreifen und wirklich zum Gesellschaftskritiker zu werden. Der Historiker aber erzählt Anekdoten aus vergangenen Zeiten und schafft eben nicht jene Denkbilder, die, nach Walter Benjamin, die neue analytische Gattung einer anschaulichen Gesellschaftstheorie darstellen. Während im Denkbild die Gegenwart in ihren spezifischen Lebensäußerungen kritisiert wird, läßt sich an der Anekdote, die so dauerhaft ist, wie Poesie es nur sein kann, nichts als ein Ewig-Menschliches entdecken. Die Moral auch von Blumenbergs Geschichten ist, wie alle fabulöse, betulich und ungefährlich.[4]

Man wird den Verdacht nicht los, dass die Kritikerin hier etwas vermisst, was der Autor nie im Sinne hatte und das sie daher selbst erst in den Text hineingelesen oder vielmehr aus ihm herausgelesen hatte.[5] Das mag man Blumenberg zu Gute halten oder gerade um so mehr gegen ihn verwenden. Wichtiger ist, dass hier wohl zum ersten Mal der Vergleich zwischen Blumenberg und Benjamin (und zugleich der mit Adorno) erscheint, wenn auch in einer Form der Abgrenzung.

Diese Frontlinie aus den Nachgeplänkeln der Studentenbewegung hat sich inzwischen aufgelöst.[6] An die Stelle der Abgrenzung ist ein gemeinsamer Bezugspunkt von Benjamins Begriff der »Geistesgegenwart« und Blumenbergs Prinzip »Nachdenklichkeit« getreten. »Beide Begriffe markieren mit jeweils unterschiedlicher (hier politischer, da anthropologischer) Akzentsetzung einen interventionistischen Zug philosophischer Theorie.«[7]

3. Kraut und Rüben

Die zweite Kritik an seiner Sammlung *Unerlaubte Fragmente* traf Blumenberg ebenso hart, wenn auch aus anderen Gründen; sie bezieht sich auf die Form der Publikation.

---

4 Schlaffer, Hannelore (1988): Ein Grund mehr zur Sorge. Hans Blumenbergs jüngste Veröffentlichungen. In: *Merkur* 470, S. 328–332, hier S. 331.

5 Jedenfalls war Blumenberg *not amused*; in seinem Nachlass findet sich dann auch eine Akte »H. Schlaffer«.

6 Oder doch nicht ganz? Vgl. Stanitzek, Georg (2013): Zur Philologie der Philosophie. Carl von Linné – Hans Blumenberg – Thomas Kapielsky. In: *Merkur* 772, S. 799–806, der ein Vierteljahrhundert nach Schlaffer ihre Kritik aufnimmt und weiterführt.

7 Stricker, Bernhard: Editorial. In: *Kulturwissenschaftliche Zeitschrift* 2/2024, Schwerpunktheft: Geistesgegenwart und Nachdenklichkeit. Kleine Formen der Intervention, S. 9. Die – soweit mir bekannt – einzige Monographie, die Benjamin und Blumenberg gemeinsam thematisiert, ist Waldow, Stephanie (2006): *Der Mythos der reinen Sprache. Walter Benjamin, Ernst Cassirer, Hans Blumenberg. Allegorische Intertextualität als Erinnerungsschreiben der Moderne.* München: Fink.

Gegen Ende seines Lebens, als Hans Blumenberg längst beschlossen hatte, selbst keine Bücher mehr zu publizieren, sondern das seinen Nachlassverwaltern anzuvertrauen, hielt er dennoch an der Möglichkeit *eines* Projekts fest: Er korrespondierte mit dem Reclam Verlag, der 1981 eine Sammlung wichtiger, bis zu diesem Zeitpunkt aber nur verstreut publizierter Aufsätze herausgebracht hatte, über das Erscheinen eines zweiten Bands. Der sollte nun aber nicht noch einmal längst Publiziertes in klassischer Aufsatzform bringen, sondern weitestgehend ungedruckte Glossen nach dem Vorbild von *Die Sorge geht über den Fluß*. Dass dieses Bändchen zu Lebzeiten seines Autors doch nicht mehr zustandekam, mag verschiedene Gründe gehabt haben,[8] Blumenberg selbst hat sein Zögern damit begründet, dass die Auswahl wohlbedacht sein wolle, denn er habe noch die Kritik an jenem alten Band in der *Bibliothek Suhrkamp* in Erinnerung, die ihm vorgeworfen hatte, das Erschienene sei »Kraut und Rüben«.

Wir erinnern uns: In den Zeiten schwarzer Pädagogik war das die vorwurfsvolle Metapher für unaufgeräumte Kinderzimmer. Bei näherer Betrachtung war schon das nicht ganz überzeugend, denn auch wenn wir nicht genau wissen, woher die Redewendung kommt, vermutet man doch mit einiger Plausibilität, dass sie sich auf eine besondere Art des Ackerbaus bezog, bei der man – anders als bei gewöhnlichen Feldfrüchten – Kohlkraut und Kohlrüben auf einem Feld und eher nicht in sauberen Reihen angebaut hat.[9] Man wird sich dabei auch damals schon etwas gedacht haben. Heute scheint die negative Konnotation vollends unmodern geworden zu sein, verweist die Metapher im Grunde doch auf einen ökologisch verträglichen Anbau.[10]

Für Blumenberg, Jahrgang 1920, war das jedoch noch – zumal auf Lesefrüchte angewendet – eine Kränkung, die ihn verbittert zurückließ: Man habe ihm nicht den Kredit gegeben, dass es sich bei dem Glossenbändchen um eine ausgetüftelte Konstruktion handeln könnte. Genau das sei aber der Fall gewesen und sollte auch für die neuen Bände gelten: »[I]ch habe Jahre zu dem Entschluß dazu und zu einer wenigstens mir einsichtigen Folgeordnung der Texte gebraucht. Es sollte um keinen Preis ›Kraut und Rüben‹ werden.«[11]

Schon im ungedruckten Teil des Klappentexts zu *Die Sorge geht über den Fluß* heißt es: »Die Ableger eines mentalen Intervalltrainings wollen aber nicht nur hier oder dort in kleiner Stückelung ihre Überraschungen bereithalten, sondern auch etwas von der Prozedur abbilden, in der ›Nebendinge‹ sich untereinander erzeugen und illuminieren,

8 Vgl. Zill, Rüdiger (2022): Nachwort des Herausgebers. In: Blumenberg, Hans: *Ein mögliches Selbstverständnis. Lebensthemen*, neu hg. von Rüdiger Zill. Berlin: Suhrkamp, S. 326–350.

9 Vgl. das Lemma ›Kraut‹, in: Röhrich, Lutz (1994): *Lexikon der sprichwörtlichen Redensarten*, Bd. 3. Freiburg u.a.: Herder, S. 883.

10 Nicht umsonst heißt inzwischen ein sehr erfolgreiches Journal des Deutschen Landwirtschaftsverlags, das sich dem biologischen Gärtnern und natürlichen Leben widmet, *Kraut und Rüben*.

11 Hans Blumenberg an Reclam Verlag, 20.11.1987 (DLA Marbach, A: Blumenberg).

in ihrem Verbund den Leser – wie zuvor den Autor – vor der Melancholie der Problemsucht bewahren oder wenigstens warnen.«[12]

Der Anspruch, dass die Nebendinge nicht einfach nur *en passant* entstehen, sondern sich untereinander erzeugen und illuminieren und damit einen Verbund bilden, zielt letzten Endes darauf, dass auch die kleine Form nicht in sich ruht, sondern in ihrer Vervielfältigung auf eine größere verweist. Selbst Adorno fühlte sich in der einleitenden »Zueignung« der *Minima Moralia* bemüßigt, den Lesern einige Hinweise zu Aufbau und Zusammenhang seiner Reflexionen zu geben.[13]

In Blumenbergs Texten sucht man solche Hinweise jedoch vergeblich; man muss sie sich selbst erschließen. Die Frage nach der Eigenart solch eines Zusammenhangs kleiner Formen wird im Folgenden nicht beantwortet, soll aber umkreist werden: Was ist eine kleine Form, und vor allem: Inwiefern ist sie immer auf eine größere angewiesen?

4. Denkbilder – Städtebilder

Einen Hinweis, wo die Antwort auf diese Frage zu suchen wäre, geben die Vorläufer der Benjamin'schen Denkbilder. Ihrerseits kann man diese Denkbilder als Vorübungen zum *Passagenwerk* lesen, das nicht zufällig mit einem Text zu Baudelaire beginnt, zu Teilen aus den *Tableaux parisiens*, jenem Werk, aus dem Benjamin schon poetische Miniaturen übersetzt hatte. In der Tat sind Denkbilder – nicht nur, aber oft – Städtebilder. Baudelaires Titel ist eine Spur, die sich bis zu dem Spätaufklärer Louis Sébastien Mercier zurückverfolgen lässt. Bei Mercier erscheint der Titel aber noch in der Einzahl: *Tableau de Paris*; er steht über einer Folge von Miniaturen in mehreren Bänden, erschienen von 1781–88.[14]

Dieser Singular ist insofern von Bedeutung, als er Raum lässt für die Mehrdeutigkeit des Begriffs. Und genau diese Mehrdeutigkeit brachte die deutschen Übersetzer, die es bald gab, in große Schwierigkeiten, eine adäquate Entsprechung zu finden: Man hat es mit ›Bild‹, ›Gemälde‹, ›Ansichten‹ oder auch ›Panorama‹ versucht; all das unterschlägt aber jeweils eine wichtige Nuance, denn der Begriff hat im Französischen verschiedene, zum Teil sogar gegensätzliche Bedeutungen. ›Tableau‹ meint zunächst einmal in der Tat ›Bild‹ und ist im Grunde eine Metonymie, die den Namen des substantiellen Trägers, der hölzernen Tafel, auf das von ihm Getragene, die Darstellung verschiebt.

---

12 Blumenberg: Sigle SFL E.

13 Adorno, Theodor W. (1953): *Minima Moralia. Reflexionen aus dem beschädigten Leben*. Frankfurt a.M.: Suhrkamp, S. 11.

14 Mercier, Louis-Sébastien (1788): *Tableau de Paris* [1781], nouv. éd. corrigée et augmentée. Amsterdam. Ders. (1979): *Mein Bild von Paris*, übertr. u. hg. von Jean Villain. Frankfurt a.M.: Insel.

Zugleich hat sich diese ›Tafel‹ aber im französischen Sprachgebrauch auch mit einer anderen Bedeutung festgeschrieben. Diese zweite Bedeutung zeigt sich zum Beispiel im 1766 erstmals erschienenen *Tableau économique* des Physiokraten François Quesnay und lässt sich am besten mit ›Tabelle‹ wiedergeben.

Das *Tableau de Paris* verbindet also die Anschaulichkeit der einzelnen Darstellung mit der übergreifenden Orientierung des tabellarischen Schemas, das all die kleinen Sinnlichkeiten zu einer großen Gesamtschau vereint: eine Tafel voller Tafeln. Ins Literarische transponiert steht das Tableau allerdings vor dem Problem, die zweidimensionale Verknüpfbarkeit der einzelnen Elemente dieser Tafel zugunsten einer eindimensionalen Folge von Miniaturen aufgeben zu müssen. Um dem Bedarf an Übersicht trotzdem genügen zu können, sucht man in einer einleitenden Miniatur den Punkt auf, von dem aus auch in der Realität das Ganze zu überschauen ist: Man imagiert einen Blick vom Turm. Bei Mercier ist es der von Notre-Dame;[15] Adalbert Stifter steigt 1844 in *Wien und die Wiener* zunächst einmal auf den Turm des Stephansdoms;[16] und selbst noch in einer wissenschaftlichen Untersuchung des späten 20. Jahrhunderts wie Michel de Certeaus *Arts de faire* gestattet der Autor seinen Lesern einen inzwischen historisch gewordenen Blick vom New Yorker World Trade Center.[17] Der Blick aus der Vogelperspektive hat aber seine Tücken, denn je umfassender die Gesamtschau, desto weniger ist am Detail zu erkennen. Hinzu kommen atmosphärische Probleme: Schon Mercier sieht vor allem den Nebel, der unvermeidlich in einer Stadt voller Kohleheizungen erzeugt wird. So ist das herausgehobene Allgemeine, das vorab die Einheit des Komplexen garantieren soll, vor allem ein symbolisches, etwa so wie die Allegorien, die manchem theoretischen Text der frühen Neuzeit vorangestellt werden.[18] Damit sind sie bestenfalls eine Art von Inhaltsverzeichnis, dessen einzelne Einträge in den durch sie bezeichneten Kapiteln nach und nach mit Leben gefüllt werden müssen.

Und so zeigt sich dann, dass der Betrachter eine andere Praxis braucht, um die möglichen Impressionen einer Stadt zu einer Gesamterfahrung zu vereinen: Die Synthese der vielen kleinen Eindrücke ist keine statische, sondern eine dynamische; sie ergibt sich, wenn man durch die Stadt wandert: ganz so wie Walter Benjamins berühmter Flaneur. Sehen und Gehen sind Geschwisterthemen.

---

15 Vgl. Mercier: *Mein Bild von Paris*, S. 20–22 (»Das Antlitz der großen Stadt«).

16 Vgl. Stifter, Adalbert (2005): *Werke und Briefe*, Bd. 9.1: *Wien und die Wiener in Bildern nach dem Leben*, hg. von Johann Lachinger. Stuttgart: Kohlhammer, S. V–XXI (»Aussicht und Betrachtungen von der Spitze des St. Stephansthurmes (Als Einleitung)«).

17 Vgl. de Certeau, Michel (1988): *Kunst des Handelns*. Berlin: Merve, S. 179–182.

18 Vgl. dazu die Frontispize in Thomas Hobbes' *Leviathan* von 1651 oder Giambattista Vicos *Principi di una Scienza Nuova* (erstmals 1725).

5. Sehen und Gehen

»Sagen zu können, was ich sehe«, ist eine Antwort von Hans Blumenberg in seiner viel zitierten Variante des Proust'schen Fragebogen aus der *Frankfurter Allgemeinen Sonntagszeitung.*[19] Er benennt damit das, was in seinen Augen das vollkommene irdische Glück wäre. Was zunächst einfach als explizites Bekenntnis eines Phänomenologen erscheinen mag, gewinnt noch eine zusätzliche Bedeutung, wenn man sich Blumenbergs historisch angeleitetes Verständnis von *theoria* vergegenwärtigt, bezeichnet der Begriff doch ursprünglich nichts Abstraktes, sondern die platonische Schau. Dass solch eine Vision heute natürlich keine platonische mehr sein kann, wusste niemand besser als Blumenberg, der in seinem Aufsatz »Wirklichkeitsbegriff und Möglichkeit des Romans« die verschiedenen Stufen der sich historisch wandelnden Realitätskonzeptionen von der Antike bis in die Gegenwart rekonstruiert hat und dabei herauspräpariert, wie aus der ursprünglich passiven Schau eines interesselosen Beobachters längst eine aktive Syntheseleistung geworden ist, ein Produkt, das erarbeitet werden muss.[20]

Für ihn selbst nun resultiert eine solche Schau aus Betrachtungen, die explizit das Resultat einer bestimmten Bewegung sind: des Umwegs. Der Umweg ist für Blumenberg *die* zentrale kulturbildende Fortbewegungsart.[21] »Nur wenn wir Umwege einschlagen, können wir existieren«, heißt es in *Die Sorge geht über den Fluß.*

> Gingen alle den kürzesten Weg, würde nur einer ankommen. Von einem Ausgangspunkt zu einem Zielpunkt gibt es nur einen kürzesten Weg, aber unendlich viele Umwege. Kultur besteht in der Auffindung und Anlage, der Beschreibung und Empfehlung, der Aufwertung und Prämiierung der Umwege.[22]

Durch Umwegigkeit ist für Blumenberg aber auch die Metapher definiert, man erkennt, was man nicht sehen kann, weil es zu nah am eigenen Leib ist (im übertragenen Sinne: das Selbstverständliche), durch den Umweg über das außen, über den anderen. Das ist die Struktur des Metaphorischen, wie sie 1970 in dem Aufsatz »Anthropologische

---

19 *Frankfurter Allgemeine Magazin,* 4. Juni 1982, S. 25, nachgedruckt in: Hensel, Georg/Hage, Volker (Hg.) (1985): *Indiskrete Antworten. Der Fragebogen des F.A.Z.-Magazins.* Stuttgart: Deutsche Verlags-Anstalt, S. 260–261.

20 Vgl. Blumenberg, Hans (1964): Wirklichkeitsbegriff und Möglichkeit des Romans. In: Jauß, Hans Robert (Hg.): *Nachahmung und Illusion* (Poetik und Hermeneutik 1). München: Wilhelm Fink, S. 9–27; wieder abgedruckt in: Ders. (2001): *Ästhetische und metaphorologische Schriften.* Frankfurt a.M.: Suhrkamp, S. 47–73.

21 Vgl. Zill, Rüdiger (2020): *Der absolute Leser. Hans Blumenberg. Eine intellektuelle Biographie.* Berlin: Suhrkamp, S. 536–572.

22 Blumenberg: *Die Sorge geht über den Fluß,* S. 137.

Annäherung an die Aktualität der Rhetorik« skizziert wird: »Der metaphorische Umweg, von dem thematischen Gegenstand weg auf einen anderen zu blicken, der vorgreifend als aufschlußreich vermutet wird, nimmt das Gegebene als das Fremde, das Andere als das vertrauter und handlich Verfügbarere.«[23]

6. Serpentinengang

Das Metaphorische des Bezugs von Eigenem und Fremden betont auch schon Benjamin. Ohne es so zu nennen, verweist er doch auf diese Struktur des Umwegs: »Schneller als Moskau selber lernt man Berlin von Moskau aus sehen«, wobei sogar der Interaktionscharakter der Metapher anklingt,[24] auch wenn er dann doch wieder zum Statischen zurückkehrt:

> Darum ist andererseits der Aufenthalt für Fremde ein so sehr genauer Prüfstein. Jeden nötigt er, seinen Standpunkt zu wählen. Im Grunde freilich ist die einzige Gewähr der rechten Einsicht, Stellung gewählt zu haben, ehe man kommt. Sehen kann gerade in Rußland nur der Entschiedene.[25]

Berlin hat saubere, aber leere Straßen; in Moskau sind die Auslagen, die man in Berlin in den Schaufenstern (und in Paris in den Passagen) betrachtet, auf die Straße gewandert: Das verleitet zu einem »schlenderhaften Serpentinengange«[26], mit dem man auf den schmalen Bürgersteigen um die Warenangebote herumgehen muss:

> In Moskau drängt die Ware überall aus den Häusern, sie hängt an Zäunen, lehnt an Gattern, liegt auf dem Pflaster. Alle fünfzig Schritt stehen Weiber mit Zigaretten, Weiber

23 Blumenberg, Hans (1980): Anthropologische Annäherung an die Aktualität der Rhetorik. In: Ders.: *Wirklichkeiten in denen wir leben.* Stuttgart: Reclam, S. 104–136, hier S. 116.

24 Zur Interaktionstheorie der Metapher vgl. Black, Max (1954): Metaphor. In: *Proceedings of the Aristotelian Society* 55, S. 273–294; wieder abgedruckt in Ders. (1962): *Models and Metaphors.* Ithaca, N.Y.: Cornell UP, S. 22–47 und 259; dtsch.: Ders. (1983): Metapher. In: Haverkamp, Anselm (Hg.): *Theorie der Metapher.* Darmstadt: WBG, S. 55–79, sowie Ders. (1983): Mehr über die Metapher. In: Haverkamp (Hg.): *Theorie der Metapher*, S. 379–413.

25 Benjamin, Walter (1972): Moskau. In: Ders.: *Gesammelte Schriften.* Bd. IV.1, hg. von Tillman Rexroth. Frankfurt a.M.: Suhrkamp, S. 316–348; ursprünglich in: *Die Kreatur* II.1 (1927), S. 71–101, dann nachgedruckt in der ersten Ausgabe von Benjamins *Schriften*, Frankfurt a.M. 1955, Bd. II, S. 30–66, bzw. in einem Einzelbändchen mit einem Nachwort von Peter Szondi, Frankfurt a.M. 1963; siehe jetzt auch Ders. (2021): *Werke und Nachlaß. Kritische Gesamtausgabe.* Bd. 14: *Texte über Städte, Berichte und Feuilletons*, hg. von Bernhard Veitenheimer in Zusammenarbeit mit Klaus Reichert. Berlin: Suhrkamp, S. 20–55.

26 Benjamin: Moskau, S. 317.

> mit Obst, Weiber mit Zuckerwerk. Sie haben ihren Waschkorb mit der Ware neben sich, manchmal auch einen kleinen Schlitten.[27]

Der schlendernde Serpentinengang, der notwendig ist, um die Blockaden durch die Dinge des Alltags zu umgehen, ist auch die angemessene Bewegungsform des Neulings auf der Suche nach Orientierung. Die Stadt ist am Anfang insgesamt noch voller Widerstände, der Erkundungsgang in ihr ein Hindernislauf, der »in der ersten Zeit noch hundert Grenzbarrieren« überwinden muss.

> Doch eines Tages sind das Tor, die Kirche, die Grenze einer Gegend waren, unversehens Mitte. Nun wird die Stadt dem Neuling Labyrinth. Straßen, die er weit voneinander angesiedelt hat, reißt eine Ecke ihm zusammen, wie die Faust eines Kutschers ein Zweigespann. Wievielen topographischen Attrappen er verfällt, ließe in seinem ganzen passionierenden Verlauf sich einzig und allein im Film entrollen: die Großstadt setzt sich gegen ihn zur Wehr, maskiert sich, flüchtet, intrigiert, verlockt, bis zur Erschöpfung ihre Kreise zu durchirren. [...] Am Ende aber siegen Karten und Pläne: abends im Bett jongliert die Phantasie mit wirklichen Gebäuden, Parks und Straßen.[28]

Dass die irrenden Bewegungen, die der Stadtwanderer in seinem »passionierenden Verlauf« durchlebt, sich nur im Film entrollen können, bleibt der Logik des Serpentinengangs treu. Dass die Imagination, die sich dennoch um eine Einheit bemüht, mit einem auf den ersten Blick überraschenden und schon zu dieser Zeit wohl etwas antiquierten Kutscher verglichen wird – und ausgerechnet mit dem Wagenlenker eines Zweigespanns –, erhält vielleicht eine besondere Bedeutung, wenn man sich daran erinnert, dass solch ein die Vernunft repräsentierender Wagenlenker bei Platon das Zwiegespann aus *thymos* und *epithymiai*, den unterschiedlichen Affektarten des Zornmütigen und des Begehrlichen, zusammenreißt.[29] Dennoch bleibt dieser Akt der Orientierung ein ebenso plötzlicher wie vergänglicher, der den Stadtwanderer nur weiter ins Labyrinth taumeln lässt. Dass die Phantasie noch »abends im Bett« mit all den Gebäuden, Parks und Straßen »jongliert«, kann dann nicht überraschen, wohl aber, dass am Ende doch ausgerechnet »Karten und Pläne« siegen sollen, die techni-

27 Benjamin: Moskau, S. 317–318. So ähnlich ist es auch in Neapel, oder vielleicht noch konsequenter: »Wie die Stube auf der Straße wiederkehrt, mit Stühlen, Herd und Altar, so, nur viel lauter, wandert die Straße in die Stube hinein.« Benjamin, Walter (1972): Neapel. In: Ders.: *Gesammelte Schriften,* Bd. IV.1, S. 307–316, hier S. 314.

28 Benjamin: Moskau, S. 318–319.

29 Vgl. das Seelenrossegleichnis in Platon: *Phaidros,* 246 b, 253 de. Zur Metaphorik der Selbstbeherrschung, die Benjamin hier einfließen lässt, passt auch die explizite Verwendung von »zusammenreißen«. »Reiß dich doch mal zusammen!« ist die explizite Aufforderung zur Selbstkontrolle.

sierten Nachfahren also des Blicks vom Turm, die den Film wieder auf das Standbild reduzieren,[30] wenn auch einmal mehr technisch revolutioniert – mithilfe einer Kamera, die ihren Fokus von der Nahaufnahme bis zum Weitwinkel verschieben kann: »Es gibt ein ultraviolettes und ein ultrarotes Wissen um diese Stadt, die sich beide nicht mehr in die Form des Buches zwängen lassen: Photo und Stadtplan, – das genaueste Wissen vom Einzelnen und vom Ganzen.«[31] Man muss an Mercier denken: Bilder und Tabelle, *tableaux* und *tableau*, nur eben nicht länger metaphorisch.

Diese im Ursprung traditionelle Synthesetechnik des Beobachters findet sich auch im Beobachteten, der Stadt selbst, wieder: »In tausend Augen, tausend Objektiven spiegelt sich die Stadt.« Es sind jedoch nicht – wie man vermuten könnte – die Objektive der schon im 19. Jahrhundert erfundenen Spiegelreflexkamera, an die Benjamin hier denkt, es sind die Objekte der Stadt selbst, die zu Objektiven werden:

> Denn nicht nur Himmel und Atmosphäre, nicht nur Lichtreklamen auf den abendlichen Boulevards haben aus Paris die »Ville Lumière« gemacht. – Paris ist die Spiegelstadt: Spiegelglatt der Asphalt seiner Autostraßen. Vor allen Bistros gläserne Verschläge: die Frauen sehen sich hier noch mehr als anderswo.[32]

Hier erscheint das Gleißen der elektrifizierten Stadt des 20. Jahrhunderts, wie sie wenig später im expressionistischen Taumel von *Metropolis* explodiert, hier sind *Die tausend Augen des Dr. Mabuse* vorweggenommen. Doch wenn es heißt: »Spiegel sind das geistige Element dieser Stadt, ihr Wappenschild, in das sich noch immer die Embleme sämtlicher Dichterschulen eingezeichnet haben«,[33] wendet Benjamin seinen Blick einstweilen noch zurück in die Spelunken des 19. Jahrhunderts, in deren von Kerzenschein oder Gasflammen beleuchteten Wanddekorationen sich das Problem des Blicks vom Turm wiederholt:

> Die Spiegel, die trüb und ungepflegt in den Kneipen hängen, sind das Sinnbild von Zolas Naturalismus; wie sie einander in unabsehbarer Reihe spiegeln, ein Gegenstück zu der unendlichen Erinnerung der Erinnerung, in die sich unter der Feder von Marcel Proust sein eigenes Leben verwandelt hat.

---

30 In unsere Zeit nach *Earthrise* weitergedacht, wäre das die abstrahierte Aufnahme aus der Satellitenperspektive. Bei Google Earth können wir inzwischen problemlos umschalten zwischen »Satellite« und »Map«.

31 Benjamin, Walter (1972): Paris, die Stadt im Spiegel. Liebeserklärungen der Dichter und Künstler an die »Hauptstadt der Welt«. In: Ders.: *Gesammelte Schriften*, Bd. IV.1, S. 356–359, hier S. 357.

32 Benjamin: Paris, die Stadt im Spiegel, S. 358.

33 Benjamin: Paris, die Stadt im Spiegel, S. 358.

Doch langsam klart die Sicht auf, aber nur um sich im Kubismus bewegter Naturmedien zu brechen:

> Jene neueste Photosammlung »Paris« schließt mit dem Bilde der Seine. Sie ist der große, immer wache Spiegel von Paris. Tagtäglich wirft es seine festen Bauten und seine Wolkenträume als Bilder in diesen Fluß. Er nimmt die Opfergaben gnädig an, und er bricht sie zum Zeichen seiner Gunst in tausend Stücke.[34]

Tausend fragmentierte Stücke, wie sie dann auch wieder in literarischen Fragmenten beschrieben werden können, ganz wie in den 1049 Einzelstudien in Merciers *Tableau de Paris.* In einer dieser Skizzen, in der der Stadtwanderer des 18. Jahrhunderts das »Loblied auf die Lastträger« gesungen hat, werden diese Muskelmänner, die geduldig ihre Fracht durch die Stadt transportieren, auch zu Illusionisten: »Manchmal ist's ein Spiegel, der so breit ist wie ein Durchgang und der für jeden, der ihm folgt, munter alle Häuser tanzen läßt...«[35] Überflüssig zu betonen, dass Spiegel die unmetaphorische Version der Metapher sind – das ist endlich die Widerspiegelungstheorie vom Fuß auf die Köpfe gestellt –, auch wenn das kubistische Bild am Ende vielleicht sogar zur dadaistischen Photomontage wird. Auch das hätte seine Form, seinen Eidos.

7. Technischer Eidos

Blumenberg hat Benjamins Städtebilder zwar gelesen; sie haben aber keine erkennbaren Spuren bei ihm hinterlassen.[36] Anders als Benjamin war Blumenberg selbst auch kein passionierter Reisender, eher einer aus Gelegenheit. Im Alter verließ er sein Haus nur noch für nächtliche Gänge zum Briefkasten, von wo aus er dann das gerade Geschriebene in die Welt hinausschickte. In jungen Jahren ging er zwar hin und wieder noch selbst auf Erkundungsfahrt, sei es in der Form eines Umwegs, den er sich auf der Heimfahrt von dienstlich inspirierten Konferenzbesuchen erlaubte, seien es gelegent-

34 Benjamin: Paris, die Stadt im Spiegel, S. 359.

35 Mercier, Louis Sébastien: Loblied auf die Lastträger. In: Ders.: *Mein Bild von Paris*, S. 204.

36 Die *Städtebilder* waren wohl der erste Text, den Blumenberg von Benjamin zur Kenntnis genommen hat. Er ist im Lesetagebuch am 13.12.1964 verzeichnet, bald gefolgt von »Über das Programm einer kommenden Philosophie« in der Adorno-Festschrift (20.05.1965), *Deutsche Menschen* (03.04.1966) und schließlich den beiden 1966 bei Suhrkamp erschienenen Briefbänden (16.01. und 27.05.1967), damit bricht die Benjamin-Lektüre zunächst einmal ab, keiner der Bände wird – wie sonst oft bei Blumenberg – bewertet. Erst 1980 findet sich ein erneuter Benjamin-Eintrag: Am 30.05. ist das *Moskauer Tagebuch* verzeichnet, bewertet mit einer 1, danach folgen allerdings nur noch »Der Sürrealismus« (18.01.1981) und der Briefwechsel mit Scholem bzw. einige Texte von Scholem über Benjamin.

lich auch privat geplante Touren. Die spektakulärste Reise war eine siebenwöchige Expedition nach Ägypten, die er mit seiner Frau Ursula und dem befreundeten Ehepaar Schorr im September 1955 unternahm; von dieser Reise gibt es allerdings keine Aufzeichnungen, kaum einmal einen brieflichen Bericht.[37] Zwei Jahre zuvor hatte er seine Teilnahme am XI. Internationalen Kongress für Philosophie in Brüssel genutzt, um im Anschluss daran einen Abstecher nach Paris zu unternehmen. Dort sucht er – wie nicht anders zu erwarten – zunächst den Überblick. Wir wissen es von einer Postkarte, die er seiner Frau und seinen Kindern ins schleswig-holsteinische Familiendomizil schrieb: »Von der Spitze des Eiffelturms das gewaltige Paris tief unter uns – ein Panorama von unvorstellbarer Pracht, sende ich Euch, meine Lieben, herzliche Grüsse.« Doch das touristische Ritual wird in ironischer Brechung weniger ein Gruß aus der Fremde, als einer in die Heimat: »Es ist so hoch, dass man fast bis nach Bargteheide sehen kann. Herzlichst P.«[38] Sonst lässt die Postkarte nur Raum für die Nachricht, dass man gut und üppig esse.

Näher beschäftigt ihn die Stadt erst dann, wenn sie Literatur geworden ist, und sei es auch Kriminalliteratur. Bei Blumenberg spiegelt die Seine nicht, sie wird gespiegelt, und zwar in den Augen Georges Simenons, seiner Feierabendlektüre. In einem der allerersten *Unerlaubten Fragmente*, paginiert mit den Siglen UNF 9 bis 11, unter dem Titel »Bilder, die es nicht mehr gibt« archiviert und bislang unpubliziert, enthüllt der Blick auf die Seine ein wirkliches Denkbild. Denn was Blumenberg interessiert, ist nicht die sich kräuselnde Oberfläche des Flusses, sondern, was auf ihm geschieht. Die Glosse beginnt mit der Beschreibung eines ungewohnten Anblicks, der einen einfachen Satz zu verweigern scheint, stattdessen mehrere tastende Ansätze braucht, um das Gesehene zu erfassen, und dennoch Anakoluth bleibt:

> Ein Schlepper, der unter einer Brücke hindurchfährt und vorher seinen Schornstein einzieht, herunterklappt, streicht, wie man die Segel oder die Flagge streicht, einen Akt der Demut vollzieht vor der Unveränderlichkeit des Durchlasses, auf den er sich unabwendbar zubewegt. Die durch die symmetrische Röhre geregelte Abfuhr des Rauches ist für einen Moment unterbrochen, dann quillt es chaotisch und ungelenk unmittelbar aus der Öffnung im Schiffsdeck. Wenn der Schornstein nach der Durchfahrt zurückgeklappt wird, dauert es einen Augenblick, bis die Röhre wieder mit Rauch gefüllt ist und ihn am oberen Ende heraustreten lässt.

37 Der Sohn des passionierten Hobbyfotografen Joseph Carl Blumenberg, eines immerhin auch beruflich sehr erfolgreich mit Reproduktionen von meist religiöser Kunst handelnden Geschäftsmanns, soll von dieser Reise ein Fotoalbum mitgebracht haben, das in der Familie weitergereicht wurde, inzwischen aber verschollen ist.

38 Hans Blumenberg, Postkarte an Ursula Blumenberg, 28. August 1953, zit. nach Zill: *Der absolute Leser*, S. 183.

Sobald die merkwürdige Geste des Schornsteins vollzogen ist und der Schlepper seine gewohnte Fahrt fortsetzen kann, kommen auch die Sätze wieder zur Ruhe, fließen wieder ohne weitere Verrenkungen, und die Beschreibung endet direkt und ohne Schnörkel: »Die Dinge nehmen wieder ihren ordinären Weg.«[39]

Als Betrachter, an dessen Blick auf den Pariser Pont St. Michel wir hier teilhaben dürfen, erscheint zunächst Kommissar Jules Maigret, der bekannte Protagonist vieler Romane Georges Simenons. Was er sieht, den Rauch, der wie eine verspätete Reminiszenz an den allgegenwärtigen Smog des 19. Jahrhunderts für einen Moment chaotisch am falschen Ort in die Luft quillt, ist eigentlich »anachronistisch, ein Fossil im Zeitalter der Dieselmotoren«. Und wie der Rauch verweist auch die Geste des Schornsteins auf Vergangenes. Aber nicht Maigret, sondern Blumenberg assoziiert jene Reminiszenz mit Würde, für ihn ist sie Zeichen vergangener Höflichkeit, ein Motiv voller Melancholie, dann aber auch ein Symbol unvergänglicher Beständigkeit.

> Da ist plötzlich eine Differenz, eine Zeitlosigkeit: das, was es nicht mehr gibt, ist zugleich das, was immer gewesen sein kann. Es ist ein technisches Faktum, eine überholte Zweckmäßigkeit, und dennoch eine Bildfigur von eigentümlicher Notwendigkeit und Zugehörigkeit zu einem Zeitalter, in dem es Bedeutung hatte, sich zu verneigen, Rituale für das Passieren von Durchgängen zu haben, ganz einfach, weil man sich nicht stoßen will und nicht stoßen lassen will. Das Eidos, so zeigt das verlorene Bild, ist nicht mehr nur oder vor allem das, was es immer gibt, sondern gerade das, was es nicht mehr gibt, weil es dieses gegeben hat: eine Prägung des Möglichen, das sonst konturlos, fließend, gasförmig subtil und ungreifbar, beängstigend ubiquitär bleiben müßte.[40]

Das Dampfschiff auf der Seine erlaubt uns eine moderne *theoria*, mehr als bloß zufällige Ansicht, aber deshalb doch nicht gleich eine das Ewige enthüllende platonische Schau, vielmehr ein Denkbild, das sich seiner historischen Beschränktheit bewusst ist – und gerade dadurch eine überzeitliche Wirklichkeit entfaltet. Wenn Blumenberg im Folgenden vom »technischen Eidos« spricht, verschränken sich in gewisser Weise antiker und moderner Wirklichkeitsbegriff – gewiss keine gesellschaftliche Intervention, aber ebensowenig eine anthropologische Gemütlichkeit.

Natürlich ist das nicht das dialektische Bild von Walter Benjamin, das Bild, das nur die Geistesgegenwart zu ergreifen vermag. Es bleibt zwar Sache eines Moments, aber im sanften Vorüberziehen des Schleppers eher ein melancholisches Gleiten als ein plötzlich hereinbrechendes Ereignis. Dieses Bild »huscht« nicht »vorbei«, wie es das

---

39 Blumenberg, Hans: Bilder, die es nicht mehr gibt, Sigle UNF 9–11 (DLA Marbach, A: Blumenberg), hier UNF 9. Vgl. Simenon, Georges (1970): *Maigret und der Mörder. Maigrets Jugendfreund. Maigret zögert.* Köln: Kiepenheuer & Witsch. (Leseliste 12.08. und 04.09.1973.)

40 Blumenberg: Bilder, die es nicht mehr gibt, S. 1 (UNF 9).

»wahre Bild der Vergangenheit«[41] bei Benjamin tun muss. Von diesem Heroismus – mag er auch im Lesesaal der Bibliothèque nationale aufblitzen – ist Blumenbergs *theoria*, die im Altenberger Arbeitszimmer die Simenonlektüre des Vorabends vielleicht mit den Erinnerungen an eine lange zurückliegende Reise verknüpft, weit entfernt.

»Erinnerung« ist dann auch das Wort, auf das es im Folgenden ankommt. Denn die Bilder, die es nicht mehr gibt, sind – werden sie von einem Autor wie Simenon revitalisiert – ein Appell an die ›Erinnerung‹. Das mag an sich nicht besonders bemerkenswert sein, für Blumenberg wird es das doch, weil die Erinnerung für die philosophische Tradition gerade im Kontrast zum Eidos das Defizitäre darstellte, das, was »hinsichtlich der Solidität ihrer Inhalte am meisten suspekt war«.[42] Derjenige, der die Erinnerung schließlich gegen das scheinbar Beständigere der überzeitlichen Idee verteidigt hat, ist einmal mehr Proust. Er war derjenige, der den »Platonismus der Erinnerung«[43] entdeckt hat.

Wenn der Gedankengang nun zu dem Schlepper auf der Seine zurückkehrt, verschwindet das agierende Subjekt, dessen Rolle zuvor notdürftig noch der Autor Simenon eingenommen hat:

> Zu dem Bild des Schleppers gehört die Erinnerung an die Neugierde, auf einer Brücke zu stehen, genau an der Stelle, wo der Schlepper passieren muß, und das Risiko sichtbar sich entwickeln zu lassen, die Streichung des Schornsteins könnte vergessen werden, zu spät erfolgen, der Mechanismus könne versagen, also zwei technische Stabilitäten könnten da aufeinandertreffen mit ungewissem Ausgang. Dann aber bleibt die Welt plötzlich doch in Ordnung, im letzten Augenblick legt sich der Schornstein schnell und mühelos und geräuschlos nieder mit seiner großen Demutsgebärde vor der Brücke, die so sichtbar als die stärkere akzeptiert worden ist. Der Mann, der das Niederlegen des Schornsteins besorgt, macht das mit einem leichten Handgriff, verbricht die Kontur des Schiffes, die so prästabiliert aussieht; und da weiß man plötzlich, was eigentlich Technik ist.[44]

Die Erinnerung schwebt über der Szene wie eben noch der verwirbelte Rauch, der führungslos aus dem Inneren des Schiffs hervorquoll. Ein Standpunkt erscheint zwar mit im Bild, doch versteckt er sich in seinem eigenen Gefühl: der »Neugierde, auf einer Brücke zu stehen« – und nicht *der*, sondern *einer* Brücke, die selbst wieder in der vagen

---

41 Benjamin, Walter (1974): Über den Begriff der Geschichte. In: Ders.: *Gesammelte Schriften*, Bd. I.2, hg. von Rolf Tiedemann und Hermann Schweppenhäuser. Frankfurt a.M.: Suhrkamp, S. 691–704, hier S. 695.

42 Blumenberg: Bilder, die es nicht mehr gibt, S. 1 (UNF 9).

43 Blumenberg: Bilder, die es nicht mehr gibt, S. 2 (UNF 10).

44 Blumenberg: Bilder, die es nicht mehr gibt, S. 2 (UNF 10).

Potentialität möglicher Brücken verschwindet. Und alles nur im Modus der Erinnerung.

Gibt es aber dennoch einen Kandidaten für die Rolle des Erinnernden? Sicher nicht Jules Maigret, der in seinem Büro – und nicht auf der Brücke – steht und ganz andere Probleme zu bewältigen hat; und auch nicht länger der Kriminalschriftsteller Georges Simenon, den solche Gedanken von seinem Erzählfaden abbringen würden; es ist einmal mehr niemand anderes als der »Verfasser dickleibiger Problemkrimis«, der sich hier eine essayistische Pause zu schaffen versucht und dennoch von seinem eigentlichen Thema nicht ablassen kann. Der Autor, der über viele Jahre versucht hat, in seinen historischen Studien zu rekonstruieren, als was Technik verstanden worden ist, weiß hier auf einmal, »was eigentlich Technik ist«; er findet es in einer Gebärde der Maschine vorgeführt, einem Bild – etwas Visuellem: »Diese Technik hat nicht nur Mechanismen, Maschinen, Vorrichtungen, sie hat Gestalt[en] geschaffen, die als solche wie Stücke der Natur aussehen und Faszination ausüben.«[45]

Exemplarisch dafür steht ihm die »Figur der Lokomotive«, die er mit der des Elefanten vergleicht: Technik und Natur spiegeln sich in beiden Figuren ineinander. Aber nicht jedes Artefakt hat das Potential zum technischen Eidos zu werden; neben die Lokomotive treten vielleicht noch die »hochstelzigen Kräne in den Häfen«, Fördertürme von Bergwerken, schließlich auch »das schnell überholte und dennoch nie vergessene Veloziped«. Das Auto hingegen, das als Konsumprodukt sein Aussehen von Jahr zu Jahr wandeln muss, um Aufmerksamkeit zu erringen und neue Käufer zu gewinnen, hat es nicht. Lokomotiven, Kräne, Fördertürme sind nicht erfunden worden, um zu gefallen; so etwas wie sie »ist vielmehr der Grenzwert der Bemühung, einen bestimmten, freilich ungewöhnlichen Effekt zustande zu bringen.«[46]

Noch einmal: Wer ist derjenige, auf den der Effekt, der keiner des Gefallens ist, ausgeübt wird? Lange hielt er sich verborgen, doch am Ende tritt er plötzlich aus den Kulissen hervor: Es ist natürlich der Autor, der eine weitere eidetische Erinnerung aufruft: »Es mag sein, dass am Himmel die englisch-französische Concorde niemals eine viel gesehene Figur sein wird; aber ihr fossilartiges Profil, das ich im Juni 1969 bei ihrem ersten Flug über Paris sah, hat zuerst etwas von einem Geck, dann das Unvergessliche der platonischen Idee. Die Kolumbus mit ihren vier Schornsteinen.«[47] Die zu ihrer Zeit fortschrittlichste Technik, das Überschallflugzeug, hat die Anmutung von etwas Archaischem, erscheint schon als Fossil, bevor es überhaupt so recht zu leben begonnen hat. Indem Blumenberg in den letzten Sätzen noch aus dem Schatten seiner

45 Blumenberg: Bilder, die es nicht mehr gibt, S. 2 (UNF 10). Der im Manuskript stehende Singular »Gestalt« wurde hier in einen Plural korrigiert, so wie es die Grammatik des Satzes auch zu fordern scheint.

46 Blumenberg: Bilder, die es nicht mehr gibt, S. 2 (UNF 10).

47 Blumenberg: Bilder, die es nicht mehr gibt, S. 2–3 (UNF 10/11).

Interpretation heraustritt und sich als Zeugen eines historischen Moments ins Spiel bringt, beansprucht er nicht nur die Autorität einer Deutungshoheit, die auf unerklärliche Weise an die Einzigartigkeit des ersten Mals geknüpft wird, an die Unmittelbarkeit einer Art Erkenntnis auf den ersten Blick, sondern auch die Glaubwürdigkeit eines *impartial spectators*, der im Denkraum der Besonnenheit, die sich aus der Distanz eines sich Erinnernden zu dem Geschehen ergibt, eine Erinnerung präsentiert, die unvergesslich ist, ganz so wie die platonische Idee. Wie sehr das Bild des Fossils hier trifft, konnte Blumenberg, der 1996 starb, nicht ahnen: Kein Jahrzehnt nach seinem Tod wurde es vom Himmel verbannt. Am 26. Oktober 2003 startete zum letzten Mal eine Concorde, um danach endgültig zum Flugsaurier zu werden, dem man allenfalls noch im Museum begegnen kann.

8. Epilog: der gute Schriftsteller

Die Sprache und auch der Aufbau der »Unerlaubten Fragmente« ist oft tastend, experimentell, setzt neu an. Sie hilft dem Gedanken seinen Weg zu finden – und seinen Gang: »l'idée vient en parlant«,[48] dann nämlich, wenn diese Idee in Blumenbergs nächtliches Arbeitszimmer einfällt und der Autor diesen Einfall seiner Stenorette diktiert. Eine Glosse ist für ihn nie abgeschlossen; es kommt vor, dass Blumenberg sie nach Monaten oder Jahren wieder aufnimmt und das Thema auf überraschende Weise weiterentwickelt.[49] Benjamins Billigung hätte solch ein undiszipliniertes Verfahren vermutlich nicht gefunden:

> Der gute Schriftsteller sagt nicht mehr, als er denkt. Und darauf kommt viel an. Das Sagen ist nämlich nicht nur der Ausdruck, sondern die Realisierung des Denkens. So ist das Gehen nicht nur der Ausdruck des Wunsches, ein Ziel zu erreichen, sondern seine Realisierung. Von welcher Art aber die Realisierung ist: ob sie dem Ziel präzise gerecht wird oder sich geil und unscharf an den Wunsch verliert – das hängt vom Training dessen ab, der unterwegs ist. Je mehr er sich in Zucht hat und die überflüssigen, ausfahrenden und schlenkernden Bewegungen vermeidet, desto mehr tut jede Körperhaltung sich selbst genug, und desto sachgemäßer ist ihr Einsatz. Dem schlechten Schriftsteller fällt vieles ein, worin er sich so auslebt wie der schlechte und ungeschulte Läufer in den schlaffen und schwungvollen Bewegungen der Glieder. Doch eben darum kann er niemals nüchtern das sagen, was er denkt. Es ist die Gabe des guten Schrift-

48 Kleist, Heinrich von (1984): Über die allmähliche Verfertigung der Gedanken beim Reden. In: ders.: *Sämtliche Werke und Briefe*, hg. von Helmut Sembdner. München: Hanser, Bd. 2, S. 319–324, hier S. 319.

49 Vgl. Zill: *Der absolute Leser*, S. 565–572.

> stellers, das Schauspiel, das ein geistvoll durchtrainierter Körper bietet, mit seinem Stil dem Denken zu gewähren. Er sagt nie mehr, als er gedacht hat. So kommt sein Schreiben nicht ihm selber, sondern allein dem, was er sagen will, zugute.[50]

Auf den ersten Blick erinnert diese Passage doch ein wenig an Blumenbergs innig-verzweifelten Wunsch, sagen zu können, was er sehe. Der erste Satz hieße dann: »Der gute Schriftsteller sagt nicht mehr, als er sieht.« Das hätte den Vorteil, die Irritation, die aus dem Bias von ›denken‹ und ›sagen‹ entspringt, zu mildern. Denkt man denn erst, und fasst dann das fertige Produkt in Worte, als seien sie das Einwickelpapier, mit dem man uns den wertvollen Inhalt präsentiert? Natürlich redet Benjamin hier nicht vom Ornamentalen. Nicht umsonst heißt es sofort, das Sagen sei nicht Ausdruck, sondern Realisierung des Denkens. Die Realisierung scheint doch eher ein Verfertigungsprozess zu sein, nicht Wiedergabe von etwas schon Vorhandenem (so wie eine Druckseite der Ausdruck des im Druckstock oder als Datei vorliegenden Textes ist), sondern Verwirklichung, so wie der Setzer vielleicht den Text des Autors realisiert?

Der Vergleich mit dem Gehen, einmal mehr mit dem Gehen, ist eine Verdeutlichung dieser Differenz. Wäre das Gehen nur der Ausdruck des Wunsches, ein Ziel zu erreichen, hätte es keinen Weg zu bewältigen. Die Realisierung des Wunsches nach dem Ziel muss aber über Stock und Stein, die Unebenheiten und Hindernisse des dazwischenliegenden Terrains gehen. Wer dies mit Aufmerksamkeit und Geschick tut, sich »in Zucht« hat, spart Kraft, gelangt schneller an sein Ziel. Dieser Läufer ist ein Aristoteliker, denn er vermeidet die Extreme des Zuviel und des Zuwenig, die »überflüssigen, ausfahrenden und schlenkernden Bewegungen« der Glieder, die schlaff, also zu kraftlos, und schwungvoll, das heißt energieverschwendend sind, praktizierte Mesoteslehre. Das Gehen ist nicht vom Wunsch, dem vagen Antrieb, sondern vom Ziel insofern regiert, als es offensichtlich eine Weise gibt, diesem Ziel präzise gerecht zu werden.

Was vom Laufstil gilt, ist erst recht für den Schreibstil richtig: Er ist, wenn gelungen, sachgemäß, und das heißt: Er trödelt nicht und träumt noch weniger, sondern hat sein Ziel fest im Blick, jede Bewegung ist der Erreichung dieses Ziels untergeordnet.

Aber diese antibarocke Geste ist die des Descartes, der auch im finstersten Wald seine Peilung nicht verliert und *tout droit* immer geradeaus geht. Dem schlechten Schriftsteller hingegen »fällt vieles ein, worin er sich auslebt«. Und das hat Konsequenzen: »Doch eben darum kann er niemals nüchtern das sagen, was er denkt.«

Blumenberg, dessen Lobpreis des Umwegs das Ziel nicht aus dem Auge verliert, ohne es zwanghaft direkt anzusteuern, sieht das anders. Für ihn wäre das geradezu der

50 Benjamin, Walter: Der gute Schriftsteller. In: ders.: *Gesammelte Schriften*, Bd. IV.1, S. 429.

Ausdruck jener Ökonomisierung, die auch Benjamin fremd ist. In seiner Dankesrede für den Sigmund-Freud-Preis heißt es:

> Unser Bild vom Denken ist, daß es die kürzeste Verbindung zwischen zwei Punkten herstellt, zwischen einem Problem und seiner Lösung, zwischen einem Bedürfnis und seiner Befriedigung, zwischen den Interessen und ihrem Konsens – entlang an dem diskursiven Seil, an dem schon kritische Kinder zu raschen Folgerungen und Emanzipationen kommen sollen.[51]

Dagegen stellt er sein Ideal der Nachdenklichkeit:

> Der Nachdenkliche genießt allenfalls Nachsicht. Resultate werden von ihm nicht erwartet, wenn er sich erhebt. Es regt niemand auf, was er tut oder vielmehr nicht tut, am wenigsten ihn selbst. Eine der Beschreibungen von Nachdenklichkeit lautet, man lasse sich durch den Kopf gehen, was und wie es gerade kommt.[52]

Tun wir Benjamin unrecht? Denkt er mehr an die Eleganz des Hundertmeterläufers? Und in der Tat ist er an anderer Stelle wieder nah an Blumenbergs Umwegen. So beklagt er in »Kunst zu erzählen« die Preisgabe des Erzählens an die Information.[53]

Gehen und Sehen sind Geschwister: der detaillierte Blick, den Benjamin der Photographie zuschreibt, und die Synthesis des Stadtplans, der aber nur die Summe der Möglichkeiten ist, sich in seinem Labyrinth zu bewegen. Am Ende konstituieren sie ein Tableau, dessen Blicke miteinander korrespondieren. Diese Korrespondenzen sind die Energie der kleinen Form.[54]

---

51 Blumenberg, Hans: Nachdenklichkeit. In: Deutsche Akademie für Sprache und Dichtung (Hg.): *Jahrbuch 1980* (II. Lieferung), S. 57–61, hier S. 58; auch unter: https://www.deutscheakademie.de/de/auszeichnungen/sigmund-freud-preis/hans-blumenberg/dankrede. 07.07.2023.

52 Blumenberg: Nachdenklichkeit, S. 58.

53 Benjamin, Walter: Kunst zu erzählen. In: Ders.: *Gesammelte Schriften*, Bd. IV.1, S. 436–438; siehe auch Ders. (1991): Der Erzähler. Betrachtungen zum Werk Nikolai Lesskows. In: Ders. *Gesammelte Schriften*, Bd. II.2, S. 438–465, hier S. 445.

54 Ich danke Bettina Blumenberg und dem Deutschen Literaturarchiv Marbach sehr herzlich für die Erlaubnis, aus unpublizierten Teilen des Nachlasses von Hans Blumenberg zitieren zu dürfen.

Literaturverzeichnis

Adorno, Theodor W. (1953): *Minima Moralia. Reflexionen aus dem beschädigten Leben.* Frankfurt a.M.: Suhrkamp.

Benjamin, Walter (2021): *Werke und Nachlaß. Kritische Gesamtausgabe.* Bd. 14: *Texte über Städte, Berichte und Feuilletons,* hg. von Bernhard Veitenheimer in Zusammenarbeit mit Klaus Reichert. Berlin: Suhrkamp.

Benjamin, Walter (1972ff.): *Gesammelte Schriften.* 7 Bde. Frankfurt a.M.: Suhrkamp.

Black, Max (1983): Metapher. In: Haverkamp, Anselm (Hg.): *Theorie der Metapher.* Darmstadt: WBG, S. 55–79.

Black, Max (1983): Mehr über die Metapher. In: Haverkamp, Anselm (Hg.): *Theorie der Metapher.* Darmstadt: WBG, S. 379–413.

Black, Max (1962): *Models and Metaphors.* Ithaca, N.Y.: Cornell UP.

Black, Max (1954): Metaphor. In: *Proceedings of the Aristotelian Society* 55, S. 273–294.

Blumenberg, Hans (2022): *Ein mögliches Selbstverständnis. Lebensthemen,* neu hg. von Rüdiger Zill. Berlin: Suhrkamp.

Blumenberg, Hans (2001): *Ästhetische und metaphorologische Schriften.* Frankfurt a.M.: Suhrkamp.

Blumenberg, Hans (1987): *Die Sorge geht über den Fluß.* Frankfurt a.M.: Suhrkamp.

Blumenberg, Hans: Nachdenklichkeit. In: *Jahrbuch 1980* (II. Lieferung). Heidelberg: Lambert Schneider, S. 57–61.

Blumenberg, Hans (1980): Anthropologische Annäherung an die Aktualität der Rhetorik. In: Ders.: *Wirklichkeiten in denen wir leben.* Stuttgart: Reclam, S. 104–136.

Blumenberg, Hans (1964): Wirklichkeitsbegriff und Möglichkeit des Romans. In: Jauß, Hans Robert (Hg.): *Nachahmung und Illusion* (Poetik und Hermeneutik 1). München: Wilhelm Fink, S. 9–27.

De Certeau, Michel (1988): *Kunst des Handelns.* Berlin: Merve.

Haverkamp, Anselm (Hg.) (1983): *Theorie der Metapher.* Darmstadt: WBG.

Hensel, Georg/Hage, Volker (Hg.) (1985): *Indiskrete Antworten. Der Fragebogen des F.A.Z.-Magazins.* Stuttgart: Deutsche Verlags-Anstalt.

Jauß, Hans Robert (Hg.) (1964): *Nachahmung und Illusion* (Poetik und Hermeneutik 1). München: Wilhelm Fink.

Kleist, Heinrich von (1984): Über die allmähliche Verfertigung der Gedanken beim Reden. In: Ders.: *Sämtliche Werke und Briefe,* hg. von Helmut Sembdner. München: Hanser , Bd. 2, S. 319–324.

Marquard, Odo (1981): Laudatio auf Hans Blumenberg. In: Deutsche Akademie für Sprache und Dichtung (Hg.): *Jahrbuch 1980* (II. Lieferung). Heidelberg: Lambert Schneider, S. 53–56.

Mercier, Louis-Sébastien (1788): *Tableau de Paris* [1781], nouv. éd. corrigée et augmentée. Amsterdam.

Mercier, Louis-Sébastien (1979): *Mein Bild von Paris,* übertr. u. hg. von Jean Villain. Frankfurt a.M.: Insel.

Röhrich, Lutz (1994): *Lexikon der sprichwörtlichen Redensarten,* Bd. 3. Freiburg u.a.: Herder.

Schlaffer, Hannelore (1988): Ein Grund mehr zur Sorge. Hans Blumenbergs jüngste Veröffentlichungen. In: *Merkur* 470, S. 328–332.

Simenon, Georges (1970): *Maigret und der Mörder. Maigrets Jugendfreund. Maigret zögert.* Köln: Kiepenheuer & Witsch.

Stanitzek, Georg (2013): Zur Philologie der Philosophie. Carl von Linné – Hans Blumenberg – Thomas Kapielsky. In: Merkur 772, S. 799–806

Stifter, Adalbert (2005): *Werke und Briefe*, Bd. 9.1: *Wien und die Wiener in Bildern nach dem Leben*, hg. von Johann Lachinger. Stuttgart: Kohlhammer.

Stricker, Bernhard: Editorial. In: *Kulturwissenschaftliche Zeitschrift* 2/2024, Schwerpunktheft: Geistesgegenwart und Nachdenklichkeit. Kleine Formen der Intervention, S. 5-16.

Waldow, Stephanie (2006): *Der Mythos der reinen Sprache. Walter Benjamin, Ernst Cassirer, Hans Blumenberg. Allegorische Intertextualität als Erinnerungsschreiben der Moderne.* München: Fink.

Zill, Rüdiger (2022): Nachwort des Herausgebers. In: Blumenberg, Hans: *Ein mögliches Selbstverständnis. Lebensthemen*, neu hg. von Rüdiger Zill. Berlin: Suhrkamp, S. 326–350.

Zill, Rüdiger (2020): *Der absolute Leser. Hans Blumenberg. Eine intellektuelle Biographie.* Berlin: Suhrkamp.

Unveröffentlichte Archivquellen

Blumenberg, Hans: Ms. Klappentext zu *Die Sorge geht über den Fluß*, Sigle SFL E (DLA Marbach, A: Blumenberg).

Blumenberg, Hans: Bilder, die es nicht mehr gibt, Sigle UNF 9–11 (DLA Marbach, A: Blumenberg).

Paul Fleming

Der Witz und seine Beziehung zur Nachdenklichkeit: Kleine Formen bei Blumenberg und Freud

ABSTRACT: This article takes Hans Blumenberg's failure to mention Sigmund Freud in his 1980 Freud-Prize acceptance speech as an occasion to think through the importance of small forms in these two theorists' work. The essay explores Blumenberg's theory of »pensiveness« (Nachdenklichkeit) and what it may be missing by ignoring Freud and his notion of the joke (Witz). At stake are the ways Blumenberg and Freud mobilize small forms as modes and methods of thinking: from Nicht-Denken to Nachdenklichkeit to Nachdenken and back again. Ultimately, small forms in Blumenberg and Freud – in different ways and to different ends – can achieve or show what theory alone cannot.

KEYWORDS: Hans Blumenberg, Sigmund Freud, kleine Formen, Witz, Nachdenklichkeit

1. Der Witz, die kleine Form: Blumenberg und Freud

Vielleicht war es ein Witz. Oder ein Fehler. Sogar ein Lapsus.

Am 16. Oktober 1980 wurde Hans Blumenberg mit dem Sigmund-Freud-Preis ausgezeichnet und – wie üblich – gebeten, eine Preisrede zu halten, was er noch im selben Jahr tat. Das Ergebnis ist der zunehmend bedeutsame kurze Aufsatz »Nachdenklichkeit«,[1] der einiges dazu beiträgt, die zentralen Beziehungen zwischen kleinen Formen, Lebenswelt und Nachdenklichkeit in Blumenbergs Spätwerk zu erhellen und damit

1 »Nachdenklichkeit« ist in den zahlreichen Suhrkamp-Bänden von Hans Blumenbergs Werk (einschließlich der umfangreichen Publikationen aus dem Nachlass) noch nicht veröffentlicht worden. Der kurze Aufsatz wurde erstmals am 22.11.1980 in *der Neuen Zürcher Zeitung* sowie im selben Jahr im *Jahrbuch der Deutschen Akademie für Sprache und Dichtung* veröffentlicht. Er ist auch online auf der Website der Deutschen Akademie für Sprache und Dichtung verfügbar. Da dies die am leichtesten zugängliche Version ist, zitiere ich sie ohne Seitenzahlen oder bibliographische Angaben nach dieser Ausgabe; dort ist auch die Laudatio von Odo Marquard zu finden. Blumenberg, Hans (1980): Nachdenklichkeit. Rede zur Verleihung des Sigmund-Freud-Preises für wissenschaftliche Prosa. https://www.deutscheakademie.de/de/auszeichnungen/sigmund-freud-preis/hans-blumenberg/dankrede. 04.01.2024. Die Website gibt das Verleihungsdatum als 16.10.1980 an. Zur Wichtigkeit dieses kleinen Texts stellt Rüdiger Zill fest, dass »er einer der zentralen methodologischen Texte Blumenbergs« ist. Zill, Rüdiger (2015): Nachdenklichkeit, antik – und modern. Sokrates als Urbild narrativer Philosophie. In: Möller, Melanie (Hg.): *Prometheus gibt nicht auf: Antike Welt und modernes Leben in Hans Blumenbergs Philosophie.* Paderborn: Wilhelm Fink, S. 219–238, hier: S. 272.

einen weiteren Aspekt einer »Theorie der Unbegrifflichkeit« zu eröffnen. Die Freud-Preis-Rede ist in jeder Hinsicht bemerkenswert – gerade auch wegen dem, was sie auslässt oder ignoriert, wegen ihrer klaffenden Lücke: Freud selbst. Freud wird mit keinem Wort erwähnt. Auch nicht die Psychoanalyse. Und auch keine psychoanalytischen Fachbegriffe. Die Freud-Preis-Rede ist eine Freud-freie Zone. Das macht in der Tat nachdenklich.

Blumenberg hatte – bekanntlich – ein recht kompliziertes Verhältnis zu Sigmund Freud. Freud begleitete Blumenbergs Lesen und Denken über mehrere Jahrzehnte, in den späteren Jahren immer intensiver. In der zweiten Auflage von *Der Prozess der theoretischen Neugierde* (1973, Teil III der *Legitimität der Neuzeit*) spielt Freud eine prominente Rolle und gewinnt danach immer mehr an Bedeutung: Er ist ein wichtiger Dialogpartner in *Arbeit am Mythos* (1979), ein ganzes Kapitel ist Freud in *Die Lesbarkeit der Welt* (1981) gewidmet und er taucht in *Höhlenausgänge* (1989) sowie in Teilen von *Lebenszeit und Weltzeit* (1986) und der *Matthäuspassion* (1988) auf – ganz zu schweigen von den posthumen Werken: den »Freud-Facetten« in *Die Verführbarkeit des Philosophen* (2000), dem Aufsatz »Moses der Ägypter« in *Rigorismus der Wahrheit* (2015), einem Kapitel in *Die nackte Wahrheit* (2019) und den noch nicht erschienenen *Ausgeträumten Träumen*. Blumenberg kannte Freud und kannte ihn gut – allerdings nicht ohne tiefe Skepsis. Rüdiger Zill hat die Beziehung zwischen Freud und Blumenberg meisterhaft erforscht und beschreibt Freud zu Recht als einen bevorzugten »Sparringspartner«[2]; Freud ist weder intellektueller Held noch Feind, sondern eine Herausforderung. Blumenbergs Verhältnis zu ihm ist zu gleichen Teilen von Faszination und Distanz geprägt, einer Distanz, die im Laufe der Jahre nur noch größer wurde: »Blumenbergs Blick auf Freud wird immer kritischer und distanzierter«, schreibt Zill, »ohne dass der Autor seine Faszinationskraft für ihn verloren hätte.« Und weiter: »Je intensiver Blumenberg aber Freud liest, desto kritischer wird seine Einschätzung.«[3]

Ein (sehr) großzügiger Umgang mit der Freud-Lücke in der Freud-Preis-Rede wäre eine Entschuldigung zu finden – dass im Oktober 1980 Blumenberg nicht mit dem Preis gerechnet und Freud schon lange nicht mehr gelesen habe, zu diesem Zeitpunkt in andere Lektüren und Schreibtätigkeiten vertieft gewesen sei und dann, wie man es zu tun pflegt, wenn Fristen drohen, die kleine Rede so schnell wie möglich heruntergeschrieben habe. Das klingt plausibel – wären da nicht Blumenbergs Arbeiten zur Zeit der Rede. 1979 erscheint *Arbeit am Mythos*, worin er »Das Unheimliche«, die *Drei Abhandlungen*, *Jenseits des Lustprinzips*, *Aus der Geschichte einer infantilen Neurose* und immer wieder die Briefe Freuds zitiert. Im Wintersemester 1980/81 hielt Blumenberg

2 Zill, Rüdiger (2013): Zwischen Affinität und Kritik. Hans Blumenberg liest Sigmund Freud. In: Borck, Cornelius (Hg.): *Hans Blumenberg beobachtet: Wissenschaft, Technik und Philosophie.* Freiburg: Verlag Karl Alber, S. 126–148, hier: S. 127.

3 Zill: Zwischen Affinität und Kritik, S. 128 und 147.

eine Vorlesung über »Philosophisches bei Freud«.[4] 1981 wurde *Die Lesbarkeit der Welt* veröffentlicht, ein Buch, das Freud ein ausführliches Kapitel widmet (mit Hinweisen auf Freuds Briefe, die Goethe-Preis-Rede, die Vorlesungen, die *Drei Abhandlungen*, den *Abriss der Psychoanalyse*, *Das Ich und das Es*, *Jenseits des Lustprinzips*, *Die Traumdeutung* u.a.). Dieses Freud-Kapitel entstand höchstwahrscheinlich im gleichen Zeitraum wie das Typoskript von *Ausgeträumte Träume*, das »laut Produktionslisten zwischen September 1980 und April 1981 geschrieben worden« ist.[5] 1980 war Freud ganz sicher in Blumenbergs Gedanken und auf seinem Schreibtisch, doch nicht in dem Text, der für den Freud-Preis geschrieben wurde.

Blumenbergs Nicht-Erwähnung von Freud war also mit anderen Worten ganz sicher eine Vermeidung, eine Verweigerung, ja eine »Verdrängung«. In *Ausgeträumte Träume* zeigt sich als das, was den Philosophen vielleicht an Freud am meisten verärgerte, dessen Wendung des Widerstands zur indirekten Bestätigung seiner Theorie. Zill beschreibt deshalb *Ausgeträumte Träume* als »eine sehr kritische Auseinandersetzung mit Freud, vor allem mit dem, was Blumenberg ›Paratheorie‹ nennt: eine Metatheorie, die alle scheinbaren Falsifikationen einer Theorie auffängt und zu Verifikationen umdeutet«.[6] Kritik und Einsprüche werden unmöglich, wenn jeder Einwand gegen die Psychoanalyse als letzter Beweis für ihre Richtigkeit zu gelten hat.

Wir werden wohl nie erfahren, warum Blumenberg sich nicht die Mühe machte, Freud oder die Psychoanalyse in seiner Preis-Rede zu erwähnen. Was bleibt, sind Spekulationen und Rekonstruktionen dessen, was hätte sein können, kurzum, eine gesunde Portion »Mut zur Vermutung«[7]. Die Gründe, welcher Art sie auch immer sein mögen, sind letztendlich auch nicht von Belang. Interessanter ist die Frage: Was versäumt oder verpasst »Nachdenklichkeit« – als Rede, als Theorie –, indem sie Freud auslässt? In der Tat hätten Blumenberg und Freud sich gerade im Bereich der kleinen Formen etwas zu sagen gehabt: Wenn man bedenkt, welche zentrale Rolle kleine Formen im Werk beider Denker spielen, insbesondere beim frühen Freud und beim späten Blumenberg, könnte man sich keinen besseren Punkt der Konvergenz (oder zumindest der Auseinandersetzung) zwischen dem Philosophen und dem Psychoanalytiker vorstellen – trotz aller Vorbehalte, die Blumenberg Freud gegenüber gehabt haben mag.

Die Psychoanalyse entsteht (oder: nimmt Form an) in vielerlei Hinsicht aus kleinen literarischen Formen; die grundlegenden Texte mit Ausnahme der *Drei Abhandlungen*

4 Blumenberg, Hans (2015): *Rigorismus der Wahrheit: »Moses der Ägypter« und weitere Texte zu Freud und Arendt.* Hg. von Ahlrich Meyer. 1. Aufl. Berlin: Suhrkamp, S. 108.

5 Zill, Rüdiger (2020): *Der absolute Leser: Hans Blumenberg. Eine intellektuelle Biographie.* 1. Aufl. Berlin: Suhrkamp, S. 409. Siehe auch Zill: Zwischen Affinität und Kritik, S. 128, Fn. 5.

6 Zill: Zwischen Affinität und Kritik, S. 128.

7 Blumenberg, Hans (1998): *Paradigmen zu einer Metaphorologie.* Frankfurt a.M.: Suhrkamp, S. 13.

– *Die Traumdeutung*, *Zur Psychopathologie des Alltagslebens* und *Der Witz und seine Beziehung zum Unbewussten* – bestehen zu einem großen Teil aus kurzen Erzählungen und deren Analyse: ein Traum wird erinnert, ein Witz erzählt, eine Anekdote über eine Fehlleistung präsentiert, und dann wird jede dieser Erzählungen analysiert, seziert, neu verknüpft und erläutert, um ihre verborgenen Strukturen, Absichten und Motivationen aufzudecken. Blumenberg wiederum wendet sich gerade in der Zeit seiner intensiven Auseinandersetzung mit Freud den kleinen Formen als Theorieform zu, just als er sich der Lebenswelt annimmt. So richtet Blumenberg im Postskriptum zu *Schiffbruch mit Zuschauer* (1979), »Ausblick auf eine Theorie der Unbegrifflichkeit«, sein Denken auf die Lebenswelt aus (die nicht-begriffliche, vor-epistemologische Welt der Selbstverständlichkeit) und erweitert seine *Metaphorologie* (1960) um eine Vielzahl von kleinen, literarischen Formen: Anekdoten, Fabeln, Mythen, Glossen, die in Blumenbergs eigenen theoretischen Schriften bis zu seinem Tod eine immer größere Rolle spielen werden.

Die treibende Frage einer Theorie der Unbegrifflichkeit ist weniger das ›Was‹ oder gar das ›Wie‹ des Denkens (d.h. sein Verhältnis zur Begriffsbildung), sondern vielmehr und vor allem sein ›Warum?‹ – warum fangen wir überhaupt an zu denken, was sind die Stolpersteine, die uns erst innehalten lassen und uns zum Denken antreiben? Die Konzentration auf die Lebenswelt lenkt die Theorie daher auf das Primat der Fragen – den Motor des Denkens – und nicht auf die Antworten oder Ergebnisse. Oder, wie Blumenberg schreibt: »Wenn wir schon einsehen müssen, daß wir nicht *die* Wahrheit von der Wissenschaft erwarten dürfen, so wollen wir doch wenigstens wissen, weshalb wir wissen wollten, was zu wissen nun mit Enttäuschung verbunden ist.« [8] Es handelt sich also um eine Frage der Neugier, von der sich in Metaphern, Mythen, Fabeln, Glossen und Anekdoten Spuren finden, negative Abdrücke der sonst unzugänglichen Lebenswelt im Moment ihres Bruchs, »Leitfossilien einer archaischen Schicht des Prozesses der theoretischen Neugierde«. [9] Kleine Formen sind *theoretisch* wichtig, denn als Modi des Denkens ohne Begriff können sie den Grenzraum zwischen der Lebenswelt – dem Universum der Selbstverständlichkeiten – und ihrem Anderen, der Theorie, nachzeichnen. Kleine Formen nehmen in Blumenbergs Spätwerk einen privilegierten Platz ein, weil sie theoretisch das leisten können, was die Theorie selbst nicht kann – dieses ›Andere des Denkens‹, die Ränder der Lebenswelt in dem Moment, in dem sie ihre Selbstverständlichkeit verliert, abzubilden.

Aber zumindest eine kleine Form fehlt in Blumenbergs Spätwerk: der Witz. Und der Witz ist vielleicht *die* entscheidende kleine Form bei Freud. Sogar der Traum erregt den

8 Blumenberg, Hans (1979): *Schiffbruch mit Zuschauer: Paradigma einer Daseinsmetapher*. 1. Aufl. Frankfurt a.M.: Suhrkamp, S. 87.

9 Blumenberg: Schiffbruch, S. 87.

Verdacht, »witzig erscheinen« zu wollen.[10] Beim Witz steht jedoch etwas anderes als Nachdenklichkeit auf dem Spiel: Er ist bei Freud eine kleine Form, in der ein Gedanke sich explizit vor der Kritik versteckt und sich verkleidet, damit die Zuhörenden an diesem Gedanken Lust empfinden können, ohne über ihn nachzudenken. Im Witz versucht der Gedanke, die Nachdenklichkeit zu umgehen.

2. Nach der Lebenswelt: Blumenbergs Nachdenklichkeit

Die Zentralität der kleinen Formen bei Blumenberg setzt mit der Lebenswelt ein, einer vortheoretischen Welt des Sich-Orientierens, in der eine bequeme, ungestörte Selbstverständlichkeit herrscht. Die Lebenswelt ist, wie Manfred Sommer betont, eine Welt ohne Begriffe, ohne Logik.[11] Im Nachlass-Band *Theorie der Lebenswelt* ist Blumenberg noch deutlicher: »Nicht zu denken ist durchaus normal.«[12] Das Denken, wenn es denn kommt, bedeutet eine Unterbrechung dieser Welt der Selbstverständlichkeit. Am Ende seiner Freud-Preis-Rede behauptet Blumenberg: »Woran wir sind, daran denken wir, weil wir dabei gestört wurden, nicht daran zu denken.«[13] Das Denken tritt erst dann auf, wenn die Welt der Selbstverständlichkeiten nicht mehr ganz so selbstverständlich ist. Diese Feststellung ist keine Kritik, kein Zeichen von Verzweiflung: Sie ist im Gegenteil ›ganz normal‹. Gerade an dieser Schwelle (Lebenswelt/Nachdenklichkeit; Selbstverständlichkeit/Störung) kommen kleine Formen zu Geltung. Ihr literarischer Effekt – vor allem derjenige der geselligen, mündlichen, alltäglichen Erzählformen wie Anekdote und Fabel – zeichnet die Störung der Lebenswelt nach, schreibt ihre Umrisse in der Sprache der Nachdenklichkeit auf. Kleine Formen rütteln, wenn auch nur leicht, an der Selbstverständlichkeit der Lebenswelt. Die Dinge passen nicht mehr ganz zusammen, und das ist ein Grund für Nachdenklichkeit.

In gewisser Weise ergibt der Bezug auf Freud für Blumenbergs Theorie der Lebenswelt durchaus Sinn: Es gibt vielleicht keinen Denker, der dem Raum, in dem das bewusste Denken nicht dominiert, mehr intellektuelle Energie gewidmet hat als Freud.

---

10 Freud, Sigmund (1997): *Gesammelte Werke, chronologisch geordnet.* 5. Aufl. Frankfurt a.M.: S. Fischer, Bd. II/III, S. 303–304. Es war Freuds Freund Wilhelm Fließ, der diesen Verdacht erstmals äußerte, »daß der Träumer oft zu witzig erscheine.« Im Folgenden werden Freuds Gesammelte Werke mit der Sigle GW zitiert, gefolgt von der Bandnummer in römischen Ziffern und der Seitenzahl.

11 Sommer, Manfred (2014): Lebenswelt. In: Buch, Robert/Weidner, Daniel (Hgg): *Blumenberg Lesen: Ein Glossar.* 1. Aufl. Berlin: Suhrkamp, S. 160–170, hier: S. 160.

12 Blumenberg, Hans (2010): *Theorie der Lebenswelt.* Hg. von Manfred Sommer. 1. Aufl. Berlin: Suhrkamp, S. 61.

13 Siehe auch »[W]ir denken, weil wir dabei gestört werden, nicht zu denken.« Blumenberg: *Theorie der Lebenswelt,* S. 61.

Und so wie Freud sich methodologisch mit der Schwelle und technischen Mittel des Überganges zwischen dem Unbewussten und dem Bewussten befasst, so spürt der spätere Blumenberg dem liminalen Bereich zwischen dem Nicht-Denken der Lebenswelt und den Formen nach, die sie erst zu artikulieren beginnen. Und in beiden Fällen, bei Freud wie bei Blumenberg, sind es die kleinen Formen (Traumerzählungen, Fehlleistungen, Witze, Anekdoten, Fabeln, Glossen usw.), die den Zugang zu diesem Grenzbereich zwischen Nicht-Denken und Denken, Unbewusstem und Bewusstem am besten ermöglichen.

Schon Blumenbergs Freund Odo Marquard konstatierte früh eine strukturelle Analogie zwischen dem Philosophen und dem Psychoanalytiker in der Suche nach dem Verborgenen, das den Oberflächenerscheinungen zugrunde liegt. Zill geht noch um einiges weiter: Zu den vielen Affinitäten gehört für ihn beispielsweise, dass sowohl der Freud'sche Traum als auch die Blumenberg'sche absolute Metapher eine Übersetzung zwischen dem Sprachlichen und dem Bildlichen vollziehen; dass sowohl der Traum als auch die absolute Metapher sich den Kategorien der ›Falschheit‹ und ›Negation‹ entziehen; dass beide auf Verdichtung und Verschiebung beruhen; dass beide Denker »die Vorliebe fürs scheinbar nebensächliche Detail« sowie die Faszination für die Möglichkeit einer »unendlichen Theorie« teilen.[14]

Ich möchte die grundlegende Arbeit von Zill ergänzen und argumentieren, dass es eine strukturelle oder funktionelle Affinität zwischen der Lebenswelt und dem Unbewussten gibt, und zwar genau in der Weise, wie kleine Formen auf ihrer ›Schwelle‹ liegen und ihre Umrisse nachzeichnen können. Das heißt nicht, dass Lebenswelt und Unbewusstes identisch sind, im Gegenteil. Es geht lediglich um eine strukturelle Affinität ihrer Funktion in ihrem jeweiligen System. Die Lebenswelt wird nicht verdrängt oder dem Bewusstsein entzogen; nein, die Lebenswelt ist die Welt, in der alles selbstverständlich ist, und daher gibt es für diejenigen, die sich in ihr befinden, keine Notwendigkeit, darüber nachzudenken, geschweige denn sie zu verdrängen oder sie als Problem zu sehen – die Lebenswelt ist einfach gegeben und wird daher als selbstverständlich erlebt.

Wenn es aber um die Mechanismen oder Mittel der Auseinandersetzung mit der Lebenswelt und dem Unbewussten geht, können beide nicht direkt dargestellt werden, sondern sind nur indirekt über kleine Formen zugänglich. Als das vor-begriffliche, vorlogische Rückgrat des Denkens kann die Lebenswelt niemals in das Denken eindringen, und zwar aus dem einfachen Grund, dass jede Theorie das entscheidende Merkmal der Lebenswelt auslöscht: die Selbstverständlichkeit. Wenn wir aufdecken wollen, was eine Lebenswelt ›ausmacht‹ – ihre Gegebenheit, ihre Selbstverständlichkeit –, zerstören wir sie unweigerlich. Jede Theorie der Lebenswelt macht ihren Gegenstand

14 Zill: Zwischen Affinität und Kritik, S. 135. Siehe auch Zill: Der absolute Leser, S. 466–469.

zunichte.[15] Und doch ist die Lebenswelt ständig ›da‹, auch wenn sie nicht ständig ›anwesend‹ ist. Daher können wir bestenfalls die Umrisse der Lebenswelt nachzeichnen und ein negatives Bild des ›Anderen des Denkens im Denken‹ anbieten. Und für Blumenberg wie auch für Freud tun dies die kleinen Erzählformen. Aber in der Freud-Preis-Rede sagt Blumenberg natürlich nichts von alledem – weder zu den Gemeinsamkeiten mit Freud noch zu den Unterschieden.

Die Rede beginnt mit einer fast schon freudschen Einsicht: Die Neigung des Menschen zum Innehalten hat etwas Neurotisches. Während alle anderen Tiere sofort auf Reize reagieren, ist der Mensch »das Wesen, das zögert«.[16] Der Mensch kann abwarten und tut es, ist unentschlossen. Dieses (Nicht-)Reagieren wäre tödlich, wäre es nicht auch die Grundlage für ein erweitertes Spektrum an Aktivitäten, Leistungen und Wahrnehmungen, die wir »Erfahrung nennen« – einschließlich der Geschichten, die darüber erzählt werden. Der Mensch wartet und geht nicht den kürzesten Weg, und dieses Umherschweifen führt zu neuen erfahrungs- und wissensbasierten Praktiken, die »Kultur« ausmachen.[17] Wie bei Freuds verschiedenen spekulativen Theorien über die Anfänge der Kultur wird Blumenbergs vermutete Archäologie des Zögerns als Basis der menschlichen Kultur niemals beweisbar sein: Diese Unentschiedenheit »mag der erste, in keiner Ausgrabung jemals nachweisbare Schritt zur Kultur als einem Verzicht auf die raschen Lösungen, die kürzesten Wege gewesen sein.«[18]

Aber welcher Anlass bewirkt ein Zögern? Zögern ist – und hier berühren wir die Lebenswelt – »Folge einer Störung«. Das Zögern ist das Innehalten, das sich aus der Störung der Lebenswelt ergibt und gleichzeitig die Möglichkeit für Erfahrung, Kultur und neue Quellen der Lust eröffnet: zum Beispiel eine Unterbrechung der vom Leben verlangten »Zweckmäßigkeit«, um die Lust an »Zweckfreiheit« zu entdecken. Und damit sind wir bei der Nachdenklichkeit – einer nicht-instrumentellen Denkweise, die *nicht* Entschiedenheit, *nicht* die Lösung eines Problems, *nicht* das Mittel zum Zweck, *nicht* die Überwindung einer Schwierigkeit anvisiert. Im Gegensatz zur Nachdenklichkeit erforscht Denken den kürzesten Weg – wo es ein Problem gibt, sucht das

15 Vgl. Fleming, Paul (2012): On the Edge of Non-Contingency: Lifeworld and Anecdotes. In: *telos* 158, S. 21–36; vgl. auch Sommer: Lebenswelt.

16 Blumenberg: Nachdenklichkeit.

17 In *Die Sorge geht über den Fluß* beschreibt Blumenberg Kultur folgendermaßen: »Kultur besteht in der Auffindung und Anlage, der Beschreibung und Empfehlung, der Aufwertung und Prämierung der Umwege. [...] Die vermeintliche ›Lebenskunst‹ der kürzesten Wege ist in der Konsequenz ihrer Ausschlüsse Barbarei.« Blumenberg, Hans (1987): *Die Sorge geht über den Fluß*. 1. Aufl. Frankfurt a.M.: Suhrkamp, S. 137. Im *Trauerspiel*-Buch beschreibt Benjamin bekannterweise sein Verfahren mit den Worten: »Methode ist Umweg.« Benjamin, Walter (1978): *Ursprung des deutschen Trauerspiels*. In: ders.: *Gesammelte Schriften*, Bd. I.2. Hg. von Rolf Tiedemann und Hermann Schweppenhäuser. 1. Aufl. Frankfurt a.M.: Suhrkamp, S. 203–430, hier: S. 208.

18 Blumenberg: Nachdenklichkeit.

Denken nach einer Antwort. Denken, so Blumenberg, gehört zu den Grundfertigkeiten vieler Disziplinen, von der Technik bis zur Philosophie. Nachdenklichkeit ist etwas anderes. Sie gehört zu keinem bestimmten Beruf oder Fachgebiet. In der Tat erwartet man von ihr keine Ergebnisse oder Resultate. Frei von Zweckmäßigkeit ist sie ausdrücklich an das freie Spiel in der Ästhetik gebunden – das Vergnügen an den frühesten Bewegungen der Reflexion ohne beabsichtigtes Ergebnis. Eine angemessene Beschreibung wäre: »man lasse sich durch den Kopf gehen, was und wie es gerade kommt.«[19] Die Nachdenklichkeit hat kein bestimmtes Ziel, sondern beinhaltet die Freiheit, dem Geist zu folgen, wohin er auch abschweift, indem man »die Strenge der Kontrolle zu lockern« erlaubt. Freud hat ein Wort, ja eine ganze Technik für all dies: die freie Assoziation. Auch hierüber schweigt Blumenbergs »Nachdenklichkeit«, was daran liegen mag, dass die Funktion der freien Assoziation bzw. der Nachdenklichkeit in beiden Systemen sehr unterschiedlich ist. Bei Freud soll der/die Analysand:in frei assoziieren, um sich der Zensur am besten zu entziehen und Wege zum Unbewussten zu öffnen, an und mit denen in der analytischen Situation dann gearbeitet werden kann. Bei Blumenberg bereitet die Nachdenklichkeit im Gegensatz dazu nichts vor, sondern ist selbst eine endgültige Form der Nicht-Analyse oder Nicht-Deutung. Nachdenklichkeit ist deshalb eine Anti- oder Nicht-Hermeneutik, die explizit verweigert, eine eindeutige Interpretation zu finden. Und obwohl sie eng mit dem Vergnügen verbunden ist, ist diese Lust an Nachdenklichkeit untrennbar vom aktiv reflektierenden Subjekt; in der Nachdenklichkeit genießt das Subjekt ein mentales Mäandern. Beim Freud'schen Witz ist das anders.

Um das lustvolle, abschweifende freie Spiel der Nachdenklichkeit anhand von kleinen Formen zu veranschaulichen, wählt Blumenberg bekanntermaßen »ein Gebilde von großer und doch kunstvoller Einfachheit«, nämlich die Äsop-Fabel »Der Greis und der Tod«. In aller Kürze wird der Effekt von Zögern, Nachdenklichkeit und gleichzeitigem Unterbrechen und Nachzeichnen des lebensweltlichen Horizonts hergestellt:

> Ein Greis fällte einst Holz, lud es sich auf und ging eine lange Strecke. Der Weg ermüdete ihn. Er lud seine Last ab und rief nach dem Tod. Der erschien alsbald und fragte, weshalb er ihn gerufen habe. Der Greis antwortete: Um mir die Last wieder aufzuladen.

Blumenberg kommentiert: »Man spürt, daß die kleine, die kleinstmögliche Geschichte, wenn man sich ihr überläßt, nachdenklich macht. Nichts weiter und nichts mehr als nachdenklich.«[20] Das ist die intendierte Wirkung, das Zeichen des Erfolgs. Eine kleine Geschichte macht nachdenklich: das ist ihr erster – und letzter – literarischer Effekt.

---

19 Blumenberg: Nachdenklichkeit.

20 Blumenberg: Nachdenklichkeit.

Innerhalb von fünf kargen, schmucklosen Sätzen geschieht ein unerwarteter und rätselhafter Wandel: von einer Erschöpfung, in der der Tod die einzige Rettung zu sein scheint, zum Tod als Mittel, um dieses überfordernde Leben fortzusetzen. Man fragt sich: Was ist hier passiert? Der lebensweltliche Sinn des Todes als Ausweg aus der Last des Lebens wird durchkreuzt – wir wissen nicht, warum und wie –, und der Tod wird zum Ermöglicher des Weiterlebens. Die Fabel selbst enthält eine Pause – das Ablegen der Last –, die den Bruch herbeiführt, der zum Nachdenken führt, aber auch jeden klaren Deutungsweg unterbricht.

Selbst wenn einer Fabel eine Moral angehängt wird, wie es bei vielen Fabeln (nachträglich) der Fall ist, mangelt es ihr oft an einem zureichenden Bezug zur Geschichte und sie verursacht, so Blumenberg, »[n]icht nur eine traurige Reduktion des Fabelsinns, sondern die Störung der gerade geweckten Nachdenklichkeit«.[21] Immer wieder wird unterstrichen: die unmittelbare Wirkung von und das Zeichen für den Erfolg der Fabel ist die anhaltende Nachdenklichkeit. Die Fabel zu erklären, zerstört den gewünschten Effekt – das Mäandern des Nachdenkens. Dies ist eine Variante von Benjamins Ablehnung jeglicher Erklärung im »Erzähler«-Aufsatz: Eine wirksame Geschichte muss ihre Mehrdeutigkeit, ihren rätselhaften Charakter bewahren. Und sie bewahrt ihre generative Kraft, indem sie auf jeden Satz verzichtet, der »die Tiefe dessen verflacht, was nur in der Nachdenklichkeit umfaßt, nicht erfaßt werden kann«. Äsop ist, wie Benjamins Herodot, »der trockenste«, er »erklärt nichts«.[22] Wir wissen nicht, was der alte Mann denkt, als er seine Last ablegt, warum er den Tod an seine Seite ruft, was ihm durch den Kopf geht, ob er seine Meinung ändert, usw. Blumenberg kommentiert: »Eben durch das, worauf die Fabel verzichtet, gewährt sie uns den Spielraum der Nachdenklichkeit.«[23] Wie bei Benjamins »Erzähler« ist es gerade das Nicht-Sagen, das Unterlassen, das den Raum für »Staunen und Nachdenken« eröffnet.[24] In diesem freien, abschweifenden Nachdenken kartieren kleine Formen den Grenzraum außerhalb der gerade gestörten Lebenswelt, einen liminalen Bereich, der – wie Florian Fuchs betont – von dem Unverstand oder Nichtverstehen der Nachdenklichkeit positiv ausgefüllt wird.[25] Das Fazit der Freud-Rede ist deutlich genug: »Nachdenklichkeit

21 Blumenberg: Nachdenklichkeit.

22 Benjamin, Walter (1978): Der Erzähler. In: ders.: *Gesammelte Schriften*, Bd. II.2, S. 438–465, hier: S. 446.

23 Blumenberg: Nachdenklichkeit.

24 Benjamin: Der Erzähler, S. 446.

25 »›[N]onunderstanding‹ works as the opposite to ›obviousness‹ (*Selbstverständlichkeit*)«; und: »Nonunderstanding thus negatively denotes the space between a fable and its possible answers, an incomprehension the fable opens between life and life-world that pensiveness can positively occupy.« Fuchs, Florian (2022): Decoding Aesop: Blumenberg's Fabulistic Turn. In: *New German Critique* 145, S. 163–183, hier: S. 174 und 176.

heißt: Es bleibt nicht alles so selbstverständlich, wie es war. Das ist alles.«[26] Dies ist vielleicht die einfachste Definition von Nachdenklichkeit: ›das Ende der Selbstverständlichkeit‹. Und so endet die Freud-Preis-Rede ohne Freud oder die Psychoanalyse auch nur zu erwähnen. Vielleicht sollte diese Lücke ihre eigene Nachdenklichkeit erzeugen.

3. Es gibt zu denken: Freuds Witz

Während Blumenberg *Die Traumdeutung*, Freuds Briefe und viele weitere Texte aus Freuds Werk genau gelesen hat und häufig darauf Bezug nimmt, sind weder *Zur Psychopathologie des Alltagslebens* noch *Der Witz und seine Beziehung zum Unbewussten* in Blumenbergs ausführlicher Leseliste, in der Freud ab Anfang der 1970er-Jahre immer präsenter wird, aufgeführt – wohl aber Freuds Vorlesungen, die einen Überblick über diese Themen geben. Wir wissen aus *Die Lesbarkeit der Welt*, dass Blumenberg zumindest den Schlüsselbegriff der »Fehlleistung« aus der *Psychopathologie* sehr wohl kannte. Das ist nicht weiter verwunderlich, denn die Hunderte von Fehlleistungen mit ihren unerwarteten Momenten des Vergessens, Versprechens, Vergreifens, Verlesens, Verschreibens und sonstigen Ausrutschern sollten einen nachdenklich machen. Freuds *Psychopathologie des Alltagslebens* und die kleine Form der Parapraxis sind einer Theorie der Nachdenklichkeit leicht zuzuordnen – einschließlich Freuds eigener (Fehl-)Deutung einer vermeintlichen Fehlleistung (der ›falschen‹ Buchstabierung des Griechischen »thalassa« in einem Brief an Arnold Zweig).[27]

Hinweise auf Witze bei Freud, ob aus den Vorlesungen oder aus dem *Witz*-Buch sind – soweit ich weiß – bei Blumenberg eine Leerstelle. Damit soll nicht gesagt sein, dass es einen Grund für dieses Fehlen gäbe, sondern lediglich, dass diese Abwesenheit für die Beziehung zwischen kleinen Formen und der Nachdenklichkeits-Theorie von Belang ist. Das Fehlen des *Witz*-Buches ist wichtig, weil – wie am Anfang bemerkt – der Witz ein einzigartiges Problem für die Beziehung zwischen Lebenswelt (Nicht-Denken), Störung und Nachdenklichkeit darstellt. Ja, ein Witz kann die Welt der Selbstverständlichkeit stören (wenn vielleicht auch *nicht immer*, wir werden darauf zurückkommen), aber er tut dies sozusagen hinter dem Rücken des bewussten Subjekts. Die eine kleine Form (Blumenbergs Fabel) bringt einen zur Nachdenklichkeit; die andere (Freuds Witz) versteckt einen Gedanken (in der Witzverkleidung), damit die Lachenden gerade nicht über ihn, den Gedanken, nachdenken.[28]

---

26 Blumenberg: Nachdenklichkeit.

27 Blumenberg, Hans (1981): *Die Lesbarkeit der Welt.* 1. Aufl. Frankfurt a.M.: Suhrkamp, S. 363–364.

28 Im ökonomischen Modell des frühen Freud entsteht das Vergnügen eines Witzes aus der eingesparten Energie, die das Realitätsprinzip sonst aufwenden muss, um die Wünsche und For-

Freud beschreibt zwei Haupttechniken des Witzes: den Wortwitz und den Gedankenwitz. Der erste funktioniert weitgehend auf der Ebene des Buchstabens. Die Wortwitze werden im Folgenden zugunsten der Erzähl- bzw. Gedankenwitze beiseitegelassen, da es bei Blumenbergs Hinwendung zur Lebenswelt gerade um das erzählerische Element (Anekdoten, Fabeln, Glossen usw.) und sein Verhältnis zur Nachdenklichkeit geht. Außerdem nennt Freud die Gedankenwitze mehrmals »Anekdoten«,[29] was sie in immer größere Nähe zu Blumenberg bringt. Im Gedanken-Witz besteht der zentrale Mechanismus zur Sicherung eines »kleinen Lustgewinns« darin, den »Schein von Logik [...] als geeignete Fassade für einen Denkfehler«[30] zu benutzen. Es ist wichtig zu betonen, dass die Logik, oder vielmehr ihr Schein, als Maske fungiert, die einem Gedankengang zugleich Form verleiht und etwas verbirgt. Der Gedankengang erweist sich, sobald er ans Licht kommt, als fehlerhaft. Sam Weber fasst diese Verwendung des Gedankens als Lockvogel bei Freud sehr treffend zusammen: »[T]houghts, in the articulations of the unconscious, serve as foils, lures, and snares for something else, far more difficult to articulate.«[31] Der Gedanke im Witz ist, kurz gesagt, nicht dazu da, uns zum Denken zu bringen, sondern um uns vom Denken abzulenken.

Im *Witz*-Buch greift Freud immer wieder auf mehrere exemplarische Gedankenwitze zurück, wobei »Lachs mit Mayonnaise« als Vorbild dient. »Lachs« ist der »reinste« Gedankenwitz und deshalb »das so lehrreiche Beispiel«.[32]

> Ein Verarmter hat sich von einem wohlhabenden Bekannten unter vielen Beteuerungen seiner Notlage 25 fl. [Gulden] geborgt. Am selben Tage noch trifft ihn der Gönner im Restaurant vor einer Schüssel Lachs mit Mayonnaise. Er macht ihm Vorwürfe: »Wie, Sie borgen sich Geld von mir aus und dann bestellen Sie sich Lachs mit Mayonnaise. Dazu haben Sie mein Geld gebraucht?« »Ich verstehe Sie nicht,« antwortet der Beschuldigte,

---

derungen des Lustprinzips in Schach zu halten. Im Ernst des Alltags ist ein ständiger Aufwand an psychischer Energie erforderlich, um ein gewisses Maß an Selbstbeherrschung aufrechtzuerhalten, das die Voraussetzung für die Zugehörigkeit zur gemeinsamen, sozialen Welt bildet. Das Vergnügen des Witz-Zuhörers entsteht deshalb »durch momentane Aufhebung von Verdrängungsaufwand nach der Verlockung durch eine dargebotene Lustprämie (Vorlust)«. GW XIV, S. 91–92. Der Witz erzeugt einen kleinen, gesellschaftlich vereinbarten Riss in diesem Gebilde, erspart uns vorübergehend diesen Energieaufwand und bietet »einen kleinen Lustgewinn«. GW VI, S. 204. Zum Verhältnis zwischen Psychoanalyse und Witz siehe Fleming, Paul (2017): Witz. In: Berndt, Frauke/Goebel, Eckart/Hees, Johannes/Roehl, Max (Hgg.): *Handbuch Literatur & Psychoanalyse.* 1. Aufl. Berlin: De Gruyter, S. 478–494.

29 Siehe GW VI, S. 51 (»Lachs mit Mayonnaise«), 79 (»And where is the saviour?«), 231 (der »Echo«-Witz).

30 GW VI, S. 63.

31 Weber, Sam (2000): *The Legend of Freud.* Expanded ed. Stanford, Calif.: Stanford University Press, S. 127.

32 GW VI, S. 53 und 58.

»wenn ich kein Geld habe, kann ich nicht essen Lachs mit Mayonnaise, wenn ich Geld habe, darf ich nicht essen Lachs mit Mayonnaise. *Also wann soll ich eigentlich essen Lachs mit Mayonnaise?*«[33]

Der Witz funktioniert, indem der Verarmte eine diskursive Schauseite produziert, »an der ein auffälliges Angebot von logischer Arbeit zu bemerken« ist; das einzige Problem ist, »dass diese Logik einen Denkfehler, nämlich eine Verschiebung des Gedankenganges, zu verdecken hatte«.[34] In der Anekdote wird der Schein des logischen Arguments in den Dienst eines un- oder alogischen Ergebnisses gestellt. Mit einer Frage konfrontiert, beantwortet der verarmte Mann eine andere, dies jedoch auf so subtile Weise, dass seine Antwort als direkte Reaktion auf die gestellte Frage erscheint. Der Gönner fragt: Welches Recht hast Du in Deiner Not, meine Almosen an Deine Gelüste zu verschwenden, statt sie auf Bedürfnisse zu verwenden? Der Arme aber trennt die Geldquelle – den Gönner – von seinem eigenen Wunsch, endlich die guten Dinge des Lebens zu genießen, und argumentiert durchaus logisch: Wenn er kein Geld hat, kann er keinen Lachs essen, wenn er Geld hat, ist es ihm nicht erlaubt. Folgt er dem Willen des Gönners, so muss er auf seine Lust immer verzichten, auch wenn seine augenblickliche finanzielle Situation ihm den Genuss erlauben würde. Das hyperbolische Endspiel des Bettlers (aber ist es nur hyperbolisch?) besteht darin, auszustellen, dass der Wohltäter, wenn es nach ihm ginge, niemals einem Armen Lachs mit Mayonnaise gönnen würde – ein Punkt, den der arme Mann durch seine dreifache Wiederholung von »Lachs mit Mayonnaise« betont. Indem der Arme eine Bedingung (»Sie borgen sich Geld von mir aus …«) in eine Verabsolutierung umwandelt (»Also wann soll ich… ?«), verstärkt und unterstreicht er seinen Double-Bind, der die moralische Ökonomie der protestantischen Ethik darstellt: Er sollte auf seine Lüste verzichten, unabhängig von seiner aktuellen finanziellen Situation: Geld oder kein Geld – kein Lachs mit Mayonnaise.[35]

Freud betont den vollen Einsatz der Witzarbeit (hier vor allem in Form der Verschiebung des Gedankenganges, nicht der Worte[36]), indem er den ›Sinn‹ der Antwort

33 GW VI, S. 51.

34 GW VI, S. 58.

35 Eine ähnlich witzige Mischung aus Unverschämtheit und Rechthaben überdeckt von einer Schein-Logik findet sich in folgendem Witz: »Ein Schnorrer trägt dem reichen Baron seine Bitte um Gewährung einer Unterstützung für die Reise nach Ostende vor; die Ärzte hätten ihm Seebäder zur Herstellung seiner Gesundheit empfohlen. ›Gut, ich will Ihnen etwas dazu geben,‹ meint der Reiche, ›aber müssen Sie gerade nach Ostende gehen, dem teuersten aller Seebäder?‹ — ›Herr Baron,‹ lautet die zurechtweisende Antwort, ›für meine Gesundheit ist mir nichts zu teuer‹.« Freud kommentiert: »Gewiß, ein richtiger Standpunkt, nur eben nicht richtig für den Bittsteller.« GW VI, S. 58; vgl. GW VI, S. 124.

36 Der Witz »Torte und Likör« mobilisiert eine ähnliche Verschiebung des Gedankenganges, um einen Denkfehler unter einem »Schein von Logik« zu verstecken: »Ein Herr kommt in eine Konditorei und läßt sich eine Torte geben; bringt dieselbe aber bald wieder und verlangt an ihrer

des armen Mannes in die folgende nicht-witzige Form übersetzt und damit reduziert: »Was mir schmeckt, kann ich mir nicht versagen, und woher ich das Geld nehme, ist mir gleichgültig.« Freud kommentiert weiter: »Das wäre kein Witz sondern ein *Zynismus.*«[37] Die Krux des Witzes – gleichzeitig literarische und psychoanalytische Form zu sein – wird an diesem Kommentar hinlänglich deutlich. ›Übersetzt‹ man den verschobenen Gedankengang in einen direkten Ausdruck, verliert man nicht nur das ›Witzige‹ des Witzes (den Beitrag aus dem Unbewussten und seine technischen Mittel), sondern auch, und wichtiger, die komplexen, vielfältigen Effekte. Der Witz-Effekt ist also untrennbar von der Witz-Form; er kann nicht in eine andere Sprechweise übersetzt werden, ohne den Witz zu zerstören.

Der Witz ist weder der verdrängte Gedanke (»Also wann soll ich eigentlich Lachs mit Mayonnaise essen?«) noch der direkte Gedanke dahinter (»Was mir schmeckt, kann ich mir nicht versagen«). Der Witz ist der Effekt des Aufwands an »Schein-Logik«, um das Genießen zu verteidigen. Das resultierende Lachen bietet eine, wenn auch nur momentane Zustimmung zum Recht auf das Lustprinzip. Das ist wichtig: Beim Lachen ergreift man die Partei der verarmten Person – ohne darüber nachzudenken oder zu wissen warum. Freud bezeichnet diesen Witz daher als »epikureisch«, nicht nur, weil er das Lustprinzip verteidigt, sondern auch, weil er die Zuhörenden (vielleicht sogar den Gönner) dazu zwingt – wenn auch nur kurz – das Recht auf Genuss zu bejahen. Der latente Gedanke des Witzes lautet: »Ja, der Mann hat recht, es gibt nichts Höheres als den Genuß, und es ist ziemlich gleichgültig, auf welche Art man sich ihn verschafft.«[38] So sehr wir uns auch gegen diesen Gedanken sträuben und ihn sogar »abstoßend«[39] finden mögen, so haben wir doch alle – nach Freud – Momente, in denen wir dieser Ansicht zustimmen, denn wir alle kennen die Forderungen des Lustprinzips aus erster Hand. Das Lachen ist also ein komplexer Ausdruck, ein Ausbruch von lachender Affirmation, die dem zustimmt, was wir vielleicht sonst als »abstoßend« empfinden könnten.

Man sieht diese tendenziöse Natur des Witzes in einer anderen Gattung, die Freud wiederholt untersucht, den Heiratsvermittler-Witzen, von denen es im *Witz*-Buch wimmelt. Hier ist nur ein Beispiel, der sogenannte »Buckel«-Witz:

Statt ein Gläschen Likör. Dieses trinkt er aus und will sich entfernen, ohne gezahlt zu haben. Der Ladenbesitzer hält ihn zurück. ›Was wollen Sie von mir?‹ – ›Sie sollen den Likör bezahlen.‹ – ›Für den habe ich Ihnen ja die Torte gegeben.‹ – ›Die haben Sie ja auch nicht bezahlt.‹ – ›Die habe ich ja auch nicht gegessen.‹« GW VI, S. 63.

37 GW VI, S. 54.

38 GW VI, S. 120.

39 GW VI, S. 120.

> Der Schadchen [Heiratsvermittler, PF] verteidigt das von ihm vorgeschlagene Mädchen gegen die Ausstellungen des jungen Mannes. »Die Schwiegermutter gefällt mir nicht,« sagt dieser, »sie ist eine boshafte, dumme Person.« – »Sie heiraten doch nicht die Schwiegermutter, Sie wollen die Tochter.« – »Ja, aber jung ist sie nicht mehr und schön von Gesicht gerade auch nicht. « – »Das macht nichts; ist sie nicht jung und schön, wird Sie Ihnen um so eher treu bleiben.« – »Geld ist auch nicht viel da.« – »Wer spricht vom Geld? Heiraten Sie denn das Geld? Sie wollen doch eine Frau!« – »Aber sie hat ja auch einen Buckel!« – »Nun, was wollen Sie? *Gar keinen Fehler soll sie haben!*«[40]

Der Heiratsvermittler pariert jeden Einwand des jungen Mannes mit einem scheinbar nachvollziehbaren Grund dafür, den Einwand zu ignorieren oder herunterzuspielen. Wie der Verarmte in »Lachs« bietet der Vermittler hier »ein auffälliges Angebot von logischer Arbeit«, das als Schauseite für den logischen Zusammenbruch dient, der im Verlauf des Dialogs immer unvermeidbarer scheint. Für sich genommen kann vielleicht über jeden einzelnen Makel hinweggesehen werden; zusammengenommen aber ergeben diese alles andere als das ›normale‹ Bild einer begehrenswerten Braut. Der Vermittler gibt dies nur im Ansatz zu, wenn er schließlich zugesteht, dass der Buckel möglicherweise tatsächlich unter die Rubrik ›Fehler‹ fällt.

Für Freud sind solche Gedankenwitze »um so bessere Witze, weil sie dank ihrer Fassade imstande sind zu verbergen, nicht nur, was sie zu sagen haben, sondern auch, daß sie etwas – Verbotenes – zu sagen haben«.[41] Wie bei Benjamins Erzählung und Blumenbergs Fabel spielt in Freuds Witz-Theorie das Changieren zwischen Sagen und Doch-Nicht-Sagen, Enthüllen und Verbergen eine entscheidende Rolle, denn alles, auch das Verbotene, wird gleichzeitig artikuliert und hinter einer Fassade verborgen. Freud hebt somit das politische Potenzial des Witzes hervor.[42] Aber wie der »Buckel«-Witz (und die Heiratsvermittlerwitze insgesamt) verdeutlicht, lässt sich der Witz als kleine Form des Außenseiters nicht idealisieren. Im Gegenteil: Da der Witz »die sozialste aller auf Lustgewinn zielenden seelischen Leistungen«[43] und auf explosives Lachen als Er-

---

40 GW VI, S. 65.

41 GW VI, S. 116.

42 Dieses politische Potenzial des Witzes kommt in vielen von Freuds Beispielen zum Vorschein, vielleicht am stärksten in »Serenissimus«: »Serenissimus macht eine Reise durch seine Staaten und bemerkt in der Menge einen Mann, der seiner eigenen hohen Person auffällig ähnlich sieht. Er winkt ihn heran, um ihn zu fragen: ›Hat Seine Mutter wohl einmal in der Residenz gedient?‹ – ›Nein, Durchlaucht,‹ lautet die Antwort, ›aber mein Vater.‹ GW VI, S. 73. Für Freud bieten solche Witze ein indirektes Mittel, eine Beleidigung »ungefährdet zu vergelten« (GW VI, 114). Im Angesicht der politischen Autorität bietet der Witz dabei nicht nur »einen kleinen Lustgewinn«, sondern »stellt dann eine Auflehnung gegen solche Autorität« dar (GW VI, 115). Über das politische Potential des Witzes siehe Fleming: Witz, S. 488–491.

43 GW VI, S. 204.

folgsmaßstab angewiesen ist,[44] benötigt er ein Publikum, das den Witz versteht. Die Gruppendynamik, die sich um einen Witz herum bildet, richtet sich zumeist gegen die Zielscheibe des Witzes. Freud erkennt deshalb, dass der Witz ein zweischneidiges Schwert ist. Während der Witz sicherlich ein wirksames Mittel »zum Angriff auf Großes, Würdiges und Mächtiges« bietet, kann diese Fähigkeit ebenso oder umso mehr auf gesellschaftliche Außenseiter angewendet werden, auf »minderwertige und ohnmächtige Personen«, also auf Frauen, Queers, People of Color und natürlich Juden.[45] Das Tendenziöse von Witzen ist ebenso, wenn nicht sogar noch mehr, eine Waffe in den Händen der Mehrheit auf Kosten der Minderheiten. Das nichtdenkende Lachen kann die Selbstverständlichkeit der Lebenswelt entweder stören (wie bei Lachs und der Klassengesellschaft) oder bestätigen (wie bei Buckel und dem Patriarchat).

Freuds Begriff des Witzes ist deshalb aus mehreren Gründen schwer für eine Theorie der Nachdenklichkeit zurückzugewinnen: nicht nur, weil viele Witze die lebensweltliche Selbstverständlichkeit *bestätigen*, sondern vor allem, weil Witze das kritische Vermögen explizit umgehen. Das Schwanken im Kopf des Zuhörers, die Unfähigkeit, sich zu entscheiden, woher das Vergnügen des Witzes kommt – ob »von der witzigen Form [oder] von dem trefflichen Gedankeninhalt«[46]– macht sowohl die Motivation als auch das Wesen des Witzes selbst aus.[47] Wie bei der Fehlleistung stehen sich im Witz zwei mentale Operationen gegenüber: der Gedanke und die Kritik, wobei jener diese übertrumpft, indem der Gedanke sich verkleidet:

> Wir wissen nicht, was uns Vergnügen macht und worüber wir lachen. Diese als tatsächlich anzunehmende Unsicherheit unseres Urteils mag das Motiv für die Bildung des Witzes im eigentlichen Sinne abgegeben haben. Der Gedanke sucht die Witzverkleidung, weil er durch sie sich unserer Aufmerksamkeit empfiehlt, uns bedeutsamer, wertvoller erscheinen kann, vor allem aber, weil dieses Kleid unsere Kritik besticht und verwirrt.[48]

---

44 Siehe: »das explosionsartige Lachen [...], durch welches sich ein guter Witz bezeugt« (GW VI, S. 88); und »der Hörer [bezeugt] seine Lust durch explosives Lachen « (GW VI, S. 163).

45 GW VI, S. 115.

46 GW VI, S. 148.

47 Im gesamten Witz-Buch bezeichnet Freud die Duplizität des Witzes als dessen »Januskopf«; er zeigt zwei nicht vereinbare Gesichter zugleich: »Erinnern wir uns daran, daß der Witz dem Hörer ein Doppelgesicht zeigt, ihn zu zwei verschiedenen Auffassungen zwingt« (GW VI, S. 244). Für eine ausführliche Lektüre der Janusköpfigkeit des Witzes, siehe Menke, Bettine (2021): *Einfälle, Zufälle, Ausfälle: Der Witz der Sprache.* 1. Aufl. Paderborn: Brill/Wilhelm Fink, S. 443–520.

48 GW VI, S. 148.

Wir wissen nicht ... worüber wir lachen.[49] Dies stellt an sich kein Problem für die Nachdenklichkeit dar, die explizit vom Wissen, ja sogar vom Denken im strengen, instrumentellen Sinne entkoppelt ist. Der Witz spielt mit dieser Ungewissheit, aber – und hier liegt der Unterschied zu einer Theorie der Nachdenklichkeit – der entscheidende Gedanke versteckt sich explizit vor der Kritik und gewinnt stattdessen gerade durch seine Verkleidung Aufmerksamkeit. Das heißt, im Witz wirkt der Gedanke gerade deshalb, weil er nicht als Gedanke erkannt und registriert wird. Das heißt: Uns wird ein Gedanke gegeben, ohne dass wir ihn als Gedanken denken; und wir stimmen diesem Gedanken, oft wider besseres Wissen, durch Lachen zu. Der Witzvorgang ist weniger das ›Nicht-Denken‹ der Lebenswelt und vielmehr ein Modus des Nicht-Denkens, das auch als ›eine andere Art des Denkens‹ beschreiben werden kann: ein subjektloses ›Denken‹, worin ein Gedanke Beifall findet, ohne gedacht zu werden. Beim Witz wird nicht nachgedacht, sondern gelacht – und trotzdem (oder gerade deswegen) wird dabei ein unerwarteter Gedanke bejaht: im Fall von »Lachs mit Mayonnaise« zum Beispiel das Recht auf Genuss, das Recht auf das Lustprinzip in einer Welt, die vom strengen Realitätsprinzip beherrscht wird.

4. Das Lachen – über die Theorie

Kehren wir zu Blumenberg zurück, bei dem das Lachen ebenfalls eine wichtige Rolle spielt, besonders bezüglich der kleinen Form der Anekdote. Betrachtet man *Das Lachen der Thrakerin*, Blumenbergs »Urgeschichte der Theorie«, wie sie in der Anekdote von Thales verkörpert wird, der den Nachthimmel studiert, um – begleitet vom Lachen der Thrakerin – zu stolpern und in einen Brunnen zu fallen, so sieht man sofort, dass Blumenberg über die Funktion des Lachens angesichts der Theorie ausführlich nachgedacht hat: Doch zumindest in den immer neuen Versionen dieser Anekdote wird das Lachen überwiegend als ein nicht-denkender, nicht-begrifflicher Reflex *der Lebenswelt* verstanden. Die Anekdote illustriert »den Konflikt der Wirklichkeitsbegriffe«,[50] die Selbstverständlichkeit der Lebenswelt der Thrakerin gegenüber der ›reinen Theorie‹ des Theoretikers. Und ihr Lachen drückt den »lebensweltliche[n] Realismus der thrakischen Magd«[51] aus.

49 Zur Bedeutung dieses »Nichtwissens« in Freuds Witz siehe Menke: Einfälle, Zufälle, Ausfälle, S. 501–519, und Geisenhanslüke, Achim (2011): *Dummheit und Witz: Poetologie des Nichtwissens.* 1. Aufl. München: Wilhelm Fink, S. 204: »Auch bei Freud geht es um eine besondere Form des Nichtwissens. Sie erscheint aber nicht mehr als ein privatives Phänomen, sondern als Grundlage des intellektuellen Reichtums des Witzes.«

50 Blumenberg, Hans (1987): *Das Lachen der Thrakerin. Eine Urgeschichte der Theorie.* 1. Aufl. Frankfurt a.M.: Suhrkamp, S. 22.

51 Blumenberg: Das Lachen der Thrakerin, S. 29.

Blumenberg ist sich also der Rolle des Lachens in Bezug auf die Theorie durchaus bewusst – das Lachen ist historisch als eine lebensweltliche Antwort auf die Philosophie, auf die ›reine Theorie‹ kodiert worden. »Laughter acts as a reality check to theory whenever it loses sight of the lifeworld,« schreibt Robert Savage, »which is to say, whenever it takes its claim to totality seriously.«[52] Die Thrakerin lacht »über den Rückschlag der Theorie auf ihren Betreiber«.[53] Es gibt somit einige wichtige Unterschiede zwischen Freuds Lachen in der Analyse des Witzes und Blumenbergs in der Analyse der Thales-Anekdote festzuhalten. Erstens ist das Lachen in der Thales-Anekdote auf die kleine Form selbst beschränkt; es gehört zur Ebene der Darstellung und wird so zum Gegenstand der Nachdenklichkeit. Bei der Lektüre der Thales-Anekdote fragt man sich: ›Warum lacht die thrakische Magd?‹; ›Ist sie in ihrem Lachen gerechtfertigt?‹; und, im diachronen Vergleich der Versionen, ›Wie verändert sich die Rolle des Lachens?‹ Das heißt, ihr Lachen macht uns nachdenklich, es lenkt uns nicht vom Nachdenken ab. Bei Freuds Witz ist das Lachen nicht dargestellt, sondern wird hergestellt; es ist eine außertextuelle Wirkung der kleinen Form. Wir denken zuerst nicht über das Lachen nach, sondern erliegen ihm. Das Lachen überlistet die eigenen Denkfähigkeiten – was uns natürlich nicht davon abhält, eine ausgefeilte Theorie des Witzes zu entwickeln, wie Freud dies tut.

Zweitens und komplexer: Während das Lachen der Thrakerin ihren »lebensweltlichen Realismus« ausdrückt, äußert sich im Lachen der »Lachs«-Witz-Zuhörer:innen weder die Selbstverständlichkeit der Lebenswelt noch die sie unterbrechende Nachdenklichkeit. Vielmehr liegt im Lachen ein Modus der Störung der Lebenswelt (etwa der Selbstverständlichkeit der Sparsamkeit, des Lebens in den Grenzen der eigenen Mittel) vor, der nicht an die Denkfähigkeit und schon gar nicht an die Nachdenklichkeit gebunden ist – der *nicht*denkende Lachanfall stört das *Nicht*-Denken der Lebenswelt. Beim »Lachs«-Beispiel stehen sich zwei Arten des Nichtdenkens gegenüber, und die eine (das Nicht-Denken des Lachens) stört die andere (das Nicht-Denken der Lebenswelt). Diese seltsame Struktur entsteht, da uns (wie oben angedeutet) im Nicht-Denken des Witzes ein Gedanke in verkleideter Form gegeben wird, ohne dass wir ihn als Gedanken registrieren; und wir stimmen diesem Gedanken, ohne (zuerst) weiter nachzudenken, in der Form des Lachens zu. Mit Freuds Theorie des Witzes kann das Nicht-Denken der Lebenswelt durch etwas gestört werden, was nicht unmittelbar mit dem Denken oder der Nachdenklichkeit als einer Aktivität des Subjekts verbunden ist. Vielmehr kann das Lachen die Selbstverständlichkeit der Lebenswelt stören – aber es tut dies im Modus des Nicht-Denkens.[54] Aber das ist nur die Hälfte des Problems. Im

52 Savage, Robert (2008): Laughter from the Lifeworld: Hans Blumenberg's Theory of Nonconceptuality. In: *Thesis Eleven* 94, S. 119–131, hier: S. 128.

53 Blumenberg: Das Lachen der Thrakerin, Klappentext.

54 Natürlich kann man dann (und wird häufig) über das Lachen nachdenken und so in die Welt der

schroffen Gegensatz wird beim »Buckel«-Witz der prä-logische (und sexistische) Sinn des ›so ist es‹ vom Lachen bestätigt, und die Lachenden verbleiben auf diese Weise in der gleichen komfortablen lebensweltlichen Selbstverständlichkeit. Nochmals sei hier auf die Gruppendynamik verwiesen, die durch das Lachen über ausgeschlossene Andere geschaffen wird. Das Fazit lautet: Manche Witze stören die Welt der Selbstverständlichkeit, andere gehören ihr an. Im Fall von »Lachs mit Mayonnaise« erkennen die Lachenden das Recht auf Genuss an – ›Ja, der Mann hat Recht …‹ – und diese im Lachen ausgedrückte Einsicht stört, wenn auch nur kurz, den lebensweltlichen Realismus der Sparsamkeit, der Strenge, etc. Aber beim »Buckel«-Witz und anderen sexistischen, rassistischen und/oder homophoben Witzen durchbricht das Vergnügen des Lachens nicht die Lebenswelt des Rassismus, des Sexismus und der Homophobie; im Gegenteil, solche Witze bestätigen das bequeme Gefühl des ›ja ja, so sind sie‹.

So wie es verschiedene Arten des Denkens gibt, gibt es auch verschiedene Arten des Nicht-Denkens – sogar unter Witzen. Vielleicht kann der Witz die ›Welt der Selbstverständlichkeiten‹ sowohl stören als auch bestätigen. Aber was den Witz als kleine Form letztlich am meisten auszeichnet, ist, dass das Element des Nicht-Denkens nie ganz verschwindet; bei einem guten Witz gibt es keine Möglichkeit, das Lachen, welches die Kritik verwirren und zum Schweigen bringen will, komplett zu unterdrücken. Vielleicht mehr als jede andere kleine Form bleibt der Witz mit dem Nicht-Denken verbunden. Und das ist der Grund, warum der Witz nicht bequem in eine Theorie der Nachdenklichkeit passt: Ein guter Witz wird das Primat der Nachdenklichkeit bestreiten.

5. Noch ein Grund zur Nachdenklichkeit

Der vorliegende Text könnte hier enden, aber das wäre – wie Blumenberg nach der vorgeschlagenen Interpretation einer kleinen Form zu sagen pflegt – »[s]icher nicht falsch, und doch enttäuschend«.[55] Während Freud den Abgrund der Subjektivität in und durch kleine Formen nicht scheut, hält Blumenbergs Nachdenklichkeit am bewussten Subjekt fest, wenn auch in einem Modus der Nicht-Hermeneutik. Freuds Subjektbegriff hat etwas Abgründiges – man denke an sein Reiterbild aus *Das Ich und das Es*, in dem das winzige Ich versucht, sich auf dem viel mächtigeren Pferd des Es zu halten –,[56] das sich auch in seinem Begriff des Witzes niederschlägt. Als »*der Beitrag zur*

Nachdenklichkeit zurückkehren, aber das ist ein nachträglicher, sekundärer Effekt und nicht Bestandteil des Zwecks des Witzes und seiner psychischen Funktion für Freud.

55 Blumenberg: Nachdenklichkeit.

56 GW XIII, S. 253. Anderswo fasst Freud eine grundlegende Erkenntnis mit den berühmten Worten zusammen, das Ich sei »nicht einmal Herr im eigenen Haus« (GW XVIII, S. 295).

Komik aus dem Bereich des Unbewussten«[57] operiert und ›denkt‹ der Witz hinter dem Rücken des bewussten Subjekts. Indem er das kritische, rationale Subjekt ablenkt, denkt der Witz für das und trotz des Subjekts; er gibt dem Subjekt etwas zu denken, das es sonst vermeiden würde – und nicht einmal als Gedanken erkennt, sondern mit Lachen begrüßt. Die Verschiebung ist also nicht nur das technische Mittel des Gedanken-Witzes; sie geschieht auch bei den Lachenden, die ebenfalls verschoben werden; ihre Kritikfähigkeit wird nicht aktiviert, sondern entwaffnet, ausgetrickst, so dass der Witz einen sonst unwillkommenen Gedanken einschmuggeln kann, dem die Lachenden dann zustimmen: ›Ja, ja, der Mann hat Recht…‹.

Im Vergleich zu demjenigen, der über einen Witz lacht, ist Blumenbergs Subjekt der Nachdenklichkeit viel mehr im Besitz seiner selbst, bietet ein viel erkennbareres Bild des klassischen ›cogito‹, wobei dieses Subjekt eines ist, das, solange es in der Nachdenklichkeit aufgeht, nie zu einer Interpretation kommt. Das ist wichtig: Kleine Formen bei Blumenberg sind keine hermeneutischen Gegenstände; im Gegenteil, das ›ziellose Ziel‹ ist es, gerade *nicht* zu einer endgültigen Deutung zu kommen. Wenn es darum geht, kleine Formen zu ›denken‹, ist Blumenberg in einer Weise abgründig, wie es Freud nicht ist, weil der Philosoph auf einer Anti- oder Nicht-Hermeneutik besteht; das Mäandern der Nachdenklichkeit ist ein vergnügtes Verweilen beim Nicht-Verstehen, beim Unverstand.

Nicht so bei Freud, zumindest nach Blumenbergs Auffassung, und damit kehren wir zu dem zurück, was eine Hauptquelle für den Ärger des Philosophen über den Psychoanalytiker darzustellen scheint. Wenn es um die Analyse der kleinen Formen geht (nicht die Witz-Arbeit, sondern die ›Arbeit am Witz‹ des Analytikers), tendiert Freud dazu – so Blumenberg –, sich selbst und seine Beherrschung der Deutung zu behaupten. Und es ist diese Geste der Gewissheit in seinen Interpretationen – d.h. die Annahme, dass die vielfältigen und wechselnden Verkleidungen des Unbewussten zuverlässig, wiederholt und konsistent aufgedeckt werden können –, die Blumenberg beunruhigte. Trotz aller komplexen Modi von Verdichtung und Verschiebung, von Verkleidung und Umwandlung, die in Träumen, Witzen und Fehlleistungen wirksam sind, finden sie in Freud, dem Analytiker, immer ihr Pendant. So zumindest Blumenberg: »Dieser manifeste Inhalt [des Traums] muss nochmals eine Strecke der drohenden Unterdrückung und Verformung durchlaufen, bevor er in der Obhut des Analytikers den sicheren Hafen der Deutung erreicht.«[58] Dem Abgrund des Witzes (oder des Traums oder des Lapsus) – dem Abgrund, der das Freud'sche Subjekt ist – steht Freud der Analytiker gegenüber, der sich seiner Deutungen sicher ist; das Subjekt

---

57 GW VI, S. 237.

58 Blumenberg, Hans (2019): *Die nackte Wahrheit.* Hg. von Rüdiger Zill. 1. Aufl. Berlin: Suhrkamp, S. 46.

mag abgründig bleiben, aber der Analytiker weiß es und kann dies zeigen. So könnte man Blumenbergs Vorbehalte (ob fair oder nicht) Freud gegenüber beschreiben.

Während er damit sicherlich eine Tendenz von Freuds analytischer Methode (und ihrem metaphorischen Feld des Verbergens und Enthüllens) einfängt, übertreibt Blumenberg diesen ›Absolutismus der Deutung‹, wie man aus der berühmten Passage in *Die Traumdeutung* weiß, in der Freud die Grenzen der Analyse klar zieht: »In den bestgedeuteten Träumen muß man oft eine Stelle im Dunkeln lassen, weil man bei der Deutung merkt, daß dort ein Knäuel von Traumgedanken anhebt, der sich nicht entwirren will, [...]. Dies ist dann der Nabel des Traumes, die Stelle, an der er dem Unerkannten aufsitzt.«[59] Die daraus folgende unendliche, unmögliche oder nie endende Analyse scheint sich strukturell mit Blumenbergs mäandernder Nachdenklichkeit zu decken, d.h. der Erkenntnis, nicht zu einer endgültigen Erklärung kommen zu können. Aber auch hier gibt es Unterschiede. Erstens (und das unterstützt Blumenbergs Verdacht) besteht Freud selbst in der soeben zitierten Passage darauf, dass diese Unentwirrbarkeit keine Bedrohung für die Psychoanalyse darstelle, weil diese dunklen Stellen »aber auch zum Trauminhalt keine weiteren Beiträge geliefert« hätten.[60] Zweitens weicht Blumenbergs Begriff der Nachdenklichkeit ausdrücklich jedem disziplinären Verfahren wie Problemlösung, Konsenssuche oder Hermeneutik aus. Im Gegenteil: »Nachdenklichkeit wird von keiner Profession oder Disziplin als ihr Teil beansprucht. [...] Ergebnisse werden [...] nicht erwartet.«[61] Diese Differenzierung scheint klar genug, bis man bedenkt, dass Philosophie einen Grenzfall darstellt: »Geregeltes Denken erscheint weit entfernt von bloßer Nachdenklichkeit. Aber viele Figuren der Philosophie sprechen gegen diese Trennung.« Zu diesen Schlüsselfiguren der Philosophie zählt Blumenberg »Sokrates, Diogenes, Kierkegaard oder Nietzsche«, die allesamt die Unterscheidung zwischen Nachdenklichkeit und Denken erschweren.[62] Man ahnt: Vielleicht sollte Blumenberg zu dieser Liste hinzufügt werden.

In seiner Laudatio auf Blumenberg anlässlich der Verleihung des Freud-Preises beschreibt Odo Marquard seinen Freund als einen Denker, der »philosophische[n] Antiabsolutismus« praktiziere. Am bekanntesten sei seine Kritik am »Absolutismus der

59 GW II/III, S. 530. Vielleicht weil er das Interesse an einer unendlichen Analyse oder unendlichen Theorie teilt, lehnt Blumenberg deren Möglichkeit in der Psychoanalyse ab, da er der Psychoanalyse als Theorie selbst grundsätzlich misstraut: »Denn: was sollte Unergründlichkeit bei einem Instrument, das sich der psychische Apparat schafft, um seinen Gedanken, wenn auch verschlüsselt, an den Adressaten zu bringen, damit dieser als Leser erst vollends in den Besitz seiner selbst bringt?« Blumenberg: Lesbarkeit, S. 369–370. Diese Passage zeigt, inwieweit Blumenberg bestimmte Elemente der Psychoanalyse nur unzureichend verstanden (oder absichtlich missverstanden) hat. Siehe auch Zill: Zwischen Affinität und Kritik, S. 134–35.

60 GW II/III, S. 530.

61 Blumenberg: Nachdenklichkeit.

62 Blumenberg: Nachdenklichkeit.

Wirklichkeit« in *Arbeit am Mythos* (1979), dem Marquard zwei weitere Anti-Absolutismen hinzufügt: eine Opposition gegen den »Absolutismus der Transzendenz« (oder den »theologische[n] Absolutismus«, die unaushaltbare Allmacht des einen Gottes) und schließlich gegen den »Absolutismus der theoretischen Distanz«.[63] Es ist dieser letzte Absolutismus, den Blumenberg Freud in dem posthumen Aufsatz »Moses der Ägypter« vorwerfen wird. Die Menschen, schreibt Marquard, »bleiben mythenpflichtig. Denn eines ist die Wahrheit, ein anderes, wie sich mit der Wahrheit leben läßt«.[64] Daher behauptet Blumenberg nicht, dass Freuds Interpretation in *Der Mann Moses* falsch sei; im Gegenteil, sie zeige einen »Absolutismus der Wahrheit«[65] – eine Wahrheit ›um jeden Preis‹, die den historischen Moment ignoriere, in dem diese Wahrheit offenbart wird: Freud befürchtet »in der schrecklichsten Stunde, da man den Juden alles nahm, ihnen ihren besten Mann genommen zu haben«.[66] Freuds *Der Mann Moses* verrate mehr über Freud als über die Geschichte des jüdischen Volkes: Es gehe Freud – so Blumenberg – nicht darum, mit dem Buch den Juden im Jahre 1939 zu helfen (denn dieser Text konnte ihnen zu dieser Zeit nicht helfen); seine einzige Voraussetzung sei, dass man »die Wahrheit zu lieben und ihr zu dienen« habe.[67] Doch: die Juden brauchten die Wahrheit nicht »auf dem Höhepunkt von Hitlers Macht«.[68]

Aber nicht Freud, sondern Hannah Arendts *Eichmann in Jerusalem* steht im Mittelpunkt von Blumenbergs Kritik in »Moses der Ägypter«. Mit der These von der »Banalität des Bösen« und der Darstellung Eichmanns als »Hanswurst«-Figur wollte Blumenberg nichts zu tun haben – Arendt nahm Israel, was Freud dem jüdischen Volk genommen hatte: eine Gründungsfigur, einen Gründungsmythos. »Es gibt Staaten, die durch ihre Feinde gegründet worden sind.«[69] Blumenberg fragt sich, wer das Gegenbuch zu Arendt schreiben könnte, das Buch, das genau das rechtfertigt, was sie leugnet und Blumenberg fordert: dass Gesellschaften und/oder Nationen ihre Gründungsmythen brauchen, auch wenn sie nicht ›wahr‹ sind, einschließlich des Mythos eines Gründungsopfers, mit dem sich eine Gemeinschaft als Gemeinschaft identifiziert.

Blumenbergs Antwort? Sigmund Freud. Und das Buch, das dies leisten könnte: kein Geringeres als *Der Mann Moses*, eben jenes Buch, das er ein paar Seiten zuvor für sein Erscheinen im Jahr 1939 kritisiert hatte. Wäre *Der Mann Moses* 1963 erschienen, hätte man es als Rechtfertigung für den Eichmann-Prozess lesen können, seine Funktion

---

63 Marquard, Odo (1980): Laudatio auf Hans Blumenberg zur Verleihung des Sigmund-Freud-Preises für wissenschaftliche Prosa. https://www.deutscheakademie.de/de/auszeichnungen/sigmund-freud-preis/hans-blumenberg/laudatio. 11.04.2024.

64 Marquard: Laudatio.

65 Blumenberg: Rigorismus der Wahrheit, S. 11.

66 Blumenberg: Rigorismus der Wahrheit, S. 9.

67 Blumenberg: Rigorismus der Wahrheit, S. 11.

68 Blumenberg: Rigorismus der Wahrheit, S. 11.

69 Blumenberg: Rigorismus der Wahrheit, S. 13.

wäre eine andere. Freuds Fehler war nicht die These über die ägyptische Herkunft des Moses. Nein, es war »eine Frage des Zeitpunktes seiner Publikation«.[70] Freud verstand, was Arendt nicht verstand: »die mythische Dimension der Tötung des negativen Staatshelden«.[71] Diese Umkehrung am Ende des »Moses«-Essays ist typisch für Blumenberg, eine weitere Drehung der Schraube, eine weitere Perspektive, die richtig oder nicht richtig sein kann. Vielleicht war das der Sinn der kleinen Freud-Preis-Rede: das zu leisten, was er bei Freud vermisst – mäandernde Nachdenklichkeit.

Literaturverzeichnis

Benjamin, Walter (1977): Der Erzähler. In: ders.: Gesammelte Schriften, Bd. II.1. Hg. von Rolf Tiedemann und Hermann Schweppenhäuser. 1. Aufl. Frankfurt a.M.: Suhrkamp, S. 438–465.

Benjamin, Walter (1978): Ursprung des deutschen Trauerspiels. In: ders.: Gesammelte Schriften, Bd. I.2. Hg. von Rolf Tiedemann und Hermann Schweppenhäuser. 1. Aufl. Frankfurt a.M.: Suhrkamp, S. 203–430.

Blumenberg, Hans (1979): Arbeit am Mythos. 5. Aufl. Frankfurt a.M.: Suhrkamp.

Blumenberg, Hans (1979): Schiffbruch mit Zuschauer: Paradigma einer Daseinsmetapher. 1. Aufl. Frankfurt a.M.: Suhrkamp.

Blumenberg, Hans (1980): Nachdenklichkeit. Rede zur Verleihung des Sigmund-Freud-Preises für wissenschaftliche Prosa. https://www.deutscheakademie.de/de/auszeichnungen/sigmund-freud-preis/hans-blumenberg/dankrede. 04.01.2024.

Blumenberg, Hans (1981): Die Lesbarkeit der Welt. 1. Aufl. Frankfurt a.M.: Suhrkamp.

Blumenberg, Hans (1987): Das Lachen der Thrakerin. Eine Urgeschichte der Theorie. 1. Aufl. Frankfurt a.M.: Suhrkamp.

Blumenberg, Hans (1987): Die Sorge geht über den Fluß. 1. Aufl. Frankfurt a.M.: Suhrkamp.

Blumenberg, Hans (1998): Paradigmen zu einer Metaphorologie. Frankfurt a.M.: Suhrkamp.

Blumenberg, Hans (2010): Theorie der Lebenswelt. Hg. von Manfred Sommer. 1. Aufl. Berlin: Suhrkamp.

Blumenberg, Hans (2015): Rigorismus der Wahrheit: »Moses der Ägypter« und weitere Texte zu Freud und Arendt. Hg. von Ahlrich Meyer. 1. Aufl. Berlin: Suhrkamp.

Blumenberg, Hans (2019): Die nackte Wahrheit. Hg. von Rüdiger Zill. 1. Aufl. Berlin: Suhrkamp.

Fleming, Paul (2012): On the Edge of Non-Contingency: Lifeworld and Anecdotes. In: telos 158 (Spring 2012), S. 21–36.

Fleming, Paul (2017): Witz. In: Berndt, Frauke/Goebel, Eckart/Hees, Johannes/Roehl, Max (Hgg.): Handbuch Literatur & Psychoanalyse. 1. Aufl. Berlin: De Gruyter, S. 478–494.

Freud, Sigmund (1973): Gesammelte Werke, chronologisch geordnet. 5. Aufl. Frankfurt a.M.: S. Fischer.

70 Blumenberg: Rigorismus der Wahrheit, S. 20.

71 Blumenberg: Rigorismus der Wahrheit, S. 20.

Fuchs, Florian (2022): Decoding Aesop: Blumenberg's Fabulistic Turn. In: New German Critique 145 (February 2022), S. 163 – 183.

Geisenhanslüke, Achim (2011): Dummheit und Witz: Poetologie des Nichtwissens. 1. Aufl. München: Wilhelm Fink.

Marquard, Odo (1980): Laudatio auf Hans Blumenberg zur Verleihung des Sigmund-Freud-Preises für wissenschaftliche Prosa. https://www.deutscheakademie.de/de/auszeichnungen/sigmund-freud-preis/hans-blumenberg/laudatio. 11.04.2024.

Menke, Bettine (2021): Einfälle, Zufälle, Ausfälle: Der Witz der Sprache. 1. Aufl. Paderborn: Brill/Wilhelm Fink.

Savage, Robert (2008): Laughter from the Lifeworld: Hans Blumenberg's Theory of Nonconceptuality. In: Thesis Eleven 94 (August 2008), S. 119 – 131.

Sommer, Manfred (2014): Lebenswelt. In: Buch, Robert/Weidner, Daniel (Hgg): Blumenberg Lesen: Ein Glossar. 1. Aufl. Berlin: Suhrkamp, S. 160 – 170.

Weber, Samuel (2000): The Legend of Freud. Expanded ed. Stanford, Calif.: Stanford University Press.

Zill, Rüdiger (2013): Zwischen Affinität und Kritik. Hans Blumenberg liest Sigmund Freud. In: Borck, Cornelius (Hg.): Hans Blumenberg beobachtet: Wissenschaft, Technik und Philosophie. Freiburg: Verlag Karl Alber, S. 126 – 148.

Zill, Rüdiger (2015): Nachdenklichkeit, antik – und modern. Sokrates als Urbild narrativer Philosophie. In: Möller, Melanie (Hg.): Prometheus gibt nicht auf: Antike Welt und modernes Leben in Hans Blumenbergs Philosophie. Paderborn: Wilhelm Fink, S. 219 – 238.

Zill, Rüdiger (2020): Der absolute Leser: Hans Blumenberg. Eine intellektuelle Biographie. 1. Aufl. Berlin: Suhrkamp.

Bernhard Stricker

Die Erfahrung des Gemeinplatzes

Zum ethnographischen Ursprung von ›Geistesgegenwart‹ bei Paulhan und Benjamin

ABSTRACT: The present article outlines a conception of the commonplace as a ›small form‹. Against the backdrop of its modernist critique, the article's aim is to highlight the ambiguity and paradoxical character of the commonplace that are central to Jean Paulhan's literary and theoretical œuvre. After establishing the idea of the commonplace as a rhetorical device and linguistic unit with a high potential for creative and literary uses, the article traces Paulhan's concept of the commonplace to its experiential roots in the *hain-teny*, a Madagascan form of oral poetry, and demonstrates that Paulhan's reflections on the uses of proverbs and set phrases had a formative influence on Walter Benjamin, traces of which can be found notably in the *Storyteller*-essay.

KEYWORDS: Gemeinplatz, Sprichwort, literarische Moderne, kleine Form, Geistesgegenwart, Ethnographie

Im Mai 1918 veröffentlicht Jean Paulhan (1884–1968) einen ganz kurzen, nur zwei Seiten umfassenden Artikel mit dem barock anmutenden Titel *Le reproche que l'on fait au lieux communs ne tient pas debout; et ce qui s'ensuit* [dt. »Die Anschuldigung, die man gegen Gemeinplätze erhebt, ist haltlos: und was daraus folgt«]. Der Essay beginnt mit den Worten:

> Jules Lemaître avait massacré moralement Georges Ohnet, et Flaubert une infinité de bourgeois en leur reprochant ceci qu'ils usaient de lieux communs. Ce reproche malgré son caractère désobligeant et qu'il se mèle parfois d'idées politiques a conservé dans la critique littéraire une grande vigueur. Quand on veut l'expliquer on dit: un écrivain de lieux communs, c'est qu'il n'a rien vu, senti, ni réfléchi par lui-même; il n'est pas créateur, c'est une cervelle anonyme. Et autres insultes. Il va de soi que le reproche ne tient pas debout.[1]

1 Paulhan, Jean (2009): Le reproche que l'on fait aux lieux communs ne tient pas debout; et ce qui s'ensuit. In: Ders.: *Œuvres complètes II: L'Art de la contradiction*, hg.v. Bernard Baillaud. Paris: Gallimard, S. 195–199, hier S. 197. Dt. Übs.: »Jules Lemaître hat an Georges Ohnet und Flaubert an Bürgern ohne Zahl ein moralisches Massaker verübt mit der Anschuldigung, dass sie von Gemeinplätzen Gebrauch machten. Wie kränkend und mit welchen politischen Vorstellungen er auch gelegentlich verbunden sein mag, hat dieser Vorwurf doch in der Literaturkritik noch immer große Geltungskraft. Zu seiner Erklärung sagt man etwa: ein Autor von Gemeinplätzen, der hat nichts aus eigenen Stücken gesehen, gefühlt oder gedacht; er ist kein Schöpfer, sondern ein anonymes Hirn. Und andere Verunglimpfungen. Es versteht sich von selbst, dass die Anschul-

Die hier genannten Vorbehalte gegenüber Gemeinplätzen können als regelrechter *common sense* nicht nur der Literatur*kritik*, sondern auch der modernen Literatur *selbst* gelten: Deren emphatischer Anspruch auf Originalität impliziert die Zurückweisung traditioneller Formen und konventioneller Sujets. Unter diesem Vorzeichen erscheint der Gemeinplatz als Inbegriff eines »erstarrten Denkens«[2], das gegen jede authentische und eigene Erfahrung immunisiert. In einem Interview mit Paul Éluard und André Breton aus dem Jahr 1935 etwa heißt es:

> Die festen Formen sind überlebt. In unserer Zeit schwächen sie die Sprache und führen sie in den Tod. Der zum Klischee erstarrte Gedanke wird ebenso wie die Geste und das Wort monoton, tritt auf der Stelle und verliert all seine Kraft. [...] Sprichwörter und Gemeinplätze [...] dienen nur der Faulheit, der Dummheit und denen, die sie benutzen.[3]

Im Gebrauch von Gemeinplätzen artikuliert sich nach gängiger Auffassung eine ästhetisch wie politisch verrufene Spießbürgerlichkeit.[4] Wohl am pointiertesten hat das ›negativistische‹ Selbstverständnis der modernen Literatur Raymond Queneau auf den Punkt gebracht mit den Worten: »Den Gemeinplatz vermeiden ist die ganze Essenz der Poesie.«[5]

Überraschend ist vor diesem Hintergrund, dass Paulhans Apologie der Gemeinplätze ausgerechnet in einem der wichtigsten Publikationsorgane der französischen Avantgarde erscheint, der von Pierre Reverdy herausgegebenen Literaturzeitschrift *Nord-Sud*, in der die führenden Vertreter der dadaistischen und der späteren surrealistischen Bewegung – André Breton, Philippe Soupault, Louis Aragon, Tristan Tzara, u.a. – ihre Texte veröffentlichen.[6] Und nicht nur das: Sein Essay stößt auch auf positive Resonanz, etwa bei Breton, der Paulhan in einem Brief sein Lob ausspricht.[7] Dabei sind es doch gerade die Avantgarden, die eine Befreiung von den starren Konventionen des literarischen Ausdrucks durch Techniken wie die *écriture automatique* propagieren, die dem

---

digung keinen Bestand hat.« Hier und im Folgenden handelt es sich, wenn kein Nachweis einer deutschen Übersetzung genannt wird, um Übersetzungen vom Verfasser dieses Aufsatzes.

2 Blaicher, Günther (Hg.) (1987): *Erstarrtes Denken: Studien zu Klischee, Stereotyp und Vorurteil in englischsprachiger Literatur.* Tübingen: Narr.

3 Zit. n. Barck, Karlheinz (Hg.) (1990): *Surrealismus in Paris, 1919–1939.* 2. Aufl. Leipzig: Reclam, S. 677.

4 Vgl. Bloy, Léon (1995): *Auslegung der Gemeinplätze*, übs. von Hans-Horst Henschen. Frankfurt a.M.: Eichborn.

5 Queneau, Raymond (1964): *Die Haut der Träume*, dt. v. Eugen Hemlé. Frankfurt a.M.: Suhrkamp, S. 83. Frz. Orig.: Queneau, Raymond (1976): *Loin de Rueil.* Paris: Gallimard (= Collection Folio 849), S. 77: »[...] éviter le lieu commun, c'est toute l'essence de la poésie [...].«

6 Vgl. den Kommentar von Bernard Baillaud in: Paulhan: *Œuvres II*, S. 654–655.

7 »Quelle heureuse alarme a donné votre article sur les lieux communs. Nous ne cessons, à quelques-uns, d'y penser.« Zit. n. Paulhan: *Œuvres II*, S. 654.

Subjekt Zugang zu vorsprachlichen, unbewussten Quellen dichterischer Inspiration verschaffen sollen. Man sollte meinen, nichts könnte in krasserem Gegensatz zu dieser Poetik der ungehemmten Spontaneität stehen als die Würdigung von Gemeinplätzen.

Dass Paulhans Überlegungen von den Surrealisten gleichwohl nicht allein in kritischer, sondern auch in konstruktiver Weise aufgegriffen wurden, dafür liefern die *152 proverbes mis au goût du jour* [dt. *152 Sprichwörter auf den neuesten Stand gebracht*] (1925) von Paul Éluard und Benjamin Péret den handfesten Beleg: Verfremdungen von Sprichwörtern wie z.B. »il ne faut pas lâcher la canne pour la pêche« [dt. »der Fisch in der Hand ist besser als die Angel im Teich«][8] zeigen nicht bloß das kreative Potential konventioneller Formeln, ihre Eignung für sprachspielerische und subversive Verwendungen auf. Sie machen auch deutlich, dass Gemeinplätze, insoweit ihre Bedeutung als Wortverbindung sich nicht auf die Einzelworte, aus denen sie zusammengesetzt sind, zurückführen lässt, die referenzielle Dimension von Sprache suspendieren.[9] Auf diese Weise werden »[s]prachkritische Theorie und Praxis«, wie Unda Hörner und Wolfram Kiepe feststellen, »in den ›Sprichwörtern‹ eins. Sie sind eine Form der Praxis sowie Instrument der Erkenntnis.«[10]

Für diese sprachkritischen Interventionen liefert Paulhan in seinem kurzen Essay *Le reproche que l'on fait...* die Grundlagen.[11] Gegen die *doxa* vom Gemeinplatz als sprachlichem Korsett spielt er aus, was er als einen *paradoxen* Zug des Gemeinplatzes kenntlich macht: dass dieser sich nur im nachträglichen Akt der Reflexion – nicht aber in seinem Gebrauch – *als* Gemeinplatz zu erkennen gibt. Wer einen Satz äußert, der sich als Gemeinplatz begreifen lässt, kann diesen nach Paulhans Feststellung entweder zufällig selbst erfunden haben (womit der Vorwurf, er bediene sich eines Gemeinplatzes, an ihm vorbeigeht) oder ihn als eine habitualisierte Wortverbindung gebrauchen, die ihm so leicht von den Lippen geht, dass sie ihm gar nicht erst eigens *als* stehende Wendung bewusst wird. Das Irritationsmoment des Gemeinplatzes verortet Paulhan dementsprechend eher auf Seiten des Hörers oder Lesers, der am Gemeinplatz als einer bloßen ›Phrase‹ Anstoß nimmt. Womit er jedoch letztlich nichts anderes bezeugt, als dass ihm der Gemeinplatz zu *wenig* geläufig, zu *wenig* selbstverständlich ist, als dass er ihn ohne weitere Überlegung hinnähme – sodass der Gemeinplatz auch hier

8 Éluard, Paul/Péret, Benjamin (1995): *152 Sprichwörter auf den neuesten Stand gebracht*, hg. und übs. von Unda Hörner und Wolfram Kiepe. 1. Aufl. Gießen: Anabas Verlag, o.P. (Nr. 71). Das zugrundeliegende, verfremdete Sprichwort lautet »Il ne faut pas lâcher la proie pour l'ombre« [dt. »Ein Spatz in der Hand ist besser als eine Taube auf dem Dach«].

9 Vgl. Hörner, Unda/Kiepe, Wolfram (1995): »Wir demütigen die menschliche Rede ganz vortrefflich.« Nachwort. In: Éluard/Péret: *152 Sprichwörter*, o.P.

10 Hörner/Kiepe : Nachwort, o.P.

11 Zur Bedeutung Paulhans für die Sprachtheorie des frühen Surréalismus siehe Siepe, Hans T. (2020): Créativité linguistique dans la poésie surréaliste (II). In: *La Linguistique* 56, H. 1, S. 67–86.

nicht eigentlich *als* ›gemein‹ erscheint.[12] Am Gemeinplatz kristallisiert sich mithin für Paulhan ein Bruch zwischen Sprachbewusstsein und Sprachverwendung, der von durchaus allgemeiner Tragweite ist. In Paulhans Optik wird gerade der vermeintlich starre Gemeinplatz durchsichtig auf eine Form der Spontaneität, die man nicht mehr *strictu sensu* einem Vermögen des Subjekts zurechnen kann, insoweit sie gerade auf der Aussetzung der Reflexion beruht. Das entspricht, wie weiter unten näher zu erläutern sein wird, sehr genau Walter Benjamins Verständnis von ›Geistesgegenwart‹. Die Überlegungen, die Paulhan in seinem Artikel in solcher Verknappung präsentiert, dass sie bloß als eine frivole Glosse erscheinen mögen, bergen in sich den Keim zu überraschend weitreichenden sprachphilosophischen Überlegungen, die ihn die nächsten zwanzig Jahre beschäftigen und u.a. in sein literaturtheoretisches Hauptwerk *Les Fleurs de Tarbes ou la Terreur dans les Lettres* (1937/41) münden werden.[13] Paulhans Projekt einer Rehabilitierung der Rhetorik, das darin seinen Höhepunkt findet, ist inzwischen auch in seiner theoriegeschichtlichen Bedeutung – etwa für seinen maßgeblichen Einfluss auf die Dekonstruktion – gewürdigt worden.[14]

Am Ursprung von Paulhans Überlegungen zum Gemeinplatz aber steht seine Entdeckung der madagassischen *hain-teny*, einer oralen Dichtungsform, die weitgehend aus Sprichwörtern (den *ohabolana*) besteht. Seine Überlegungen zu dieser Spruchdichtung entfaltet Paulhan in immer wieder neuen Ansätzen in einer Reihe von Essays, die über einen Zeitraum von fast dreißig Jahren hinweg entstehen.[15] Die Entwicklung, die sich an ihnen beobachten lässt, ist als Wandel »von der gelehrten Abhandlung zur Initiationserzählung« charakterisiert worden.[16] Der objektiv-berichtende Charakter tritt dabei zunehmend weiter zurück, während die Texte mehr und mehr die irritierende *Erfahrung* in den Vordergrund rücken, die sich für Paulhan mit dem Erlernen der

12 Vgl. Paulhan: Le reproche, S. 198–199.

13 Paulhan, Jean (2011): *Œuvres complètes III: Les Fleurs de Tarbes*, hg.v. Bernard Baillaud. Paris: Gallimard.

14 Vgl. Beaujour, Michel (2006): Jean Paulhan (1884–1968). In: Kritzman, Lawrence D. (Hg.): *The Columbia History of Twentieth-Century French Thought*, New York, S. 631–634; Syrotinski, Michael (1998): *Defying Gravity. Jean Paulhan's Interventions in Twentieth-Century French Intellectual History.* Albany: State University of New York Press, S. 1–24.

15 Zu den wichtigsten dieser Texte gehören neben der Einleitung zu seiner Anthologie von *hain-teny* aus dem Jahr 1913 die Essays »L'Expérience du proverbe« (1925, Paulhan: *Œuvres II*, S. 167–194), »La mentalité primitive et l'illusion des explorateurs« (1928; Paulhan: *Œuvres II*, S. 223–236), »Les Hain-tenys« (1939; Paulhan: *Œuvres II*, S. 131–166) und »D'un langage sacré« (posthum 1982; Paulhan: *Œuvres II*, S. 594–614). Vgl. Paulhan, Jean (2025): *Die Erfahrung des Sprichworts. Ethnographische Texte*, übs. und mit einem Nachwort von Bernhard Stricker. Konstanz: Konstanz UP.

16 Yeschua, Silvio (1982): Jean Paulhan et les hain-teny: de l'étude savante au récit initiatique. In: Paulhan, Jacqueline F. (Hg.): *Cahiers Jean Paulhan 2: Jean Paulhan et Madagascar. 1908–1910.* Paris: Gallimard, S. 338–356.

Spruchgedichte verbindet und an der er seine Leser und Leserinnen Anteil haben lässt: die Erfahrung nämlich, dass sich gerade das vermeintlich bloß Konventionelle der Sprache als undurchdringlich erweist und der Reflexion widersteht, sodass sich zwischen dem *Nachdenken über* die Sprache und ihrem *Gebrauch* ein Abgrund auftut – eine Einsicht, mit der Paulhan nicht nur zur Programmatik der Avantgarden, sondern zu allen Versuchen einer Instrumentalisierung von Sprache und Literatur für politisch-ideologische Programme auf Distanz geht.

Von einem ›interventionistischen‹ Charakter von Paulhans Nachdenken über Gemeinplätze lässt sich daher zwar nicht im Sinne eines politischen Aktivismus, wohl aber mit Blick auf die literale Bedeutung des Ausdrucks – das ›Dazwischen-Treten‹ – sprechen. Sein politisches Selbstverständnis, wie es sich in der von ihm herausgegebenen *Nouvelle Revue Française* manifestiert, hat Paulhan einmal mit einem Oxymoron André Gides als Position der »extremen Mitte« (»extrême milieu«) charakterisiert.[17] Anna-Louise Milnes Monographie über Paulhan, *The Extreme In-Between*, die diese paradoxe Formulierung im Titel trägt, lenkt den Blick auf den höchst eigenwilligen Charakter von Paulhans Interventionismus:

> [...] Paulhan's choice to collocate ›middle‹ and ›extremism‹ indicates a decision to resist the vector of social development that was perceived to run between the 1789 proclamation and visions of the future – a vector that allowed only an imagining of a completion of the revolutionary project or a reversal of the process set in motion by the Revolution. [...] I detect a definite stasis expressed in the notion of the ›extrême milieu‹, a stubborn refusal to budge, but I shall investigate how that stubbornness becomes an agency for change.[18]

Im Kontext der stark polarisierten französischen Gesellschaft der 1930er-Jahre, in der intellektuell-demonstrative Selbstfestlegungen zunehmend von extremistischen Strömungen vom linken wie vom rechten Ende des politischen Spektrums forciert wurden, erkennt Milne die Leistung von Paulhan nicht zuletzt in seinem Beharren auf einem

17 Paulhan, Jean (1986): *Choix de lettres I: 1917– 1936. La littérature est une fête*, hg. von Domique Aury und Jean-Claude Zylberstein. Paris: Gallimard, S. 320 (Brief Nr. 255 an C.F. Ramuz vom 6. Mai 1934): »Enfin, non, tant que j'y serai, la *nrf* ne sera pas une ›revue de gauche‹, mais plutôt – disons avec Guide: d'extrême milieu. (Je ne sais sie Gide le dirait toujours.)« Dt. Übs.: »Und schließlich, nein, solange ich hier bin, wird die *NRF* kein ›linkes Blatt‹ sein, sondern eher – um es mit Gide zu sagen: eines der extremen Mitte. (Ich weiß nicht, ob Gide das immer noch sagen würde.)« Die Bemerkung über Gide ist eine Anspielung auf dessen Eintritt in die kommunistische Partei.

18 Milne, Anna-Louise (2006): *The Extreme In-Between. Jean Paulhan's Place in the Twentieth-Century*. London: Legenda, S. 5.

›Zwischenraum‹, als dessen sprachliche Manifestation eben der Gemeinplatz gelten kann.

Vor diesem Hintergrund will der vorliegende Aufsatz deutlich machen, dass Paulhans Überlegungen zum Gemeinplatz sowohl für sich genommen und mit Blick auf die diskursiven Kontexte ihrer Entstehung als auch wirkungsgeschichtlich von eminentem Interesse sind. Im Anschluss an (I.) einige Überlegungen zum Status des Gemeinplatzes als ›kleiner Form‹ und an (II.) die Darstellung von Paulhans Überlegungen zum Gemeinplatz in seinen ethnographischen Aufsätzen geht es deshalb um (III.) die bisher kaum beachteten Spuren, die die Lektüre von Paulhans Texten in Walter Benjamins berühmtem *Erzähler*-Essay (1936) hinterlassen hat. In seinem Verständnis des Erzählens als einer Form der Vermittlung von Erfahrung erweist sich Benjamin, wie sich zeigen wird, als deutlich geprägt von einer durch Paulhan vermittelten Erfahrung des Gemeinplatzes.

1. Der Gemeinplatz – eine ›kleine Form‹?

Nicht ohne Grund habe ich bis hierhin vermieden, eine Definition von ›Gemeinplatz‹ zu präsentieren. Denn der einzige Konsens, der hinsichtlich der Bestimmung des Begriffs besteht, lautet, dass es keine trennscharfe Definition desselben gibt. »It has become something of a linguistic cliché to say that it is difficult to define a cliché«, schreibt etwa Betty Kirkpatrick, Autorin des *Bloomsbury Dictionary of Clichés.*[19] Begriffsgeschichtlich geht der ›Gemeinplatz‹ natürlich auf das Konzept des *topos* bzw. des *locus* oder *locus communis* aus der antiken Rhetorik und Topik zurück, für die jedoch gleichermaßen gilt, dass sie, nach Lothar Bornscheuers Feststellung, keine »präzise historische Definition« gestatten.[20] In recht groben Zügen lassen sich ein eher formales und ein eher materiales Verständnis von *topos* bzw. *locus* unterscheiden: Nach der formalen – eher aristotelischen – Auffassung liefern *topoi* ein Verfahren zur Suche nach Argumenten auf Grundlage allgemeiner Eigenschaften eines Gegenstands oder Sachverhalts. Im eher stofflichen – etwa durch Cicero repräsentierten – Sinne dagegen sind *loci* diejenigen variabel einsetzbaren Teile einer Rede, die sich zur Amplifikation eignen.[21] Folgt man Heinrich Pletts Vorschlag, die Gemeinplätze auf dieser stofflichen

19 Kirkpatrick, Betty (2001): *Bloomsbury Dictionary of Clichés. Over 1.300 Familiar Phrases Explored and Explained.* London: Bloomsbury, S. v. In fast gleichlautenden Worten schreibt Cresswell, Julia (2000): *The Penguin Dictionary of Clichés.* London/New York/Victoria u.a.: Penguin, S. v: »The difficulty of defining what a cliché is has in itself become a cliché of writing on clichés.«

20 Bornscheuer, Lothar (1977): Zehn Thesen zur Ambivalenz der Rhetorik und zum Spannungsgefüge des Topos-Begriffs. In: Plett, Heinrich F. (Hg.): *Rhetorik. Kritische Positionen zum Stand der Forschung.* München: Wilhelm Fink, S. 204–212, hier: S. 206.

21 Vgl. dazu ausführlich Bornscheuer, Lothar (1976): *Topik. Zur Struktur der gesellschaftlichen*

Seite zu verorten, so sind sie nicht Teil der *inventio*, sondern der *memoria*, sodass sich zwischen einer theoretischen und einer praktischen Topik, einer Inventions- und einer Memorialtopik unterscheiden lässt.[22]

Pletts Bestimmung von ›Gemeinplätzen‹ als »durch konkrete Zeichenkonfigurationen manifestierten Topoi«[23] deckt sich mit der linguistischen Charakterisierung von Gemeinplätzen als »vorgeformten Ausdrücken«.[24] Unter die Gemeinplätze in diesem Sinne lassen sich Phrasen, Formeln, Klischees, Stereotypen, Sprichwörter, Redensarten oder Slogans subsumieren. »Was man hat, hat man« (Tautologie), »Das wird schon werden« (Floskel, Phrase), »Wer A sagt, muss auch B sagen« (Sprichwort) oder »seine Hand für etwas ins Feuer legen« (sprichwörtliche Redensart[25]) – all diese Beispiele entsprechen dem Kriterium der ›Vorgeformtheit‹. Diesem ›sprachlich Vorgeformten‹ gegenüber hat sich aus der Perspektive der linguistischen Phraseologie ein radikaler Einstellungswandel vollzogen,

> insofern als die stilistisch puristischen Bedenken gegen die Wiederholung abgebaut und ihre soziologische Bewertung als restringierter Code eindeutig überwunden sind. Fertigteile im Sprach-, wie u.a. im Baubereich gelten fortan in allen Sprechergemeinschaften als Konsum- und Kulturgüter zur besseren Bewältigung des Alltags, zum Fortschritt der Entwicklung und regen paradoxerweise an zu Kreativität.[26]

Mit anderen Worten: Sowohl im gesellschaftlichen Bewusstsein als auch in der wissenschaftlichen Bewertung hat sich mit der Feststellung, dass jeweils eigene ›sprachliche Fertigteile‹ in allen gesellschaftlichen Schichten und beruflichen Milieus ihren Platz haben, der pejorative Beigeschmack von Gemeinplätzen als einer »Sache des Pöbels«[27] oder der bornierten Bourgeoisie[28] überlebt. Das birgt die Chance, den Blick anstatt auf die rein reproduktiven, schematischen Züge der Gemeinplätze auf ihren Formcharakter zu lenken. Auf diese Weise lassen sich Aspekte des Gemeinplatzes

Einbildungskraft. Frankfurt a.M.: Suhrkamp.

22 Plett, Heinrich F. (2000): Rhetorik der Gemeinplätze. In: Schirren, Thomas/Ueding, Gert (Hgg.): *Topik und Rhetorik. Ein interdisziplinäres Symposium.* Tübingen: Max Niemeyer, S. 223–235, hier: S. 223–224.

23 Plett: Rhetorik der Gemeinplätze, S. 224.

24 Gülich, Heike (1978): »Was sein muss, muss sein.« Überlegungen zum Gemeinplatz und seiner Verwendung. In: *Bielefelder Papiere zur Linguistik und Literaturwissenschaft* 7.

25 Röhrich, Lutz (2006): *Lexikon der sprichwörtlichen Redensarten.* 3 Bde. 3. Aufl. Freiburg i.Br.: Herder.

26 Gréciano, Gertrud (2001): Sprachfertigteile, ihre kognitive und kommunikative Performanz. In: *Internationale Kulturwissenschaften.* https://www.inst.at/studies/s_0103_d.htm. 26.08.2024.

27 Kant, Immanuel (1980): *Anthropologie in pragmatischer Hinsicht,* hg. von Karl Vorländer. 7. Aufl. Hamburg: Meiner, S. 142 (§ 55).

28 Vgl. Bloy: *Auslegung der Gemeinplätze,* S. 21.

identifizieren, die nicht etwa unvereinbar mit den Ansprüchen an eine literarische oder poetische Sprache sind, sondern vielmehr selbst schon als (proto-)literarische Züge betrachtet werden können.

Von Gilles Deleuze stammt ein Satz, der das Selbstverständnis der modernen Literatur gewissermaßen auf den Punkt bringt: »Der Schriftsteller erfindet, wie Proust sagt, innerhalb der Sprache eine neue Sprache, eine Fremdsprache gewissermaßen.«[29] Nach dieser Aussage kann der Anspruch von Literatur nicht darin bestehen, eine durch Regeln bestimmte Sprache lediglich anzuwenden wie es in außerliterarischen Zusammenhängen geschieht, sondern es geht darum, die Sprache nach einem neuen und eigenen literarischen Code funktionieren zu lassen. Interessant ist nun, dass gerade Gemeinplätze dieser Beschreibung in gewissem Maße entsprechen: Als »phraseologische Wendungen«, deren Gesamtbedeutung sich nicht aus der Zusammensetzung ihrer einzelnen lexikalischen Bestandteile ergibt, bilden sie sozusagen eine ›Sprache innerhalb der Sprache‹.[30] Dass auch die Pragmatik von Gemeinplätzen eigenen Regeln gehorcht, die aufgrund ihres impliziten Charakters keineswegs leicht zu durchschauen sind, diese Erfahrung steht im Mittelpunkt von Paulhans Essay *L'Expérience du proverbe* (1925), auf den weiter unten noch ausführlicher eingegangen wird. Im Unterschied zu der literarischen Sprache, wie sie Deleuze im Sinn hat, sind Gemeinplätze aber nicht Hervorbringungen eines Autor-Individuums, sondern gehen aus dem anonymen, »kollektiven Leben«[31] einer Sprechergemeinschaft hervor. Die Grenzen zwischen gewöhnlicher und literarischer Sprache sind hier in besonderem Maße als fluide zu begreifen.[32] So ist es naheliegend, sie in Anlehnung an das Konzept der »einfachen Formen« zu verstehen, von denen André Jolles schreibt, dass sie »sich, sozusagen ohne Zutun eines Dichters, in der Sprache selbst ereignen, aus der Sprache selbst erarbeiten«.[33] Es geht Jolles mit dem Begriff der ›einfachen Form‹ um einen »Aggregatzustand« der Sprache, in dem diese sich zu einem »Gebilde« noch unterhalb der in der poetologischen und rhetorischen Tradition kanonisierten Genres verfestigt.[34] »The essential insight is«, so Christiane Frey, David Martyn und Florian Fuchs, »that the

---

29 Deleuze, Gilles (2000): *Kritik und Klinik*, übs. v. Joseph Vogl. Frankfurt a.M.: Suhrkamp, S. 9.

30 Jakobson, Roman (1996): Der Doppelcharakter der Sprache und die Polarität zwischen Metaphorik und Metonymik [1960]. In: Haverkamp, Anselm (Hg.): *Theorie der Metapher.* Darmstadt: WBG, S. 163–174, hier: S. 165.

31 Levine, Caroline: Literary Studies and Collective Life. In: *New Literary History* 53, H. 4/54, H. 1, S. 693–720.

32 Zumal die Phraseologie zu dem Ergebnis gelangt ist, dass sich ihrer äußeren Form nach nicht zwischen lexikalisierten Phraseologismen und frei gebildeten Sätzen unterscheiden lässt. Vgl. Hallsteinsdóttr, Erla/Farø, Ken (2006): Neue theoretische und methodische Ansätze in der Phraseologieforschung. Vorwort zu *Linguistik online* 27, H. 2, S. 3–10, hier: S. 3.

33 Jolles, André (1974): *Einfache Formen. Legende, Sage, Mythe, Rätsel, Spruch, Kasus, Memorabile, Märchen, Witz.* 5., unveränderte Aufl. Tübingen: Niemeyer, S. 10.

34 Jolles: Einfache Formen, S. 9–10.

medium or material in which authors do their work is not simply language, not just words, figures, stylistic devices, etc., but rather something that is already complex, ›a different aggregate state‹.«[35] Dass Schriftstellern als Rohmaterial in aller Regel nicht die Sprache als solche, sondern Sprache in einem bereits vorgeformten Zustand vorliegt – diese Erkenntnis lässt eine Reflexion über den Status von Gemeinplätzen unabdingbar erscheinen.

Vor diesem Hintergrund lautet der Vorschlag des vorliegenden Essays, den Gemeinplatz als ›kleine Form‹ zu konzeptualisieren, die sich wegen ihrer besonderen Fluidität und Mobilität nicht mittels starrer Gattungskonventionen, sondern nur in einer praxeologischen Perspektive beschreiben lässt und deren Zirkulationsweise und Bedeutung in besonderem Maße durch ihre Einbettung in Gebrauchszusammenhänge bestimmt sind.[36] Bislang hat der Begriff der ›kleinen Form‹ hingegen vor allem auf der Textebene Anwendung gefunden. Den Gemeinplatz als ›kleine Form‹ zu charakterisieren, erfordert demgegenüber eine Skalierung des Begriffs auf die sprachliche Ebene der noch kleineren ›vorgeformten Wendungen‹ mit dem Ziel, die erstaunlich dynamische Zirkulation und die große funktionale und semantische Variabilität zu beschreiben, die dem vermeintlich starren Gemeinplatz in den Kontexten seines Gebrauchs zukommen. Dass der Gemeinplatz seit dem Surrealismus nicht aufgehört hat, zu kreativen Verwendungen anzuregen, sei hier ganz kurz und exemplarisch an einigen Versen von Safiye Can aus einem Gedicht mit dem Titel *Inspiration* (2016) demonstriert:

> »Ich gebe mir zwei Backpfeifen / denke, Sachen gibts, die gibts gar nicht / warte eine Stunde auf Godot / werfe den Rettungsring zum Fenster hinaus / höre dem Gras beim Wachsen zu / schreie ›Gott behüte‹ und backe / ganz kleine Brötchen. [...] Ich schnalle den Gürtel weiter / und fange an, Geigen in den Himmel / zu hängen, für den Leser. / Ich schaue auf die Uhr, es schlägt dreizehn / ich hisse die weiße Fahne / spitze vier Kugelschreiber, zünde mir einen Bleistift an / und siehe da, es ist soweit: / ich kann mich in Grund und Boden / schreiben.«[37]

Cans Gedicht arbeitet durchgängig mit einer Aneinanderreihung von Gemeinplätzen unterschiedlicher Typen und Provenienz. Ihre Verwendung ist so gestaltet, dass sich neben der lexikalisierten, idiomatischen Bedeutung stets auch eine zweite, literalisierte

---

35 Frey, Christiane/Martyn, David/Fuchs, Florian (2023): Introduction. In: *Colloquia Germanica* 56, H. 2–3: »Below Genre: Short Forms and Their Affordances«, S. 93–109, hier: S. 101.

36 Vgl. das Forschungsprogramm des DFG-Graduiertenkollegs 2190 »Literatur- und Wissensgeschichte Kleiner Formen«. https://www.kleine-formen.de/forschungsprogramm/. 26.08.2024.

37 Can, Safiye (2016): *Inspiration.* In: Dies.: *Kinder der verlorenen Gesellschaft. Gedichte.* Göttingen: Wallstein, S. 66–67.

Bedeutung der Ausdrücke aufdrängt, die zu einer doppelten Optik zwingt: Neben dem Aussagesinn bleibt das Sprachmaterial konstant präsent – beide bilden gewissermaßen eine Kippfigur. Inhaltlich ist das Gedicht dabei durchsichtig auf die Darstellung eines Prozesses, in dem die lyrische Sprechinstanz sich ans Schreiben begibt. Gleichzeitig gelangt dieser Prozess der Sprachfindung formal als eine Auseinandersetzung mit den vorgeformten Wendungen der Sprache zur Darstellung. Die titelgebende ›Inspiration‹ geht gerade aus diesem vorgefundenen Sprachmaterial hervor, dem damit eine gleichermaßen fremdartig-irritierende wie produktive, sprachschöpferische Bedeutung zugeschrieben wird.

2. Die Erfahrung des Gemeinplatzes: Paulhan und die madagassischen *hain-teny*

Dieses irritierende und zugleich sprachschöpferische Moment des Gemeinplatzes als einer Kippfigur steht im Mittelpunkt des Nachdenkens von Jean Paulhan über Sprache und Literatur. Paulhans Interesse am Gemeinplatz geht zurück auf die drei Jahre, die er von 1908 bis 1910 als Lehrer auf Madagaskar verbracht hat, der Insel im Indischen Ozean, die seit 1896 zum französischen Kolonialreich gehörte.[38] Auf Madagaskar macht Paulhan, der sehr schnell die Landessprache lernt und sich so sehr für die lokalen Bräuche interessiert, dass er bei der Kolonialverwaltung in Verruf gerät, Bekanntschaft mit einer oralen Dichtungsform der Merina,[39] die den Namen ›*hain-teny*‹ trägt. Es handelt sich um eine Art Volkspoesie, die ausschließlich amouröse Themen verhandelt, deren Eigenart aber darin besteht, dass sie in einem Wettstreit, einem »dichterischen Duell« vorgetragen wird, das spielerischen Charakter haben kann, aber auch zur Lösung von realen Konflikten dient.[40] Bei seiner ersten Begegnung mit dieser Gedichtform erkennt Paulhan in deren undurchdringlicher Metaphorik eine Verwandtschaft mit der hermetischen Lyrik des Symbolismus.[41] Umso frappierender ist dann für ihn die Entdeckung, dass es sich bei den besonders obskuren Schlusssentenzen der *hain-teny* um Sprichwörter, *ohabolana* genannt, handelt.[42]

---

38 Vgl. Paulhan (Hg.): *Cahiers Jean Paulhan 2.*

39 Die Merina sind die größte der ethnischen Gruppen Madagaskars, die das zentrale Hochland bewohnen und denen die Herrscherdynastie entstammt, unter der Madagaskar im späten 18. Jahrhundert zu einem Königreich vereint wurde. Vgl. Schmidt, Berndt (1997): *Madagaskar. Zur Geschichte seiner Sprache und Kultur.* Aachen: Shaker Verlag.

40 Haring, Lee (1992): *Verbal Arts in Madagascar. Performance in Historical Perspective.* Philadelphia: University of Pennsylvania Press.

41 Paulhan: Les Hain-tenys, S. 135–142.

42 Zum Stellenwert der *ohabolana* siehe Fox, Leonard (1990): *Hainteny. The Traditional Poetry of Madagascar.* Lewisburg: Bucknell UP, S. 47–48.

Paulhan sammelt während seiner Zeit auf Madagaskar ca. 800 *hain-teny.* Nach seiner Rückkehr nach Frankreich reicht er an der Sorbonne bei Lucien Lévy-Bruhl ein Thema für eine Doktorarbeit über die »Semantik des madagassischen Sprichworts« ein, die er jedoch nie beenden wird. Im Jahr 1913 aber gibt er eine thematisch geordnete Auswahl von *hain-teny* in eigener Übersetzung mit einer von ihm verfassten Einleitung heraus.[43] Diese Anthologie ist einem primär wissenschaftlichen Anspruch verpflichtet: Dafür spricht nicht nur die Wahl des Verlags Geuthner, der auf orientalistische Publikationen spezialisiert ist, sondern auch die Tatsache, dass Paulhans Erklärung der *hain-teny* sich orientiert an der Idee einer objektiven Schilderung der Bedeutung dieser Spruchdichtung im Rahmen der madagassischen Kultur. Rezipiert aber wird Paulhans Sammlung keineswegs nur in akademischen, sondern auch in literarischen Zirkeln, etwa von Guillaume Apollinaire oder André Breton.[44]

Über die nächsten dreißig Jahre hinweg kommt Paulhan dann in immer neuen essayistischen Texten auf die Erfahrungen, die er beim Erlernen der *hain-teny* gemacht hat und die damit verbundenen Schwierigkeiten zurück.[45] In ihrer Entwicklung zeigen diese Essays einen grundlegenden Wandel der Darstellungsform, insoweit Paulhans Augenmerk sich mehr und mehr von der Darstellung der kulturellen Praxis an sich auf die Vermittlung seiner Erfahrung bei der *Initiation in* diese Praxis verschiebt, einer Erfahrung, die von zahlreichen Irrtümern und Illusionen gekennzeichnet ist.[46]

Zweierlei ist für die Faszination, die die *hain-teny* auf ihn ausüben, entscheidend: erstens ihre obskure Bedeutung, und zweitens ihre Autorität, d.h. die Tatsache, dass die Äußerung eines Sprichworts im richtigen Moment wie ein ›Machtwort‹ eine verbale Auseinandersetzung beendet – es sei denn das Gegenüber vermag das Sprichwort durch ein anderes treffendes Sprichwort zu kontern. Paulhan zeigt sich abwechselnd bemüht, die Bedeutung der Sprichworte und die Grundlagen ihres Einflusses zu ergründen. In dem Bemühen, die Gesetzmäßigkeiten zu bestimmen, nach denen die Sprichworte gebildet werden, vorgetragen werden und sich gegenseitig übertrumpfen, entwickelt er immer neue Theorien, die sich stets als Holzwege erweisen. Das Paradox, von dem der Essay *L'Expérience du proverbe* zeugt, den Paulhan 1925 als Auskopplung aus seiner Dissertation veröffentlicht, besteht darin, dass es Paulhan am Ende zwar gelingt, sich selbst die Fähigkeit zum Bilden und Vortragen von *hain-teny* anzueignen, dass aber an keinem Punkt in diesem Prozess ein Moment eintritt, der sich als Verstehen

43 Paulhan, Jean (2006): *Les Hain-teny merinas. Poésies populaires malgaches.* Faksimile der Erstausgabe von 1913. Paris: Geuthner, S. 1–16.

44 Vgl. Paulhan (Hg.): *Cahiers Jean Paulhan 2,* S. 235–249.

45 Vgl. ausführlicher zu diesen Texten Stricker, Bernhard (2025): Nachwort. In: Paulhan: *Die Erfahrung des Sprichworts,* S. 131–161.

46 Vgl. Yeschua: Jean Paulhan et les hain-teny. Syrotinski: *Defying Gravity,* S. 25–46. Culbert, John (2010): *Paralyses. Literature, Travel, and Ethnography in French Modernity.* Lincoln/London: University of Nebraska Press, S. 155–197.

derselben qualifizieren ließe. Der Wechsel vom Unvermögen, sie zu begreifen, hin zu der Fähigkeit, selbst *hain-teny* vorzutragen, vollzieht sich als ein unmerklicher Übergang. In diesem Prozess gewinnt Paulhan unterschiedliche Ansichten der Sprichworte: eine Außenansicht von der Position der theoretischen Reflexion aus und eine Innenansicht aus der Perspektive desjenigen, der selbst Sprichworte gebraucht. Beide Perspektiven gelangen aber nie zur Deckung. Denn in eben dem Maße, in dem Paulhan über ein Sprichwort reflektiert, erweist er sich als unfähig, es spontan in einem Wortwechsel zu gebrauchen: »Comme si ma réflexion et mon langage avaient joué sur deux plans différents, il arrivait que la considération d'un proverbe pour son ingéniosité ou son pittoresque me privât de la faculté de m'en servir dans une discussion.«[47] Die sprachliche Gestalt und der Sinngehalt der Sprichwörter blenden einander wie in einem Kippbild wechselseitig ab, sie können dem Bewusstsein nicht gleichzeitig präsent sein: »Tout se passait enfin comme s'il y avait eu antinomie entre le sens du proverbe et l'usage qui en est fait.«[48] Die Geistesgegenwart, derer es zur Anwendung der Sprichworte bedarf, und das Nachdenken über ihre Bedeutung und Autorität stehen in einem wechselseitigen Ausschlussverhältnis. Am Schluss von *Les Fleurs de Tarbes* bringt Paulhan dieses Paradox in verallgemeinerter Form auf den Punkt, wenn er von »Gesten« spricht, »die sich nicht ohne eine gewisse Nachlässigkeit ausführen lassen«: »Il est ainsi des lueurs, sensibles à qui les voit, cachées à qui les regarde; des gestes qui ne s'accomplissent pas sans quelque négligence [...].«[49]

Worin also besteht die ›Erfahrung‹ des Sprichworts, von der im Titel von Paulhans Essay *L'Expérience du proverbe* die Rede ist? Es gehört zu den Pointen dieses Titels, dass es sich offensichtlich nicht um Erfahrung im Sinne einer im Medium des Sprichworts tradierten Weisheit handelt. Diese herkömmliche Auffassung des Sprichworts liegt Paulhan fern, stattdessen bleibt sein Begriff vom Sprichwort eigentümlich formal und abstrakt.[50] Die besondere Autorität der Sprichwörter verdankt sich nach seiner Darstellung gerade nicht ihrem Aussagegehalt, vielmehr erscheinen die Sprichwörter als ›phatische Kommunikation‹ (Bronislaw Malinowski): als nichtige Sätze, deren Be-

---

47 Paulhan: L'Expérience du proverbe, S. 184. Dt. Übs.: »Als hätten mein Nachdenken und meine Sprache sich auf zwei unterschiedlichen Ebenen abgespielt, geschah es, dass die Berücksichtigung eines Sprichworts wegen seines Erfindungsreichtums oder seiner Bildhaftigkeit mir die Fähigkeit entzog, mich seiner in der Diskussion zu bedienen.«

48 Paulhan: L'Expérience du proverbe, S. 184. Dt. Übs.: »Es verhielt sich für mich alles so, als gäbe es einen Widerspruch zwischen der Bedeutung eines Sprichworts und seinem Gebrauch.«

49 Paulhan, Jean (2011): *Les Fleurs de Tarbes ou La Terreur dans les Lettres* [1941]. In: Ders.: *Œuvres III*, S. 111–202, hier: S. 202. Dt. Übs.: »Es gibt Lichtschimmer, die für den wahrnehmbar sind, der sie sieht, aber verborgen für den, der sie anschaut [...]; und es gibt Gesten [...], die man nicht ohne eine gewisse Nachlässigkeit ausführen kann.« Paulhan, Jean (2009): *Die Blumen von Tarbes und weitere Schriften zur Theorie der Literatur*, hg. und mit einem Nachwort von Hans-Jost Frey. Basel: Urs Engeler, S. 93.

50 Milne: The Extreme In-Between, S. 59.

deutung in keiner erkennbaren Relation zu ihrer Überzeugungskraft steht, und die doch in der sozialen Dimension nicht weniger leisten als »sicherzustellen, dass man sprechen kann« (»établir que l'on peut parler«).[51] Paulhan weist kritisch darauf hin, dass erst die Herauslösung der Sprichwörter aus ihrem pragmatischen Kontext, in dem sie ihre Funktion als Argument in einem Wortgefecht erfüllen, die Vorstellung aufkommen lässt, dass ihre Wirkung sich ihrer ›Botschaft‹ verdanken müsse. Diese Kritik lässt erstaunliche Parallelen zur Philosophie des späten Wittgenstein erkennen, der in seinen *Philosophischen Untersuchungen* die Entstehung essentialistischer Vorstellungen in ganz ähnlicher Weise auf die Herauslösung von Sätzen aus ihren Gebrauchszusammenhängen zurückführt.[52] In gewissem Sinne kann Paulhan deshalb mit seinen Untersuchungen zur Verwendung von Sprichwörtern in den madagassischen *hain-teny* als Erfinder einer Sprachpragmatik *avant la lettre* gelten.

Ursprünglich mag Paulhans Reise nach Madagaskar von einer Art Zivilisationsüberdruss bestimmt gewesen sein, einer für die Generation der Avantgarden typischen Sehnsucht nach einer Abkehr von der Welt der bürgerlichen Konvention, wie Paulhan sie dem Protagonisten seiner autobiographisch gefärbten Erzählung *Le guerrier appliqué* (1917, dt. *Der beflissene Soldat*) in den Mund legt, der von sich sagt:

> J'avais eu longtemps pour désir de quitter la société – je veux dire les gens civilisés, le monde – et d'aller vivre aux champs, ou près des sauvages. Ou bien j'exigeais, pour rester, une prompte révolution.[53]

Was Paulhan aber dann auf Madagaskar entdeckt, entspricht keineswegs dem Klischee von der ›Wildheit‹ primitiver Kulturen. Vielmehr entdeckt er mit den *hain-teny* hochgradig formalisierte, ritualisierte Auseinandersetzungen, die er nicht nur als ein Modell für die verbale Entschärfung von Konflikten betrachtet, sondern die ihn auch zum Umdenken anregen, was die Bedeutung konventioneller Redeformen in seiner eigenen Kultur angeht.

---

51 Paulhan: L'Expérience du proverbe, S. 194.

52 Wittgenstein, Ludwig (1984): *Philosophische Untersuchungen.* In: Ders.: *Werkausgabe Bd. 1: Tractatus logico-philosophicus. Tagebücher 1914–1916. Philosophische Untersuchungen.* Frankfurt a.M.: Suhrkamp, S. 225–580.

53 Paulhan, Jean (2006): *Le guerrier appliqué.* In: Ders.: *Œuvres complètes I: Récits.* Paris: Gallimard, S. 163–215, hier S. 175. Dt. Übs.: »Lange Zeit hatte ich den Wunsch gehabt, die Gesellschaft zu verlassen – ich meine: die der Geselligkeit, der Gesittung –, um auf dem Lande zu leben, oder bei den Wilden. Oder ich forderte, um zu bleiben, auf der Stelle eine Revolution. Dieser Traum war vielen jungen Leuten gemeinsam (die eine größere Freiheit zu finden hofften, und ihre Entfaltung in einem natürlichen Leben, während sie zugleich dem sozialen Zwang entrinnen würden.)« Paulhan, Jean (1995): *Der beflissene Soldat,* übs. v. Friedhelm Kemp. Frankfurt a.M.: Suhrkamp, S. 24–25.

Wir haben bereits gesehen, wie Paulhan den Gemeinplatz gegen den für die Poetiken der Avantgarden zentralen Transgressionsgedanken ausspielt. Seine Überlegungen zur sozialen Funktion von Gemeinplätzen finden auch Eingang in die Artikel, die er zwischen 1911 und 1913 für die Zeitschrift *Le Spectateur* schreibt, die sich einer Untersuchung der Funktionsweise der ›Intelligenz im praktischen Alltagsleben‹ widmet.[54] Es geht darum, der idealisierenden philosophischen Logik eine ›logique réelle‹ gegenüberzustellen, die untersucht, wie das Denken von Menschen tatsächlich funktioniert, mit all seinen Irrtümern, Illusionen und Paradoxien.[55] Zu dieser Untersuchung trägt Paulhan z.B. im Februar 1912 einen Artikel bei, der sich unter dem Titel »L'Argument ›Un Sou est un Sou‹« einer scheinbar banalen Tautologie (›Ein Groschen ist ein Groschen‹) widmet und dabei zu der Feststellung gelangt, dass diese auf den ersten Blick inhaltsleere Phrase in Wahrheit im Verlaufe einer Diskussion diverse, sogar einander entgegengesetzte Bedeutungen annehmen kann: »[…] le même mot, selon la phrase où il prend place, peut revêtir, pour la même personne, des sens fort différents: cela principalement dans le cas où le mot possède, en plus de son sens propre, un *sens de lieu commun* […].«[56] Auf den ersten Blick scheint Paulhan damit nahelegen zu wollen, dass es deshalb auf den bewussten, strategischen Einsatz eines Gemeinplatzes ankomme, um den argumentativen Gegner dazu zu bringen, eine seiner eigenen Meinung exakt entgegengesetzte These zu akzeptieren: »L'on peut définir l'argument: une tentative pour faire accepter de son interlocuteur, à la faveur du mot même qu'il vient de prononcer ou qu'il pense, une idée nouvelle, opposée à la sienne.«[57] Paulhans Argumentation erweist sich aber als sehr viel abgründiger, wenn sie in den Gedanken mündet, dass der Reflexionsakt als solcher die Bedeutung der Worte immer bereits verändert hat: »L'on peut aller plus loin encore: le fait seul de prêter attention à un mot, de l'isoler des mots qui l'entourent, de le répéter, suffit à modifier sa signification.«[58] Mit anderen

---

54 Der Untertitel der Zeitschrift lautet »Observations et essais sur l'intelligence dans la pratique et dans la vie quotidienne.« Vgl. *Le Spectateur* 6, H. 53 (Januar 1914). https://gallica.bnf.fr/ark:/12148/bpt6k5540818r?rk=21459;2. 26.08.2024. Paulhans Beiträge zu *Le Spectateur* finden sich gesammelt in Paulhan: *Œuvres II*, S. 492–553.

55 Vgl. den programmatischen Artikel von Martin-Guelliot, René (1909): Du fonctionnement réel de l'intelligence. In: *Le Spectateur* 1, H. 1, S. 3–20.

56 Paulhan, Jean: L'Argument ›Un sou est un sou‹. In: Ders.: *Œuvres II*, S. 502–513, hier S. 509. Dt. Übs.: »[…] ein und dasselbe Wort kann, je nach dem Satz, in dem es auftritt, für ein und dieselbe Person ganz unterschiedliche Bedeutungen annehmen: Und das hauptsächlich in dem Fall, wo das Wort neben seiner wörtlichen Bedeutung auch noch die *Bedeutung eines Gemeinplatzes* besitzt […].«

57 Paulhan: L'Argument, S. 508. Dt. Übs.: »Man kann das Argument wie folgt definieren: als Versuch, den Gesprächspartner mithilfe desselben Wortes, das er soeben ausgesprochen hat oder an das der denkt, dazu zu bringen, eine neue, der seinigen entgegengesetzte Vorstellung zu akzeptieren.«

58 Paulhan: L'Argument, S. 510. Dt. Übs.: »Man kann sogar noch weiter gehen: der bloße Umstand,

Worten: Es gibt keine Möglichkeit der direkten Beobachtung ›sprachlicher Tatsachen‹, da diese durch den Akt der Beobachtung als solchen stets bereits verändert worden sind. Damit sind auch dem bewusst-kalkulierenden Einsatz der Sprache Grenzen gesetzt. Diese Feststellung deckt sich mit der Schlussfolgerung von Paulhans Essay *L'Expérience du proverbe*: Der geistesgegenwärtige Gebrauch und das Nachdenken über Gemeinplätze gelangen nicht zur Deckung.

Paulhans kurze Essays aus *Le Spectateur* bilden die Grundlage eines längeren Textes mit dem Titel *Entretiens sur des faits divers*, den er einige Jahre später, 1928, als Serie in der *Nouvelle Revue Française* veröffentlicht bevor er 1930 in Buchform erscheint. Diese *Entretiens* widmen sich in vier fiktiven Dialogen zwischen Paulhan und René Martin-Guelliot, seinerzeit Herausgeber von *Le Spectateur*, einigen »Paradoxa des Geistes«.[59] Der Text ist nicht nur als eines der gelungensten Beispiele für Paulhans meisterhafte Art des Umgangs mit kleinen Formen und ihren Ambiguitäten, sondern auch hinsichtlich der Wirkungsgeschichte seiner Überlegungen zum Gemeinplatz von besonderem Interesse. Die *Entretiens* nämlich bilden die Quelle zentraler Passagen aus Walter Benjamins berühmtem *Erzähler*-Essay, ohne dass ihr Einfluss auf Benjamins Überlegungen bislang erkannt worden wäre.

3. Geistesgegenwart: zu den ethnographischen Ursprüngen von Benjamins *Erzähler*-Essay

Die *Entretiens sur des faits divers* setzen relativ unvermittelt ein mit einem Gespräch über eine Passage aus den *Essais* von Montaigne, wo dieser die bei Herodot überlieferte Geschichte des Ägypterkönigs Psammenit kommentiert. Die Passage aus Montaignes Essai »De la tristesse« (Buch I, Kapitel 2 der *Essais*) lautet:

> Le conte dit que Psammenitus, roi d'Égypte, ayant eté défait et pris par Cambyse, roi de Perse, voyant passer devant lui sa fille prisonnière habillée en servante, qu'on envoyait puiser de l'eau, tous ses amis pleurant et lamentant autour de lui, se tint coi, sans mot dire, les yeux fichés en terre; et voyant encore tantôt qu'on menait son fils à la mort, se maintint en même contenance; mais qu'ayant aperçu un de ses domestiques conduit entre les captifs, il se mit à battre sa tête, et mener un deuil extrême; aucuns en prirent argument qu'il n'avait été touché au vif que de cette dernière secousse; mais à la vérité ce

einem Wort Aufmerksamkeit zu schenken, es von den Worten darum herum abzusondern, es zu wiederholen, genügt, um seine Bedeutung zu verändern.«

59 Paulhan, Jean: *Entretiens sur des faits divers*. In: Ders.: *Œuvres II*, S. 51–130, hier: S. 53. Dt. Übs.: Paulhan, Jean (1962): *Unterhaltungen über vermischte Nachrichten*, übs. v. Friedhelm Kemp. Gütersloh: Sigbert Mohn Verlag, S. 5.

fut, qu'étant d'ailleurs plein et comblé de tristesse, la moindre surcharge brisa les barrières de la patience.[60]

60 Paulhan: *Entretiens*, S. 54. Dt. Übs.: »Es wird erzählt, Psammenitus, König von Ägypten, nachdem er von dem Perserkönige Cambyses geschlagen und gefangen genommen worden, und seine Tochter, die auch in die Gefangenschaft geraten, als Dienstmagd gekleidet vor sich vorbeiführen gesehen, um Wasser zu schöpfen, sei er bei den Klagen und Tränen aller seiner Freunde um sich her gelassen geblieben; habe kein Wort gesagt, und habe mit den Augen starr auf die Erde gesehn; als er bald darauf wahrgenommen, daß man seinen Sohn zum Tode führe, habe er sich in eben derselbigen Fassung erhalten; als er aber bemerkt habe, daß man einen seiner Diener mit gefangen geführt, habe er begonnen, sich das Haupt zu zerschlagen und in die heftigste Traurigkeit auszubrechen. Einige wollten daraus schließen, ihn habe nur der letzte Stoß so schmerzhaft getroffen; im Grunde aber war der Fall dieser, daß er bereits durchaus von Traurigkeit angefüllt war, und also der geringste Zusatz das ganze Gefäß der Gelassenheit zersprengte.« Paulhan: *Unterhaltungen*, S. 9. Der Wortlaut der Passage, wie sie von Paulhan zitiert wird, ist bis auf die Modernisierung der Schreibweise mit dem Wortlaut bei Montaigne identisch. Allerdings enthält die Passage eine nicht gekennzeichnete Auslassung. Nach »deuil extrême« heißt es bei Montaigne weiter: »Cecy se pourrait approprier à ce qu'on vid dernierement d'un Prince des nostres, qui, ayant ouy à Trante, où il estoit, nouvelles de la mort de son frere aisné, mais un frere en qui consistoit l'appuy et l'honneur de toute sa maison, et bien tost après d'un puisné, sa seconde esperance, et ayant soustenu ces deux charges d'une constance exemplaire, comme quelques jours après un de ses gens vint à mourir, il se laissa emporter à ce dernier accident, et, quittant sa resolution, s'abandonna au dueil et aux regrets, en manière qu'aucuns en prindrent argument, qu'il n'avoist esté touché au vif que de cette derniere secousse. Mais à la verité ce fut, qu'estant d'ailleurs plein et comblé de tristesse, la moindre sur-charge brisa les barrieres de la patience.« Montaigne, Michel de (1969): De la tristesse. In: Ders.: *Essais. Livre 1.* Paris: Flammarion, S. 43–46, hier: S. 43–44. Dt. Übs.: »Dies ließe sich mit dem vergleichen, was man neulich bei einem unserer Fürsten beobachtet hat: Als er in Trient weilte und die Nachricht vom Tod seines älteren Bruders erhielt, der zugleich Stütze und Ehre des ganzen Hauses war, und bald danach die vom Ableben eines jüngeren Bruders, seiner zweiten Hoffnung, ertrug er die beiden Schicksalsschläge mit beispielhaftem Gleichmut. Einige Tage später jedoch starb einer von seinen Leuten, und von diesem letzten Unglück ließ sich der Fürst nun völlig überwältigen: Derart verlor er hierüber die Fassung, derart gab er sich seinem Schmerz und seiner Wehmut hin, daß einige daraus folgerten, nur die letzte Botschaft habe ihn ins Mark getroffen. In Wahrheit verhielt es sich aber so, daß bei ihm, der von Traurigkeit bereits erfüllt, ja übervoll war, das kleinste Mehr genügte, die Grenzen des Erträglichen zu durchbrechen.« Montaigne, Michel de (1998): *Essais.* Erste moderne Gesamtübersetzung von Hans Stilett. Frankfurt a.M.: Eichborn Verlag. Mit anderen Worten: Montaignes Erklärung bezieht sich gar nicht eigentlich auf Psammenit, sondern auf den Fürsten Charles de Guise, einen Zeitgenossen Montaignes. Dass sich diese Erklärung auch auf Psammenits Fall anwenden ließe, wird von Montaigne im darauffolgenden Satz zwar in Erwägung gezogen, aber durch die Fortsetzung der Geschichte, die Selbstauskunft Psammenits, widerlegt: »Il s'en pourroit (dis-je) autant juger de nostre histoire, n'estoit qu'elle adjouste que Cambises, s'enquérant à Psammenitus, pourquoy ne s'estant esmeu au malheur de son fils et de sa fille, il portoit si impatiemment celuy d'un de ses amis: ›C'est, respondit-il, que ce seul denier desplaisir se peut signifier par larmes, les deux premiers surpassans de bien loin tout moyen de se pouvoir exprimer.« Montaigne: De la tristesse, S. 44. Dt. Übs.: »Man könnte, meine ich, unsre obige Geschichte genauso auslegen, wäre darin nicht

Der daran anschließende fiktive Dialog zwischen Paulhan und René Martin-Guelliot dreht sich um das Verhältnis zwischen Herodots Geschichte und ihrer Erklärung durch Montaigne. Das Gespräch mündet in die Feststellung, dass die Überzeugungskraft von Montaignes Erklärung auf einem Gemeinplatz beruht:

> René Martin: [...] Mais que pensez-vous de l'histoire ?
> Moi : Elle m'embarrasse. J'hésite d'abord à accepter l'explication que propose Montaigne. À peine l'ai-je accepté cependant qu'elle me paraît évidente, au point qu'il était presque inutile de la dire.
> R.M. : Mais si vous aviez connu l'événement sans l'explication ?
> M. : J'aurais été intrigué ; peut-être me serais-je résigné à n'y rien comprendre. Mai non : il est probable que j'aurais songé à la »goutte d'eau qui fait déborder le vase«, et conclu comme Montaigne.
> R.M. : Et si le proverbe n'avait pas existé ?
> M. : Eh bien ! Je l'aurais peut-être inventé.[61]

Die Gesprächspartner führen die Evidenz von Montaignes Erklärung für das rätselhafte Verhalten des Ägypterkönigs auf den Gemeinplatz von dem ›Tropfen, der das Fass zum Überlaufen bringt‹ zurück. Wie Paulhan zu verstehen gibt, ist dabei unklar, ob die Existenz dieser ›sprichwörtlichen Redensart‹[62] eine bestimmte Deutung der Geschichte vorschreibt oder ob nicht umgekehrt die Geschichte ebenso gut Anlass zur Erfindung der Redensart sein könnte. Einer Sache aber sind sich die Gesprächspartner sicher:

---

hinzugefügt, daß Kambyses sich bei Psammenit erkundigte, warum er angesichts des Unglücks seines Sohns und seiner Tochter unbewegt geblieben sei, während er das seines Vertrauten kaum habe ertragen können. ›Darum‹, antwortete er, ›weil nur dieses letzte Leid sich in Tränen zu offenbaren vermag, während das der ersten beiden Schicksalsschläge jedes Maß des Ausdrückbaren weit überschreitet.« Montaigne: *Essais*, S. 11.

61 Paulhan: *Entretiens*, S. 54. Dt. Übs.: »RENÉ MARTIN: [...] Doch was halten Sie von dieser Geschichte ? ICH: Ich weiß nicht recht. Im ersten Augenblick schwanke ich, ob ich die Erklärung, die Montaigne bietet, gelten lassen soll. Kaum aber habe ich sie angenommen, da scheint sie mir so einleuchtend, daß es fast überflüssig war, sie eigens auszusprechen. RENÉ MARTIN: Wie aber, wenn Ihnen nur das Ereignis, ohne die Erklärung, bekannt gewesen wäre? ICH: Es hätte mich stutzig gemacht; vielleicht hätte ich mich beschieden, nichts davon zu begreifen. Aber nein: wahrscheinlich wäre mir ›der Wassertropfen, der das Gefäß zum Überlaufen bringt‹ eingefallen, und ich hätte wie Montaigne geschlossen. RENÉ MARTIN: Und wenn es das Sprichwort nicht gegeben hätte? ICH: So hätte ich es vielleicht erfunden.« Paulhan: *Unterhaltungen*, S. 10.

62 Paulhan spricht von einem ›proverbe‹, also einem ›Sprichwort‹. Ich folge hier dagegen dem terminologischen Vorschlag von Lutz Röhrich, wonach eine ›sprichwörtliche Redensart‹ sich von einem Sprichwort darin unterscheidet, dass die Wortstellung nicht unveränderbar ist, sondern sich in den Satzzusammenhang einfügt. Vgl. Röhrich: *Lexikon der sprichwörtlichen Redensarten.*

»Hätte Psammenitus aber zu unserer Zeit gelebt, so hätten alle Zeitungen uns berichtet, daß ihm sein Kammerdiener näherstand als die eigenen Kinder.«[63]

Vor diesem Hintergrund ist es ganz sicher kein Zufall, wenn Walter Benjamin sich im siebten Abschnitt seines *Erzähler*-Essays auf eben diese Geschichte bei Herodot und ihre Kommentierung durch Montaigne bezieht, um eine Gegenüberstellung zwischen der Erzählung auf der einen Seite und der mit dem Medium der Zeitungspresse assoziierten Information auf der anderen vorzunehmen.[64] Schon weil Benjamin sich in der zweiten Hälfte der 1920er-Jahre durch seine Artikel in diversen deutschen Zeitschriften den Status eines Experten für französische Literatur erarbeitet hatte,[65] kam er nicht umhin, die wichtigste französische Literaturzeitschrift, die *Nouvelle Revue Française*, zur Kenntnis zu nehmen, in der die *Entretiens* 1928 in drei Folgen erschienen; genau in dem Jahr also, in dem Benjamin die ersten kleineren Texte (»Romane lesen« und »Kunst zu erzählen«)[66] verfasst, die in den *Erzähler*-Essay münden. Damit, dass Benjamin die *Entretiens* nicht in Buchform, sondern als Artikelserie in einer Zeitschrift rezipiert hat, lässt sich erklären, warum der Titel in seinem »Verzeichnis der gelesenen Schriften« nicht genannt wird.[67] Benjamin war seit 1934 auch persönlich mit Paulhan bekannt, der ihm bei einer Besprechung in Aussicht gestellt hatte, seinen Aufsatz über Bachofen in der *Nouvelle Revue Française* zu veröffentlichen (wozu es dann nicht kam).[68] Der wichtigste Beleg aber dafür, dass Benjamin durch Paulhans *Entretiens* auf die Bedeutung der Herodot-Geschichte gestoßen worden sein muss, findet sich in seinen Aufzeichnungen für den *Erzähler*-Essay, wo er mehrere Deutungen der Herodot-Geschichte von unterschiedlichen Personen notiert. Der Wortlaut, in dem er dabei Montaignes Lesart wiedergibt, entspricht nicht dem, was bei Montaigne steht, sondern genau der sprichwörtlichen Redensart, die Paulhan in Montaignes Deutung erkennt: »Das Faß kommt durch den letzten Tropfen zum Überlaufen«.[69] Man kann somit als

63 Paulhan: *Unterhaltungen*, S. 11. Frz. Orig.: »Mais si Psammenitus avait vécu de nos temps, tous les journaux nous auraient appris qu'il préférait son valet de chambre à ses enfants.« Paulhan: *Entretiens*, S. 56.

64 Vgl. Benjamin, Walter (2019): Der Erzähler. Betrachtungen zum Werk Nikolai Lesskows [1936]. In: Ders.: *Gesammelte Schriften, Bd. II/2: Aufsätze. Essays. Vorträge*, hg. von Rolf Tiedemann und Hermann Schweppenhäuser. 7. Aufl. Frankfurt a.M.: Suhrkamp, S. 438–465, hier: S. 445–446. (Nach dieser Ausgabe wird im Folgenden mit der Sigle GS unter Angabe der Band- und Seitenzahl zitiert.)

65 Eiland, Howard/Jennings, Michael W. (2016): *Walter Benjamin. A Critical Life*. 2. Aufl. Cambridge, Mass./London, Engl.: The Belknap Press of Harvard UP, S. 235–313.

66 Vgl. GS IV.1, S. 436–438.

67 Vgl. GS VII.1, S. 437–476.

68 GS II.3, S. 964–964.

69 GS II.3, S. 1288. Hätte Benjamin Montaignes *Essais* im Original konsultiert, so hätte er mit Sicherheit auch den oben (Fn. 59) genannten Umstand zur Kenntnis genommen, dass sich die von Paulhan zitierte Begründung gar nicht eigentlich auf den Ägypterkönig, sondern auf Charles

hinlänglich erwiesen betrachten, dass Benjamin durch Paulhans Vermittlung auf die Herodot-Geschichte gestoßen ist.

Umso interessanter sind vor diesem Hintergrund die zwischen Paulhans und Benjamins Umgang mit der Montaigne-Passage bestehenden Unterschiede. Benjamin nennt Herodots Bericht eine »Geschichte, aus der sich viel lernen läßt«.[70] ›Lernen‹ offenbar nicht im Sinne nützlichen Handlungswissens (denn die Geschichte enthält nichts, was Anlass zur praktischen Nachahmung böte), sondern darüber, »wie es mit der wahren Erzählung steht«; mit anderen Worten: Benjamin liest die Geschichte in reflexiver Weise als einen Kommentar über das Erzählen:

> Die Information hat ihren Lohn mit dem Augenblick dahin, in dem sie neu war. Sie lebt nur in diesem Augenblick, sie muß sich gänzlich an ihn ausliefern und ohne Zeit zu verlieren sich ihm erklären. Anders die Erzählung; sie verausgabt sich nicht. Sie bewahrt ihre Kraft gesammelt und ist noch nach langer Zeit der Entfaltung fähig.[71]

Bestechend an der Herodot-Geschichte ist für Benjamin gerade das Fehlen jeglicher psychologischen Erklärung; und eben darin, dass sie nichts erklärt, gründet seines Erachtens ihre Langlebigkeit. Auf dieser Grundlage schlägt Benjamin auch Montaignes Lesart der Geschichte einer Reihe von Deutungen zu, die alle gleichermaßen beliebig erscheinen:

> So ist Montaigne auf die vom Ägypterkönig zurückgekommen und hat sich gefragt: Warum klagt er erst beim Anblick des Dieners? Montaigne antwortet: »Da er von Trauer schon übervoll war, brauchte es nur den kleinsten Zuwachs, und sie brach ihre Dämme nieder.« So Montaigne. Man könnte aber auch sagen: »Den König rührt nicht das Schicksal der Königlichen, denn es ist sein eigenes.« Oder: »Uns rührt auf der Bühne vieles, was uns im Leben nicht rührt; dieser Diener ist nur ein Schauspieler für den König.«[72]

Anders als Paulhan begreift Benjamin also die Redensart vom ›Tropfen, der das Fass zum Überlaufen bringt‹ als einen der Erzählung selbst äußerlichen Deutungsansatz, der im Grunde einen Rückfall hinter deren eigene Erklärungsabstinenz darstellt:

---

de Guise bezieht und dass ihre Geltung für Psammenit von Montaigne durch die Fortsetzung der Anekdote ausdrücklich bestritten wird.

70 GS II.2, S. 445.

71 GS II.2, S. 445–446.

72 GS II.2, S. 446.

Herodot erklärt nichts. Sein Bericht ist der trockenste. Darum ist diese Geschichte aus dem alten Ägypten nach Jahrtausenden noch imstande, Staunen und Nachdenken zu erregen. Sie ähnelt den Samenkörnern, die jahrtausendelang luftdicht verschlossen in den Kammern der Pyramiden gelegen und ihre Keimkraft bis auf den heutigen Tag bewahrt haben.[73]

Herodots Geschichte wird hier geradezu zu einem Modell dafür, wie die Erzählung einer Erfahrung Dauerhaftigkeit zu verleihen vermag. Indem Benjamin die ägyptische Herkunft von Psammenit in den Vordergrund rückt, lässt er die kleine Form der Anekdote die monumentalen Dimensionen eines Denkmals annehmen. Dabei plausibilisiert er den Zusammenhang zwischen Erklärungsabstinenz und Überlebensdauer v.a. durch eine Metapher: Die Charakterisierung von Herodots Stil als »trocken« schafft die Verbindung zum Bild der Samenkörner, die in den luftdichten Grabkammern der Pyramiden überdauern. Diese Metaphorik ist nun umso bezeichnender vor dem Hintergrund, dass es in dem von Paulhan für zentral erachteten Gemeinplatz vom ›Tropfen, der das Fass zum Überlaufen bringt‹ gerade um ein flüssiges Element geht.

Auch im Zusammenhang von Paulhans *Entretiens* erhält die Herodot'sche Anekdote den Charakter eines Paradigmas zugewiesen, und zwar eines Paradigmas für die Art von Erkenntnis der Funktionsweise des menschlichen Verstands, wie sie im Mittelpunkt des Zeitschriftenprojekts *Le Spectateur* stand. Zwar gibt es diese Zeitschrift zum Zeitpunkt der Erstveröffentlichung der *Entretiens* schon seit vierzehn Jahren nicht mehr, Paulhan lässt aber die Gesprächspartner gleichwohl unverkennbar auf deren Titel anspielen:

R. M.: Voyez combien le spectateur se trouve desservi…
M.: Le spectateur ?
R.M. : J'entends le spectateur du genre humain (comme l'on disait il y a deux cent ans)… se trouve desservi au regard du physicien ou du naturaliste. Personne n'est jamais allé supposer d'un vase qu'il suffirait, pour l'emplir et le faire déborder, d'une seule goutte d'eau. […]

René Martin admettait là-dessus qu'un exercice exact de l'esprit avait chance d'entraîner des réflexions plus paradoxales encore que ne sont les sciences de la nature.[74]

---

73 GS II.2, S. 446.

74 Paulhan: *Entretiens*, S. 54–56. Dt. Übs.: »RENÉ MARTIN: Sie sehen, wie sehr der Beobachter gegenüber dem… ICH: Der Beobachter? RENÉ MARTIN: Ich meine den Beobachter des menschlichen Geschlechts (wie man vor zweihundert Jahren sagte)… gegenüber dem Physiker oder Naturforscher im Nachteil ist. Niemand ist je auf den Gedanken verfallen, um ein Gefäß zu füllen und zum Überfließen zu bringen, genüge ein einziger Wassertropfen. […] Hieraus fol-

Für René Martin Guelliot macht die hohe Evidenz von Montaignes Erklärung der Herodot-Geschichte eine eigentümliche Schwierigkeit der Beobachtung des menschlichen Verhaltens im Vergleich zu naturwissenschaftlichen Untersuchungen von Tatsachen deutlich. Worin diese Schwierigkeit besteht, deutet er nur an mit dem Hinweis, dass die Erklärung, ein einzelner Tropfen habe ein ganzes Gefäß zum Überlaufen gebracht, eigentlich – gemessen an dem empirisch beobachtbaren Verhalten von Flüssigkeit in einem Gefäß – nicht anders als absurd erscheinen kann. In der empirischen Analyse kann der *einzelne* Tropfen unmöglich *das Ganze* in Bewegung setzen. Der Gemeinplatz vom ›Tropfen, der das Fass zum Überlaufen bringt‹, hat somit offenbar eine andere Art von Erfahrung zum Gegenstand als die der empirischen Tatsachenwissenschaften. Das ›Kleine‹ und das ›Große‹, das ›Einzelne‹ und das ›Allgemeine‹ werden im Gemeinplatz in einer anderen Weise relationiert als im Bereich der Naturerkenntnis. Dass die analytische Zergliederung in einzelne, diskrete Elemente sich in Bezug auf sprachliche Phänomene wie den Gemeinplatz als unmöglich erweist, insoweit die Beobachtung ihren Gegenstand hier je schon verändert hat, hatte Paulhan ja bereits in seinem Artikel über den Gemeinplatz ›Un sou est un sou‹ festgestellt.

Die grundlegende Bedeutung des Gemeinplatzes vom ›Tropfen, der das Fass zum Überlaufen bringt‹, für die *Entretiens* zeigt sich, wenn Paulhan das Gespräch in die Entdeckung dessen münden lässt, was er die »Illusion der Totalität« nennt. Er illustriert diese Illusion an der Anekdote von einem Engländer, der sich, als er bei seiner Ankunft in Calais eine rothaarige Frau trifft, notiert, die Französinnen hätten rote Haare. »Unser Geist ist so wunderlich eingerichtet«, erläutert René Martin, »daß ein Erfahrungsbruchstück, das er aufnimmt, ihm anfangs niemals als ein Bruchstück, sondern als ein Ganzes erscheint [...].«[75] Als ›Illusion der Totalität‹ kennzeichnen die Dialogpartner diese Tendenz, das Einzelne für das Ganze zu nehmen, einen Erfahrungs-Ausschnitt zu einem Bild davon zu totalisieren, wie sich die Dinge insgesamt verhalten.[76] Paulhan lässt René Martin darauf insistieren, dass es sich nicht um einen bewussten oder unbewussten Akt der Generalisierung handelt. Eine solche ist gar nicht nötig, wenn es stimmt, dass der Mensch den Teil ganz spontan und selbstverständlich für das Ganze nimmt – und zwar weil das menschliche Bewusstsein über kein Bewusstsein von seinen eigenen Grenzen verfügt. Diese illusionäre Ausdehnung der

---

gerte René Martin, daß eine genaue Übung unserer Geisteskräfte uns leicht zu Betrachtungen veranlassen könnte, welche die Naturwissenschaften an Paradoxie noch übertreffen.«

75 Paulhan: *Unterhaltungen*, S. 21. Frz. Orig.: »[...] notre esprit est si curieusement bâti que le fragment d'expérience qu'il recueille ne lui apparaît jamais pour commencer comme un fragment, mais bien comme un tout [...].« Paulhan: *Entretiens*, S. 62.

76 Die ›Illusion der Totalität‹ ist bereits Gegenstand eines Artikels von René Martin-Guelliot in einer Ausgabe von *Le Spectateur*; vgl. Martin-Guelliot, René (1911): De l'illusion d'expérience intégrale ou ›Illusion de Totalité‹. In: *Le Spectateur* 3, S. 3–22.

Erfahrung bringt René Martin mit der Metapher ihrer gasförmigen Natur zur Darstellung:

> Les renseignements que nous avons sur un objet donné se comporteraient, dans l'esprit, non pas comme une masse liquide, dont le volume à peu près constant laisse voir l'espace libre qu'il reste à remplir – mais bien comme une masse gazeuse, qui, placée dans un récipient, le remplit tout entier.[77]

Wo Benjamin die Erfahrung in ihrer Dauerhaftigkeit mit der Trockenheit von hermetisch abgeschlossenen Weizenkörnern verbindet, da füllt die Erfahrung bei Paulhan wie ein Gas allen ihr zur Verfügung stehenden Raum aus. Es handelt sich hier offenbar nicht bloß um unterschiedliche Aggregatzustände, sondern auch um unterschiedliche Begriffe von ›Erfahrung‹. Paulhans Überlegungen sind epistemologischer Natur: Ihm geht es in Abgrenzung von dem empiristischen Erfahrungsbegriff und den analytischen Verfahren einer naturwissenschaftlich orientierten Psychologie um ein Verständnis vom holistischen Charakter der durch Sprache vermittelten Erkenntnis sowie um die daraus resultierenden Paradoxien. Bei Benjamin dagegen handelt es sich um eine kulturtheoretische Untersuchung: Mit dem Erfahrungsbegriff adressiert er die Frage nach den Medien einer generationenübergreifenden Traditionsbildung. Und dennoch gelangen Paulhan und Benjamin auf ihren je eigenen Wegen und sozusagen von unterschiedlichen Seiten her bei der Frage nach der Form an, in der Erfahrung eine mitteilbare, mehr als nur subjektive Gestalt annimmt – und beide erkennen dabei dem ›Sprichwort‹ einen besonderen Stellenwert zu.

Bei Paulhan steht die sprichwörtliche Redensart vom ›Tropfen, der das Fass zum Überlaufen‹ bringt, gewissermaßen selbst als eine Art *pars pro toto* für die spezifische Struktur der menschlichen Erfahrung ein, die mehr ist als die Summe ihrer Teile, eben indem sie ihre Elemente mithilfe von Schemata wie dem genannten Gemeinplatz zu einem größeren Ganzen synthetisiert. In ähnlichem Sinne macht auch Benjamin ganz am Ende seines *Erzähler*-Essays das Sprichwort zum Thema, als er darüber nachsinnt, inwieweit das Erzählen eine handwerkliche Beziehung zu seinem Stoff, dem Menschenleben voraussetzt:

> Ob seine Aufgabe nicht eben darin besteht, den Rohstoff der Erfahrungen – fremder und eigener – auf eine solide, nützliche und einmalige Art zu bearbeiten? Es handelt sich um

77 Paulhan: *Entretiens*, S. 62. Dt. Übs.: »Die Erkundungen, die wir über einen gegebenen Gegenstand eingezogen haben, verhielten sich demnach in unserem Geist nicht wie eine Flüssigkeitsmenge, deren annähernd konstantes Volumen den freien Raum, der noch auszufüllen wäre, bemerken läßt, sondern vielmehr wie eine Gasmenge, die, wenn man sie in einen Behälter einströmen läßt, diesen völlig ausfüllt.« Paulhan: *Unterhaltungen*, S. 21.

> eine Verarbeitung, von der vielleicht am ehesten das Sprichwort einen Begriff gibt, wenn man es als Ideogramm einer Erzählung auffaßt. Sprichwörter, so könnte man sagen, sind Trümmer, die am Platz von alten Geschichten stehen und in denen, wie Efeu um ein Gemäuer, eine Moral sich um einen Gestus rankt.[78]

Benjamin bringt mit der Bestimmung des Sprichworts als »Ideogramm einer Erzählung« nicht nur treffend dessen quasi-bildhaften Gestalt-Charakter auf den Punkt, er begreift das Sprichwort auch, nicht anders als Paulhan, als Fragment, das an die Stelle einer selbst nicht gegebenen Totalität tritt. Noch entscheidender aber ist, dass das Erzählen als ein Akt der ›Geistesgegenwart‹ zu begreifen ist in dem spezifischen Sinne, den dieser Ausdruck bei Benjamin gewinnt. Ausdrücklich versteht Benjamin das Erzählen als gestischen Vorgang, bei dem der Hand eine ausgezeichnete Bedeutung zukommt: »Das Erzählen ist ja, seiner sinnlichen Seite nach, keineswegs ein Werk der Stimme allein. In das echte Erzählen wirkt vielmehr die Hand hinein [...].«[79] Die Rolle, die hier der Hand zugewiesen wird, soll das Erzählen nicht nur in historischer Perspektive als handwerkliche, d.h. vorindustrielle Tätigkeit ausweisen; darin impliziert ist auch die Beziehung zum »hurtige[n] Handgriff«, den Benjamin an anderer Stelle als Paradebeispiel für die ›Geistesgegenwart‹ anführt.[80] Denn Geistesgegenwart, das ist das Vermögen, eine einmalige Gelegenheit zu ergreifen, die schon in dem Moment vorüber ist, wo sie vollends zu Bewusstsein gelangt ist. Sie findet ihre Verwirklichung in der Fähigkeit, die »Gegenwart vorauszusehen«, wie es in einer Äußerung Turgots heißt, die Benjamin im *Passagenwerk* zitiert.[81] So stellt sich für Benjamin u.a. das »Erfassen der flüchtigen Bilder« der Vergangenheit im einmaligen »Jetzt der Erkennbarkeit« dar.[82] Es geht, wie Heiner Weidmann gezeigt hat, bei Benjamins Konzeption von Geistesgegenwart um eine Antizipation der Zukunft auf dem Weg der Erinnerung. Dieser Kurzschluss zwischen Vergangenheit und Zukunft aber hat ein Aussetzen des Bewusstseins zur Voraussetzung. Darum hat Geistesgegenwart ihren Sitz im leiblichen Vollzug: »Geistesgegenwart heißt also Gegenwart des Leibes, mithin das Gegenteil von dem, was das Wort doch zu sagen scheint.«[83] Ein Akt der Geistes-

---

78 GS II.2, S. 464.

79 GS II.2, S. 464.

80 GS IV.1, S. 141.

81 GS V.1, S. 598: »Die Geistesgegenwart als politische Kategorie kommt auf großartige Weise in diesen Worten Turgots zu ihrem Recht: ›Avant que nous ayons appris que les choses sont dans une situation determinée, elles ont déjà changé plusieurs fois. Ainsi nous aperçevons toujours les événements trop tard, et la politique a toujours besoin de prévoir, pour ainsi dire, le présent.« Turgot: Œuvres 11 Paris 1844 p 673 (Pensées et fragments) [N 12 a, I]«.

82 GS I.3, S. 1142–1144.

83 Weidmann, Heiner (1992): Geistesgegenwart. Das Spiel in Benjamins Passagenarbeit. In: *MLN* 107, H. 3, S. 521–547, hier: S. 533.

gegenwart geht also nicht aus einer bewussten Überlegung, sondern aus einer eingeübten Praxis hervor: »Daß er im Augenblicke und im Raum zugegen sei, das schafft er nur, indem er in den Stimmfall, das Lächeln, das Verstummen, den Blick, die Geste eingeht. Denn Gegenwart des Geistes schafft allein der Leib.«[84] Es geht um eine »Geste«, die man, mit Paulhan gesprochen, »nicht ohne eine gewisse Nachlässigkeit ausführen kann«.[85] Denn wenn Benjamin betont, dass das »Nutzen« einer Gelegenheit und ihre »Deutung« miteinander unvereinbar sind,[86] ist damit genau das wechselseitige Ausschlussverhältnis bezeichnet, das Paulhan zwischen dem Gebrauch und der Erklärung der madagassischen Sprichwörter entdeckt hat. Mithin geht es auch in Benjamins *Erzähler*-Essay nicht um die Vermittlung einer substantiellen, reflexiv zu vergegenwärtigenden Erfahrung, sondern um eine in der Form der Erzählung manifeste Spontaneität, mit der die Grenzen des bloß Subjektiven in Richtung auf eine anonyme, überpersönliche Mitteilung überschritten werden. Das bedeutet – und darin sind sich beide Autoren einig –, dass die Tradierung von Erfahrung nicht durch eine bewusste Vermittlungsabsicht zu gewährleisten ist, sondern sich wesentlich jenseits der Mitteilungsabsichten von Subjekten vollzieht.

Diese Übereinstimmung zwischen Benjamin und Paulhan erscheint umso weniger überraschend, wenn man bemerkt, dass Benjamin offenbar mit Paulhans Essay *L'Expérience du proverbe* vertraut war. Das geht hervor aus einer Referenz am Ende eines kurzen Textes mit der Überschrift »Zum Sprichwort«, der sich in Band VI der *Gesammelten Schriften*, den »Fragmenten vermischten Inhalts« hervor, findet und von den Herausgebern auf das Jahr 1932 datiert wird. Es handelt sich um den Plan zu einem Text, den Benjamin nicht ausgeführt hat, der aber neben Entlehnungen von Paulhan auch Affinitäten zu den Überlegungen des *Erzähler*-Essays erkennen lässt:

> Zu Grunde zu legen das Bild von den Frauen, die auf dem Kopf, ohne sie mit der Hand zu berühren, schwere, gefüllte Gefäße tragen.
>
> Den Rhythmus, in dem sie das tun, lehrt das Sprichwort.
>
> Es spricht aus ihm ein noli me tangere der Erfahrung.
>
> Damit bekundet es seine Kraft, Erfahrung in Tradition zu verwandeln.
>
> Sprichwörter sind nicht anwendbar auf Situationen. Sie haben vielmehr eine Art von magischem Charakter: sie verwandeln die Situation. Es ist kaum im Vermögen des

84 GS IV.1, S. 352.
85 Paulhan: Die Blumen von Tarbes, S. 93.
86 GS IV.1, S. 141.

Einzelnen gelegen, seine Erfahrungen ganz von Erlebnis zu reinigen. Aber das Sprichwort, indem es sich ihrer bemächtigt, bewirkt das.

Es macht die erlebte Erfahrung zu einer Welle in der atmenden Kette ungezählter Erfahrungen, die von Ewigkeit her kommen.

<Jean> Paulhan: Expérience du proverbe[87]

Auffällig an diesem Fragment ist, dass Benjamin – ganz wie Paulhan – nicht an der inhaltlichen Aussage des Sprichworts, sondern an seiner Wirkung interessiert ist: seinem Vermögen zu einer ›Verwandlung der Situation‹. Indem Benjamin hier die Verwandlung eines bloß subjektiven Erlebnisses in mitteilbare, tradierbare Erfahrung fokussiert, rückt er, anders als im *Erzähler*-Essay, nicht eine in der Form der Erzählung bereits ›abgelagerte‹ Erfahrung in den Mittelpunkt, sondern den Moment, in dem sich Erfahrung erst als solche formiert, Gestalt gewinnt. In diesem Zusammenhang kommt nun bezeichnenderweise das Flüssige – im Unterschied zum Trockenen – wieder zur Geltung: und zwar nicht allein in der Gestalt der Wellen-Metapher, sondern auch in dem rätselhaften Bild der Frauen, »die auf dem Kopf, ohne sie mit der Hand zu berühren, schwere, gefüllte Gefäße tragen«. Wie könnte man hier nicht wiederum an den ›Tropfen, der das Fass zum Überlaufen bringt‹ denken – sei es auch nur, um festzustellen, welch eigene Wendung Benjamin diesem Gemeinplatz verleiht mit dem Bild von den Frauen, die ihre bis obenhin gefüllten Gefäße tragen – *ohne dass auch nur ein Tropfen überläuft und verlorengeht.*

Literaturverzeichnis

Barck, Karlheinz (Hg.) (1990): *Surrealismus in Paris, 1919–1939.* 2. Aufl. Leipzig: Reclam.

Beaujour, Michel (2006): Jean Paulhan (1884–1968). In: Kritzman, Lawrence D. (Hg.): *The Columbia History of Twentieth-Century French Thought,* New York, S. 631–634.

Benjamin, Walter (2019): *Gesammelte Schriften.* 7 Bde. 7. Aufl. Frankfurt a.M.: Suhrkamp.

Blaicher, Günther (Hg.) (1987): *Erstarrtes Denken: Studien zu Klischee, Stereotyp und Vorurteil in englischsprachiger Literatur.* Tübingen: Narr.

Bloy, Léon (1995): *Auslegung der Gemeinplätze,* übs. von Hans-Horst Henschen. Frankfurt a.M.: Eichborn.

Bornscheuer (1977): Zehn Thesen zur Ambivalenz der Rhetorik und zum Spannungsgefüge des Topos-Begriffs. In: Plett, Heinrich F. (Hg.): *Rhetorik. Kritische Positionen zum Stand der Forschung.* München: Wilhelm Fink, S. 204–212, hier S. 206.

87 GS VI.1, S. 206–207.

Bornscheuer, Lothar (1976): *Topik. Zur Struktur der gesellschaftlichen Einbildungskraft.* Frankfurt a.M.: Suhrkamp.

Can, Safiye (2016): *Kinder der verlorenen Gesellschaft. Gedichte.* Göttingen: Wallstein.

Cresswell, Julia (Hg.) (2000): *The Penguin Dictionary of Clichés.* London/New York/Victoria u.a.: Penguin.

Culbert, John (2010): *Paralyses. Literature, Travel, and Ethnography in French Modernity.* Lincoln/London: University of Nebraska Press

Deleuze, Gilles (2000): *Kritik und Klinik,* übs. v. Joseph Vogl. Frankfurt a.M.: Suhrkamp.

DFG-Graduiertenkolleg 2190 »Literatur- und Wissensgeschichte Kleiner Formen«: Forschungsprogramm. https://www.kleine-formen.de/forschungsprogramm/. 26.08.2024.

Eiland, Howard/Jennings, Michael W. (2016): *Walter Benjamin. A Critical Life.* 2. Aufl. Cambridge, Mass./London, Engl.: The Belknap Press of Harvard UP.

Éluard, Paul/Péret, Benjamin (1995): *152 Sprichwörter auf den neuesten Stand gebracht,* hg. und übs. von Unda Hörner und Wolfram Kiepe. 1. Aufl. Gießen: Anabas Verlag.

Fox, Leonard (1990): *Hainteny. The Traditional Poetry of Madagascar.* Lewisburg: Bucknell UP.

Frey, Christiane/Martyn, David/Fuchs, Florian (2023): Introduction. In: *Colloquia Germanica* 56, H. 2–3: »Below Genre: Short Forms and Their Affordances«, S. 93–109.

Gréciano, Gertrud (2001): Sprachfertigteile, ihre kognitive und kommunikative Performanz. In: *Internationale Kulturwissenschaften.* https://www.inst.at/studies/s_0103_d.htm. 26.08.2024.

Gülich, Heike (1978): »Was sein mus, muss sein.« Überlegungen zum Gemeinplatz und seiner Verwendung. In: *Bielefelder Papiere zur Linguistik und Literaturwissenschaft* 7.

Hallsteinsdóttir, Erla / Farø, Ken (2006): Neue theoretische und methodische Ansätze in der Phraseologieforschung. Vorwort zu *Linguistik online* 27, H. 2, S. 3–10, hier S. 3.

Haring, Lee (1992): *Verbal Arts in Madagascar. Performance in Historical Perspective.* Philadelphia: University of Pennsylvania Press.

Hörner, Unda/Kiepe, Wolfram (1995): »Wir demütigen die menschliche Rede ganz vortrefflich.« Nachwort. In: Éluard, Paul/Péret, Benjamin (1995): *152 Sprichwörter auf den neuesten Stand gebracht,* hg. und übs. von Unda Hörner und Wolfram Kiepe. 1. Aufl. Gießen: Anabas Verlag, o.P.

Jakobson, Roman (1996): Der Doppelcharakter der Sprache und die Polarität zwischen Metaphorik und Metonymik [1960]. In: Haverkamp, Anselm (Hg.): *Theorie der Metapher.* Darmstadt: WBG, S. 163–174.

Jolles, André (1974): *Einfache Formen. Legende, Sage, Mythe, Rätsel, Spruch, Kasus, Memorabile, Märchen, Witz.* 5., unveränderte Aufl. Tübingen: Niemeyer.

Kant, Immanuel (1980): *Anthropologie in pragmatischer* Hinsicht, hg. von Karl Vorländer. 7. Aufl. Hamburg: Meiner.

Kirkpatrick, Betty (Hg.) (2001): *Bloomsbury Dictionary of Clichés. Over 1.300 Familiar Phrases Explored and Explained.* London: Bloomsbury.

Levine, Caroline: Literary Studies and Collective Life. In: *New Literary History* 53, H. 4/54, H. 1, S. 693–720.

Montaigne, Michel de (1998): *Essais.* Erste moderne Gesamtübersetzung von Hans Stilett. Frankfurt a.M.: Eichborn Verlag.

Martin-Guelliot, René (1911): De l'illusion d'expérience intégrale ou ›Illusion de Totalité‹. In: *Le Spectateur* 3, S. 3–22.

Martin-Guelliot, René (1909): Du fonctionnement réel de l'intelligence. In: *Le Spectateur* 1, H. 1, S. 3–20.

Milne, Anna-Louise (2006): *The Extreme In-Between. Jean Paulhan's Place in the Twentieth-Century.* London: Legenda.

Montaigne, Michel de (1969): *Essais. Livre 1.* Paris: Flammarion.

Paulhan, Jacqueline F. (Hg.) (1982): *Cahiers Jean Paulhan 2: Jean Paulhan et Madagascar. 1908–1910.* Paris: Gallimard.

Paulhan, Jean (2025): *Die Erfahrung des Sprichworts. Ethnographische Texte*, übs. und mit einem Nachwort von Bernhard Stricker. Konstanz: Konstanz UP.

Paulhan, Jean (2011): *Œuvres complètes III: Les Fleurs de Tarbes*, hg.v. Bernard Baillaud. Paris: Gallimard.

Paulhan, Jean (2009): *Œuvres complètes II: L'Art de la contradiction*, hg.v. Bernard Baillaud. Paris: Gallimard.

Paulhan, Jean (2009): *Die Blumen von Tarbes und weitere Schriften zur Theorie der Literatur*, hg. und mit einem Nachwort von Hans-Jost Frey. Basel: Urs Engeler.

Paulhan, Jean (2006): *Les Hain-teny merinas. Poésies populaires malgaches.* Faksimile der Erstausgabe von 1913. Paris: Geuthner.

Paulhan, Jean (2006): *Œuvres complètes I: Récits*, hg. von Bernard Baillaud. Paris: Gallimard.

Paulhan, Jean (1995): *Der beflissene Soldat*, übs. v. Friedhelm Kemp. Frankfurt a.M.: Suhrkamp.

Paulhan, Jean (1986): *Choix de lettres I: 1917–1936. La littérature est une fête*, hg. von Domique Aury und Jean-Claude Zylberstein. Paris: Gallimard.

Plett, Heinrich F. (2000): Rhetorik der Gemeinplätze. In: Schirren, Thomas/Ueding, Gert (Hgg.): *Topik und Rhetorik. Ein interdisziplinäres Symposium.* Tübingen: Max Niemeyer, S. 223–235.

Röhrich, Lutz (2006): *Lexikon der sprichwörtlichen Redensarten.* 3 Bde. 3. Aufl. Freiburg i.Br.: Herder.

Schmidt, Berndt (1997): *Madagaskar. Zur Geschichte seiner Sprache und Kultur.* Aachen: Shaker Verlag.

Siepe, Hans T. (2020): Créativité linguistique dans la poésie surréaliste (II). In: *La Linguistique* 56, H. 1, S. 67–86.

Stricker, Bernhard (2025): Nachwort. In: Paulhan, Jean : Die Erfahrung des Sprichworts. Ethnographische Texte, übs. und mit einem Nachwort von Bernhard Stricker. Konstanz: Konstanz UP, S. 131–161.

Syrotinski, Michael (1998): *Defying Gravity. Jean Paulhan's Interventions in Twentieth-Century French Intellectual History.* Albany: State University of New York Press.

Weidmann, Heiner (1992): Geistesgegenwart. Das Spiel in Benjamins Passagenarbeit. In: *MLN* 107, H. 3, S. 521–547.

Wittgenstein, Ludwig (1984): *Werkausgabe Bd. 1: Tractatus logico-philosophicus. Tagebücher 1914–1916. Philosophische Untersuchungen.* Frankfurt a.M.: Suhrkamp.

Yeschua, Silvio (1982): Jean Paulhan et les hain-teny: de l'étude savante au récit initiatique. In: Paulhan, Jacqueline F. (Hg.): *Cahiers Jean Paulhan 2: Jean Paulhan et Madagascar. 1908–1910.* Paris: Gallimard, S. 338–356.

Fabian Goppelsröder

Kalendergeschichte, Fait Divers, Twitter. Überlegungen zur Medienästhetik der Kleinen Form

ABSTRACT: The essay scrutinizes the question of a particular aesthetics hinging on the specific media embedding of small literary forms. What influence does the calendar exert on the short stories published in it? To what extent is the newspaper responsible for the peculiar poetics of the so-called ›fait divers‹? And what exactly turns a tweet into twitterature? Following the assumption that the aesthetic attraction of small forms is not limited to their shortness but also depending on material restrictions, writing and reception habits linked to the medium for which each piece was written and in which it is received, the essay looks at this interplay between the small form and its medial context. And picking up on the recently intensifying debate around the specific poetics of small forms in the digital age the historical perspective is used to illuminate contemporary developments.

KEYWORDS: Kleine Form, Johann Peter Hebel, Félix Fénéon, twitterature, Medienpoetik

In seiner selbst schon kurz gehaltenen Einleitung zum 1996 erschienenen Bändchen *Micro Fiction* berichtet Jerome Stern vom Anruf eines Mannes aus New York. Ihm sei in der Ankündigung des »World's Best Short-Short Story Contest« der Florida State University ein Druckfehler aufgefallen: Bei der maximalen Länge der Geschichten habe man wohl eine Null vergessen. Es müsse sicherlich 2500 statt nur 250 Wörter heißen. Auf Sterns Beteuerung, dass die extreme Kürze durchaus gewollt sei, ja den Witz des Wettbewerbs ausmache, legte der Anrufer hörbar unzufrieden auf.

Tatsächlich scheint, was vor bald dreißig Jahren noch zu Verwunderung, vielleicht Empörung führen konnte, 2025 kaum zu irritieren. Im Gegenteil: Facebook und Twitter, SMS und E-Mail lassen einen Text von 250 Wörtern heute eher lang aussehen. Die Entscheidung der Florida State University, im Wettbewerb der Short-short Stories zwischenzeitlich sogar Texte von bis zu zwei Druckseiten zuzulassen, die ursprüngliche Länge somit zu verdoppeln, wirkt da beinahe unzeitgemäß. Ist das wirklich noch ›Micro-Fiction‹?

Auf seiner Seite ›nanoism.net‹ veröffentlicht Ben White Geschichten, »that fit in the cracks of your day«. Die Druckseite spielt keine Rolle, was zählt ist der Cellphone Screen, die (bis 2017) 140 Zeichen einer Twitternachricht. Der Name dieses neuen Genres ist nicht wichtig: »Call it nanofiction, microfiction, twiction, twisters, or tweetfic – it doesn't matter.« Wichtig ist allein die Kleinheit der Erzählung. Florian Meimberg nannte seine zunächst auf Twitter publizierten Texte schlicht »Tiny Tales«. Was würde Sterns Anrufer aus New York zu maximal 12 Wörtern pro Geschichte sagen?

Zugleich können auch solche kleinsten Formen kaum als die Erfindung unseres 21. Jahrhunderts gelten. Manch eines der Epigramme Martials und einige der Lichtenberg'schen Aphorismen sind ähnlich knapp gehalten, auch Rätsel oder Witze sind selten länger, von lyrischen Kleinformen ganz zu schweigen. Und das vielleicht bekannteste Beispiel sogenannter ›flash fiction‹, die Hemingway zugeschriebene Geschichte: »For Sale: baby shoes, never worn« umfasst gerade einmal 33 Zeichen.

Man könnte so durchaus von einer Tradition an Kürzesttexten seit der Antike sprechen. Und doch: Es gibt aktuell etwas wie eine Konjunktur der kleinen Formen. Ihre Sichtbarkeit hat in den letzten Jahren zugenommen. Dank Nanofiction, Twiction, Twitterature ist nicht allein die Leserschaft größer geworden. Auch in der Forschung werden altbekannte kurze Texte auf neue Weise interessant. Kafkas Tagebuchnotizen, Robert Walsers ›Mikrogramme‹, Peter Altenbergs impressionistische Geschichten; als »metropolitan miniature« werden gerade die scheinbar marginalen Nebentexte von Rilke, Benjamin und Kracauer bis zu Adorno Ausdruck einer Moderne, in der Literatur nicht nur den rhythmischen Verschiebungen der Industriegesellschaft, sondern auch einer durch Film und Fotografie veränderten Ästhetik angemessen werden muss.[1] Instantane Wirkung und schnelle Abfolge der Eindrücke scheinen da zeitgemäßer als langatmige Narrative. Spätestens mit Internet und Smartphone ist die Langform des Romans manch einem endgültig unzeitgemäß geworden. So schreiben die Chicagoer Studenten Alexander Aciman und Emmett Rensin, Autoren des begriffsprägenden Bestsellers *Twitterature. The World's Greatest Books in 20 Tweets or Less*, in ihrem Vorwort von 2009:

> »[w]hile perhaps an unwieldy tome was the best method of digesting this knowledge [das Wissen der Literatur, FG] during a summer spent in the Victorian countryside in the Year of Our Lord, Eighteen Hundred and Seventy-Three, times have changed.«[2]

In der Konfrontation von neuer digitaler Zeit und analoger Welt von gestern wird die kleine Form zum Kampfbegriff gegen das langsam-lange Alte. Doch ist das nicht nur literaturgeschichtlich, wie gesehen, schräg. Auch der tatsächlichen Situation digitalen Microbloggings wird es wenig gerecht. Kürze ist hier mindestens relativ.

Schon Aciman und Rensins eigener Recast ausgewählter Höhepunkte der Literaturgeschichte in bis zu zwanzig Kurznachrichten beschränkt sich eben nicht auf 140 Zeichen; der Twitterroman *Black Box* von Jennifer Egan oder die japanische Cellphone-

1 Huyssen, Andreas (2015): *Miniature Metropolis: Literature in an Age of Photography and Film.* Cambridge, Mass.: Harvard UP.

2 Aciman, Alexander/Rensin, Emmett (2009): *Twitterature. The World's Greatest Books in 20 Tweets or Less.* London: Penguin Books, S. 10.

Novel *Love Sky* sind keine ›minimal stories‹. Was aber macht den Post dann literarisch? Wann genau wird ein Tweet Twitteratur?

1. Johann Peter Hebels *Kalendergeschichten*

Johann Peter Hebel (1760–1826) im Kontext von Netzkultur und Nanofiction anzuführen, mag überraschen; zu sehr gilt er noch heute als Verfasser »treuherzige[r] Kurzerzählungen«,[3] als fromm-konservativ und regional, um nicht zu sagen provinziell. Doch sind Hebels Geschichten auf ihre Art hochaktuell. Schon sie wurden zunächst gar nicht als Buch, sondern als Teil des frühen Massenmediums ›Kalender‹ publiziert.[4] Ihre besondere Ästhetik ist eng an diese Einbettung gebunden. Und Kürze war ein wichtiger Aspekt des medialen Settings. Auch ohne Vorgabe exakter Zeichenzahlen verlangte der Kalender dichtes, schnörkelloses Schreiben. Hebels sprachliche Ökonomie muss auch als Reaktion auf diese impliziten Normen verstanden werden. Dass man Verdichtung allerdings als Kern von Hebels Kunst ganz allgemein betrachten kann,[5] zeigt, wie sie bei ihm über das Pragmatische hinausreicht. Sie wird zur Triebkraft einer eigenen Poetik. Einer Poetik allerdings, die sich nur *im* Kalender voll entfaltet. Denn Hebels Kürzen und Verknappen ist zugleich auch ein Ausweiten der kleinen Stücke. Der Leser ist ihm nie einfach nur Leser einer einzelnen Geschichte. Es ist der *Abonnent*, der Jeden-Herbst-auf's-Neue-Käufer des Kalenders, den Hebel anspricht. Mit ihm führt er ein die Jahre überdauerndes Gespräch und schafft zwischen Fiktion und Wirklichkeit die eigene Realität seines *Rheinländischen Hausfreunds*.

Im *Merkur*-Gespräch zu diesem Thema hat Eva Geulen schon vor ein paar Jahren hervorgehoben, dass die kleine Form gerade im Zeitalter der Digitalität weniger durch Zeichenzahlstandards als durch die Serialität des Streams besonders wird. Der Leser liest nicht *einen* Text. Er ist *Follower* eines *Accounts*, taucht in den Strom der Posts, schwimmt mit. Was das genau bedeutet, gilt es noch herauszufinden. Doch lässt sich schon an Hebel ein möglicher poetischer Effekt der Serialität erkennen: Auch wenn der Jahresrhythmus des Kalenders kaum der schnellen Folge mehrmals am Tag geposteter Tweets entspricht, macht er das eine kleine Stück zum Teil eines übergreifenden Zusammenhangs, einer Autor und Rezipient umfassenden Kalenderwirklichkeit. Hebel beschwört diese Gemeinsamkeit regelrecht durch wiederholte Ansprache seines »ge-

---

3 Wilpert, Gero von (Hg.) (1997): *Lexikon der Weltliteratur*. 3. Aufl. München: dtv, Bd. 1, S. 631.

4 Zum Kalender als Massenmedium vgl. u.a. Landwehr, Achim (2014): *Geburt der Gegenwart. Eine Geschichte der Zeit im 17. Jahrhundert*. Frankfurt a.M.: Fischer, S. 19 sowie S. 23–24.

5 Hebels Kunst »besteht im Wesentlichen in Verdichtung, in präziser Setzung der Worte«, meint Stolleis, Michael (2003): *Der menschenfreundliche Ton. Zwei Dutzend Geschichten von Johann Peter Hebel mit kleinem Kommentar*. Frankfurt a.M.: Insel, S. 7.

Abb. 1: Der Rheinländische Hausfreund (von 1808)

neigten Lesers«, durch Querverweise zwischen den Geschichten, durch ein ganzes Set an wiederkehrenden Figuren. Der *Rheinländische Hausfreund* wird so zu einer nur dem Eingeweihten zugänglichen Zwischenwelt. Zitate früherer Erzählungen und Anekdoten sind dabei weniger Fußnoten und Referenzen als ganz bewusst gesetzte Gesten, atmosphärische Marker und implizite Tönungen des explizit Gesagten, die dem mit dem Kalender nicht Vertrauten entgehen müssen. Anstatt alles in eine kleine Form zu packen, macht Hebel die mediale Einbettung als Hintergrund zum Teil seiner Geschichten.

Wie weit das geht, zeigt sich eindrücklich an seiner wohl bekanntesten Erzählung: *Unverhofftes Wiedersehen*. In dieser Kurzgeschichte moduliert Hebel die mit dem Kalender eng verbundene Frage nach der Zeit in eine poetische Befragung der Temporalität des Menschen: In Falun in Schweden wird ein Bergmann kurz vor seiner Hochzeit beim Einbruch eines Stollens verschüttet. 50 Jahre bleibt er so begraben bis man ihn, durch Eisenvitriol[6] in seiner ganzen Jugend konserviert, zufällig wiederent-

[6] Hebel spricht von Eisenvitriol, ein in den zahlreichen literarischen Adaptionen des Stoffs verbreitetes Missverständnis. Tatsächlich muss es sich um blaues bzw. Kupfervitriol gehandelt haben. Nicht allein, weil die Mine in Falun eine Kupfer- und keine Eisenmine war, sondern auch, weil Eisenvitriol überhaupt nicht in der Lage gewesen wäre, den Leichnam auf eine Weise zu konservieren, wie es die in der Geschichte beschriebene Flüssigkeit tat; vgl. Küchler Williams, Christiane (2000): Was konservierte den Bergmann zu Falun – Kupfer- oder Eisenvitriol? Eine chemische Fußnote zu den Variationen des ›Bergwerks zu Falun‹. In: Athenäum – Jahrbuch der Friedrich Schlegel-Gesellschaft 10, S. 191–197.

deckt. Keiner weiß den Namen des scheinbar jungen Mannes, bis eine alte Jungfer in ihm die Züge ihres auf immer verschollen gewähnten Bräutigams erkennt. Ein unverhofftes Wiedersehen.

So sehr diese Geschichte auf den ersten Blick als beinah kitschige Parabel auf die Tugend wahrer Liebe scheinen mag – innerhalb des Kalenders steht sie in einem anderen Licht.

Hervorgegangen aus der inszenierten Unterhaltung über die Gregorianischen Reformen von 1582, dem Kalender*gespräch*,[7] ist die Kalender*geschichte* von Beginn an die Frage nach der Zeit und ihrer Ordnung gebunden.[8] Datierungen der beschriebenen Ereignisse, Jahres- und Monatsangaben zur Vermessung ihrer Dauer, aber auch explizit genannte Feiertage, Jahreszeiten oder Epoche-prägende Personen sind keine beliebigen Beigaben zum Narrativ. Die Zeitfrage durchzieht gerade auch den erzählenden Teil des Kalenders.

Hebel stellt *Unverhofftes Wiedersehen* ganz bewusst in diese Tradition, nutzt sie als den vom Abonnenten des Kalenders geradezu habituell mit-prozessierten, implizit präsenten Hintergrund seiner Geschichte. Etliche Zeitmarker strukturieren den kurzen Text, doch führt schon der Titel der Erzählung den Leser ins Zentrum des Problems von Zeit und Zeitlichkeit. Hoffnung und Wiederkehr sind die Parameter, innerhalb derer sich für die Menschen von Falun Zeit entfaltet. Anstatt sie in Stunden und Minuten abzuzählen, wird Zeit in Form sozialer Antizipation erfahren.[9] Sie emergiert aus praktischem Verhalten, den täglichen Routinen, basiert auf einer Wiederkehr des Gleichen. Die Braut vertraut darauf, dass wenn sie ihren Bräutigam am Morgen grüßt, er auch am Abend an ihr Fenster klopft.

Mit der unerfüllt bleibenden Hoffnung aber bricht diese Zeitstruktur in sich zusammen: Der Bräutigam kehrt nicht zurück, die junge Braut legt ihr Nähzeug beiseite, weint und Hebel jagt durch 50 Jahre Naturkatastrophen, vernichtende Kriege, weitreichende politische Entscheidungen und Verschwörungen. Das Schicksal von Köni-

---

7 Vgl. Rohner, Ludwig (1978): *Kalendergeschichte und Kalender.* Wiesbaden: Akademische Verlagsgesellschaft Athenaion, S. 83.

8 »Kalender dienten seit dem 16. Jahrhundert als Medien, um Welt zu ordnen und Wissen zu organisieren«, schreibt Landwehr (Landwehr: *Geburt der Gegenwart,* S. 19) und sieht dabei die Zeitfrage im Zentrum des Interesses: Der Kalender beantwortet insbesondere die Frage, was wann zu tun sei (vgl. Landwehr: *Geburt der Gegenwart,* S. 22). Grimmelshausens beinahe sprichwörtliche Bemerkung, dass wer einen Kalender machen wolle, vor allem wissen müsse, was die Zeit sei, ist in diesem Zusammenhang zu sehen; vgl. Rohner: *Kalendergeschichte und Kalender,* S. 69.

9 Hannelore Schlaffer sieht in der »mathematische[n] Zeit« so nur »die Zähluhr seiner [des Menschen, FG] Zeitlichkeit«. Schlaffer, Hannelore (1980): Ein Werk in seiner Zeit. In: Johann Peter Hebel: *Schatzkästlein des Rheinischen Hausfreundes. Ein Werk in seiner Zeit.* Mit Bilddokumenten, Quellen, historischem Kommentar und Interpretation hg.v. Hannelore Schlaffer. Tübingen: Leins, S. 243–360, hier: S. 325.

ginnen und Königen, die Französische Revolution – alle sind sie nur kontingente Glieder einer vom Alltag gelösten, linear gezeichneten großen historischen Konstruktion. In der vielleicht berühmtesten Passage von Hebels Kalenderwerk überhaupt hebt er die Technik der Verdichtung auf ein neues Level:

> Unterdessen wurde die Stadt Lissabon in Portugall durch ein Erdbeben zerstört, und der siebenjährige Krieg gieng vorüber, und Kayser Franz der erste starb, und der Jesuitenorden wurde aufgehoben und Polen getheilt, und die Kaiserin Maria Theresia starb, und der Struensee wurde hingerichtet, Amerika wurde frey, und die vereinigte französische und spanische Macht konnte Gibraltar nicht erobern. Die Türken schlossen den General Stein in der Veteraner Höle in Ungarn ein, und der Kayser Joseph starb auch. Der König Gustav von Schweden eroberte russisch Finnland, und die französische Revolution und der lange Krieg fieng an, und der Kaiser Leopold der zweyte gieng auch ins Grab.[10]

Patrick Roth nannte diese Passage »zeilengeraffte[] […] Weltgeschichte«, Kinoästhetik *avant la lettre.*[11] Der Überfluss an Information erzeugt hier eher Schwindel als Wissen. Und doch entfaltet diese Verdichtung von fünfzig Jahren in gerade einmal drei Sätze poetische Kraft innerhalb von Hebels erzählerischer Befragung der Zeit. Der Strom der Ereignisse stürzt in die Lücke, welche der Tod des Bergmanns reißt. Weltgeschichte, die kontingente Anhäufung von Katastrophen, kontrastiert mit der durch Stabilität und Erwartbarkeit ausgezeichneten Welt der Menschen von Falun. Und es ist gerade der Schluss dieser Passage, welcher den Kontrast noch einmal pointiert:

> Napoleon eroberte Preußen, und die Engländer bombardirten Koppenhagen, und die Ackerleute säeten und schnitten. Der Müller mahlte, und die Schmiede hämmerten, und die Bergleute gruben nach den Metalladern in ihrer unterirdischen Werkstatt.[12]

Die Passage, die mit einer unerfüllten Hoffnung begann, endet in einer weiteren Evokation sozialer Zeit. Doch wo zuvor Gewohnheiten die Zukunft durch Erwartungen entwarfen, erscheint die tägliche Routine nun leer und automatisch. Der Tod des Bräutigams hat sie zur Pflichtaufgabe werden lassen. Verglichen mit dem anfänglichen Bild ist dieses Leben arm, verbraucht, leer, ohne Hoffnung.

---

10 Vgl. Hebel, Johann Peter (2021): Unverhofftes Wiedersehen. In: Ders.: Gesammelte Werke. Kommentierte Lese- und Studienausgabe in sechs Bänden, hg. von Jan Knopf, Franz Littmann und Hansgeorg Schmidt-Bergmann. 3. Aufl. Göttingen: Wallstein, Bd. 3, S. 269–272, hier: S. 270.

11 Roth, Patrick (2003): Johann Peter Hebels Hollywood oder Freeway ins Tal von Balzac. In: Ders.: Riding with Mary. 10 mal Sehnsucht. Frankfurt a.M.: Suhrkamp, S. 9–33, hier: S. 13 und S. 16–18.

12 Vgl. Hebel: Unverhofftes Wiedersehen, S. 270.

Abb. 2: Holzschnitt

So ist der Absatz ›zeilengeraffter Weltgeschichte‹ mehr als die elegante Brücke über eine Fünfzigjahreslücke in der Handlung. Hebel provoziert den Zusammenstoß zweier Zeitregime, die der Kalender traditionellerweise zu vermitteln hatte: der teleologisch (oder eschatologisch) konstruierten Zeit der Weltgeschichte und der kreisförmig strukturierten Zeit der Natur und des Alltags. Anstatt die Unterschiede aber abzuschwächen oder auszugleichen, gestaltet er ihre gespannte Ko-Präsenz. Das finale Bild dieser Geschichte ist so weniger versöhnlich, als es scheint: Wiedervereint erzeugen Braut und Bräutigam den starken Eindruck eines irritierenden Beisammenseins von zwei Gleichaltrigen, der eine jung und frisch, aber tot, die andere alt geworden, aber am Leben. Im *Close-Up* des unmöglichen Paars wird der eigentliche Gegenstand dieser Erzählung, die Temporalität des Menschen, geradezu ikonisiert.

Die poetische Dichte von *Unverhofftes Wiedersehen* ist damit nicht primär Effekt der Kürze der Geschichte. Sie folgt vielmehr aus Hebels Spiel mit dem medialen Rahmen der Erzählung. Der von allem Ornament befreite, dichte Stil ist durch den begrenzten Raum bedingt. Zugleich schafft Hebel nicht zuletzt durch diese Komprimierung auch eine Öffnung auf den Hintergrund seines Kalenders. Erst die Reihe der Jahrgänge, der Texte, erst das sich durchhaltende Gespräch zwischen Hausfreund und Leser macht Hebels Gesten zu Assoziationen. Und erst in der assoziativen Einbettung entfaltet *Unverhofftes Wiedersehen* seine poetische Intensität.

2. Félix Fénéons *Nouvelles en trois lignes*

Schneller als bei Hebel drängt sich bei den 1906 in *Le Matin* erschienenen *Nouvelles en trois lignes* eines gewissen Félix Fénéon der Vergleich mit aktuellen Formen digitaler Mikrotexte auf. Die Länge dieser Dreizeiler war auf einhundert bis einhundertfünfunddreißig Zeichen limitiert. Schon diese beinahe perfekte Kongruenz mit dem von Twitter (bis 2017) etablierten Standard verschaffte Fénéons Miniaturen zuletzt eine Art digitaler Renaissance. Ein *Account* in seinem Namen postete sie auf Englisch, andere twitterten die französischen Originale und im *stream* von *Néo Fénéon* konnte man Nachrichten des New Yorker Police Departments lesen, »remixed daily in the style of Félix Fénéon«. Heutzutage wäre Fénéon »king of the tweet« und »master of the microblog«, wie es ein User formulierte.[13]

Und doch bleibt die Frage, ob das tatsächlich so stimmt, ob diese über hundert Jahre alten, kurzen Texte eins zu eins in unsere Zeit übertragen werden können. Wie Hebels Kalendergeschichten, so sind auch Fénéons Texte Teil eines konkreten medialen Settings. Sie sind die Auftragsarbeit eines Redakteurs für seine Zeitung, ohne deren spezifisches Profil und Selbstverständnis die Besonderheit der Texte kaum verstanden werden kann. 1883 gegründet, zählt *Le Matin* Anfang des 20. Jahrhunderts zu den modernsten Tageszeitungen Frankreichs. Mit Hilfe neuester Technologie werden dem Leser Nachrichten aus aller Welt geliefert. Die wichtigste der neuen Technologien ist der Telegraph.[14] Auf der Titelseite wird der Schriftzug »Le Matin« von Telegraphenmasten eingerahmt und so schon optisch Teil des Stroms in Form elektrischer Signale übertragener Informationen.

Zusätzlich hat jede Ausgabe eine mit »Dernière Heure« überschriebene ›Dritte Seite‹: Auch sie zeigt Telegraphenmasten rechts und links neben dem Titel und ist für die neuesten, unmittelbar vor Drucklegung der Zeitung eingegangenen Nachrichten reserviert: Neben den *Dépêches de la Nuit* oder *Journeaux de ce Matin* sind die *Nouvelles en trois lignes* – eingerichtet ungefähr ein Jahr vor der Ankunft Fénéons – Teil dieses Settings.

Tatsächlich scheinen sie gerade diejenigen *faits divers*, also ›vermischten Nachrichten‹ zu präsentieren, die den Anforderungen von *Le Matin* am besten entsprachen: kondensierte, schnell produzierte und noch schneller konsumierte Telegramme an die Leser. Was geschah? Wo? Warum bzw. wie? Sprache als Mittel zum Zweck. Stephen

13 Madame Pickwick Art Blog. Art and Media of the Unexpected (2013): Feneon: Tweet Tweet, He's Got You Beat. http://madamepickwickartblog.com/2013/06/feneon-tweet-tweet-hes-got-you-beat/. 04.08.2024.

14 Vgl. Winston, Brian (1998): *Media Technology and Society. A History from the Telegraph to the Internet.* London: Routledge, S. 19–29.

Vingt-Troisième Année. — N° 8165 SIX PAGES — Paris et Départements — CINQ CENTIMES Mercredi 4 Juillet 1906

Le Matin

DERNIERS TÉLÉGRAMMES DE LA NUIT

Stéphane LAUZANNE Rédacteur en chef Jules MADELINE Administrateur

SEUL JOURNAL FRANÇAIS RECEVANT PAR FILS SPÉCIAUX LES DERNIÈRES NOUVELLES DU MONDE ENTIER

CE QUE DIT M. POINCARÉ

Un Entretien avec le Ministre des Finances

M. Poincaré répond à ses critiques — Il déclare que les propositions financières du gouvernement n'ont rien d'intangible, et que, si on lui propose d'autres ressources pour boucler le budget, il est prêt à les accueillir.

M. Raymond POINCARÉ

Ministre des Finances

Rien n'est intangible

Il n'y a pas de bons impôts

Situation sérieuse

La révolte des buveurs d'eau

Stéphane Lauzanne.

DE MIDI A MINUIT

PROPOS D'UN PARISIEN

LA MOMIE DORÉE

Favorite d'Antinoüs

M. Gayet

LE MATCH DE L'OCÉAN

L'AMNISTIE ET LES FACTEURS

CINQ ANS DE MINISTÈRE

(FRAGMENTS DE MÉMOIRES)

PAR LE

Général ANDRÉ

CHAPITRE CINQUIÈME

SPLENDEURS ET MISÈRES DE L'ÉPAULETTE

(SUITE)

Abb. 3: Titelseite von Le Matin, 4. Juli 1906

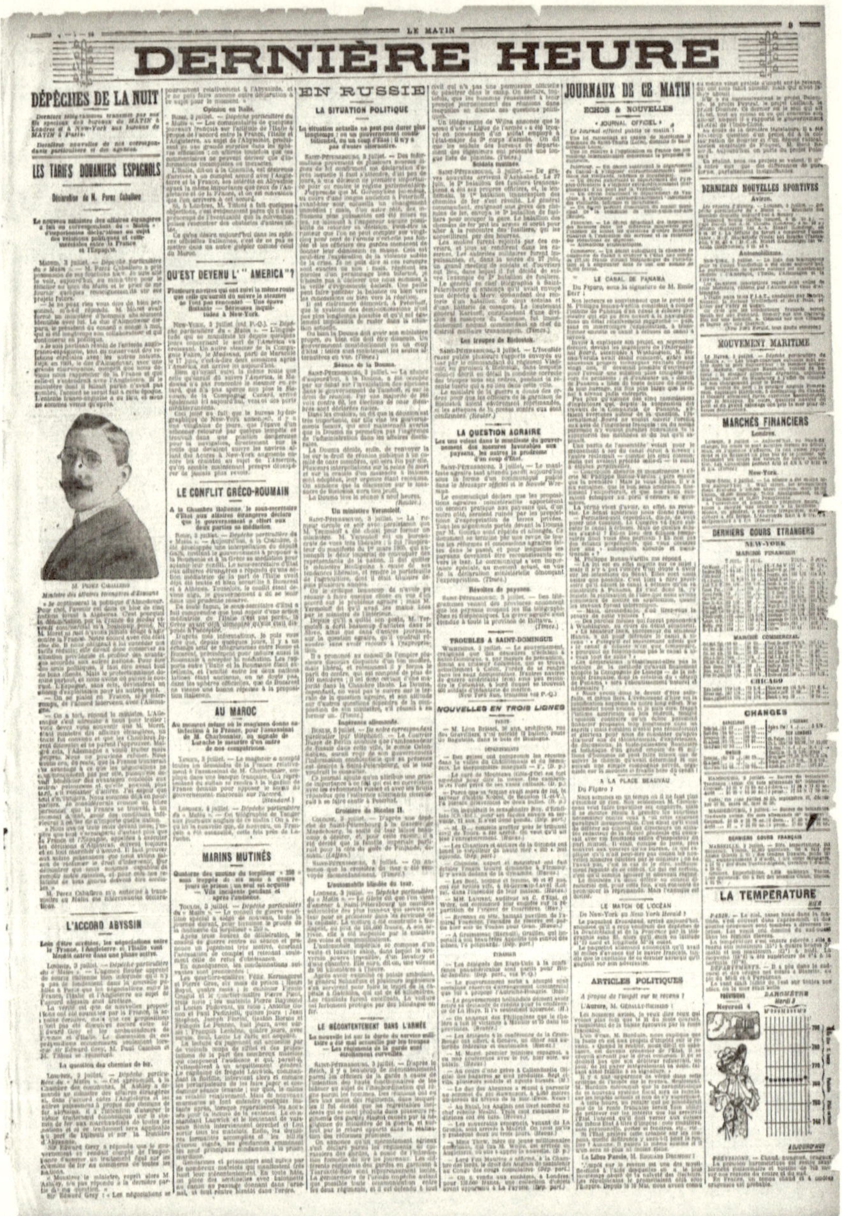

LE MATIN

DERNIÈRE HEURE

DÉPÊCHES DE LA NUIT

LES TARIFS DOUANIERS ESPAGNOLS

M. PEREZ CABALLERO

L'ACCORD ABYSSIN

QU'EST DEVENU L'" AMERICA "?

LE CONFLIT GRÉCO-ROUMAIN

AU MAROC

MARINS MUTINÉS

EN RUSSIE

LA SITUATION POLITIQUE

LE MÉCONTENTEMENT DANS L'ARMÉE

LA QUESTION AGRAIRE

TROUBLES A SAINT-DOMINGUE

NOUVELLES EN TROIS LIGNES

JOURNAUX DE CE MATIN

ECHOS & NOUVELLES

LE CANAL DE PANAMA

A LA PLACE BEAUVAU

LE MATCH DE L'OCÉAN

ARTICLES POLITIQUES

DERNIÈRES NOUVELLES SPORTIVES

MOUVEMENT MARITIME

MARCHÉS FINANCIERS

DERNIERS COURS ÉTRANGERS

CHANGES

LA TEMPÉRATURE

Abb. 4: Dritte Seite, Le Matin, 4. Juli 1906

Kern spricht nicht zufällig vom sogenannten ›Telegraphenstil‹ als Inbegriff ökonomischen Schreibens um 1900.[15]

Als Fénéon sich 1906 der Zeitung anschloss, hatte er bereits Erfahrung als Herausgeber und Autor einer ganzen Reihe von Journalen. Kurz nach seiner Ankunft 1881 in Paris war er Teil der *Libre Revue* geworden, eine der ersten Avantgarde-Zeitschriften dieser Jahre. In der Folge publizierte er Jean Moréas und Stéphane Mallarmé, arbeitete mit Gustave Kahn und Jules Laforgue zusammen und organisierte 1886 die erste ordentliche Edition von Arthur Rimbauds *Illuminations.*

Vor allem aber schrieb Fénéon Kunstkritiken, kurze Ausstellungsbesprechungen und —kommentare. Seine Stärke war die kleine Form, sein Stil einer der Klarheit und »allusive accuracy«.[16] Die markant pointierte Ausdrucksweise schien den Erwartungen bei *Le Matin* wie selbstverständlich zu entsprechen. Und doch unterschieden sich seine *Nouvelles* signifikant von den ansonsten hier veröffentlichten Stücken:

> M. Husson, maire de Nogent-sur-Marne, s'est logé trois balles de revolver dans la tête sans se tuer.[17]

> Avec une fourche à quatre dents, le laboureur David, de Courtemaux (Loiret), a tué sa femme qu'il croyait, bien à tort, infidèle.[18]

> Marie Jandeau, jolie fille que bien des Toulounais connaissaient, s'est asphyxiée hier soir dans sa chambre, exprès.[19]

Statt mit wenig Worten viel Information zu transportieren, entfaltet Fénéon in seinen Texten eine auf Irritation und Störung zielende Ästhetik. Die sich zunächst unverdächtig gebenden *Nouvelles* werden – um ein Diktum Mallarmés zu variieren – zu

---

15 Vgl. Kern, Stephen (2003): *The Culture of Time and Space 1880– 1918.* Cambridge, Mass.: Harvard UP, S. 68ff. und S. 115.

16 Halperin, Joan Ungersma (1988): *Félix Fénéon. Aesthete and Anarchist in the Fin-de-Siècle Paris.* New Haven/London: Yale UP, S. 37.

17 Fénéon, Félix (1970): *Œuvres plus que complètes*. Hg. v. Joan Halperin. Genf: Librairie Droz, S. 807. »M. Husson, Bürgermeister von Nogent-sur-Marne, schoss sich mit dem Revolver drei Kugeln in den Kopf, ohne sich zu töten.« Fénéon, Félix (1996): *1111 wahre Geschichten.* Übs. v. Hans Thill. Berlin: Aufbau Verlag, S. 101 (= Die Andere Bibliothek Bd. 099).

18 Fénéon: *Œuvres,* S. 668. »Mit einer vierzackigen Forke tötete der Landarbeiter David aus Courtemaux (Loiret) seine Frau, die er, sehr zu unrecht, für untreu hielt.« Fénéon: *1111 wahre Geschichten,* S. 73.

19 Fénéon: *Œuvres,* S. 807. »Marie Jandeau, ein hübsches Mädchen und wohlbekannt bei vielen Männern von Touloun, starb gestern in ihrem Zimmer an Gas, mit Absicht.« Fénéon: *1111 wahre Geschichten,* S. 108.

subkutan zündenden Sprengsätzen.[20] Fénéon nutzt das mediale Setting, die spezifische Geschichte, die Serialität der kleinen Texte für eine eigene (politische) Poetik. Er spielt mit den Erwartungen des Lesers und öffnet so den Blick für die Absurdität und den bigotten Terror des durch sie getragenen Alltags:

> Le 515 a écrasé, au passage à niveau de Monthéard (Sarthe), Mme Dutertre. Accident, croit-on, bien qu'elle fût très misérable.[21]

So unverdächtig diese kurze Nachricht zunächst erscheint, so deutlich zeigt sie auf den zweiten Blick die Verlogenheit einer Gesellschaft, die an zufällige Unfälle glauben will, wo Menschen durch die Umstände dazu gebracht werden, ihrem Leben ein Ende zu setzen. Der Unfall ist kein Unfall, sondern Selbstmord. Und Selbstmord ist hier keine persönliche Tragödie, sondern Ausdruck sozialer Missstände. Die offene bzw. öffnende Ästhetik des semantischen Clashs, des überraschenden Kontrasts lässt den Suizid, eines der klassischen Sujets des *fait divers*, vom skandalträchtigen Gegenstand zur subtilen Anklage werden.

> Madame Fournier, M. Voisin, M. Septeuil se sont pendus: neurasthénie, cancer, chômage.[22]

Auch hier wird Fénéon der scheinbar trockene Bericht vom Selbstmord dreier Menschen zur Miniatur dreier Lebensgeschichten. Doch bricht die zunächst immer gleiche Regularität von Name, Krankheit, Selbstmord: Wo Mme Fournier die Nervenkrankheit und Krebs M. Voisin in die Verzweiflung treibt, nimmt sich das dritte Paar wie ein Kategorienfehler aus. Arbeitslosigkeit – kein medizinisches Problem, sondern soziale Schieflage – fällt aus der Reihe. Und trotzdem fügt sie Fénéon rhythmisch in das Muster der schnörkellosen Aufzählung. Klanglich ist die ›Arbeitslosigkeit‹ kein *Off-Beat*. Auch sie ist eine Krankheit, die Verzweiflung zum Tode mit sich bringen kann.

Doch bleibt ein Rest. Fénéons Sozialkritik manifestiert sich nicht zuletzt in einem erzwungenen Gefühl der Unbestimmtheit und Unsicherheit. Während *Le Matin* seine

---

20 In einem Interview mit dem Belgischen *Le Soir* vom 27. April 1894 hatte Mallarmé die Möglichkeit, dass Fénéon tatsächlich mit gewalttätigem Anarchismus in Verbindung stehen könne, scharf zurückgewiesen. »On parle, dites-vous, de détonateurs. Certes, il n'y avait pas, pour Fénéon, de meilleurs détonateurs que ses articles. Et je ne pense pas qu'on puisse se servir d'arme plus efficace que la litterature.« Zit. n. Halperin: *Félix Fénéon*, S. 18.

21 Fénéon: *Œuvres*, S. 1011. »Der 515 überfuhr am Bahnübergang von Monthéard (Sarthe), Mme Dutertre. Man glaubt an einen Unfall, obgleich es ihr sehr schlecht ging.« Fénéon: *1111 wahre Geschichten*, S. 169.

22 Fénéon: *Œuvres*, S. 991. »Madame Fournier, M. Voisin, M. Septeuil haben sich erhängt: Neurasthenie, Krebs, Arbeitslosigkeit.« (Eigene Übersetzung.)

Dreizeiler als optimiert unzweideutige Information verstand, geht Fénéon in die entgegengesetzte Richtung. Die möglichen Bedeutungen werden multipliziert:

> Un plongeur de Nancy, Vital Frérotte, revenu de Lourdes à jamais guéri de la tuberculose, est mort dimanche par erreur.[23]

Fénéons Thema ist weniger die Anekdote selbst als das ihr innewohnende Prinzip. Die para-doxe Struktur seiner *Nouvelles* ent-deckt die ›doxa‹ im Kern unserer Wahrnehmung der Welt. Eine Bewegung, die nur als Subversion der Vorgaben der Zeitung, nur als Irritation der Erwartungen des Lesers möglich wird. Statt die Apotheose technisch optimierter Informationsvermittlung sucht er den irritierenden Kontrast, die Störung. Erst aus der sich dort auftuenden aisthetischen Erfahrung der vibrierenden Fülle des Möglichen entsteht auch die spezifische Poetik seiner kleinen Formen.

3. Schluss

Was aber macht den Post nun literarisch? Wann genau wird ein Tweet Twitteratur?

Wenn nicht allein Kürze, sondern auch Serialität, wie Eva Geulen meint, konstitutiv für die Poetik der kleinen digitalen Form ist, dann scheint – bei aller grundsätzlichen Distanz dieser klassisch analogen Autoren zu Twitter und Microblog – mit Hebel und mit Fénéon eine interessante Konkretisierung (und Komplexifizierung) dieser These möglich: Serialität ist hier keine Methode willkürlicher Reihenbildung und kein naturgegebenes Phänomen. Sie ist Effekt des Mediums, eine sich aus den Umständen, dem Medium und seiner Anlage, ergebende Ordnung und zeigt die kleinen Texte als Teil der den Autor wie den Rezipienten umfassenden medialen Praktiken. Sowohl Hebel als auch Fénéon sind sich dieses Rahmens nicht allein bewusst; sie nutzen das Spiel zwischen dem sich in der Serialität des Mediums bildenden impliziten Hintergrund ihrer Geschichten und dem von ihnen explizit Gesagten als Ursprung einer eigenen Poetik. Ihre Texte exekutieren nicht einfach die mediale Ordnung. Ihre Besonderheit ergibt sich aus deren permanenter, leiser Subversion. Es sind die Reibungen, die Brüche, das Unbeantwortete der zunächst harmlos scheinenden Texte, aus denen sich ihre poetische Intensität ergibt.

Auch die digitale kleine Form hängt nicht einfach in der Luft; sie steht in einer Reihe, ist immer schon Teil einer Praxis mit ihren Traditionen und Routinen. Deren grundlegende Bedeutung zeigt sich gerade dort, wo diese Einbettung nur noch Aufhänger für

---

23 Fénéon: *Œuvres*, S. 863. »Ein Tellerwäscher aus Nancy, Vital Frérotte, der für immer von der Tuberkulose geheilt aus Lourdes zurückgekehrt war, ist, ein Irrtum, am Sonntag gestorben.« Fénéon: *1111 wahre Geschichten*, S. 113.

nacheinander weg geschriebene Miniaturen ist. Sean Hill postete seine kurzen Texte täglich.[24] Und auch Meimbergs »Tiny Tales« waren Tweets bevor sie als Anthologie erschienen. Beim Lesen dieser Sammlungen aber drängt sich der Eindruck auf, dass es gerade das Vergessen der spezifischen Bedingungen des digitalen Schreibens und seiner besonderen Zeitlichkeit ist, welche die einzelne Geschichte in der Masse leicht zur bemühten Suche nach der witzigen Pointe werden lässt.

Hingegen können die immer gleichen 140 Zeichen der Grundeinheit eines Twitterromans durchaus den Rhythmus seiner Produktion wie Rezeption besonders machen. Erst so entsteht die Atmosphäre, in der Jennifer Egans Agentinnenroman, das Protokoll von emotionslos mitgeteilten Kurznachrichten, den »mental dispatches« eines Maschinenhirns, nach und nach Gestalt gewinnt.

Auch ein Blog wie Wolfgang Herrndorfs *Arbeit und Struktur* lässt sich als mehr denn nur das Tagebuch eines vom Tumor und vom nahen Tod markierten Lebens lesen. Es ist die erst mit der Spezifik des seriellen digitalen Schreibens – seiner umgekehrten Zeitlichkeit, seiner kommunikativen Dimension – möglich und poetisch gewordene Durcharbeitung der eigenen Situation. Rund um die Uhr zu schreiben und zu posten, erlaubt es Herrndorf, seine Lebenszeit von innen heraus auszudehnen. Kein Schlaf suggeriert mehr Leben.

Dass gerade der Aspekt ideologisch kippen kann, zeigt sich an einem mit der Frage der Poetik zunächst kaum assoziierten Beispiel. Ein Beispiel, das schon der Geschichte anzugehören schien und uns nun doch noch einmal einholt: Donald Trump. Gerade auch als Präsident bediente Trump seinen Twitteraccount bevorzugt früh am Morgen oder spät in der Nacht. Als Mann, der niemals schläft, zeigte er sich so vor allem auch als Mann von allumfassender Vitalität. Seine hemmungslosen kurzen Texte entfalten (auch heute noch auf seiner eigenen Plattform »truth social«) eine den Informationsgehalt des einzelnen Tweets weit übersteigende »Ästhetik des Clean Hit« (Hans Ulrich Gumbrecht), einen Gestus der Klarheit und direkten Ansprache, der Härte und der Kraft, welcher sich erst aus der Serie der 24/7 geposteten Einwürfe ergibt und noch die lächerlichste der einzelnen Nachrichten als Manifestation der Stärke erscheinen lässt. So sehr man sich über den »Bard of the Deal«[25] amüsieren kann – Trump ist sich der ästhetischen Möglichkeiten der kleinen digitalen Form bewusst und nutzt sie; nicht (wie Hebel oder Fénéon) zur Subversion und indirekten kritischen Befragung, sondern zur Stilisierung einer Position sich selbst rechtfertigender, dem schwurbelnden poli-

24 Vgl. Hill, Sean (2011): Very Short Stories: 300 Bite-Size Works of Fiction. Berkeley, CA: Ulysses Press. Die Webseite @VeryShortStory, die ihre Leser erfreute mit »Creative Fiction that fits on a Post-it but can move readers with powerful tales of love, life, death, and everyday life«, ist leider nicht mehr abrufbar.

25 ...so der Titel der 2015 erschienen, von Hart Seely zusammengestellten Sammlung der »Poetry of Donald Trump«. Seely, Hart (Hg.) (2015): Bard of the Deal. The Poetry of Donald Trump. New York/London/Toronto u.a.: Harper.

tischen Diskurs überlegener vitaler Kraft. Ästhetik und Moral gehen nicht zwingend miteinander. Dass die besondere Poetik der kleinen digitalen Form aber erst aus ihrer medialen Einbettung heraus verstanden werden muss, zeigt auch das Beispiel Trump.

So sind es letztlich – gewollt oder ungewollt – Aciman und Rensin selbst, die in ihrem schon erwähnten, als Karikatur angelegten Buch eben doch ein neues literarisches Genre begründen. Denn tatsächlich adaptieren sie die großen Werke der Weltliteratur nicht einfach nur in zeitgemäßer Kürze. Wer *Krieg und Frieden* nicht gelesen hat, wird diese Lücke hier nicht schließen. Stattdessen ist das Buch eine »clevere Mischung aus Literaturkritik und Parodie« mit Spaß an »kraftausdruckstrotzende[r] Jugendsprache«, wie Regula Freuler schreibt.[26] Gerade so aber wird es der auf seine Art gelungene Versuch, im Spiel mit medialen Vorgaben, Routinen und Gewohnheiten die kleine Form der Twitternachricht literarisch werden zu lassen.

Literaturverzeichnis

Aciman, Alexander/Rensin, Emmett (2009): *Twitterature. The World's Greatest Books in 20 Tweets or Less.* London: Penguin Books.

Fénéon, Félix (1996): *1111 wahre Geschichten.* Übs. v. Hans Thill. Berlin: Aufbau Verlag (= Die Andere Bibliothek Bd. 099).

Fénéon, Félix (1970): *Œuvres plus que complètes*. Hg. v. Joan Halperin. Genf: Librairie Droz.

Freuler, Regula (2011): Viel Blabla und etwas Twitteratur. Zwitschern mit Goethe. In: *NZZ*, 13.2. 2011.

Halperin, Joan Ungersma (1988): *Félix Fénéon. Aesthete and Anarchist in the Fin-de-Siècle Paris.* New Haven/London: Yale UP.

Hebel, Johann Peter: *Gesammelte Werke. Kommentierte Lese- und Studienausgabe in sechs Bänden*, hg. von Jan Knopf, Franz Littmann und Hansgeorg Schmidt-Bergmann. 3. Aufl. Göttingen: Wallstein 2021.

Huyssen, Andreas (2015): *Miniature Metropolis: Literature in an Age of Photography and Film.* Cambridge, Mass.: Harvard UP.

Kern, Stephen (2003): *The Culture of Time and Space 1880–1918.* Cambridge, Mass.: Harvard UP.

Küchler Williams, Christiane (2000): Was konservierte den Bergmann zu Falun – Kupfer- oder Eisenvitriol? Eine chemische Fußnote zu den Variationen des ›Bergwerks zu Falun‹. In: *Athenäum – Jahrbuch der Friedrich Schlegel-Gesellschaft* 10, S. 191–197.

Landwehr, Achim (2014): *Geburt der Gegenwart. Eine Geschichte der Zeit im 17. Jahrhundert.* Frankfurt a.M.: Fischer.

Rohner, Ludwig (1978): *Kalendergeschichte und Kalender.* Wiesbaden: Akademische Verlagsgesellschaft Athenaion.

26 Freuler, Regula (2011): Viel Blabla und etwas Twitteratur. Zwitschern mit Goethe. In: *NZZ*, 13.2. 2011.

Roth, Patrick (2003): Johann Peter Hebels Hollywood oder Freeway ins Tal von Balzac. In: Ders.: *Riding with Mary. 10 mal Sehnsucht.* Frankfurt a.M.: Suhrkamp, S. 9–33.

Schlaffer, Hannelore (1980): Ein Werk in seiner Zeit. In: Johann Peter Hebel: *Schatzkästlein des Rheinischen Hausfreundes. Ein Werk in seiner Zeit.* Mit Bilddokumenten, Quellen, historischem Kommentar und Interpretation hg.v. Hannelore Schlaffer. Tübingen: Leins, S. 243–360.

Seely, Hart (Hg.) (2015): *Bard of the Deal. The Poetry of Donald Trump.* New York/London/Toronto u.a.: Harper.

Stolleis, Michael (2003): *Der menschenfreundliche Ton. Zwei Dutzend Geschichten von Johann Peter Hebel mit kleinem Kommentar.* Frankfurt a.M.: Insel.

Wilpert, Gero von (Hg.) (1997): *Lexikon der Weltliteratur.* 3. Aufl. München: dtv.

Winston, Brian (1998): *Media Technology and Society. A History from the Telegraph to the Internet.* London: Routledge.

Madame Pickwick Art Blog. Art and Media of the Unexpected (2013): Feneon: Tweet Tweet, He's Got You Beat. http://madamepickwickartblog.com/2013/06/feneon-tweet-tweet-hes-got-you-beat/. 04.08.2024.

Eva Axer

»Now put me to use.« Kleine Formen in Kim Stanley Robinsons Anthropozän-Roman *The Ministry for the Future*

ABSTRACT: Kim Stanley Robinson's *The Ministry for the Future* is discussed as a future history that engages with three fundamental problems of Anthropocene literature: the relationship between fact and fiction; the representation of complex and multi-scalar processes; and the narrativization of agency. Robinson confronts these questions by adapting various small forms in his novel such as the eyewitness report, the protocol, the dictionary entry and the riddle. Analyses of the (fictional) dictionary entry and one riddle show how Robinson's formal adaptations, in breaking with the conventions of these forms, provide a meta-commentary on the problems of Anthropocene literature. The narrativization of (historical) agency is further scrutinized as the dynamics of concealment and revealment intrinsic to the small form of the riddle also come into play with regard to the plot structure and the constellation of the central characters. Robinson's history of the future attempts to intervene in the present by challenging the reader to consider the feasibility of the many ideas, models and technical solutions presented in the novel in order to avert an impending climate catastrophe.

KEYWORDS: Anthropozän, Geschichte der Zukunft/Future History, Skalierung, Handlungsmacht/Agency, Fakt und Fiktion

1. Einleitung

Kim Stanley Robinsons 2020 erschienener Roman *The Ministry for the Future* verfolgt die Arbeit eines fiktiven, im Jahre 2025 neu gegründeten UN-Ministeriums über den Verlauf von knapp drei Jahrzehnten und wirft einige brisante Fragen auf: Wer könnte eine globale Trendwende im Hinblick auf die Klimakrise einleiten? Welche Maßnahmen sind zielführend und welche Mittel gerechtfertigt, wenn es um den Schutz des Lebens auf der Erde und die Rechte zukünftiger Generationen geht?[1] Es ist nicht der

1 Der Titel des Buches *The Ministry for the Future* ist wahrscheinlich angelehnt an die Idee eines »Ministry of the Future«, die im Rahmen der Ausstellung »After the End of the World« vorgestellt wurde. An dieser Ausstellung, die 2017–2018 im Centre de Cultura Contemporània de Barcelona stattfand, war auch Robinson selbst beteiligt. In der Pressemitteilung zur Ausstellung wird als erster Minister des »Ministry of the Future« Timothy Morton benannt: »This collective project seeks to represent the human and non-human heirs of the planet, who have neither a voice nor a vote. The first Minister of the Future is embodied in the philosopher Timothy Morton, who coined concepts such as the ›hyperobject‹ and ›dark ecology‹.« Centre de Cultura Contem-

erste Roman des für seine Science-Fiction bekannten Autors, der in noch recht junge literatur- und kulturwissenschaftliche Rubriken wie die *climate fiction*[2], die anthropozäne Fiktion[3] bzw. Literatur[4] eingeordnet und zugleich als spekulative ›Geschichte der Zukunft‹ gelesen werden kann.[5] Schon seine ebenfalls mit der Klimakrise befasste Trilogie *Science in the Capitol* wurde im Anschluss an den marxistischen Literaturtheoretiker Fredric Jameson als ›invertierter historischer Roman‹ aufgefasst.[6] Robinson hat sich in *The Ministry for the Future* zum einen die Aufgabe gestellt, 30 Jahre Weltgeschichte so umfassend wie möglich zu erzählen.[7] Er möchte zum anderen ein Szenario präsentieren, das eine Einhegung der unkontrollierten Erderwärmung und eine Abwendung daraus folgender ökologischer, humanitärer und ökonomischer Krisen nachgerade realistisch erscheinen lässt.[8] *The Ministry for the Future* stellt den Beginn

---

porània de Barcelona (2017): Press Release, »After the End of the World«. http://www.cccb.org/rcs_gene/DdP_Despres_de_la_fi_del_mon_ENG.pdf. 18.02.2024. Siehe zu den genannten Konzepten Morton, Timothy (2013): *Hyperobjects: Philosophy and Ecology after the End of the World.* Minneapolis/London: University of Minnesota Press und Morton, Timothy (2016): *Dark Ecology. For a Logic of Future Coexistence.* New York, NY: Columbia University Press.

2 Vgl. dazu u.a. Goodbody, Axel/Johns-Putra, Adeline (Hgg.) (2019): *Cli-Fi. A Companion.* Oxford: Peter Lang. Im Band werden konkrete Beispiele mit Blick auf verschiedene Affinitäten zu bestehenden Genres, Gattungen und Darstellungsparadigmen gruppiert und erörtert.

3 Vgl. Trexler, Adam (2015): *Anthropocene Fictions.* Charlottesville/London: University of Virginia Press, der sich seit den 1970er Jahren erschienenen literarischen Texten unter thematischen Gesichtspunkten (»Truth«, »Place«, »Politics« und »Economics«) annähert.

4 Probst, Simon/Dürbeck, Gabriele/Schaub, Christoph (2022): Was heißt es, von ›anthropozäner Literatur‹ zu sprechen? Einleitung. In: Dies. (Hgg.): *Anthropozäne Literatur: Poetiken – Themen – Lektüren.* Berlin/Heidelberg: Springer, S. 1–24, nehmen eine Rückschau auf die literatur- und kulturwissenschaftliche Forschung auch in methodologischer Perspektive vor, wobei u.a. zwischen ›anthropozänen Texten‹ und ›anthropozänen Lektüren‹ unterschieden wird. Dürbeck erklärt Robinsons *The Ministry for the Future* auch aufgrund seiner diesbezüglichen thematischen Breite zu einem »paradigmatische[n] Anthropozän-Text«: Dürbeck, Gabriele (2024): Anthropozäne Zukünfte erzählen – utopische Imaginationen fürs Überleben (*The Ministry for the Future*; *Utopia 2048*; *Tiefenlager*). In: Mitscherlich-Schönherr, Olivia/Cojocaru, Mara-Daria/Reder, Michael (Hgg.): *Kann das Anthropozän gelingen? Krisen und Transformationen der menschlichen Naturverhältnisse im interdisziplinären Dialog.* Berlin/Bonston: De Gruyter, S. 79–104, hier: S. 89.

5 Vgl. entsprechende Aussagen Robinsons in: Hamner, Everett (2020): Odd Couples, Carbon Coins, and Narrative Scopes: An Interview with Kim Stanley Robinson, December 8, 2020. In: *Los Angeles Review of Books:* https://lareviewofbooks.org/article/odd-couples-carbon-coins-and-narrative-scopes-an-interview-with-kim-stanley-robinson/. 10.01.2024.

6 Vgl. zu den drei Bänden der Trilogie *Forty Signs of Rain* (2004), *Fifty Degrees Below* (2005) and *Sixty Days and Counting* (2007): Luckhurst, Roger (2009): The Politics of the Network: *The Science in the Capitol* Trilogy. In: Burling, William J. (Hg.): *Kim Stanley Robinson maps the Unimaginable. Critical Essays.* Jefferson, North Carolina/London: McFarland & Company, S. 170–180, hier: S. 172.

7 Vgl. Hamner: An Interview.

8 Siehe zur Frage einer ›realistischen Utopie‹, die sowohl spekulative als auch pragmatische Züge

eines ›guten Anthropozäns‹[9] dar. Zu Beginn des Romans sieht es indessen nicht danach aus: Ein katastrophales Extremwetter-Ereignis fordert in Indien 20 Millionen Todesopfer.[10] Daraus resultiert eine im individuellen wie im kollektiven Sinne post-traumatische Situation, in der die Notwendigkeit radikaler Interventionen – zumindest aus Sicht der Betroffenen – kaum mehr zu bestreiten ist. Das titelgebende UN-Ministerium erscheint in dieser Perspektive seinen Auftrag, die Rechte und die körperliche Unversehrheit all jener jetzt lebenden und zukünftigen Lebewesen zu verteidigen, die nicht für sich selbst sprechen können,[11] zunächst nicht adäquat erfüllen zu können. Im Verlauf des Buches werden die bürokratischen Grenzen des Ministeriums dann auch drastisch überschritten. Wenn Robinson in *The Ministry for the Future* eine Geschichte der Zukunft erzählt, lädt er die Leser:innen dazu ein, zukünftige Rückblicke auf die eigene Gegenwart zu antizipieren, die vor der Folie dieses alternativen Geschichtsverlaufes im Buch dahingehend beurteilt werden kann, welche Schritte zur Bewältigung potenzieller Krisen und zur Verhinderung katastrophischer Szenarien unternommen wurden. Die Herausforderungen für eine solche *future history* sind im Zeichen des Anthropozäns allerdings noch einmal gesteigert: Erstens im Hinblick auf das Verhältnis von Fakt und Fiktion; zweitens im Hinblick auf die Darstellbarkeit komplexer und multiskalarer Prozesse und drittens im Hinblick auf die Narrativierung von Handlungsmacht respektive *Agency*. In *The Ministry for the Future* setzt sich Robinson mit diesen Darstellungsfragen auseinander, so die Ausgangsthese, indem er verschiedene Formen wie den Augenzeugenbericht, das Protokoll, den Wörterbucheintrag und das Rätsel adaptiert.

In literarischen Anthropozän-Texten finde man immer einen »mix of factual research and speculative imagination«, darauf haben Axel Goodbody und Adeline Johns-Putra verwiesen.[12] Das Verhältnis von Fakt und Fiktion sei, so Adam Trexler, besonders brisant, insofern ›Fakten‹ aus den Wissenschaften integriert werden.[13] Anthropozän-Romane können in Anlehnung an Modellierungen der Klimatologie Szenarien klimatischen Wandels mehr oder weniger unausgesprochen im Rahmen ihres *worldbuilding*

---

hat, ausführlich Patoine, Pierre-Louis (2022): The Realism of Speculative Fiction: Planetary Polyphony and Scale in Kim Stanley Robinson's *The Ministry for the Future*. In: *Représentations dans le monde anglophone*, no. 25: The Real in Fiction, S. 141–157 sowie im Kontext anderer zeitgenössischer utopischer Entwürfe Dürbeck: Anthropozäne Zukünfte erzählen, S. 86–90.

9 Vgl. zum Hintergrund des Anthropozänbegriffs und seiner Kritik einführend: Horn, Eva/ Bergthaller, Hannes (2020): *The Anthropocene. Key Issues for the Humanities*. London/New York: Routledge, S. 19–34.

10 Vgl. Robinson, Kim Stanley (2020): *The Ministry for the Future*. London: Orbit, Kapitel 1 und S. 19.

11 Vgl. Robinson: The Ministry, S. 16.

12 Goodbody/ Johns-Putra: *Cli-Fi*, S. 9.

13 Vgl. Trexler: *Anthropocene Fictions*, S. 23.

integrieren oder sich ganz explizit zum Status von wissenschaftlichen Erkenntnissen, deren Popularisierung und Politisierung positionieren.[14] Um in seinem Roman dahingehend Stellung zu beziehen, fingiert Robinson auch nicht-fiktionale Textsorten, darunter einen gegen die Konventionen gestalteten Wörterbucheintrag, und markiert nebenbei seine Affinität zu marxistisch orientierter Literatur- und Kulturtheorie. Als Geschichte der Zukunft ist *The Ministry for the Future* ohnehin darauf angelegt, den selbstgestalteten fiktionalen Raum zu überschreiten, um die Gegenwart zu adressieren. Die Grenze zwischen Fakt und Fiktion wird außerdem verunklart, da Robinson Lösungsansätze zur Erreichung globaler Klimaziele in ›Opinion Pieces‹ internationaler Tageszeitungen vorgeschlagen hat, darunter verschiedene Eingriffe in die Finanzmärkte.[15] Diese und ähnliche Strategien im Rahmen des bestehenden ökonomischen Systems werden auch in *The Ministry for the Future* durchgespielt. Zugleich führt das Buch Alternativen zum neoliberalen Kapitalismus vor.[16] Der Roman hat aber noch mehr Lösungsansätze zu bieten – er veranschaulicht *Climate-* und *Geoengineering* als Ansätze zur Bekämpfung von Klimawandelfolgen, er stellt die auch real existierende 2000-Watt-Gesellschaft sowie die Biodiversitätsinitiative ›Half Earth‹ vor. Diese Verweise sind zum einen Faktizitätsmarkierungen; die Leser:innen können viele Ähnlichkeiten der dargestellten Welt mit ihrer eigenen Lebenswelt erkennen. Die Klimakrise wird zum anderen aufgrund der sehr verschieden gelagerten Ansätze als komplexer und multiskalarer Prozess präsentiert[17], bei dem klimatische, geologische und ökologische,

14 Vgl. Trexler: *Anthropocene Fictions*, S. 29–32.

15 Vgl. zum *quantitative easing* bspw. diesen Artikel: Robinson, Kim Stanley (2020): Making the Fed's Money Printer Go Brrrr for the Planet. Bloomberg.com: https://www.bloomberg.com/news/features/2020-04-22/kim-stanley-robinson-let-the-fed-print-money-for-the-planet?srnd=undefined. 10.01.2024. Die Verbreitung von Ideen in fiktionalen wie nicht-fiktionalen Formaten hat Johns-Putra im Rückgriff auf Genette als strategische Transtextualität beschrieben. Über verschiedene Medien hinweg erreiche Robinson so ein Publikum jenseits seiner Sci-Fi-Leserschaft. Johns-Putra nimmt an, dass somit die Beziehungen zwischen der Lebenswelt der Leser:innen und den literarisch dargestellten Welten verstärkt werden, auch indem die Rezipient:innen zur Auseinandersetzung mit diesen Themen motiviert würden, z.B. in digitalen Foren. Vgl. Johns-Putra, Adeline (2022): Transtextual Realism for the Climatological Collective. In: Dies./ Sultzbach, Kelly (Hgg.): *The Cambridge Companion to Literature and Climate.* Cambridge: Cambridge University Press, S. 283–295, hier: S. 290.

16 Im Roman sind viele Kapitel der Frage gewidmet, wie fiskale Instrumente zur Reduktion des CO2-Ausstoßes eingesetzt werden könnten. Auch wenn Robinson alternative Begriffe zum Anthropozän, z.B. das ›Capitalocene‹, im vorliegenden Roman nicht verwendet, läuft das Buch schließlich auch auf eine Neuordnung der globalen Ökonomie hinaus, sodass die kapitalistische Wirtschaftsordnung durchaus als eines der zentralen Probleme erscheint. Vgl. zu diesem Begriff die Einleitung in Moore, Jason W. (Hg.) (2016): *Anthropocene or Capitalocene? Nature, History, and the Crisis of Capitalism.* Oakland: PM Press, S. 1–11.

17 Vgl. Dürbeck, Gabriele/Hüpkes, Philip (2021): The Anthropocene as an Age of Scalar Complexity: Introduction. In: Dies. (Hgg.): *Narratives of Scale in the Anthropocene. Imagining Human*

aber gerade auch ökonomische und soziale Aspekte von Bedeutung sind. Welchem Moment bei der Darstellung Vorrang eingeräumt wird, ist auch ein Indiz dafür, inwiefern das Anthropozän als geologisches und als kulturelles Konzept[18] profiliert werden soll und wie das Verhältnis von Natur und Kultur gedacht wird. Gabriele Dürbeck hat eine wichtige Tendenz in den aktuellen Theoriedebatten der *Humanities* als ›Interdependenz-Narrativ‹ beschrieben, wobei eine Verteilung von *Agency* und die Inklusion nichtmenschlicher Entitäten betont und konventionelle Subjekt/Objekt-Unterscheidungen durchkreuzt werden.[19] Dieses Narrativ finde sich in Theorieströmungen wie der *Object-oriented Ontology*, dem *Posthumanism* oder dem *New Materialism.*[20] Für die Fragestellung des Aufsatzes sind die Unterschiede zwischen diesen Theorieansätzen nicht entscheidend, die in den Debatten um das Anthropozän teils polemisch ausgestellte Friktion zwischen einem ›alten Materialismus‹ marxistischer Provenienz und aktuellen Theorieströmungen im Zeichen eines ›neuen Materialismus‹ hingegen schon.[21] Die Frage, wer *Agency* hat und was *Agency* überhaupt bedeutet, ist dabei ein entscheidender Punkt, und sie muss es gerade auch für Robinsons Roman sein. Denn *The Ministry for the Future* setzt auf der einen Seite voraus, dass sich im Zusammenspiel vieler Akteure, Faktoren und Prozesse mittel- und langfristig kumulative Effekte einstellen, die – unbeabsichtigt und ungewollt – zur Erderwärmung führen. Auf der anderen Seite stellt Robinson mit dem UN-Ministerium eine Institution ins Zentrum des Romans, die die Möglichkeiten zukunftsgerichteter Intentionalität und strategischer Planung geradezu verkörpert. Robinson geht nun die Frage der *Agency* durchaus offensiv an, denn in seinem Roman kommen nicht nur menschliche Figuren

---

Responsibility in an Age of Scalar Complexity. New York/London: Routledge, S. 1–20. Mit Blick auf die verschiedenen Arten von Kapiteln mit menschlichen und nichtmenschlichen Sprecher:innen in *The Ministry for the Future* wäre zu diskutieren, ob es sich hier um eine »multiscale narration« im Sinne Hermans handelt, »whereby stories afford conceptual scaffolding for engaging with macro-level phenomena more or less distributed in space and time«. Herman, David (2018): *Narratology beyond the Human. Storytelling and Animal Life.* Oxford: Oxford University Press, S. 21.

18 Vgl. dazu Trischler, Helmuth (2016): Zwischen Geologie und Kultur. Die Debatte um das Anthropozän. In: Bayer, Anja/Seel, Daniela (Hgg.): *All dies hier, Majestät, ist deins. Lyrik im Anthropozän.* Berlin: Deutsches Museum/kookbooks, S. 268–286.

19 Vgl. Dürbeck, Gabriele (2019): Narratives of the Anthropocene. In: Albrecht, Monika (Hg.): *Postcolonialism Cross-Examined. Multidirectional Perspectives on Imperial and Colonial Pasts and the Neocolonial Present.* New York/London: Routledge, S. 271–288, hier: S. 282ff.

20 Vgl. Dürbeck: Narratives of the Anthropocene, S. 282–283.

21 Vgl. bspw. das Kapitel »On what Matter does: Against New Materialism« in Malm, Andreas (2018): *The Progress of This Storm. Nature and Society in a Warming World.* London: Verso, S. 71–104; die Frage der *Agency* steht für Malm in enger Beziehung nicht nur zum jeweiligen Begriff von Natur, sondern auch zum jeweiligen Begriff von Geschichte und der Idee geschichtsmächtiger Kollektive. Vgl. Malm: *The Progress*, S. 103–104.

aus sehr verschiedenen kulturellen Kontexten, sondern auch nichtmenschliche Entitäten zu Wort. Wenn z.B. ein CO2-Molekül auf recht didaktisch anmutende Weise erklärt, wie es am Prozess der Erderwärmung beteiligt ist,[22] oder wenn ›die Erde‹ sich selbst vorstellt und dabei die Gaia-Theorien von James Lovelock, Lynn Margulis und Bruno Latour anklingen.[23] Die ostentative Verwendung von allegorischen Verfahren wie der Personifikation, die Adaption literaturgeschichtlich identifizierbarer Formen und die intertextuellen Bezüge lassen allerdings bezweifeln, dass in diesen Kapiteln schlicht eine *Agency* von nichtmenschlichen Entitäten postuliert wird. Aufgrund des Spiels mit den jeweiligen Textkonventionen lassen sich gerade diese Kapitel als Meta-Kommentare zu den Herausforderungen einer Geschichte der Zukunft im Zeichen des Anthropozäns lesen.[24]

Der Aufsatz fragt nach der formalen Gestaltung von zwei Textsorten, dem Wörterbucheintrag und dem Rätsel, und ihren Funktionen – auch im Hinblick auf die Erzählökonomie des gesamten Romans. Mit dem enzyklopädischen Wörterbucheintrag und dem angelsächischen Rätsel wählt Robinson zwei kurze Textsorten, die erwartbarerweise einerseits gesichertes und exoterisches Wissen vermitteln und andererseits ein nicht unmittelbar zugängliches Wissen präsentieren. Robinson spielt mit solchen Erwartungen und nutzt diese Kapitel für eine Auseinandersetzung mit den kognitiven Voraussetzungen von Wissen und der sozialen wie kommunikativen Dimension von Wissen. Als Kapitel, die nicht von Ereignissen berichten, unterbrechen oder irritieren sie eine auf die Handlung fokussierte Lektüre und entschleunigen womöglich die Rezeption,[25] auch insoweit sie intertextuelle und selbst-referenzielle Momente haben: Der erfundene Wörterbucheintrag zum Lemma ›Ideologie‹ stellt, wie gesagt, über Theorie-Zitate die eigene ideologische Standortgebundenheit aus; ein Rätsel zum ›Code‹ thematisiert das Prinzip der Verschlüsselung. Die der kleinen Form

---

22 Vgl. Robinson: *The Ministry*, S. 327–330 (Kapitel 66). Prozesse wie die Erderwärmung werden indes nicht an einer Stelle erklärt, sondern die Leser:innen erhalten diesbezügliche Informationen in über das Buch verteilten Kapiteln, in denen jeweils die Sonne, ein Photon und ein CO2-Molekül auftreten. Diese Verteilung könnte ebenfalls als Anspielung auf Mortons Konzept des »hyperobjects« gelesen werden, das Phänomene wie den Klimawandel u.a. als »massively distributed in time and space relative to humans« beschreibt. Morton: *Hyperobjects*, S. 1.

23 Vgl. Robinson: *The Ministry*, S. 492. Es wird u.a. auf Latours Akteur-Netzwerk-Theorie (ANT) sowie auf dessen Gaia-Bücher angespielt. In Robinsons Roman finden sich viele weitere explizite Kommentare und implizite Stellungnahmen zu prominenten Einlassungen von bekannten Theoretiker:innen wie Donna Haraway oder Timothy Morton.

24 Die folgende Untersuchung der kleinen Formen erweitert damit auch bisherige Bestimmungen des Romans als ›multiperspektivisch‹ und ›polyphon‹. Vgl. Patoine: The Realism of Speculative Fiction, S. 153f. und Dürbeck: Anthropozäne Zukünfte erzählen, S. 89f.

25 Vgl. zu den Strategien und Effekten einer langsamen bzw. verlangsamten Lektüre: Caracciolo, Marco (2022): *Slow Narrative and Nonhuman Materialities.* Lincoln: University of Nebraska Press.

des Rätsels[26] eigene Dynamik von Verbergen und Aufdecken, Transparenz und Intransparenz ist, so die im Folgenden vertretene These, auch für die Plotstruktur und die zentralen Figurenkonstellationen von Bedeutung.[27] In dem Maße, wie der Roman den Leser:innen einen Teil der Handlung vorenthält, macht er die Zuschreibung von *Agency* zum Thema: Wer sind die Subjekte dieser Geschichte der Zukunft? Ausgehend von einer Auseinandersetzung mit den genannten kleinen Formen soll das Konzept einer *Future History* skizziert werden, die eingreift, indem sie im Vorgriff auf die Geschichte der Zukunft die Gegenwart adressiert.

2. Geschichte(n) der Zukunft

Der marxistische Literaturtheoretiker Fredric Jameson hat in seinem 2013 erschienenen Buch *The Antinomies of Realism*, das Kim Stanley Robinson gewidmet ist, von einem ›wahren historischen Roman‹ der Jetztzeit gefordert, die zukünftige Geschichte des Planeten zu erzählen.[28] Dass ein historischer Roman, zumal ein historischer Roman der Zukunft, heutzutage vor einigen Darstellungsproblemen steht, hat Jameson im Abschlusskapitel allerdings ebenfalls angemerkt.[29] Wenn nun aber die »grand narratives of decisive events and genuine historical change« bereits in der Historiographie wie im historischen Roman an Glaubwürdigkeit verloren haben,[30] wie kann dann die literarische Darstellung eines neu beginnenden Erdzeitalters, vielmehr noch: eines ›guten Anthropozäns‹, gelingen? Wie können die unterschiedlichen Skalierungen menschlicher Geschichte und geologischer Epochen in einem meistenteils recht konventionell erzählten Roman in Beziehung gesetzt werden?

---

26 Das Rätsel darf aufgrund seiner Zeitökonomie als kleine Form gelten: Vgl. allgemein zum Rätsel: Jolles, André (1925): Rätsel und Mythos, in: *Germanica. Eduard Sievers zum 75. Geburtstage.* Mit zwei Lichtdrucken und 23 Abbildungen. Halle a.d.S., S. 632–645; Jolles, André (1968): *Einfache Formen. Legende, Sage, Mythe, Rätsel, Spruch, Kasus, Memorabile, Märchen, Witz.* Tübingen: Niemeyer. Gamper, Michael (2017): Rätsel kurz erzählen. Der Fall Kleist. In: Ders./Mayer, Ruth (Hgg.): *Kurz & Knapp. Zur Mediengeschichte kleiner Formen vom 17. Jahrhundert bis zur Gegenwart.* Bielefeld: transcript, S. 91–117. Düwell, Susanne (2018): Rätsel. In: Dies./Bartl, Andrea/Hamann, Christof/Ruf, Oliver (Hgg.): *Handbuch Kriminalliteratur. Theorien – Geschichte – Medien.* Stuttgart: Metzler, S. 189–196. Gamper, Michael (2021): Rätsel der Prosa. In: Dell'Anno, Sina/Imboden, Achim/Simon, Ralf et. al. (Hgg.): *Prosa: Theorie, Exegese, Geschichte.* Berlin: De Gruyter, S. 69–106.

27 Diese Dynamik ist dabei wesentlich bedeutender als die Suche nach einer Antwort auf die Rätsel; eine »Rätselspannung« (Düwell: Rätsel, S. 191) kommt in vielen der Texte auch darum nicht auf, weil die verrätselten Dinge am Ende der kurzen Kapitel selbst die Auflösung liefern.

28 Vgl. Jameson, Fredric (2013): *The Antinomies of Realism.* London, S. 306.

29 Vgl. Jameson: *The Antinomies,* S. 263.

30 Jameson: *The Antinomies,* S. 263.

In *The Ministry for the Future* wird eine zukünftige Weltgeschichte in 106 kurzen Kapiteln erzählt, die eine Vielzahl an gegenwärtigen Tendenzen aufgreifen. Diesen Modus hat Robinson im Anschluss an Roger Luckhurst als ›proleptischen Realismus‹[31] bezeichnet – »a way of exaggerating certain features of the present by pushing on them and emphasising them«.[32] Ein solcher literarischer Vorgriff in die Zukunft, der als Eingriff in die Gegenwart fungieren soll, zeichnet sich durch deskriptive und prospektive Momente aus. In Robinsons Roman wird das neue Erdzeitalter nicht zuletzt durch illegale und gewaltsame (Terror-)Aktionen verschiedener Gruppierungen vorangetrieben, durch einen an vielen Fronten und hybrid geführten ›Krieg um die Erde‹.[33] Aus Sicht des Autors ist das insofern heikel, als eine *Future History*, indem sie zukünftige Entwicklungen extrapoliert, auch eine präskriptive Dimension annehmen kann.[34] In diesem Sinne beschreibt *The Ministry for the Future* nicht nur, was sein könnte, also ein mögliches Szenario der kommenden 30 Jahre einschließlich Unwetterkatastrophen und Ökoterrorismus, sondern stellt den Beginn einer als wünschenswert deklarierten Entwicklung dar: »the birth of a good Anthropocene«.[35] Zwar findet der Begriff eines ›guten Antrophozäns‹ in technik- und fortschrittsoptimistischen Kontexten bereits Verwendung,[36] was aber ›gut‹ heißt, für wen und in welchem zeitlichen Horizont, ist keineswegs gesetzt. Robinsons Roman problematisiert diese Fragen über das Mandat, das dem fiktiven UN-Ministerium bei seiner Gründung gegeben wird:

> [...] to advocate for the world's future generations of citizens, whose rights, as defined in the Universal Declaration of Human Rights, are as valid as our own. This new Subsidiary Body is furthermore charged with defending all living creatures present and

---

31 Vgl. Luckhurst: The Politics, insbes. S. 170–172.

32 So Robinson selbst in einem Interview mit Dreesen, Daniel Flendt (o.J.): Kim Stanley Robinson on the power of climate fiction. In: *IMAGINE*[5]. https://imagine5.com/interview/kim-stanley-robinson-on-the-power-of-climate-fiction/. 10.01.2024.

33 Vgl. Robinson: *The Ministry*, S. 229.

34 Kurz nach der Veröffentlichung von *The Ministry for the Future* erklärte Robinson in einem Interview: »I don't advocate political violence, in my person or in my work. I say the laws should change. [...] But I tend to set my novels in imagined futures, and when I try to imagine this coming century, it seems likely to me that some violent things are going to happen.« Vgl. Hamner: An Interview.

35 Robinson: *The Ministry*, S. 475.

36 Vgl. bspw. die Verwendung im »Ecomodernist Manifesto« (*Ein Ökomodernes Manifest* (2015). http://www.ecomodernism.org/deutsch. 23.01.2024) einer internationalen Gruppe, von denen mehrere Personen mit dem industrienahen US Breakthrough Institute in Beziehung stehen. Vgl. dazu Dürbeck: Narratives of the Anthropocene, S. 280 und Horn/Bergthaller: *The Anthropocene*, S. 30.

future who cannot speak for themselves, by promoting their legal standing and physical protection.[37]

Robinson greift damit aktuelle Debatten zu den Rechten der Natur sowie zu den Rechten zukünftiger Generationen auf.[38] Ausgehend davon wirft der Roman die schwierige Frage auf, welche Mittel gerechtfertigt sein könnten, wenn es um die Anerkennung und Verteidigung dieser Rechte geht. Das titelgebende UN-Ministerium erstreitet eine Durchsetzung dieser Rechte allerdings nicht vornehmlich auf juristischem Wege, sondern entwickelt und unterstützt viele verschiedene Lösungen, die zu einer Transformation des globalen *Status quo* beitragen sollen. *The Ministry for the Future* ist reich an konkreten Vorschlägen im Bereich der Ökonomie, der digitalen Medien, der politischen (Selbst-)Verwaltung sowie der Ökologie und des *Climate*- wie *Geoengineering.* Diese Ideen werden in Episoden ausgeführt, die an sehr verschiedenen Orten spielen, wobei nicht immer klar ist, ob und inwiefern das UN-Ministerium involviert ist.

Der Aufbau des Buches, insbesondere die Aufteilung in viele, tendenziell kurze Kapitel, erlaubt eine Dezentralisierung des Geschehens. Eine Vielzahl an verschiedenen Figuren und Orten der Handlung tauchen nur in einem einzigen Kapitel auf. Diese Kapitel sind teils autodiegetisch erzählt und sollen Robinsons Geschichte der Zukunft »wie eine gelebte Erfahrung« erscheinen lassen.[39] Die Form des Augenzeugenberichts[40] vermittelt einen Eindruck, wie verschiedene Subjekte die teils einschneidenen Ereignisse erlebt haben. Dieser spekulative Modus hat eine besondere temporale Struktur: Wie wäre es in dieser Zukunft gelebt und dieses zukünftige Ereignis erlebt zu haben? Die Ereignisse sind, im Rückblick erzählt, zugleich persönliche Geschichten wie allgemeine Geschichte. Wo die Person als Teil einer Gruppe spricht, ist der Augenzeugenbericht auch die Form, mit deren Hilfe Robinson in *The Ministry for the Future* diverse Kollektive zu repräsentieren sucht, die schon Jameson als wichtigen Bestandteil eines historischen Romans erachtete.[41]

---

37 Robinson: *The Ministry,* S.16.

38 Vgl. Wesche, Tilo (2023): *Die Rechte der Natur.* Berlin: Suhrkamp, der auch internationale Beispiele diskutiert; vgl. zu den Rechten zukünftiger Generationen im deutschprachigen Raum das Urteil des Bundesverfassungsgerichts zur »intertemporalen Freiheitssicherung«: Bundesverfassungsgericht (2021): Verfassungsbeschwerden gegen das Klimaschutzgesetz teilweise erfolgreich. Pressemitteilung Nr. 31/2021, 29. April. https://www.bundesverfassungsgericht.de/SharedDocs/Pressemitteilungen/DE/2021/bvg21–031.html. 10.01.2024.

39 So in einem Interview in der *TAZ* (2021): »Es wird Leid geben und Gewalt.« Ein Gespräch mit dem Science-Fiction-Autor Kim Stanley Robinson. https://taz.de/Autor-ueber-die-Klimakrise-in-Romanen/!5815427/. 10.01.2024.

40 Vgl. Robinsons Äußerungen zu dieser Form in Hamner: An Interview.

41 Vgl. Jameson: *The Antinomies,* S. 267.

Der Roman erscheint aus zwei Gründen dennoch nicht als eine lose Aneinanderreihung von verschiedenen Perspektiven und stilistisch bzw. formal heterogenen Kurzkapiteln. Denn zum einen erlaubt gerade die Aufteilung in viele kurze Kapitel ein Spiel mit Verweisen und Allusionen, teilweise auch mit Redundanzen, und gestattet eine variable Vernetzung der Kapitel und Themen. Zum anderen werden schon zu Beginn drei Hauptfiguren eingeführt, deren Kapitel heterodiegetisch erzählt sind: die Leiterin des fiktionalen UN-Ministeriums, Mary Murphy, ihr Stellvertreter Badim Bahur und der in Indien durch das Extremwetter-Ereignis traumatisierte Frank May, der Mary entführt, um das Ministerium zu entschiedeneren Maßnahmen zu zwingen. Während die bürokratische Mary Murphy mit Politik und Wirtschaft verhandelt, unterstützt der unbürokratische Stellvertreter Badim Bahadur – zunächst auch ohne Marys Wissen und Zustimmung[42] – klandestine und nicht legale Operationen mit Hilfe einer geheimen Abteilung des Ministeriums. Die Leser:innen sind in dieses Spiel mit dem (Nicht-) Wissen eingebunden, denn ein Teil der eigentlich zentralen Handlung des Romans bleibt im Verborgenen, jedenfalls soweit das fiktive UN-Ministerium über jenen »black wing«[43] in die gewaltsame Veränderung des globalen *Status quo* verwickelt ist. Neben dem »black wing« des UN-Ministeriums gibt es eine weitere Gruppe, die sich nach einer indischen Gottheit »the Children of Kali« benannt hat. »Kali sees all«[44] – dieses Phantasma impliziert zugleich göttliche Allwissenheit und geheimdienstliche Überwachung,[45] sodass die orchestrierte Rache an den als schuldig angesehenen Akteuren als göttliche Strafe wie als großes Komplott erscheint.[46] »Kali was nowhere; Kali was everywhere.«[47] Die Vermutung einer globalen Verschwörung spielt jedoch intradiegetisch keine große Rolle, auch weil es keine Figur oder Gruppe gibt, die ein solches aufzudecken versuchte. Obgleich der Text immer wieder Andeutungen liefert, iniitiert der Roman keine Indizien- und Spurensuche. Bestätigt wird die Beteiligung des Ministeriums an illegalen und gewalttätigen Aktionen, als Badim sich in einem Kapitel im letzten Drittel des Buches als Unterstützer der Gruppe offenbart: »I am Kali.«[48] Im

---

42 Erst nach ihrer Entführung durch Frank ist Mary bereit, die bürokratischen Grenzen ihres Ministeriums zu überschreiten und die geheimen Operationen von Badims »black wing« zu unterstützen, sie wird aber zum Schutz des Ministeriums nicht über die Aktionen in Kenntnis gesetzt.

43 Robinson: *The Ministry*, S. 109.

44 Robinson: *The Ministry*, S. 138.

45 Vgl. Robinson: *The Ministry*, S. 135.

46 Vgl. zur Beziehung von »Allwissenheit, die als All-Informiertheit gelesen werden kann«, und »Allmacht [...], die sich als unbeschränkter technischer Kalkül darstellt«, im »universalen Komplott[]« Link, Jürgen (1994): Geburt des Komplotts aus dem Geiste des Interaktionismus. Zur Genealogie von Verschwörungsgeschichten in der Literatur der Goethezeit (besonders bei Schiller). In: *KultuRRevolution* 29 (März), S. 7–16, hier: S. 13.

47 Robinson: *The Ministry*, S. 230.

48 Robinson: *The Ministry*, S. 392.

Detail bleibt den Leser:innen indessen weiterhin verborgen, welche Aktionen Badims Abteilung unterstützt hat. Dahingehend teilen die Leser:innen eher die Unwissenheit Marys, die am Ende des Buches gewissermaßen als Kehrseite der Geheimnisse Badims erscheint.

> She [d.i. Mary; EA] had heard things recently, not to her face but around the internet, rumors to the effect that the Ministry for the Future had been thousands strong and had waged a savage war against the carbon oligarchy, murdering hundreds and tipping the balance of history in a new direction. Bollocks, no doubt, but people dearly loved such stories. The idea that it all happened in the light of day was too frightening, history being as obviously out of control as it was – better to have secret plots ordering things, in a realm without witnesses. Not that she completely disbelieved this particular tale.[49]

Mary kritisiert die Neigung zu Verschwörungserzählungen,[50] die eine Vielzahl an unzusammenhängenden und nicht koordinierten Ereignissen in ein kohärentes Narrativ überführen, sodass die Geschichte (auch im Sinne des Kollektivsingulars) als Resultat eines strategischen Kalküls, einer detektierbaren Intention erscheint. Dies lässt sich auch als selbstreferentieller Kommentar zum Konstruktionsprinzip des Romans lesen, der die Frage nach der Macht einzelner Figuren oder Gruppierungen im Hinblick auf globale Entwicklungen nicht letztgültig beantwortet, sondern vornehmlich mit Anspielungen arbeitet, zumal wenn es um die Aktionen des »black wing« geht. Auf der einen Seite könnte es so scheinen, als wären die drei genannten Figuren nahezu in alle entscheidenden Ereignisse im Buch verwickelt, die jenen Anbruch eines neuen Zeitalters markieren. Auf der anderen Seite nutzt der Roman die Form des Augenzeugenberichts um »decisive events«[51] zu dezentralisieren, indem ihre Bedeutung für die Lebensgeschichte vieler verschiedener Individuen und Gruppen hervorgehoben wird.[52] Ohne solche Kollektive, die Geschichte bewegen und von der Geschichte bewegt werden, so hatte Jameson in *The Antinomies of Realism* bemerkt, erscheine diese als ›bloße Verschwörung‹.[53] Jameson signalisiert mit dem starken Begriff der »conspiracy« wohl auch, dass historische Romane – implizit oder explizit – Erklärungen für eine geschichtliche Entwicklung bereitstellen und im Zuge dessen einzelne Akteure oder

49 Robinson: *The Ministry*, S. 546.

50 Vgl. zu einer Diskussion der Charakteristika und medialen Dimensionen von Verschwörungsnarrativen Dinçkal, Noyan/Kuhn, Bärbel/Weipert, Matthias (2023): Verschwörung Denken. Theorien, Wissen, Medien. In: *Zeitschrift für Kulturwissenschaften* 1/2023, S. 9–16.

51 Vgl. Jameson: *The Antinomies*, S. 263.

52 Über Augenzeugenberichte wird z.B. die lokal begrenzte Umsetzung alternativer Ökonomien und alternativer Ansätze zur (Selbst-)Verwaltung und ihrer Bedeutung für das Lebensgefühl einzelner Personen vorgeführt. Vgl. etwa Robinson: *The Ministry*, Kapitel 55.

53 Vgl. Jameson: *The Antinomies*, S. 267.

Akteursgruppen privilegieren können, die den Verlauf von Geschichte gewissermaßen hinter den Kulissen zu lenken scheinen. Die Zentralisierung und Bündelung von Handlungsmacht über die UN-Institution und damit in Beziehung stehendende Protagonist:innen auf der einen Seite, wie die Dezentralisierung und Verteilung von *Agency* über die Augenzeugenberichte auf der anderen Seite bedeutet für die Narrativierung dieses ›guten Anthropozäns‹, dass einfache kausale Erklärungen für diesen spekulativen Geschichtsverlauf kaum greifen oder verkompliziert werden müssen. Dass der Roman eine globale Verschwörung, in die die »Children of Kali« ebenso wie der »black wing« des UN-Ministeriums verstrickt sind, andeutet, erscheint dennoch bemerkenswert, ist dieses Motiv doch bislang prominent in Romanen genutzt worden, die Skepsis gegenüber den anthropogenen Ursachen des Klimawandels schüren. Wie sich im Hinblick auf Michael Crichtons Thriller *State of Fear*[54] andeuten lässt, kann dabei auch das populäre Bild jener Wissenschaften auf dem Spiel stehen, die mit ihren Prognosen und Modellen Szenarien der Zukunft entwerfen.

3. Ein Wörterbucheintrag: Ideologie und Wissenschaft

Als Science-Fiction-Autor hat Robinson die Unsicherheit von Spekulationen über die nahe, ferne und äußert ferne Zukunft reflektiert. »Science Fiction is the history that we cannot know, the future history and the alternative history.«[55] Wenn Robinsons Geschichte der nahen Zukunft die Unmöglichkeit eines sicheren Wissens von der Zukunft thematisiert, kommt sie nicht umhin die Rolle verschiedener Wissenschaften und Wissensfelder zu reflektieren. Dass solche impliziten oder expliziten Stellungnahmen zum Status von wissenschaftlichen Erkenntnissen ein kritisches Moment von Anthropozän-Romanen sein können, hat Adam Trexler anhand von Michael Crichtons Thriller *State of Fear* gezeigt.[56] Crichtons 2004 erschienener Roman handelt von einer Verschwörung von Ökoterroristen, die die öffentliche Meinung manipulieren wollen, indem sie extreme künstliche Klimakrisen-Ereignisse initiieren. Im Roman sowie in den Paratexten stellt Crichton die Vorstellung einer unpolitischen, objektiven Wissenschaft einer aus seiner Sicht politisierten Wissenschaft wie der Klimatologie ge-

---

54 Crichton, Michael (2004): *State of Fear.* A Novel. New York: Harper Collins Publishers.

55 Foote, Irving F. (2009): A Conversation with Kim Stanley Robinson. In: Burling, William J. (Hg.): *Kim Stanley Robinson*, S. 277–291, hier S. 278.

56 Vgl. das Kapitel »Truth: Science, Culture and Construction« in Trexler: *Anthropocene Fictions*, S. 29–74, und zu Crichtons Roman insbesondere S. 35–46. Dem genannten Kapitel liegt die in der Wissenschaftsgeschichte und den Science and Technology Studies geführte Debatte um »scientific realism« und »social constructivism« zugrunde, und mithin die Frage, ob und wie die Produktion von wissenschaftlichen Erkenntnissen durch den historischen Kontext und soziale Faktoren mitbestimmt wird.

genüber.[57] Diese sei auch darum anfällig für tendenziöse Momente, weil sie auf Modelle und Simulationen angewiesen ist: »The computer models vary by 400 percent, de facto proof that nobody knows«, heißt es in Crichtons »Author's message« am Ende des Buches. Crichton überzeichnet hier eine grundsätzliche Problematik. Er greift die Frage auf, wie ausgehend von einem stark variierenden Spektrum an Berechnungen handlungsanleitende Aussagen über die Zukunft getroffen werden können.[58] So unterminiert er die Geltung aktueller Prognosen und verstärkt die Ungewissheit, was man gegenwärtig über die zukünftige globale Erderwärmung aussagen kann.[59] »We can't ›assess‹ the future, nor can we ›predict‹ it. These are euphemisms. We can only guess. An informed guess is just a guess.«[60] Die Überzeugungskraft seiner Rhetorik der Verunsicherung beruht dabei auch auch auf der behaupteten eigenen Überparteilichkeit.[61] Robinson hingegen nimmt in *The Ministry for the Future* über Theorie-Referenzen eine politische Standortbestimmung vor. Auch er thematisiert statistische Verfahren und Modellierungen, mit deren Hilfe in gesellschaftlichen Teilbereichen wie der Wissenschaft und Wirtschaft Prognosen erstellt werden, wobei sein Roman prognostische Modelle eher der Ökonomie als der Klimatologie verhandelt.

In einer Schlüsselszene des Buches entführt der durch das Extremwetterereignis traumatisierte Frank nach einigen gescheiterten Versuchen, sich solchen Gruppen wie

---

57 Der Roman hat mehrere Anhänge. Eine »Author's Message« (Crichton: *State of Fear*, S. 569–573), einen Appendix mit der Überschrift »Why politicized science is dangerous« (S. 575–580) sowie einen zweiten Appendix »Sources of Data for Graphs« (S. 581–582) und eine Bibliographie (S. 583–603). Vor allem die ausführliche Bibliographie soll bestimmte Positionen, die im Buch vertreten werden, als wissenschaftlich fundiert erscheinen lassen.

58 Willer, Stefan (2012): Vom Nicht-Wissen der Zukunft. Prognostik und Literatur um 1800 und um 1900. In: Bies, Michael/Gamper, Michael (Hgg.): *Literatur und Nicht-Wissen. Historische Konstellationen in Literatur und Wissenschaft, 1750–1930.* Zürich: diaphanes, S. 171–196, hier: S. 195.

59 Vgl. zur Frage der Geltung auch Willer: Vom Nicht-Wissen der Zukunft, S. 176f.

60 Crichton: *State of Fear*, S. 570.

61 Über sich selbst sagt Crichton am Ende seiner ›Botschaft‹: »Everyone has an agenda. Except me.« Crichton: *State of Fear*, S. 573. Der Bestseller-Autor wurde nach der Publikation des Romans von konservativen Politikern in den US-amerikanischen Kongreß eingeladen, um dort als scheinbar überparteilicher ›Experte‹ über die Beziehung von Wissenschaft und Politik im Hinblick auf den Klimawandel zu berichten. Dass eine solche Verunsicherung der Öffentlichkeit etwa durch die Inszenierung von vermeintlichen Kontroversen gezielt betrieben wird, hat auch Latour bemerkt: »In which case the danger would no longer be coming from an excessive confidence in ideological arguments posturing as matters of fact – as we have learned to combat so efficiently in the past – but from an excessive distrust of good matters of fact disguised as bad ideological biases!« Bruno Latour (2004): Why Has Critique Run out of Steam? From Matters of Fact to Matters of Concern. In: *Critical Inquiry* 30, S. 225–248, hier S. 227. Vgl. konkret zu Crichtons Roman aus der Perspektive der Science and Technology Studies: Radin, Joanne (2019): Alternative Facts and States of Fear: Reality and STS in an Age of Climate Fiction. In: *Minerva* 57, No. 4, S. 411–431.

den »Children of Kali« anzuschließen, Mary, um Einfluss auf die Arbeit des UN-Ministeriums zu nehmen. Er fragt sie provokativ:

> »So,« he said, »what do you and your ministry know about the future, then.«
>
> »We can only model scenarios,« she said. »We track what has happened, and graph trajectories in things we can measure, and then we postulate that the things we can measure will either stay the same, or grow, or shrink.«[62]

Die Tatsache, dass es kein positives Wissen über die Zukunft geben kann, wird in dieser extremen Kommunikationssituation zu einer heiklen Verhandlung der Grenze von unvermeidlichem Nicht-Wissen-Können und eskapistischem Nicht-Wissen-Wollen. Dass der Beginn eines ›guten Anthropozäns‹ ein mögliches, aber keines der wahrscheinlicheren Szenarien darstellt, selbst wenn man nur die im Buch erreichte CO2-Reduktion anhand der *Keeling Curve* berücksichtigt, wird in dieser Schlüsselszene des Romans gewissermaßen selbstreflexiv bemerkt. Der Entführer Frank setzt Mary weiter unter Druck und wirft ihr als Leiterin des UN-Ministeriums schließlich sogar vor, die Öffentlichkeit zu täuschen, indem sie vorgebe, nicht zu wissen, welche zukünftigen Szenarien wahrscheinlich seien, was sie sich insgeheim auch eingesteht. »Scenarios with good results, in which they managed to avoid more incidents of mass deaths, were in fact extremely rare.«[63] Diese Einschätzung wird auch am Ende des Buches wiederholt, als Mary das 58. COP-Treffen besucht und die abfallende *Keeling Curve* betrachtet sowie weitere statistische Diagramme, die positive globale Trends veranschaulichen.[64] Auch wenn die ›guten‹ Szenarios und Progonosen zu Beginn des Buches als unwahrscheinlich einzustufen waren, zeigten sie durchaus mögliche und mit Blick auf das UN-Mandat auch wünschenswerte zukünftige Entwicklungen. In diesem Kontext erscheinen die involvierten Wissenschaften geradezu überhöht, da wissenschaftliche Konferenzen als »utopian gatherings« und »spaces of hope« bezeichnet werden.[65] Welche Positionen spielt der Roman nun aber in Hinsicht auf das Verhältnis von Wissenschaft und Politik durch?[66]

Als einschlägiges Kapitel in dieser Frage erscheint ein fiktiver Wörterbucheintrag zum Lemma ›Ideologie‹, der eine Unterscheidung von Ideologie und Wissenschaft nivelliert.[67] Mit Blick auf Crichton könnte das als intertextuelle Provokation verstanden

62 Robinson: *The Ministry*, S. 95–96.

63 Robinson: *The Ministry*, S. 96.

64 Robinson: *The Ministry*, S. 475–476.

65 Robinson: *The Ministry*, S. 476.

66 Vgl. zum Verhältnis von Wissenschaft und Politik ausführlicher Robinsons Trilogie *Science in the Capitol*.

67 Vgl. Robinson: *The Ministry*, S. 42 (Kapitel 11).

werden, denn wie Crichton verhandelt Robinson die umfassendere Frage, unter welchen Bedingungen kollektives und individuelles Wissen entsteht und wie es handlungsanleitend werden kann.[68] Robinson wählt mit dem Wörterbucheintrag eine nichtfiktionale Textsorte, die den Leser:innen lebensweltlich vertraut ist und für gewöhnlich unpersönliches, gesichertes und fixiertes Wissen – ›exoterisches Wissen‹ im Sinne des Wissenschaftshistorikers Fleck[69] – präsentiert. Das Kapitel provoziert durch Abweichungen von den erwartbaren Konventionen der allgemein bekannten Textsorte auch die Leser:innen. Ein Wörterbucheintrag zum Lemma ›Ideologie‹ ließe eigentlich eine neutrale Definition erwarten, Robinson geht aber den entgegengesetzen Weg: »Ideology, n. An imaginary relationship to a real situation. In common usage, what the other person has, especially when systematically distorting the facts.«[70] Die kurze Definition des Begriffs ist nämlich ein verkürztes und vereinfachendes Zitat aus Louis Althussers *Lenin and Philosophy:* »Ideology Is a ›Representation‹ of the Imaginary Relationship of Individuals to Their Real Conditions of Existence.«[71] Robinson nimmt diese Allusion indes nicht zum Anlass, eine Althusser-Exegese vorzunehmen, vielmehr markiert er damit den theoretischen Standpunkt des vermeintlichen Wörterbucheintrags: den einer marxistisch orientierten Literatur- und Kulturtheorie. Ideologie, so erklärt der Text, sei in der geläufigen Verwendungsweise ein Kampfbegriff, der eine Abwertung voraussetzt, sofern eine Ideologie stets den Anderen zugeschrieben werde. Dieser Begriff von Ideologie im Sinne eines falschen Bewusstseins von realen Gegebenheiten hängt eng mit der Vorstellung einer ideologiekritischen Entlarvung zusammen.[72] Im weiteren Verlauf des kurzen Textes appropiiert ein nicht näher bestimmtes ›wir‹ – das ebenfalls die der Textsorte zuwider laufende Standortgebundenheit signalisiert – den Begriff der Ideologie jedoch in anderer Richtung: Die ›Realität‹ sei ›zu groß‹, um sie als Individuum vollständig erfassen zu können. Wir alle stellten daher notwendigerweise ein Verständnis der ›realen Situation‹ immer durch einen ›Akt der Imagination‹ her.[73] Damit umfasst die Frage nach einer ›Ideologie‹ sowohl die kognitiven Voraussetzungen des individuellen In-der-Welt-Seins und Handelns als auch kollektive Institutionen

---

68 In *The Ministry for the Future* finden sich u.a. viele verstreute Bemerkungen zu »cognitive errors«, d.h. Erklärungen zu kognitiven Verzerrungen, die das Denken, Urteilen und Erinnern beinflussen.

69 Vgl. Fleck, Ludwik (2017): *Entstehung und Entwicklung einer wissenschaftlichen Tatsache. Einführung in die Lehre vom Denkstil und Denkkollektiv.* Mit einer Einleitung hg.v. Lothar Schäfer und Thomas Schnelle. 11. Aufl. Frankfurt a.M.: Suhrkamp, S. 164.

70 Robinson: *The Ministry,* S. 42.

71 Althusser, Louis (2001): *Lenin and Philosophy and Other Essays.* New York: Monthly Review Press, S. 109.

72 Vgl. dazu Schmieder, Falko (2022): Thesen und Fragen zur Historizität und Aktualität der Ideologiekritik. In: *IASL* 47, H. 1: Themenschwerpunkt Literatur und Ideologie, hg.v. Schildmann, Mareike/Breyer, Till, S. 61–78.

73 Vgl. Robinson: *The Ministry,* S. 42.

und Denksysteme wie Religion, Philosophie sowie die Wissenschaft. In Robinsons ›Wörterbucheintrag‹ ist der Wissenschaft zugleich ein Sonderstatus unter solchen Ideologien zugeschrieben, insofern sie ihre Hypothesen laufend überprüft und zwar durch ein »perpetual cross-checking with reality tests of all kinds«.[74]

Während Crichton in seinem Roman *State of Fear* Verunsicherung im Hinblick auf die Produktion und Verbreitung von wissenschaftlichen Erkenntnissen schürt, spielt Robinson mit einer Textsorte, die eigentlich gesichertes Wissen präsentiert, und legt die Standortgebundenheit des Kapitels offen. Wissenschaftliches Wissen stellt entsprechend der vorgelegten Ideologiedefinition ebenfalls ein imaginäres Verhältnis zu einer nicht vollends erschließbaren Wirklichkeit dar, wird aber durch eine Kopplung der Theorie an die Praxis (und damit auch durch seine Verzeitlichung und Falsifizierbarkeit) privilegiert. Diese Kopplung wird am Ende des Kapitels im Jargon der Wissenschaft, genauer: der Mathematik, auch gleich performativ vollzogen, indem die Ausführung und mithin der Beweis der formulierten Thesen an die Leser:innen übergeben wird: »What one would hope for in an ideology is clarity and explanatory breadth, and power. We leave the proof of this as an exercise for the reader.«[75] Damit ist einerseits eingestanden, dass ein Beweis noch nicht erbracht ist und es Mühe und Zeit kosten könnte, ihn zu erbringen. Andererseits wird die Sprecherinstanz als eine Autorität inszeniert, die wie bei einem Übungsbuch für angehende Wissenschaftler:innen garantiert, dass der Beweis erbracht und die Ergebnisse reproduziert werden können. Die (logischen) Beweise der Mathematik sind zwar nicht eigentlich die Art von praktischer Übung, zu der hier aufgefordert wird, eine Aufforderung zum reflektierten Handeln stellt dieser pointierte Schluss nichtdestotrotz dar.

Ideologien, so erläutert das kurze Kapitel und so wird auch in anderen Passagen des Buches ausgeführt, sind immer und überall in Anwendung. Auch und gerade in der Wirtschaftslehre, die, soweit sie die eigenen Vorannahmen und Wertsetzungen, die ihren imaginären Bezug zur Wirklichkeit bestimmen, bei der Erklärung makroökonomischer Entwicklungen nicht reflektiert, mit der Astrologie oder mit spekulativer Fiktion verglichen wird.[76] »We have never been rational«, heißt es an einer Stelle, wiederum mit gewissem Witz, weil hier *en passant* ein bekannter Buchtitel Bruno Latours verballhornt wird.[77] Sobald es in *The Ministry for the Future* um den strategischen Eingriff in Wirtschaft und Politik geht, privilegieren das Team des UN-Ministeriums die Einflussnahme auf Personen und ihre Ideologien. Zwar werden auch Ansätze diskutiert, die z.B. bei den Algorithmen, die wirtschaftliche Prozesse beeinflussen, ansetzen könnten, diese werden aber von dominanten Figuren im Buch mitsamt der

---

74 Robinson: *The Ministry*, S. 42.

75 Robinson: *The Ministry*, S. 42.

76 Vgl. Robinson: *The Ministry*, S. 343–344.

77 Robinson: *The Ministry*, S. 88.

zugleich präsentierten Latour'schen Akteur-Netzwerk-Theorie (ANT) verworfen. Als Akteure werden solche Instanzen angesehen, die ihr Verhalten bewusst ändern können – oder zu einer Änderung des Verhaltens durch Anreize oder durch Bedrohung zu motivieren sind.[78] Robinsons verballhorntes Latour-Zitat lässt sich übrigens wiederum als theoretische Standortbestimmung lesen. Da die Frage, wer die »actors with agency«[79] sind, für den in den *humanities* geführten Diskurs zum Anthropozän äußerst relevant ist, soll abschließend ein Kapitel betrachtet werden, in dem ein personifiziertes Ding bzw. ein nichtmenschliches Ich spricht: Gaia. Die dafür gewählte und adaptierte Form des Rätsels hat wie der Wörterbucheintrag mehrere Funktionen. Das Kapitel hat ein didaktisches Moment, es erlaubt eine thematische Vernetzung innerhalb des Romans und wie im Wörterbucheintrag werden die Leser:innen unmittelbar adressiert.

4. Ein Rätsel: planetarische Gemeinschaft

In mehreren Interviews hat Robinson erklärt, dass er für *The Ministry for the Future* verschiedene Formen und Stile adaptiert habe, darunter die sogenannten It-Narratives, die ab der zweiten Hälfte des 18. Jahrhunderts im kolonialen British Empire in Mode kamen und die die Zirkulation von Dingen und nichtmenschlichen Lebewesen innerhalb verschiedener sozialer Räume darstellten,[80] Italo Calvinos *Cosmicomics* aus den 1960er Jahren sowie das mittelalterliche angelsächsische Rätsel.[81] In allen acht Kapiteln des Romans, in denen Robinson mit Blick auf die genannten Beispiele formale Experimente unternimmt, spricht ein personifiziertes Ding bzw. ein nichtmenschliches Ich: die Sonne, die Erde, ein Photon, ein Kohlenstoffmolekül, Herdentiere ebenso wie ein Verschlüsselungscode, die globale Marktwirtschaft und die Geschichte (im Sinne des Kollektivsingulars). Die Personifikation hat zwar als allegorisches Verfahren eine lange Tradition, sprechende nichtmenschliche Entitäten finden sich z.B. in didaktischen Gattungen wie der Fabel oder in der Kinderliteratur. Welchen Status und welche Funktion haben diese Kapitel aber in einem Roman, der als Geschichte der Zukunft zumindest in einigen Hinsichten so angelegt ist, dass die Leser:innen eine große Ähnlichkeit der erzählten und ihrer alltäglichen Welt erkennen sollen? Robinson hat die nichtmenschlichen Entitäten personifiziert und somit stark anthropomorphisiert. Vor dem Hintergrund aktueller Theorie-Debatten zur *Agency* nichtmenschlicher En-

78 Robinson: *The Ministry*, S. 60.

79 Robinson: *The Ministry*, S. 60.

80 Vgl. Liz Bellamy (2007): It-Narrators and Circulation. Defining a Subgenre. In: Blackwell, Mark (Hg.): *The Secret Life of Things. Animals, Objects, and It-Narratives in Eighteenth Century England.* Lewisburg: Bucknell University Press, S. 117–133.

81 Vgl. Hamner: An Interview sowie das Interview in der *TAZ:* »Es wird Leid geben und Gewalt«.

titäten könnte das den Eindruck erwecken, Robinson sei hier entweder recht naiv oder karikiere womöglich solche Forderungen, wie die Timothy Mortons: »We could at least allow other entities, sentient and non-sentient, to talk to us.«[82] Robinson nutzt die Personifikation nichtmenschlicher Entitäten in seinem Roman nämlich, um die Leser:innen unmittelbar zu adressieren.

Vor allem anhand der kürzeren unter diesen 8 Kapiteln lässt sich zeigen, dass die Adaption der formalen Eigenheiten des angelsächsischen Rätsels diese direkte Adressierung ermöglicht. Das angelsächsische Rätsel lässt sich mit Michael Gamper als kleine, im weiteren Sinne dialogische Form bezeichnen,[83] zumal dann, wenn eine direkte Ansprache derjenigen, die das Rätsel lösen sollen, erfolgt: »Now you have my name,/ as those six letters clearly betoken.«[84] Um die Kommunikationssituation, die die Form eines Rätsel erzeugt, von anderen Frage-Antwort-Situationen zu unterscheiden, wurde auf die besondere »Appellstruktur« des Rätsels hingewiesen,[85] die auch ein Moment des Zwanges zur Antwort haben kann.[86] Die soziale Dimension des Rätsels impliziert also ein Wissens- als Machtgefälle, das historisch betrachtet sogar existenzielle Dimensionen annehmen konnte.[87] Die mehr oder weniger spielerische »Inszenierung von vorenthaltendem Wissen« involviere im Fall des Rätsels stets ein »Lösungsversprechen«.[88] Weil sich im angelsächsischen Rätsel die Dinge gleichsam selbst verrätseln, ist ihnen in der jüngeren ökokritischen Forschung aufgrund dieser scheinbaren Widerständigkeit und Unzugänglichkeit *Agency* zugeschrieben worden.[89] Ein meist unbelebtes, aber in jedem Fall ein nicht mit Sprache ausgestattetes Ding, Tier oder Abstraktum spricht über sich, wobei die Beschaffenheit des Dinges meist über Körper-Metaphern verrätselt wird, oft finden sich ebenso verrätselte Hinweise auf seine Herkunft, seine Materialität oder Verwendungsweisen. »I'm a wonderful thing, cannot say a word/ or speak for men though I have a mouth.«[90] Robinson übernimmt vom angelsächsischen Rätsel die fast ausschließlich parataktische Reihung von zumeist paradoxen Ich-Aussagen sowie die direkte Adressierung der Leser:innen.[91] Im 95. Kapitel, d.h. gegen Ende des Buches, spricht ›die Erde‹.

---

82 Morton, Timothy (2011): Zero Landscapes in the Time of Hyper-Objects. In: *Graz Architectural Magazine* 7, S. 78–87, hier: S. 80.

83 Gamper: Rätsel der Prosa, S. 77.

84 *Anglo-Saxon Riddles of the Exeter Book* (1963). Übs. v. Paull F. Baum. Durham/North Carolina: Duke University Press, S. 61.

85 Gamper: Rätsel der Prosa, S. 77.

86 Vgl. Jolles: Rätsel und Mythos, S. 637; vgl. Gamper: Rätsel der Prosa, S. 77.

87 Vgl. Gamper: Rätsel der Prosa, S. 77.

88 Gamper: Rätsel der Prosa, S. 76.

89 Paz, James (2017): *Nonhuman Voices in Anglo-Saxon Literature and Material Culture.* Manchester: Manchester University Press, S. 16.

90 *Anglo-Saxon Riddles of the Exeter Book*, S. 61.

91 Die deutsche Übersetzung wählt hier die Pluralform für die Adressierten.

> I am a thing. I am alive and I am dead. I am conscious and unconscious. Sentient but not. A multiplicity and a whole. A polity of some sextillions of citizens. I spiral a god that is not a god, and I am not a god. I am not a mother, though I am many mothers. I keep you alive. I will kill you someday, or I won't and something else will, and then, either way, I will take you in. Someday soon. You know what I am. Now find me out.[92]

Die Analogien in Robinsons Text funktionieren indes anders als im angelsächsischen Rätsel, weil die Negationen eine andere Funktion erfüllen. Dort verweisen die Negationen – ich habe einen Mund, kann aber nicht sprechen – darauf, dass und inwiefern die Beschreibungen im übertragenen Sinne zu verstehen sind und setzen die Suche nach einem Ding mit passenden Eigenschaften in Gang. Die Metapher des Mundes, der nicht sprechen kann, führt zur Lösung – einem Gefäß mit Öffnung, dem Weinschlauch. Die Negationen in Robinsons Rätsel hingegen produzieren kontradiktorische Aussagen, die anzeigen, dass die Erde als hier gesuchte Antwort nicht als *ein* materielles Ding zu begreifen ist: aufgerufen werden die Erde als mythisch-religiöses Imaginäres, als Himmelskörper, als Gesamtheit aller Lebewesen sowie als (potenzielle) globale politische Sphäre. Die Personifikation der Erde rekurriert zum einen auf Vorstellungen der griechischen Mythologie, die mit der Gottheit Gaia verbunden sind, und die eine existenzielle Dimension herausstellen. Mit dem Begriff ›Gaia‹ stehen zum anderen jüngere Theoriekonzepte in Beziehung. Die von James Lovelock und Lynn Margulis in den 1960er und 1970er Jahren ausgearbeitete Gaia-Hypothese entwickelt die Idee einer planetarischen Biosphäre: Die Lebensformen seien an der Hervorbringung ihrer ökologischen Lebensbedingungen auf der Erde selbst beteiligt.[93] Latour hat dann in *Facing Gaia* die multiplen, und kontradiktorischen »performances« von Gaia als mythischem und wissenschaftlichem Konzept nachverfolgt.[94]

Dass es mehrere – vielleicht auch kontradiktorische – Antworten geben könnte, ist nicht nur für dieses kurze Kapitel, sondern auch für die Erzählökonomie des gesamten Romans von Bedeutung, denn in verschiedenen Handlungssträngen werden konkurrierende Ideen durchgespielt. So vertritt der stellvertretende Leiter des UN-Ministerium, Badim, die Ansicht, dass eine neue ›Erdreligion‹ dabei helfen könnte, den globalen *Status quo* zu ändern. Da Badim als Figur mit dem bereits erwähnten Handlungsstrang zu den terroristischen und gewaltsamen Aktivitäten der »Children of Kali« sowie der geheimen Abteilung des UN-Ministeriums in Beziehung steht, ist die antike Gaia nicht die einzige Gottheit, die mit der Erde assoziiert werden kann. Ihre andere, bedrohliche

92 Robinson: *The Ministry*, S. 492.

93 Vgl. neben den Monographien: Lovelock, James E./Margulis, Lynn (1974): Atmospheric Homeostasis by and for the Biosphere. The Gaia Hypothesis. In: *Tellus* 26, H. 1–2, S. 2–10.

94 Latour, Bruno (2017): *Facing Gaia. Eight Lectures on the New Climatic Regime.* Übs. v. Catherine Porter. Cambridge: Polity Press, S. 75.

Inkarnation ist die indische Gottheit Kali. Das Rätsel könnte man dahingehend (entsprechend dem raunenden Duktus) als Ausdruck des Mysteriums planetarischen Lebens lesen. Die Spannung von Verbergen und Entbergen würde dann wie im religiösen Gleichnis signalisieren, dass hier etwas im »Bereich des sprachlich Vermittelbaren und konsensuell Mitteilbaren« manifest werden soll,[95] das sich der vollständigen oder unmittelbaren Erschließung entzieht. Diese Unverfügbarkeit kann, wie gesagt, als *Agency*[96] interpretiert werden oder als ein metaphysischer Rest,[97] der bestimmten ökologischen Konzeptionen anhaftet. Mary unterstützt als Leiterin des UN-Ministeriums hingegen eine andere Idee, wie sich eine planetarische Gemeinschaft konstituieren könnte – nämlich mit Hilfe technisch-medialer Plattformen. Die Nutzung von *Social Media* wird so erweitert, dass alle individuellen Aktivitäten im Internet über eine Plattform laufen, die bei hinreichend vielen Nutzer:innen wiederum als »group mind« fungieren soll.[98] Die am Ende des Buches weltweit genutzte Plattform YourLock erlaubt nicht nur eine Verschlüsselung der privaten Daten und einen transparenten Geldverkehr,[99] sondern liefert durch die globale soziale und ökonomische Vernetzung ihrer ›Bürger:innen‹ Ansätze zu einer planetarischen Gemeinschaft: »Already a new internet; now its users may be turning into a new kind of citizen of the world. Gaia citizenship, or what have you. Earth citizen, commons member, world citizen.«[100] Dass die beiden Ideen indessen miteinander vermittelt werden können, führt ein Kapitel am Ende des Buches vor.[101] In der Form eines leicht selbstironischen Augenzeugenberichts wird von einer weltweiten Feier von ›Mutter Erde‹ berichtet, die der in Hawaii an-

95 Scheuer, Hans Jürgen (2016): Gleichnis. In: Weidner, Daniel (Hg.): *Handbuch Literatur und Religion.* Stuttgart: Metzler, S. 250–256, hier: S. 250.

96 Vgl. Paz: Nonhuman Voices, S. 16.

97 Vgl. Wesche: *Die Rechte der Natur,* S. 21 und 25.

98 Robinson: *The Ministry,* S. 242.

99 Eine wichtige Rolle spielt dabei die Verschlüsselung der Daten durch das sog. Blockchain-Prinzip. Die Blockchain ist – vereinfacht gesagt – ein Verfahren zur dezentral organisierten Verschlüsselung von Transaktionshistorien, z.B. einer Kryptowährung. Verschlüsselung dient hier der Transparenz, insofern z.B. Steuerhinterziehung verhindert wird; ohne ein dezentrales Moment droht die Anwendung dieses Verfahrens indes in eine ›controlocracy‹ umzuschlagen, wie im Buch ebenfalls angedeutet wird; vgl. Robinson: *The Ministry* S. 255.

100 Robinson: *The Ministry,* S. 358.

101 Jenes kontradiktorische Moment ist gleichwohl von zentraler Bedeutung für den Roman. Es zeigt sich exemplarisch in der Figurenkonstellation Mary – Badim, steht aber für die »underlying contradictory forces« (Luckhurst: The Politics, S. 72), die die dargestellte zukünftige Weltgeschichte bestimmen. Ob es Robinson gelingt, diese zukünftige Realität umfassend, mit Luckhurst und Lukács man könnte sagen: als Totalität, zu erfassen, sei dahingestellt. Zu kurz greift jedenfalls die Idee, dass religiös-spirituelle Momente und wissenschaftliche Diskurse hier schlicht in eins fallen, wie Patoine meint: »Scientific knowledge thus feeds an eco-religious, neo-pagan respect for planetary, non-human actants.« Patoine: The Realism of Speculative Fiction, S. 154.

gesiedelte Sprecher als performative Umsetzung einer »noösphere« beschreibt: Die simultane Evokation dieses planetarischen Selbstbewusstseins mit spirituellen Anklängen hängt natürlich von der globalen medialen Vernetzung ab.[102]

Die vorherige mediale Vernetzung führte zwar zu einem allgemeinen Wissen von den globalen Zuständen, indessen resultierte daraus kein Handeln, wie aus der Perspektive eines anderen anonymen Sprechers erklärt wird: »Now, everyone knows everything. No one on the planet is ignorant of the real conditions of our shared social existence. [...] You know the world is spinning toward catastrophe. You know it's time to act.«[103] Der Appell am Ende des Gaia-Kapitels – »You know what I am. Now find me out«[104] – lässt sich in diesem Sinne als Andeutung verstehen, dass die so offensichtliche Antwort auf das Rätsel im Text keine Lösung der dahinterstehenden Aufgabe bedeuten kann und soll. Ähnlich wie im Wörterbucheintrag wird diese Aufgabe *Tongue-in-cheek* an die Leser:innen übergeben, die sich als potenzieller Teil einer möglichen planetarischen Gemeinschaft begreifen sollen. Eine vermeintliche oder tatsächliche Rätselhaftigkeit solle dabei die Handlungsfähigkeit nicht beeinträchtigen, wie das Rätsel zum Verschlüsselungscode nahelegt: »You don't know me, you don't understand me; and yet still, if you want justice, I will help you to find it.«[105] *The Ministry for the Future* führt die Umsetzbarkeit jener praktischen Vorschläge nicht nur intradiegetisch vor, der Roman stellt gerade auch in jenen Kapiteln, in denen kleine Formen adaptiert werden, den Leser:innen eine Vielzahl an Ideen, Modellen und *tools* mit der starken Geste zur Verfügung, dass sie deren Nützlichkeit in ihrer Lebenswelt selbst zu überprüfen haben. – »Now put me to use.«[106]

Literaturverzeichnis

Althusser, Louis (2001): *Lenin and Philosophy and Other Essays.* New York: Monthly Review Press.

Anglo-Saxon Riddles of the Exeter Book (1963). Übs. v. Paull F. Baum. Durham/North Carolina: Duke University Press.

Bellamy, Liz (2007): It-Narrators and Circulation. Defining a Subgenre. In: Blackwell, Mark (Hg.): *The Secret Life of Things. Animals, Objects, and It-Narratives in Eighteenth Century England.* Lewisburg: Bucknell University Press, S. 117–133.

---

102 Vgl. Robinson: *The Ministry*, S. 537–540, hier S. 539. An dieser Feier sind nicht nur Menschen, sondern auch *companion species* im Sinne Haraways beteiligt.

103 Robinson: *The Ministry*, S. 410.

104 Robinson: *The Ministry*, S. 492.

105 Robinson: *The Ministry*, S. 178.

106 Robinson: *The Ministry*, S. 178.

Bundesverfassungsgericht (2021): Verfassungsbeschwerden gegen das Klimaschutzgesetz teilweise erfolgreich. Pressemitteilung Nr. 31/2021, 29. April: https://www.bundesverfassungsgericht.de/SharedDocs/Pressemitteilungen/DE/2021/bvg21–031.html. 10.01.2024.

Caracciolo, Marco (2022): *Slow Narrative and Nonhuman Materialities.* Lincoln: University of Nebraska Press.

Centre de Cultura Contemporània de Barcelona (2017): Press Release, »After the End of the World«. http://www.cccb.org/rcs_gene/DdP_Despres_de_la_fi_del_mon_ENG.pdf. 18.02. 2024

Crichton, Michael (2004): *State of Fear.* A Novel. New York: Harper Collins Publishers.

Dinçkal, Noyan/Kuhn, Bärbel/Weipert, Matthias (2023): Verschwörung Denken. Theorien, Wissen, Medien. In: *Zeitschrift für Kulturwissenschaften* 1/2023, S. 9–16.

Dürbeck, Gabriele (2019): Narratives of the Anthropocene. In: Albrecht, Monika (Hg.): *Postcolonialism Cross-Examined. Multidirectional Perspectives on Imperial and Colonial Pasts and the Neocolonial Present.* New York/London: Routledge, S. 271–288.

Dürbeck, Gabriele/Hüpkes, Philip (2021): The Anthropocene as an Age of Scalar Complexity: Introduction. In: Dies. (Hgg.): *Narratives of Scale in the Anthropocene. Imagining Human Responsibility in an Age of Scalar Complexity.* New York/London: Routledge, S. 1–20.

Dürbeck, Gabriele/ Probst, Simon /Schaub, Christoph (Hgg.) (2022): *Anthropozäne Literatur: Poetiken – Themen – Lektüren.* Berlin/Heidelberg: Springer.

Dürbeck, Gabriele (2024): Anthropozäne Zukünfte erzählen – utopische Imaginationen fürs Überleben (*The Ministry for the Future*; *Utopia 2048*; *Tiefenlager*). In: Mitscherlich-Schönherr, Olivia/Cojocaru, Mara-Daria/Reder, Michael (Hgg.): *Kann das Anthropozän gelingen? Krisen und Transformationen der menschlichen Naturverhältnisse im interdisziplinären Dialog.* Berlin/Bonston: De Gruyter, S. 79–104.

Düwell, Susanne (2018): Rätsel. In: Dies./Bartl, Andrea/Hamann, Christof/Ruf, Oliver (Hgg.): *Handbuch Kriminalliteratur. Theorien – Geschichte – Medien.* Stuttgart: Metzler, S. 189–196.

Ein Ökomodernes Manifest (2015): http://www.ecomodernism.org/deutsch. 23.01.2024.

Fleck, Ludwik (2017): *Entstehung und Entwicklung einer wissenschaftlichen Tatsache. Einführung in die Lehre vom Denkstil und Denkkollektiv.* Mit einer Einleitung hg.v. Lothar Schäfer und Thomas Schnelle. 11. Aufl. Frankfurt am Main: Suhrkamp.

Flendt Dreesen, Daniel (o.J.): Kim Stanley Robinson on the power of climate fiction. IMAGINE[5]: https://imagine5.com/interview/kim-stanley-robinson-on-the-power-of-climate-fiction/. 10.01.2024.

Foote, Irving F. (2009): A Conversation with Kim Stanley Robinson. In: Burling, William J. (Hg.): *Kim Stanley Robinson maps the Unimaginable. Critical Essays.* Jefferson, North Carolina/London: McFarland & Company, S. 277–291.

Gamper, Michael (2017): Rätsel kurz erzählen. Der Fall Kleist. In: Ders./Mayer, Ruth (Hgg.): *Kurz & Knapp. Zur Mediengeschichte kleiner Formen vom 17. Jahrhundert bis zur Gegenwart.* Bielefeld: transcript, S. 91–117.

Gamper, Michael (2021): Rätsel der Prosa. In: Dell'Anno, Sina/Imboden, Achim/Simon, Ralf et. al. (Hgg.): *Prosa: Theorie, Exegese, Geschichte.* Berlin: De Gruyter, S. 69–106.

Goodbody, Axel/Johns-Putra, Adeline (Hgg.) (2019): *Cli-Fi. A Companion.* Oxford: Peter Lang.

Hamner, Everett (2020): Odd Couples, Carbon Coins, and Narrative Scopes: An Interview with Kim Stanley Robinson, December 8, 2020. In: *Los Angeles Review of Books:* https://lareviewofbooks.org/article/odd-couples-carbon-coins-and-narrative-scopes-an-interview-with-kim-stanley-robinson/. 10.01.2024.

Herman, David (2018): *Narratology beyond the Human. Storytelling and Animal Life.* Oxford: Oxford University Press.

Horn, Eva/Bergthaller, Hannes (2020): *The Anthropocene. Key Issues for the Humanities.* London/New York: Routledge.

Jameson, Fredric (2001): Introduction. In: Althusser, Louis (2001): *Lenin and Philosophy and Other Essays.* New York: Monthly Review Press, S. vii-xvii.

Jameson, Fredric (2013): *The Antinomies of Realism.* London: Verso.

Johns-Putra, Adeline (2022): Transtextual Realism for the Climatological Collective. In: Dies./Sultzbach, Kelly (Hgg.): *The Cambridge Companion to Literature and Climate.* Cambridge: Cambridge University Press, S. 283–295.

Jolles, André (1925): Rätsel und Mythos. In: *Germanica. Eduard Sievers zum 75. Geburtstage.* Mit zwei Lichtdrucken und 23 Abbildungen. Halle a.d.S., S. 632–645.

Jolles, André (1968): *Einfache Formen. Legende, Sage, Mythe, Rätsel, Spruch, Kasus, Memorabile, Märchen, Witz.* Tübingen: Niemeyer.

Latour, Bruno (2017): *Facing Gaia. Eight Lectures on the New Climatic Regime.* Übs. v. Catherine Porter. Cambridge: Polity Press.

Latour, Bruno (2004): Why Has Critique Run out of Steam? From Matters of Fact to Matters of Concern. In: *Critical Inquiry* 30, S. 225–248.

Link, Jürgen (1994): Geburt des Komplotts aus dem Geiste des Interaktionismus. Zur Genealogie von Verschwörungsgeschichten in der Literatur der Goethezeit (besonders bei Schiller). In: *KultuRRevolution* 29 (März), S. 7–16.

Lovelock, James E./Margulis, Lynn (1974): Atmospheric Homeostasis by and for the Biosphere. The Gaia Hypothesis. In: *Tellus* 26, H. 1–2, S. 2–10.

Luckhurst, Roger (2009): The Politics of the Network: *The Science in the Capitol* Trilogy. In: Burling, William J. (Hg.): *Kim Stanley Robinson maps the Unimaginable. Critical Essays.* Jefferson, North Carolina/London: McFarland & Company, S. 170–180.

Malm, Andreas (2018): *The Progress of This Storm. Nature and Society in a Warming World.* London: Verso.

Moore, Jason W. (Hg.) (2016): *Anthropocene or Capitalocene? Nature, History, and the Crisis of Capitalism.* Oakland: PM Press.

Morton, Timothy (2011): Zero Landscapes in the Time of Hyper-Objects. In: *Graz Architectural Magazine* 7, S. 78–87.

Morton, Timothy (2013): *Hyperobjects: Philosophy and Ecology after the End of the World.* Minneapolis/London: University of Minnesota Press.

Morton, Timothy (2016): *Dark Ecology. For a Logic of Future Coexistence.* New York, NY: Columbia University Press.

Patoine, Pierre-Louis (2022): The Realism of Speculative Fiction: Planetary Polyphony and Scale in Kim Stanley Robinson's *The Ministry for the Future.* In: *Représentations dans le monde anglophone,* no. 25: The Real in Fiction, S. 141–157.

Paz, James (2017): *Nonhuman Voices in Anglo-Saxon Literature and Material Culture.* Manchester: Manchester University Press.

Probst, Simon/Dürbeck, Gabriele/Schaub, Christoph (2022): Was heißt es, von ›anthropozäner Literatur‹ zu sprechen? Einleitung. In: Dies. (Hgg.): *Anthropozäne Literatur: Poetiken – Themen – Lektüren.* Berlin/Heidelberg: Springer, S. 1–24.

Radin, Joanne (2019): Alternative Facts and States of Fear: Reality and STS in an Age of Climate Fiction. In: *Minerva* 57, H. 4, S. 411–431.

Robinson, Kim Stanley (2020): *The Ministry for the Future.* London: Orbit.

Robinson, Kim Stanley (2020): Making the Fed's Money Printer Go Brrrr for the Planet. Bloomberg.com: https://www.bloomberg.com/news/features/2020-04-22/kim-stanley-robinson-let-the-fed-print-money-for-the-planet?srnd=undefined.

Scheuer, Hans Jürgen (2016): Gleichnis. In: Weidner, Daniel (Hg.): *Handbuch Literatur und Religion.* Stuttgart: Metzler, S. 250–256.

Schmieder, Falko (2022): Thesen und Fragen zur Historizität und Aktualität der Ideologiekritik. In: *IASL* 47, H. 1: Themenschwerpunkt Literatur und Ideologie, hg. v. Schildmann, Mareike/Breyer, Till, S. 61–78.

TAZ (2021): »Es wird Leid geben und Gewalt.« Ein Gespräch mit dem Science-Fiction-Autor Kim Stanley Robinson: https://taz.de/Autor-ueber-die-Klimakrise-in-Romanen/!5815427/. 10.01.2024.

Trexler, Adam (2015): *Anthropocene Fictions.* Charlottesville/London: University of Virginia Press.

Trischler, Helmuth: Zwischen Geologie und Kultur. Die Debatte um das Anthropozän. In: Bayer, Anja/Seel, Daniela (Hgg.): *All dies hier, Majestät, ist deins. Lyrik im Anthropozän.* Berlin 2016, S. 268–286.

Wesche, Tilo (2023): *Die Rechte der Natur.* Berlin: Suhrkamp.

Willer, Stefan (2012): Vom Nicht-Wissen der Zukunft. Prognostik und Literatur um 1800 und um 1900. In: Bies, Michael/Gamper, Michael (Hgg.): *Literatur und Nicht-Wissen. Historische Konstellationen in Literatur und Wissenschaft, 1750–1930.* Zürich: diaphanes, S. 171–196.

Florian Fuchs

Das Protokoll als ›operierender Text‹. Über kleine Form und nicht-menschliche Autonomie (Farocki/Barthes, Runge/Röggla)

ABSTRACT: In analogy to Harun Farocki's definition of the ›operative image‹ and its relation to Roland Barthes' *Mythologies*, the article first develops the definition of the ›operative text‹ as a type of text that is not dependent on authorial functions or fictions but on purely technical circumstances of production. This definition is then examined and further elaborated using the example of the minutes or »Protokolle«, in particular by comparing Erika Runge's *Bottroper Protokolle* and Kathrin Röggla's novel *wir schlafen nicht.* The protocol and ›operating texts‹ thus become recognizable as a non-human small form in which a non-literary alteritarian aesthetic and a technical regulation of its understanding are at work.

KEYWORDS: Harun Farocki, operatives Bild, Protokoll, Erika Runge, Roland Barthes

1. Menschliche vs. nicht-menschliche Kategorien des Textes

Dieser Aufsatz befasst sich mit dem Versuch, eine Kategorie von Textualität bzw. von Literatur theoretisch und exemplarisch zu umreißen, die sich dadurch auszeichnet, dass sie nicht nur durch menschliche Akteure hervorgebracht und zirkuliert wird, sondern vielmehr aus der Interaktion zwischen menschlichen *und* nicht-menschlichen Akteuren entstanden ist. Diese veränderten Entstehungsbedingungen – so die Grundthese – erfordern auch veränderte hermeneutische und epistemologische Perspektiven. Dass nicht-menschliche und d.h. insbesondere technische Bedingungen maßgeblich für das Entstehen dieser Textsorte waren, wird hier als Grund für eine kategoriale Unterscheidung verstanden zwischen Texten, die aus überwiegend durch Menschen kontrollierten Schreibsituationen stammen, und Texten, die aus nicht überwiegend menschlich kontrollierten Schreib- oder besser Produktionssituationen stammen. Diese Textkategorie soll deshalb ›operierender Text‹ genannt werden. Sie ist immer schon in Zusammenhänge und Interaktionen eingebunden, die zwischen nicht-menschlichen Akteuren ablaufen und ›operierende Texte‹ existieren und zirkulieren unabhängig vom menschlichen Schreiben und Lesen.[1]

---

1 Dieser Aufsatz basiert zum Teil auf Beobachtungen, die ich im Juli 2023 an der TU Dresden bei der Konferenz »Kleine Formen der Intervention« und im Dezember 2023 an der FU Berlin am SFB »Intervenierende Künste« vortragen konnte. Ich danke den jeweiligen Kolleg*innen für die angeregten Diskussionen, die in die vorliegende Version miteingeflossen sind.

Der Begriff ›operierend‹ wird somit als Verweis auf diese Eingebundenheit in operationale Zusammenhänge verwendet, die autonom im Verhältnis zu ihrer Lektüre ablaufen bzw. dieser vorgängig sind. Die entsprechend gebildete Kategorie ›operierender Text‹ grenzt sich damit zum einen vom Begriff »operative Literatur« ab, welcher in der literaturwissenschaftlichen Forschung dezidiert für aktionistische, aktivistische und in die Gesellschaft ›eingreifende‹ Literatur verwendet wird, insbesondere für Arbeiter*innenliteratur in Folge der Prägung durch Sergej Tretjakov.[2] Wie im weiteren ausführlich herausgearbeitet wird, ist der Begriff ›operierender Text‹ zum anderen analog gebildet zu Harun Farockis Begriff des ›operativen Bildes‹, der einen Typ von Bildern bezeichnet, die, eigentlich nicht für menschliche Augen bestimmt, innerhalb geschlossener technischer Kreisläufe existieren und darin agieren.

Die Kategorie ›operierender Text‹ unterscheidet sich insofern von prinzipiell gängigen Definitionen von Text, als sie Text nicht zum alleinigen Resultat des Ineinanderspielens von Schreib- und Leseinteraktionen zwischen Autor*innen und Rezipient*innen bestimmt. Statt der allgemein akzeptierten und verbreiteten Konzeption von Text, laut der das Zustandekommen und die Zirkulation von Texten ausschließlich zwischen dem Aufschreiben durch Schreibende, der Rezeption durch Lesende und der sie jeweils vermittelnden medialen, materiellen und kulturellen Gegebenheiten und Kodierungen besteht, geht es bei den ›operierenden Texten‹ um eine ontologisch andere Sorte von Text, deren Zustandekommen nicht durch eine solch lineare Verschaltung von Schreibenden–Medialitäten–Lesenden geschieht. Entscheidendes Merkmal eines ›operierenden Textes‹ ist, dass bereits für sein Zustandekommen nicht von einem Akt oder Prozess des Schreibens gesprochen werden kann, der sich noch irgendwie unter engere oder erweiterte Konzeptionen von Autorschaft einfassen ließe. Stattdessen entstehen ›operierende Texte‹ unter Bedingungen, die nicht als ganze von Autor*innen kontrolliert, orchestriert oder überblickt werden, sondern bei denen Menschen als lediglich zuarbeitend Schreibende verstanden werden müssen. Beim hier untersuchten Fallbeispiel des Protokolls, das z.T. auch zur sogenannten ›Protokollliteratur‹ gehört, sind diese nicht unter der Kontrolle eine*r Autor*in stehenden Faktoren etwa die für ein Protokoll rein faktische und möglichst vollständige Registrierung von Gesagtem sowie die technische Bedingung dieser Registrierung, beispielsweise

2 Helms, Hans G. (1973): Vom Proletkult zum Bio-Interview. Sergej Tretjakovs Entwicklung einer ›operativen‹ Literatur unter dem Aspekt ihrer heutigen praktischen Anwendung. In: Hübner, Raoul/Schütz, Erhard (Hgg.): *Literatur als Praxis? Aktualität und Tradition operativen Schreibens.* Opladen: Westdeutscher Verlag, S. 71–95. Vgl. auch Hahn, Ulla (1978): *Literatur in der Aktion. Zur Entwicklung operativer Literaturformen in der Bundesrepublik.* Wiesbaden: Akad. Verl.-Ges. Athenaion. Siehe auch den Überblick bei Stein, Peter (1998): Operative Literatur. In: Sautermeister, Gert/Schmid, Ulrich (Hgg.): *Hansers Sozialgeschichte der deutschen Literatur vom 16. Jahrhundert bis zur Gegenwart.* Bd. 5: *Zwischen Restauration und Vormärz 1815–1848.* München: Hanser, S. 485–504.

durch Tonbänder, ihre Transkription und die weitere Montage und Redaktion des Transkribierten bis hin zum Zustand seiner Textualität. Zwar sind bei der Befragung, der Tonaufnahme, der Transkription, der Montage und Redaktion jeweils einer oder mehrere Menschen handelnd involviert. Ihre Kontrolle, ihr Handlungsspielraum und somit auch ihre Agency werden allerdings durch die Produktionsbedingungen des Protokolls so stark diszipliniert und eingeschränkt, dass nicht einmal mehr von Autorschaft im erweiterten Sinne gesprochen werden kann, wie es etwa noch für avantgardistische Schreibverfahren gilt. Formale Zwänge wie diejenigen der OULIPO-Autor*innen oder die *écriture automatique* der Surrealist*innen sind sich zunächst einmal von den Autor*innen selbst auferlegt und führen nur zwischenzeitlich und relativ, jedoch nicht absolut zu einem Verlust von Schreibautorschaft. Vielmehr soll die eigene Autorschaft durch sie noch in künstlich und kalkuliert herbeigeführten Grenzsituationen behauptet bzw. um diese erweitert werden. Statt eine um die vorherige Kontrollzurücknahme potenzierte Autorschaft der Avantgarden lässt sich bei Textsorten der ›operierenden Literatur‹ wie dem Protokoll ein grundsätzlich anderes Zustandekommen feststellen, bei dem deswegen die Hauptbeteiligten meist nicht als Autor*innen, sondern als Herausgeber*innen zeichnen, womit bereits einer der augenscheinlichsten Marker ›operierender Texte‹ genannt ist. Bisher sind solche Texte, wie etwa die hier behandelten *Bottroper Protokolle* Erika Runges, ohne Weiteres in die Kategorie der Literatur bzw. der Dokumentarliteratur einsortiert worden, ungeachtet ihrer Genese durch nicht-menschliche Akteure wie dem technisch-formalen Dispositiv des Protokolls. Grenzt man ›operierende Texte‹ allerdings von der Autor*innen-Literatur ab, dann müssen fundamentale poetische, hermeneutische und selbst soziologische Fragen der Literatur- und Textwissenschaft verändert oder gar neu gestellt werden: Kann ein solcher Text so gelesen werden wie ein durch einen menschlichen Autor geschriebener Text? Oder führt die Involviertheit von nicht-menschlichen Akteuren zu einer grundsätzlich anderen Ontologie des Textes, deren Auswirkungen bis in die ästhetischen Qualitäten des Textes – Diktion, Prosodie, Wortwahl, usw. – hineinreichen und erfahrbar sind? Welche Art von Sprache findet sich dann darin und wie ist sie zu analysieren? Wenn ein ›operierender Text‹ zuallererst eben gerade nicht innerhalb der Zirkulation zwischen Schreibenden und Lesenden entstanden ist, sondern für die Zirkulation innerhalb eines anderen Systems oder Kreislaufs – etwa des Dispositivs protokollarischer Registrierung, das auf faktographische Vollständigkeit und Vollumfänglichkeit zielt –, wie lässt sich dann dieser nicht-menschliche Aspekt fassen und beschreiben, der die Grundlage seines Bestehens bildet?

Angesichts dieser grundsätzlichen Fragen ist es nicht das Ziel des vorliegenden Textes, die Kategorie der ›operierenden Literatur‹ in ihrer Grundproblematik erschöpfend zu erfassen. Zunächst soll der Blick von den üblichen Konditionierungen der autorbasierten Literatur befreit werden. Dies soll zum einen anhand eines Blickes auf die

Affordanzen kleiner Formen geschehen, die sich z.T. als eigenständige Akteure verhalten können und die Diskussion von Fragestellungen ermöglichen, die auch auf ›operierende Texte‹ passen. Zum anderen soll das Verständnis ›operierender Texte‹ vorbereitet werden anhand einer Rekonstruktion der analogen Begriffsbildung des ›operativen Bildes‹ bei Farocki, die ihrerseits auf Texttheorie fußt. Zuletzt soll auf einige Beispiele ›operierender Texte‹ fokussiert werden, um die entwickelte analytische Einstellung zu testen. Im Raum steht dann zum einen die Aufgabe, Argumente dafür zu finden, dass die Kategorie ›operierende Texte‹ oder auch ›operierende Literatur‹ hilfreich und relevant ist für ein besseres Verständnis der unter sie fallenden Gattungen und Textsorten, an denen nicht-menschliche Akteure maßgeblich teilhaben. Zum anderen zieht dieses Verständnis grundsätzlichere Überlegungen darüber nach sich, welchen Status wir operierenden Texten oder operierender Literatur zuweisen müssen, wenn wir sie als nicht-menschliche Akteure in menschlichen Rezeptions- und Zirkulationszusammenhängen verstehen wollen. Wie tritt operierende Literatur in soziale Zusammenhänge ein? Fordert die Veränderung hermeneutischer Modelle auch eine angepasste Medienanthropologie der Literatur? Oder basiert die Zuschreibung einer größeren sozialen Autonomie der Literatur viel eher auf einer zu sehr an den optischen Medien orientierten Analogie?

2. Affordanz und Pragmatismus der kleinen Form

Eine Vorbereitung auf die bisher skizzierten Fragen erlaubt der Blick auf die in den letzten Jahren genau studierte sogenannte literarische ›kleine Form‹. Bei ihr lassen sich unter dem Augenmerk des Formaspekts Phänomene wie Autonomie, Eigenständigkeit, Störung beobachten und analysieren, die denjenigen ähneln, die auch bei ›operierenden Texten‹ entstehen können – wenn auch unter sehr verschiedenen Bedingungen: Bei kleinen literarischen Formen liegt grundsätzlich eine klassische oder zumindest kollektive menschliche Autorschaft vor (und selbst wenn dem nicht so sein sollte, spielt eine mögliche nicht-menschliche Autorschaft für ihre Analyse unter formtheoretischen Bedingungen keine Rolle).

Im Hinblick auf die Theorie kurzer literarischer Formen sind in den letzten Jahren etwa vermehrt Beiträge über ihre Formökonomie, ihre anthropologischen, poetologischen, medialen, politischen und anderweitigen Affordanzen erarbeitet worden.[3] Diese

3 Košenina, Alexander/Zelle, Carsten (Hgg.) (2011): *Kleine anthropologische Prosaformen der Goethezeit (1750–1830).* Hannover: Wehrhahn. Killick, Tim (2008): *British Short Fiction in the Early Nineteenth Century: The Rise of the Tale.* London: Routledge. Goyet, Florence (2014): *The Classic Short Story, 1870–1925: Theory of a Genre.* Cambridge: Open Book. Huyssen, Andreas (2015): *Miniature Metropolis: Literature in the Age of Photography and Film.* Cambridge, MA: Harvard

Beiträge setzen sich jedoch zuerst und zumeist mit der kleinen Form als einer immer bereits literarischen oder quasi-literarischen und das heißt auch von Autor*innen verfassten Form auseinander. Ob es um Fallgeschichten oder Novellen, um experimentelle modernistische Kurzformen oder um die veränderbare Verwendung des Aphorismus geht, stets sind Menschen die Auslöser, Akteure und Protagonisten, die für die kleine Form eine Autorschaft beanspruchen. Die Macht der Figur des Autors hat sich zwar seit dem Modernismus abgeschwächt, wie sich für das 20. Jahrhundert symptomatisch an der weiten Zirkulation von Schlüsselessays wie Roland Barthes' »La mort de l'auteur« (1968) und Michel Foucaults »Qu'est-ce qu'un auteur?« (1969) ablesen lässt und wie spätestens seit den 2000ern in erneuter Zuspitzung die Entwicklungen der Plattformliteratur und KI-generierter Texte markieren.[4] Erkennen lässt sich das – paradoxerweise – noch an den jüngsten Debatten, die sich zum Großteil um die Frage drehen, wie man sich denn die Stelle der Autor*in vorzustellen hat, wenn stattdessen nun plötzlich ein LLM-Algorithmus diese Texte ›schreibt‹ oder zumindest aus den vorher eingespeisten Texten ›generiert‹, inklusive der daran anschließenden Diskussionen um das Copyright von Texten aus KI-Plattformen wie Chat-GPT.[5]

Wie interessant diese Diskussionen um Autor*innen und Autor*innenschaft auch sein mögen, so verstellen sie doch die Fragen, die sich ergeben, wenn man die Autorschaft und die damit verknüpften Aspekte wie Publikation, Intention, Historizität, soziobiographischer Hintergrund ausklammert. Gerade die formtheoretische Analyse kleiner Formen erlaubt es, sich diesen Fragen jedenfalls auch vor dem Hintergrund ihrer Relevanz für ›operierende Texte‹ zu nähern. Kleine Formen sind eher als größere oder nicht formbasierte Texte in pragmatische Interaktionen eingebunden, die sie unter bestimmten Umständen zu eigenständigen Akteuren werden lassen, mit entsprechenden anderen Ökonomien, Phänomenalitäten und Effekten als man es rein autor-

University Press. Grant, Ben (2016): *The Aphorism and Other Short Forms.* London: Routledge. Alféri, Pierre (2016): *Brefs.* Paris: P.O.L. Muse, John H. (2017): *Microdramas: Crucibles for Theater and Time.* Ann Arbor: University of Michigan Press. Adelson, Leslie (2017): *Cosmic Miniatures and the Future Sense.* Berlin: De Gruyter. Hui, Andrew (2019): *A Theory of the Aphorism: From Confucius to Twitter.* Princeton, NJ: Princeton University Press. Dumitrescu, Irina/Holsinger, Bruce (Hgg.) (2019): *In Brief. New Literary History* 50.3, Special Issue. Jäger, Maren/Matala de Mazza, Ethel/Vogl, Joseph (Hgg.) (2021): *Verkleinerung: Epistemologie und Literaturgeschichte kleiner Formen.* Berlin: De Gruyter.

4 Bajohr, Hannes/Gilbert, Annette (Hgg.) (2021): *Digitale Literatur II.* Sonderband *Text+Kritik.* München: edition text+kritik. Wolff, Paul (Hg.) (2023): *Digitale Autor:innenschaft. Praktiken und Politiken schriftstellerischer Selbstinszenierung.* Bielefeld: transcript.

5 Vgl. etwa Montgomery, Blake (2023): OpenAI offers to pay for ChatGPT customers' copyright lawsuits. In: *The Guardian*, 06.11.2023. URL: https://www.theguardian.com/technology/2023/nov/06/openai-chatgpt-customers-copyright-lawsuits. 27.06.2024. Lucchi, Nicola (2023): ChatGPT: A Case Study on Copyright Challenges for Generative Artificial Intelligence Systems. In: *European Journal of Risk Regulation*, 1–23. doi:10.1017/err.2023.59.

schaftsbasierten Literaturen zuschreiben würde. Kleine Formen sind dann nicht mehr korrekt als ausschließlich textuelle, materielle Produkte von Autor*innenschaft bzw. imaginäre, hermeneutische Resultate der Rezeption von Leser*innen darzustellen. Vielmehr ergibt sich beim genaueren Betrachten der Einbindung von kleinen Formen in die jeweiligen produktiven, rezeptiven und genuin formellen Kontexte der Bedarf, andere Beschreibungsmodelle als die lineare Interaktion zwischen Autor*in und Rezipient*in via den Text darzustellen. Diese anderen Modelle lassen sich etwa negativ über den Begriff der Affordanz, oder positiv über denjenigen der Agency fassen.[6] So kommt statt der linearen Verschaltung Lesende–Vermittlung–Rezipierende etwa ein trianguläres Modell[7] in den Blick, in dem literarische Formen gegenüber Autor und Rezipient eigenständig und autonom aktiv sind. Insbesondere kleine Formen modulieren, variieren oder unterminieren unter Umständen sowohl die vermeintliche Kontrolle, Intention und Formgebung, die ihnen ihre Autor*innen verliehen haben, und fordern diese Eigenständigkeit deshalb auch für ihre Rezeption, d.h. ihre imaginären, fiktionalen oder anderweitig hermeneutischen Phänomenalitäten ein. Diese Hypothesen, die sich zum einen an ältere Arbeiten der Konstanzer Schule und der Medienwissenschaften anlehnen,[8] sich aber auch neuerer Actor-Network-Theory oder der Praxeologie literarischer Produktion verdanken,[9] bereiten das Verständnis operierender Texte insofern vor, als kleine Formen oft auf ähnliche pragmatische Weise in Kontexte eingebunden sind, wie es im Folgenden auch für ›operierende Texte‹ gezeigt werden soll. Eine Fallgeschichte, wie etwa die psychologischen Geschichten in Karl Philip Moritz' *Magazin zur Erfahrungsseelenkunde*, hat einerseits novellistische literarische Strukturen, weil sie die Zuspitzung pathologischer Zustände narrativ herbeiführen muss, aber ist andererseits auch pragmatisch in bestehende kasuistische Wissenssysteme eingebunden (hier die emergierende medizinische Disziplin der Psychologie), weil sie autorunabhängig die Evidenz bestimmten Wissens literarisch repräsentiert. Diese Fallgeschichten sind allerdings von schreibenden Menschen für lesende Menschen geschrieben; die Systeme und Abläufe, in denen sie um 1800 operieren, sind grundsätzlich auf Menschen ausgelegt, weswegen sie noch nicht in die Kategorie ›operierender Texte‹ fallen.

---

6 Frey, Christiane/Fuchs, Florian/Martyn, David (Hgg.) (2023): *Below Genre: Short Forms and Their Affordances. Colloquia Germanica* 56.2–3, Special Issue. Fuchs, Florian (2023): *Civic Storytelling: The Rise of Short Forms and the Agency of Literature.* New York: Zone Books.

7 Vgl. Fuchs: *Civic Storytelling*, S. 219f.

8 Stierle, Karlheinz (1975): *Text als Handlung.* München: Wilhelm Fink. Kittler, Friedrich (1985): *Aufschreibesysteme 1800/1900.* München: Wilhelm Fink.

9 Latour, Bruno (2016): *How Better to Register the Agency of Things.* University of Utah Press. Martus, Steffen/ Spoerhase, Carlos (2022): *Geistesarbeit: Eine Praxeologie der Geisteswissenschaften.* Berlin: Suhrkamp.

3. Operative Bilder und operative Sprache (Farocki/Barthes)

Neben dieser Skizze relevanter literaturwissenschaftlicher Fragestellungen, gehört auch die genauere Definition und Entwicklung des Begriffs zur Vorbereitung der Analyse ›operierender Texte‹. Wie erwähnt ist der Begriff eine Ableitung des Begriffs des ›operativen Bildes‹, den der Filmemacher und Medienkünstler Harun Farocki 2000 für eine bestimmte Sorte technischer Bilder in geschlossenen Kreisläufen gebildet hat. Im Folgenden soll daher gezeigt werden, dass das ›operative Bild‹ nicht nur literaturtheoretisch fruchtbar gemacht werden kann, sondern in sich eine text- und sprachbasierte Genealogie aufweist, die in Konsequenz geradezu nach einer Anwendung auf Text und Literatur verlangt.

Die Arbeit Farockis an Texten, Filmen und Installationen ist bekanntlich von einem grundsätzlich antiakademischen Imperativ gekennzeichnet. Seine Textsorten, Formate, Sprech- und Schreibweisen laufen halb gezwungenermaßen, halb gewollt stets jenseits von Vorlesungsreihen, Forschungsartikeln, und professoralen Monographien, wenn auch immer in geringem Abstand zu ihnen. Wenn man Farocki also einen Beitrag zur Begriffsentwicklung der Geisteswissenschaften zuschreiben möchte, dann sollte das nur mit dem Bewusstsein darüber geschehen, dass so eine Begrifflichkeit damit ein Grenzfall der Geisteswissenschaften selbst sein müsste. Und doch besteht ein solcher Beitrag, dessen begriffliche Schärfung Farocki eher gewohnt beiläufig vornimmt und der aber trotzdem in den letzten 20 Jahren zum festen Inventar der Medien- und Bildwissenschaften geworden ist. Dieser Begriff Farockis ist der des ›operativen Bildes‹ (auch teilweise und insbesondere im Englischen ›operationales Bild‹ genannt). Farocki prägt ihn 2000 bei der Theoretisierung von Drohnenaufnahmen in seinem Film *Auge/Maschine*, der 2001 und 2003 noch jeweils einen weiteren Teil erhalten sollte. Innerhalb des Films bzw. in der Zweikanalprojektion, in der der Film als Installation gezeigt wurde, wird der Begriff ›operatives Bild‹ relativ unvermittelt eingeführt. Das Adjektiv ›operativ‹ fällt zunächst in der Nähe der im Deutschen geläufigen Verwendung in ›Militäroperation‹ oder ›militärische Operation‹, denn Farocki arbeitet bei *Auge/Maschine* mit militärischem Bildmaterial: »Solche Bilder gab es 1991 zu sehen, vom Krieg gegen den Irak / … / Von diesem Krieg, 1991, gab es operative Bilder zu sehen / Bilder zur Überprüfung, ob das Ziel getroffen ist / Bilder aus dem Kopf der Projektile.«[10] Die Zweikanalprojektion lässt den Begriff weiterhin unkommentiert, führt ihn unvermittelt ein als Benennung für die gesehenen Bilder. Auch die beiden folgenden Teile von *Auge/Maschine* verwenden den Begriff zunächst wieder als Erläuterung von gesehenem Material und erst zuletzt als Definitionsangebot, das für das gesehene Material eine Kategorie einführt. Es handelt sich zuletzt bei ›operativen Bildern‹ also um einen

10 Farocki, Harun (2000): *Auge/Maschine I.* Deutschland. 0:32, 6:40–7:20.

eigenen Bildtypus, der insbesondere aus Drohnenbildern stammt, die von Suchalgorithmen oder von Drohnenpiloten für die Zielerfassung und die Erfolgskontrolle verwendet werden. Sie operieren autonom innerhalb der geschlossenen Kreisläufe von KI-gestützten Waffensystemen bzw. sie operieren intern in den zumeist geschlossenen Kommunikationssystemen des Militärs.

Was Farocki jedoch nur kurz andeutet, bevor er die Bilder in seine eigene Argumentationsführung einbaut, ist, dass diese Bilder aus den geschlossenen Kreisläufen entnommen worden sind, um sie u.a. zu Propagandazwecken zu veröffentlichen, etwa zur Demonstration technischer Überlegenheit und Treffsicherheit. Schon rein formal signalisieren diese Bilder damit eine Fremdheit: Auflösung, Farbgebung, Bildfeld, Grafikeinblendungen, Kameraführung usw. sind nicht diejenigen, die bewusst oder unkontrolliert durch den menschlichen Einsatz einer Kamera entstehen. Man könnte sogar sagen, Farocki verwendet gezielt Aufnahmen, denen eine alteritäre Ästhetik inhärent ist, eine nicht-menschliche Phänomenalität, die uns als menschlichen Betrachter*innen sehr augenfällig ist und als besondere, gar sonderbare erfahren wird, weil sie sich fundamental von dem unterscheidet, was wir als Bewegtbildaufnahmen der Welt kennen. Diese ästhetische Qualität, die auch als eine »aisthetische« Qualität in Dieter Merschs Sinne bezeichnet werden könnte,[11] lässt sich etwa an der geometrisch-mathematischen Sichtfeldbewegung der Drohnenkamera ablesen, die sich auf einer unsichtbaren Geraden exakt durch den Luft- und Sichtraum bewegt wie so kein steuernder menschlicher Pilot sie verfolgen könnte. Diese immanente alteritäre oder aisthetische Qualität erklärt sich als zweites durch das externe Wissen um ihre nicht-menschliche Erzeugung und Zirkulation. Operative Bilder unterliegen damit einer anderen Existenzweise als alle für Menschen potentiell sichtbaren Bilder – sie sind nicht nur für Menschen unsichtbare Bilder, sondern sie sind grundsätzlich nicht auf das menschliche Wesen und seine Sinne angelegte Datenstrukturen. Ihre Abbildbarkeit ist nicht ihr Hauptzweck, sondern ein eher sekundärer Nebeneffekt, wie auch Volker Pantenburg und Trevor Paglen hervorgehoben haben.[12] Dass das US-Verteidigungsministerium und daraufhin Farocki sie sichtbar machen, ist damit zwar eine Umformatierung und Adaptation an das menschliche Gesichtsfeld, das Daten nur nach einem bildgebenden Verfahren sehen kann, aber diese Umformatierung schwächt nicht die fundamentale nicht-bildliche Alterität der operativen Bilder.

11 Mersch, Dieter (2015): *Epistemologien des Ästhetischen.* Zürich/Berlin: diaphanes.

12 Paglen, Trevor (2014): Operational Images. In: *e-flux journal* #59. Pantenburg, Volker (2016): Working images: Harun Farocki and the operational image. In: Eder, Jens/Klonk, Charlotte (Hgg.): *Image Operations: Visual media and political conflict.* Manchester: Manchester University Press, S. 49–62.

Diese Überlegungen sind nicht neu und seit Farockis Begriffsverwendung hinlänglich und fast erschöpfend erforscht worden.[13] Sie sollen hier erwähnt werden, um noch einmal an die technologische, ästhetische und ontologische Tragweite der Existenz der ›operativen Bilder‹ zu erinnern, denn es ist ihre grundsätzliche ontologische Alterität, mit der Farocki den Begriff der ›Operationalität‹ auflädt. 2002 schreibt er über seine Arbeit mit den operativen Bildern, dass sie nur unter den Bedingungen der Deplatzierung und der Dekontextualisierung zu operativen Bildern werden konnten:

> Als ich *Auge/Maschine* zum dritten Mal in einer Ausstellung sah, in einer Galerie in New York, erschienen beide Bilder [d.i. beide Projektionskanäle, FF] auf einer weißen Wand nebeneinander. Die Arbeit hatte einen großen Raum für sich, und mir gefiel die Deplatzierung all der Bilder, die wir mit großer Mühe aus Forschungseinrichtungen, Public-Relations-Abteilungen und Lehrfilm- und anderen Archiven zusammengetragen hatten. Meist operative Bilder, die im technischen Vollzug aufgehen, die zu einer Operation gebraucht werden und danach vom Datenträger gelöscht werden, Einwegbilder. Dass die US-Heeresleitung vom Golfkrieg operative Bilder zeigte, Bilder, die zu operativen Zwecken entstanden und zu keiner Erbauung oder Belehrung, ist auch eine tolle Deplatzierung, das ist ebenfalls Konzept-Kunst. Auch ich will höchstens nebenbei zur Kunst kommen.[14]

Und er erklärt weiter in einem 2003 am ZKM gehaltenen, 2004 veröffentlichten Vortrag:

> Solche Bilder, die nicht gemacht wurden, um zu unterhalten oder zu informieren, nannte ich von meiner ersten Arbeit zu diesem Thema an »operative Bilder«. Bilder, die nicht einfach etwas wiedergeben sollen, sondern vielmehr Teil einer Operation sind. Später fiel mir ein, dass dieser Begriff von Roland Barthes stammt. In *Mythen des Alltags* schreibt er im theoretischen Teil: »Ich muss hier auf die Unterscheidung zwischen Objektsprache und Metasprache zurückkommen. Wenn ich Holzfäller bin und den Baum benenne, den ich fälle, so spreche ich, welches auch die Form meines Satzes sein mag, *den Baum*, ich spreche nicht *über* ihn [...]. Wenn ich jedoch kein Holzfäller bin, kann ich den Baum nicht sprechen, ich kann dann nur *von* ihm und *über* ihn sprechen.«[15]

13 Fuller, Matthew/Weizman, Eyal (2021): *Investigative Aesthetics: Conflicts and Commons in the Politics of Truth.* London/New York: Verso. Parikka, Jussi (2023): *Operational Images: From the Visual to the Invisual.* Minnesota UP.

14 Farocki, Harun (2022): Quereinfluss/Weiche Montage. In: Ders.: *Schriften*, Bd. 6: *Lerne das Einfachste! Texte 2001–2014.* Hg. v. Volker Pantenburg. Köln: Verlag der Buchhandlung Walther König, S. 32–37, hier: S. 37.

15 Farocki, Harun: Der Krieg findet immer einen Ausweg [2005]. In: Ders.: *Schriften*, Bd. 6, S. 135–144, hier: S. 140. Gehalten am ZKM 2003 und veröffentlicht in englischer Übersetzung 2004 als Farocki, Harun (2004): »Phantom Images«. In: *Public* 29: *New Localities*, S. 12–22 (Auslassung

Farocki stellt hier seine ursprüngliche Begriffsfindung als Zufall dar, die er erst später habe auf Roland Barthes rückbeziehen können. Diesen als spontane Erinnerung deklarierten Bezug muss man jedoch als eine bewusste Unterdrückung lesen. Hier scheint nicht nur Farockis Antiakademismus durch, sondern auch etwas, das man eine Vermeidung des Theorietextes nennen könnte. Theorievermeidung bei Farocki kann durchaus als eine didaktische Praxis gelesen werden, mit der er sich selbst oft dazu zu zwingen scheint, nur noch als Theorie und als theoretische Thesen zirkulierende Sachverhalte in Bild-Text-Narrative rückzuübersetzen bzw. sie wieder in narrativierbaren Situationen aufzusuchen.[16] Man kann Farockis absichtliche Vermeidung eines Barthes-Zitats hier aber nicht nur vermuten, sondern man kann ihm diese Unterschlagung sogar nachweisen: Zu Farockis frühen Kritiken gehört 1965 eine Rezension der Suhrkamp-Übersetzung von Barthes' *Mythologies* für das *Spandauer Volksblatt*, die er nochmal in etwas längerer Ausführung für das Radio des SFB formulierte. In letzterer zitiert er wortwörtlich und vollständig die dann erst 2004 wieder angeführte, eben zitierte Barthes-Stelle. Farocki erkennt in jener Stelle über den Holzfäller, »der den Baum spricht«, also schon 40 Jahre zuvor den Kern der Barthes'schen Kritik an den entpolitisierten Aussagen, die den »alltäglichen Mythos« ausmachen.[17] Für Farocki ist die Barthes'sche Unterscheidung zwischen »Metasprache« und »operativer Sprache«[18] damit nicht nur zentral für das Verständnis der, wie er sagt, »kleinen Form«[19] in den *Mythologies* und der darin von Barthes geübten semiologischen Kritik der medialisierten Lebenswelt. Die Unterscheidung von Metasprache und operativer Sprache ist genauso zentral für Farockis eigene Filme.[20]

Damit lässt sich das ›operative Bild‹, nicht nur als ein sehr spezifischer Fall von Bildern begreifen, für den Farocki 2000 einen Begriff sucht und eine Definition finden will. Das ›operative Bild‹ markiert auch ein grundsätzliches Verfahren zur Erlangung eines

---

von Farocki).

16 Vgl. dazu Farocki, Harun: Lerne das Einfachste. In: Ders.: *Schriften*, Bd. 6, S. 361–375.

17 Farocki, Harun (1965): »Mythen des Alltags« von Roland Barthes. SFB, 26.6.65, Ts., Harun Farocki Archiv.

18 Barthes, Roland (2010): Mythos heute. In: Ders.: *Mythen des Alltags*. Berlin: Suhrkamp, S. 251–316, hier : S. 299. Barthes, Roland (1957): Le mythe, aujourd'hui. In: Ders.: *Mythologies*. Paris: Seuil, S. 179–233, hier: S. 219. (Im französischen Original spricht Barthes von einem »langage [...] opératoire«.)

19 Faroqhi, »Mythen des Alltags«.

20 Vgl. auch Jan Distelmeyers Hinweis darauf, dass Farocki bereits in einem Text von 1969, »Die Agitation verwissenschaftlichen und die Wissenschaft politisieren«, über Lehrfilme und agitierende Filme ebenfalls von »operierendem Film« spricht, dort allerdings mit losem Verweis auf Tretjakow, wie er auch für die Begriffsbildung ›operative Literatur‹ wichtig war (s. Fn. 2). Distelmeyer, Jan (2022): Which Operativity? On Political Aspects of Operational Images and Sounds. In: *Interface Critique* 4, S. 23–33.

besonderen medialen Effekts, wozu es Farocki selbst ausführt und einsetzt. Im bekannten und bewusst wolkigen Stil Farockis formuliert, lässt sich dieser Effekt der Entnahme der operativen Bilder aus ihren geschlossenen Kreisläufen und ihre Deplatzierung in den Kontext der Kunst als ein Zufall formulieren: »auch ich will höchstens nebenbei zur Kunst kommen«.[21] Es geht Farocki darum, nicht-menschliche Formen, die nicht durch ihren Inhalt definiert sind, sondern durch ihre operative Verbundenheit mit anderen nicht-menschlichen Objekten oder Situationen, für die menschliche Rezeption zugänglich zu machen. Auf dieses Verfahren kommt Farocki zweifellos einerseits, weil er sich in seiner Filmarbeit stets auf die Formen des Brecht'schen Theaters stützte und auf Brechts Verwendung des Verfremdungseffekts als eines didaktischen Mittels.[22] Andererseits ist die Alterität der operativen Bilder keine bewusst geformte oder skalierbare Verfremdung, sondern eine, die durch ihre Entnahme, oder sogar durch ihre Entfremdung aus dem ursprünglichen operativen Kontext entsteht. Der Entfremdungseffekt des operativen Bildes ist also ein Resultat der semiotischen Differenz zwischen den für Maschinen gemachten Bildern und den Bildern, die für Menschen gemacht sind. Erfahrbar wird diese Differenz jedoch erst durch die Auflösung des operativen Bezugs zwischen Bild und Maschine. Korrekter wären operative Bilder daher als ›nicht mehr operative Bilder‹ zu bezeichnen, denn sie sind tatsächlich de-operationalisierte Bilder.

Roland Barthes hat dagegen einen ganz anders angesetzten Begriff der Operationalität. Er analysiert das operative Sprechen als ein Sprechen, das politisch ist, weil es immer schon an aktiven, transitiven, und d.h. auch aktivitätsbezogenen oder gar arbeitsbezogenen Kontexten teilhat. Barthes vergleicht den Unterschied zwischen Metasprache und operativer Sprache mit dem Unterschied zwischen Gebärde, »le geste«, und Tat, »l'acte«.[23] Folglich hat die operative Sprache natürlich einen potentiell politischen Kern, denn sie redet eben nicht nur über Dinge, sondern sie redet Dinge; indem sie redet, verändert sie Dinge, um es zuzuspitzen. Bei Barthes kippt diese im Wortsinne als aktivistisch zu lesende Herleitung der operativen Sprache jedoch dann wieder in eine semiologische oder eher sprachphilosophische. »Überall«, argumentiert Barthes im theoretischen Nachwort zu seinen *Mythologies*, »wo der Mensch spricht, um das Reale zu verändern, und nicht, um es als Bild zu bewahren, überall, wo er seine Sprache mit der Herstellung der Dinge verbindet, wird die Metasprache auf eine Objektsprache zurückverwiesen.«[24] Gebärden, wie der Mythos sie verlangt, müssen dann zu Taten werden bzw. zunächst als Taten gedacht und angesetzt sein. Nur unter dieser Vorbedingung kann eine rein die Oberfläche der Dinge bewahrende, eine nur die bürgerliche

21 Farocki: Weiche Montage, S. 37.

22 Vgl. Farocki: Lerne das Einfachste.

23 Barthes: Mythos heute, S. 300. Barthes: Le mythe, aujourd'hui, S. 220.

24 Barthes: Mythos heute, S. 300.

Welt fortschreibende Sprache – eben die Sprache der ›Mythologien‹ des Alltags – wieder durch eine Sprache ersetzt oder zumindest gestört werden, in der durch das Sprechen Objekte mit anderen Objekten, mit Sprecher*innen sowie mit Zuhörer*innen aktiv verbunden sind. Vorbedingung der Wiederentdeckung dieser Operativität der Sprache ist bei Barthes aber damit auch, dass diese Operativität zunächst verloren gegangen sein muss und sich stattdessen eine intransitive, metasprachliche Sprachverwendung als Norm etabliert hat. Erst ihre Zurückweisung durch Worte, die als unmittelbare Operatoren auftreten und sich keiner Metasprachlichkeit bewusst sind, zeigt wieder die operationale Potentialität, die Sprache einnehmen kann. Auch Farocki interessiert am operativen Bild exakt diese Zurückverweisung der Metasprache auf eine Objektsprache, also ein Metasprachlich-Werden einer vermeintlichen Normsprache angesichts der Konfrontation mit einer anderen nicht-metasprachlichen Sprache: Das operative Bild ist ein Gegenbild zum medialen Bild, beispielsweise zum medialen Bild des Krieges. Das operative Bild, etwa das Bild aus einer Drohnenkamera, entlarvt dieses mediale Bild, etwa jenes aus den Nachrichten, als Metasprache und ersetzt es mit seiner eigenen Sprache der Objekte.

Im Hinblick auf die Texte in Barthes' *Mythologies* ist es nun interessant, dass diese Sammlung nur aus Essays besteht und man sich angesichts der oben genannten Beobachtungen fragen muss, warum Barthes keine literarischen Texte schreibt oder erwähnt, die Bedingungen einer Objektsprache erfüllen. Statt seine eigene Analyse über die Objektsprache auszutesten und Sprache zu präsentieren, die unmittelbar mit und an den Objekten arbeitet, begnügt Barthes sich damit, die neuen Mythen der bürgerlich-kapitalistischen Welt in ihrer semiotischen Funktionalität zu erklären, um sie zu demontieren. Das ist zweifellos einerseits dem Entstehungskontext als Zeitungsglossen Mitte der 1950er geschuldet, die auf alltägliche Phänomene antworten und erst im Nachhinein als Buch zusammengefasst wurden. Andererseits ist aber auch die oben zitierte und von Farocki verwendete theoretische Unterfütterung der *Mythologies*, die im Buch durch den abschließenden Text »Mythos heute« nachgeliefert wurde, zurückzuführen auf ebendiese Kritik an Barthes' Projekt.[25] Barthes beantwortet mit diesem Nachwort gewissermaßen die während der Jahre der Veröffentlichung der Glossen entstandenen Fragen und Unklarheiten darüber, was genau er denn als ›Mythos‹ habe bezeichnen wollen, wie sie beispielsweise von Jean Paulhan geäußert wurden.[26] Trotzdem verwundert es, dass Barthes nicht auch ohne diese Kritiken und Fragen literarische Texte verfasst hat oder zumindest Schreibexperimente angestellt

25 Vgl. dazu auch Lindorfer, Bettina: »Mythen des Zeichens. Zur ›ersten Semiologie‹ bei Roland Barthes«. In: Körte, Mona/Reulecke, Anne-Kathrin (Hgg.): *Mythologies – Mythen des Alltags. Roland Barthes' Klassiker der Kulturwissenschaften.* Berlin: Kadmos 2014, S. 67–83.

26 Vgl. Guérin, Jean alias Paulhan, Jean (1955): Mythologies, Roland Barthes. In: *Nouvelle Revue Française* 30, S. 1118–1119.

hat, die seiner eigenen in »Mythos heute« nachgelieferten Theorie nicht-mythischen, nicht-metasprachlichen Sprechens nachgekommen wären. Anders als in Farockis Filmen gibt es in Barthes' Texten keine längeren Passagen mit operativer Sprache, sondern sie blicken nicht oder höchstens sehr punktuell auf die Ebene der operativen Sprache.

4. Operierende Texte

Ausgehend von diesen Beobachtungen an Farockis Verwendung des Barthes'schen Begriffs bzw. ausgehend von Barthes' eigener Übergehung des literarischen Potentials der operativen Sprache möchte ich daher zurückkehren zum Eingangsproblem der ›operierenden Texte‹ und die Frage stellen: Gibt es operierende Texte, Erzählungen, Geschichten, die vergleichbar wären mit dem operativen Bild und seiner inhärenten Kritik an einer Metasprache? Lässt sich die Kategorie des operierenden Textes fruchtbar machen, um darüber bestimmte Text- oder Literaturformen als nicht-menschliche Akteure wahrzunehmen, als eine Textsorte, die selbst immer schon handelt und als Akteur in Akteurnetzwerke eingebunden ist? Gibt es Texte, deren Entnahme aus solch geschlossenen Kreisläufen uns einen Einblick in diese Kreisläufe ermöglichen würde? Und uns zu einem Verständnis darüber verhelfen könnte, dass die Literatur dort als ein nicht-menschlicher Akteur agiert – was auch immer das im Einzelnen bedeuten könnte? Bzw. welche Texte könnten unter ein solches Genre ›operierender Literatur‹ fallen?[27] Einerseits könnte man sie dann noch schärfer in ihrer literarischen Funktion beschreiben, und andererseits ließe sich so aber eine Form von Text oder Erzählung begreifen, die uns Rezipierende vor ganz andere formale Bedingungen stellt als es die Literatur üblicherweise tut: Wir würden den Einbruch des Textes als nicht-menschlichen Akteur in unsere Lebenswelt erfahren und müssten sodann auf sie reagieren.[28]

---

27 Wie in Fn. 2 beschrieben, wird ›operierend‹ hier in Abgrenzung zur ›operativen Literatur‹ benutzt, wo das Wort ›operativ‹ nur im generellen metaphorischen Sinne von ›mit Bezug zur Arbeit‹ oder im Sinne eines Anliegens verwendet wird. Vgl. dazu auch Berghahn, Klaus L. (1980): Operative Ästhetik. In: Lützeler, Paul Michael/Schwarz, Egon (Hgg.): *Deutsche Literatur in der Bundesrepublik seit 1965. Untersuchungen und Berichte.* Königstein (Ts.): Athenäum 1980, S. 270–281.

28 Damit kompliziert die Existenz der hier definierten ›operierende Literatur‹ grundlegend die von Hans Blumenberg analysierte Relationalität von Lebenswelt bzw. Wirklichkeit und der Möglichkeit autor-basierter Literaturgattungen wie dem Roman. Vgl. Hans Blumenbergs Bezug zwischen Roman und Lebenswelt bzw. Wirklichkeit in Blumenberg, Hans: Wirklichkeitsbegriff und Möglichkeit des Romans. In: Haverkamp, Anselm (Hg.): *Hans Blumenberg. Ästhetische und metaphorologische Schriften.* Frankfurt/Main: Suhrkamp 2001, S. 47–73.

Einzuführen wäre dann auch eine Unterscheidung zwischen Texten, die – auf der einen Seite – als Literatur gelten, weil sie immer schon in eine literarische Zirkulation eingewoben und für sie geschrieben worden sind, also die Literatur *en gros*; und – auf der anderen Seite – von Texten, die nicht als Literatur gelten, weil sie nicht für literarische Zirkulationsformen, sondern mit Blick auf eine unmittelbare, nicht-literarische Anwendung geschrieben worden sind. Letztere hätten damit Eigenschaften von operierenden Texten, deren Operationalität wir auch als eine Aktivität außerhalb der menschlichen Sphäre verstehen könnten. Bei der Entnahme aus ihren geschlossenen Kreisläufen würde exakt diese Operationalität sichtbar als ihre eigene Qualität.

Unter diesen Kriterien kommen natürlich nicht vollkommen unbekannte Texte in den Blick, es schärft sich eher der Blick für bekannte Texte. Man könnte an die erwähnte KI-generierte Literatur denken, oder man könnte an Dada-Literatur, konkrete Poesie oder Gebrauchsliteratur denken. Doch die genannten Genres vermögen es kaum, dem oben genannten Kriterium zu entsprechen, wonach sie nicht unbedingt nur sprachliche Konzeptkunst sind, bei der doch Autorschaft thematisiert wird, wenn auch negativ, sondern sie scheitern auch daran, uns als Lesende bei ihrer Lektüre zu affizieren, zu treffen und zu bewegen.

Eine Textsorte, die unter den bisher aufgestellten Kriterien als ein operierender Text bezeichnet werden kann, ist das nicht-fiktionale Protokoll: Man kann dabei sowohl an die *Bottroper Protokolle* Erika Runges von 1968, an Maxie Wanders *Guten Morgen du Schöne* von 1977 oder an die 2022 erschienenen Protokolle Sevim Celik-Lorenzens *Guten Morgen, Güzelim!* denken. Jedoch ließen sich auch Drogenprotokolle wie diejenigen Walter Benjamins, oder Marie Jahodas und Paul Lazarsfelds Studie *Die Arbeitslosen von Marienthal* von 1933 darunter zählen. Im Gegensatz zur fiktionalen ›Protokollliteratur‹, wie beispielsweise den im Untertitel als ›Protokoll‹ bezeichneten Romanen Albert Drachs, eint diese nicht-fiktionalen Protokolle, dass in ihnen Sprache und Inhalte auftauchen, die nicht um des Erzählens, der Unterhaltung, der Sprache oder der Literatur willen erzählt worden sind. Protokolle sind zunächst Entnahmen von Inhalten in bereits vorgefundener sprachlicher (zumeist mündlicher) Form aus dem explizit nicht-literarischen Bereich. Ihre Überführung in den Text anhand des Protokollformats und -stils kann nur zum Teil glücken bzw. verbleibt von vorneherein kontingent oder sogar unklar, wie Eckhard Schumacher markiert hat.[29]

Vielmehr ist der Grenzverlauf zwischen den Werken, die nicht literarisch sind, etwa rein qualitativen Interviews aus den Sozialwissenschaften, und denjenigen, bei denen

29 Schumacher, Eckhard (2018): »ich wählte ein großes Mikrophon …« Interview und Protokoll als literarische Verfahren. In: Assmann, David-Christopher/Menzel, Nicola (Hgg.): *Textgerede. Interferenzen von Mündlichkeit und Schriftlichkeit in der Gegenwartsliteratur*. Paderborn: Wilhelm Fink, S. 95–110.

Autor*innen im Sinne des Verfahrens der »verdeckten Montage«[30] eingegriffen haben, fließend. Denn man kann selbstverständlich Erika Runges Transkriptionen der eigentlich in Vorbereitung eines Filmes gemachten Interviewaufnahmen[31] als nicht verfälscht, Maxie Wanders tiefere Eingriffe in *Guten Morgen du Schöne* (für das sie auch als Autorin zeichnet) dagegen als literarisch verformt verstehen. Oder man kann Kathrin Rögglas als »Roman« markiertes Buch *wir schlafen nicht*, das auf Interviews mit Beschäftigten der New Economy basiert, bereits als autorbasierte Protokollliteratur verstehen. Röggla wäre hier unter Umständen sogar näher an Albert Drach als an Erika Runge, was sich beispielsweise auch für die Texte in Alexander Kluges *Lebensläufe* zeigen ließe, die unter einen ähnlich weiten Begriff des literarischen Protokolls fallen könnten. »[D]ie Literatur [hat] in der Moderne eine untergründige Affinität zum Protokoll entwickelt«, bringt Michael Niehaus seine Beobachtungen dieses Grenzbereichs zwischen nicht-fiktionalem Protokoll und fiktiver Protokollliteratur auf den Punkt: »In dem Augenblick, in dem sie sich mit der eigenen Grundlosigkeit, mit der Abwesenheit eines institutionellen Ortes und einer eindeutigen Funktion konfrontiert sieht, kann die Literatur damit beginnen, sich des Anderen zu bemächtigen, um damit zu experimentieren. Sie *kann* protokollarisch werden.«[32] Dies sind jedoch jeweils konkrete Einzelfragen über die Zugehörigkeit einzelner Texte zu den jeweiligen Kategorien bzw. den Grad des Eingriffs von Autor*innen, die Niehaus etwa anhand der direkten, indirekten oder maskierten Varianten des Protokollstils beleuchtet. Für das hier verfolgte Anliegen, diejenigen ›operierend‹ genannten Aspekte der Texte zu beleuchten, die eben gerade unabhängig von Autor*innen bestehen, sind Niehaus' Überlegungen zunächst sekundär.

Die Fragen, die für die Erörterung des ›operierenden Textes‹ entscheidend sind, sind eher die Fragen, welche Effekte die Entnahme der nicht-literarischen Mitteilungen und Äußerungen aus ihren internen Kontexten und ihr Eintritt in den noch nicht literarischen Bereich für die Lektüre des Textes haben. Es lässt sich argumentieren, dass diese Texte einen ähnlichen ästhetischen Effekt auslösen wie die Bilder Farockis: Ihre Alterität ist es, auf die wir nicht vorbereitet sind. Wenn wir sie lesen, liegt uns nicht schon ein literarisches Rezeptionsmuster vor, anhand dessen wir uns auf sie einlassen können. Stattdessen müssen wir ihre Alterität erst mit unserem eigenen Leseakt einholen – oder anders und besser formuliert: Wir müssen mit ihrer Intervention in unsere Le-

30 Vgl. hierzu Niehaus, Michael (2005): Protokollstile. Literarische Verwendungsweisen einer Textsorte. In: *DVjS* 79, 4, S. 692–707, hier: S. 702.

31 Runge, Erika (1976): Überlegungen beim Abschied von der Dokumentarliteratur. In: Timm, Uwe/Fuchs, Gerd (Hgg.): *Kontext 1: Literatur und Wirklichkeit.* München: Bertelsmann, S. 97–119. Wiederabgedruckt in: Ehleiter, Regine/Nicastro, Clio/titre provisoire (Schuster, Cathleen/Dickhage, Marcel) (Hgg.) (2023): *Erika Runge: Überlegungen beim Abschied von der Dokumentarliteratur. Dokument Kommentar Gespräch.* Berlin: bierke Verlag, S. 3–16.

32 Niehaus: Protokollstile, S. 698.

benswelt umgehen, und die darin protokollierten Leben, Realitäten, Erfahrungen übersetzen in für uns verständliche, nachvollziehbare. Das technische und nichtmenschliche Entstehen des Protokolls, das seine interne aisthetische Qualität bedingt, wirkt sich aus als ein Imperativ, als ein Anspruch, diese ursprünglich nicht-menschliche Alterität als eine Intervention oder als eine Störung in der eigenen menschlichen Lebenswelt zuzulassen.

Diese Konstellation aus technisch bedingter Sprache, die nicht von einer Autorin geschrieben worden ist, illustriert etwa der unvermittelte Beginn eines Absatzes wie der folgende. Würde man ihn als Teil der autorbasierten Literatur lesen, könnte man ihn fast als einen fiktiven, in mündlichem Stil geschriebenen Monolog lesen. Stattdessen ist er im Sinne des ›operierenden Textes‹ aber als ein Textstück zu lesen, das erst durch viele technische Schritte zustande gekommen ist, an denen niemals eine Autorin beteiligt war:

> Bei meinem Freund, jetzt, ist es genauso wie bei mir, er hat eigentlich die gleichen Probleme, nich die gleichen, aber ungefähr die gleichen Probleme wie ich. Er stammt aus einer streng katholischen Familie, und seine Eltern sehn nun überhaupt nich gerne, daß er am Ostermarsch teilnimmt, daß er an unserem Club mitmacht undsoweiter. Er hat natürlich noch mehr Ärger zu Hause in dieser Hinsicht als ich.[33]

Dieser Text aus den *Bottroper Protokollen* unterscheidet sich grundlegend von literarischen Texten, weil sowohl Format als auch Entstehungskontext nur zufällig in einen Text fallen, nur zufällig mit den Kriterien für Literatur übereinstimmen. Die hierin zum Vorschein kommende Sprache war nie für einen Text und schon gar nicht als Literatur gedacht. Vielmehr spricht durch den Stil, die aufgenommene Mündlichkeit und die Diktion die technische Aufnahmesituation des Tonbandgeräts und Runges durch ihre Filmrecherche motivierte Befragungsarbeit, die diesen Text erst möglich gemacht und hervorgebracht haben. Analog zum operativen Bild, ist dieser Text eher ein Abfallprodukt einer technischen Produktion, seine Montage als Korpus und seine Veröffentlichung ist eine Dekontextualisierung und Deplatzierung, wie Farocki sie auch als Bedingungen des Sichtbarmachens operativer Bilder beschrieben hat. Es handelt sich hierbei also nicht um Literatur, weder ästhetisch oder poetisch, noch epistemologisch, sprachlich oder narratologisch. Was Runge als Text herausgegeben hat, ist ein von verschiedenen nicht-menschlichen Instanzen produziertes Skript, das deswegen grundsätzlich Teil eines anderen technischen Kreislaufes ist und damit auch nicht in intaktem ›operierenden‹ Zustand in die institutionellen Kreisläufe der Literatur und ihrer gesellschaftlichen Kommunikation hinübergenommen werden kann. Vielmehr

---

33 Runge, Erika (1968): *Bottroper Protokolle. Aufgezeichnet von Erika Runge.* Frankfurt a.M.: Suhrkamp, S. 113 (»Verena D. Kaufmännische Angestellte«).

erhalten wir in diesem Text Einblick in das Sprechen der Menschen für ein Tonband einer Journalistin oder Filmemacherin. Niehaus' These, dass alle Literatur in der Moderne potentiell protokollarisch werden kann, führt daher auch im Umkehrschluss zu der Folgerung, dass auch etwas in den Protokollen existieren muss, was literarisch werden könnte – ohne deswegen jemals mit Literatur gleichgesetzt zu werden. Dieses Residuum der technischen Genese ist das Operationale des Protokolls, das unter Umständen im finalen Text noch enthalten ist, aber innerhalb des institutionalisierten Diskurses der Literatur nicht vollends übersetzt, aufgenommen, oder in seiner Fülle wahrgenommen werden kann.

Deswegen ist es aufschlussreich, noch einmal zurückzukehren zur Differenz zwischen autorschaftsbasierter Protokollliteratur und dem technischen ›operierenden‹ Protokoll, die sich bereits deutlich beim Vergleich von Rögglas *wir schlafen nicht* und Runge abzeichnet. Iuditha Balint hat für diesen Vergleich herausgearbeitet, dass Röggla in viel höherem Maße als Runge Bearbeitungen vornimmt und folglich auch richtigerweise als Autorin bezeichnet werden muss: »Runge tritt als protokollierende und herausgebende Instanz auf, die die Äußerungen anderer lediglich ›aufzeichnet‹ und der Öffentlichkeit zur Verfügung stellt; Röggla agiert dagegen als Autorin eines fiktionalen Romans, der auf Interviews basiert.«[34] Diese textgenetische aber auch ästhetische Differenz, die zwischen Rögglas Einnahme einer Autorinnenschaft und Runges Bestehen auf einer rein »protokollierenden Instanz« liegt, lässt Rückschlüsse auf Gründe für das bisherige Übersehen der ›operierenden Literatur‹ zu.

Zum einen illustriert diese Differenz historisch, dass es eine männlich dominierte literarische Sphäre Runge um 1968 noch weitaus schwieriger machte, die Stimme der Autorin einzunehmen; Röggla konnte sich 35 Jahre später, sowohl innerhalb als auch außerhalb des Textes, die Stimme einer Autorin mit deutlich weniger Widerständigkeiten erarbeiten. Runge selbst zitiert bereits zu Beginn ihres Essays »Überlegungen beim Abschied von der Dokumentarliteratur« von 1976 die Reihe von männlichen Stimmen aus dem Feuilleton und der Literaturkritik, die über ihre Arbeit an den *Bottroper Protokollen* mit überspitzter Feder urteilten und ihr diese oder jene ungefragten Ratschläge erteilten. So referiert Runge beispielsweise die Kritik eines gewissen Wolfgang Harich und schreibt, anhand des zweifellos schmerzlichen Zitierens aus seiner Rezension: »Für ihn bergen Protokolle die ›Tendenz zur Zersetzung großer humaner Traditionen‹, sie sind ›Folgeerscheinung […] des Kapitalismus‹, kurz: die ›derzeit übelste, ekelhafteste westliche Mode‹.«[35] Runge wird als unkreativ und

---

34 Balint, Iuditha (2017): Die Frage literarhistorischer Genrezuordnungen: Erika Runges *Bottroper Protokolle* (1968) und Kathrin Rögglas *wir schlafen nicht* (2004). In: Balint, Iuditha/Nusser, Tanja/Parr, Rolf: *Kathrin Röggla*. München: edition text+kritik, S. 15–32, hier: S. 27f.

35 Runge: Überlegungen beim Abschied, S. 7.

»schreibfaul«[36] beschimpft, weil sie sich auf die dokumentarische Protokollform zurückgezogen habe, statt selbst zu schreiben wie ein »Renaissancemensch«[37]. Dass die *Bottroper Protokolle* und Runges andere Protokollbücher *Frauen. Versuche zur Emanzipation* (1969) und *Reise nach Rostock, DDR* (1970) damit allein an ›der Literatur‹ im Sinne einer Genieästhetik gemessen werden, ohne für sich gelesen und als Produkt ernst genommen zu werden, muss Runge nicht nur getroffen, sondern ihr auch den Literaturbetrieb als persönlich engstirnigen und definitorisch hermetisch verschlossenen Raum dargestellt haben. Runges Beibehaltung der Protokollform in den Jahren 1968 bis 1976 kann daher auch als eine feministische Strategie verstanden werden, die die Herausgabe von operierenden Texten vorzieht, statt sie nur als Quelle für eigene Erzählungen zu nehmen, um sich so nicht vollends als Autorin und dazu noch mit progressiven Themen den Angriffen der Literaturkritik aussetzen zu müssen. Nachdem dieses Beibehalten des Protokolls als operierender Textform aber offensichtlich trotzdem Angriffe auf ihre Person nach sich zog, muss ihr Schritt hin zum Film und weg von der ›Literatur‹, den sie in »Überlegungen beim Abschied« rechtfertigt, nicht nur als ein Rückzug aus einer zweifellos toxischen Sphäre der Literaturkritik verstanden werden. Ihr »Abschied« ist auch eine Reaktion auf die gescheiterte Anerkennung des operierenden Textes als eigenständiger, alteritärer Sprachform, für die bereits rein technisch keine Autorin verantwortlich zeichnen kann. Selbst ohne die Verwundbarkeit als Autorin muss für Runge als Herausgeberin fremdartiger Texte der Verriss jeden Erfolg überwogen haben. In den »Überlegungen beim Abschied« begründet Runge schließlich entsprechend, warum sie nicht den Gegenschritt hin zu einer offensiven Einnahme der Position von Autorinnenschaft gegangen sei. Sie habe schlichtweg »Angst«, noch weiter von der Literaturkritik »bloßgestellt« und angegriffen zu werden, und sich außerdem noch für die Verwendung ihrer kreativen Mittel immer wieder rechtfertigen zu müssen, weil scheinbar ihr Verständnis von Sprache und Phantasie nicht dem bürgerlichen Ideal der herrschenden Diskurse entspreche.[38]

Gerade diese von Runge erklärte Konfliktlage aus männlicher Dominanz im öffentlichen und literarisch-akademischen Raum sowie dem bürgerlichen Zwang zu

36 Runge: Überlegungen beim Abschied, S. 7.

37 Runge: Überlegungen beim Abschied, S. 7.

38 »Wenn ich schon kein soziologisches Buch veröffentlicht habe, warum habe ich dann nicht meine Erlebnisse und Erkenntnisse, meine Fantasie und meine Sprache eingebracht? / Ich war dazu nicht imstande, obgleich ich das Bedürfnis hatte. Ich wollte schreiben, aber mir fehlten die Worte. Ich wollte von mir, meinen Wünschen und meinen Schwierigkeiten sprechen, aber ich hatte Angst, mich bloßzustellen. Ich wollte mich politisch engagieren, aber ich fürchtete, entlarvt zu werden. Ich wollte meine Fantasie gebrauchen, aber auf der Universität hatte ich gelernt, daß als Literatur nur akzeptiert wird, was die Mehrheit der Bevölkerung nicht betrifft. Mich den Konkurrenzansprüchen meiner Klasse, des Bürgertums, zu stellen, gelang mir nicht.« Runge: Überlegungen beim Abschied, S. 8.

nicht-experimenteller Fantasieverwendung und zur Aufrechterhaltung von Klassenunterschieden verstellt aber bereits ihren Zeitgenoss*innen – und womöglich gar zum Teil ihr selbst – den Blick auf die hier beschriebene Operationalität der Sprache und auf die technische Qualität des Protokolls. Zumindest konnte in dieser Spannungslage keine offene oder gar fruchtbare literaturwissenschaftliche Analyse der ›operierenden‹ Texte entstehen. Statt sich dem Prozess des Protokollierens und der daraus resultierenden alteritären, weil eben nicht-auktorialen Prosa positiv nähern zu können, wird diese Alterität bereits von vorneherein aus den angeführten Gründen in die Unsichtbarkeit verschoben. Zugespitzt formuliert bestätigt dies die anfangs gemachte Beobachtung, dass sich das Protokoll stets zur Autor*innenliteratur verhalten muss, womit seine genuin ästhetischen und formalen Qualitäten von vorneherein niedriggestellt und in ihrer Effektivität unsichtbar und unbesprochen bleiben. Dass textuelle Qualitäten schwer diskutiert werden können, wenn ihre Genese außerhalb von Autorkontrolle und -disziplinierung vermutet werden muss, wird durch Runges Fall bestätigt.

5. Alterität des Textes

Um von der Autorinstanz oder auch der Autorfiktion wegzukommen, mit der Röggla bewusst arbeitet, ist es entscheidend, sich die Genese der *Bottroper Protokolle* als einen Prozess in Analogie zum operativen Bild zu denken. Hinter den vorliegenden Textformen agieren technische, nicht-literarische Medienformate und Kreisläufe, die wiederum nach eigenen internen Abläufen und Bedingungen – d.h. technischen Protokollen – verfahren. Runges Tonbandaufnahmen, mit ihren konkreten Bedingungen wie etwa Mikrofonradius, Bandformat bzw. -länge und Batterielaufzeit, fallen darunter oder auch während der Gespräche angedachte oder möglicherweise ausprobierte Filmeinstellungen für den Dokumentarfilm, dessen Planung Runge während der Tonbandaufnahmen eigentlich verfolgte. Diese nicht-literarischen Medien werden durch den Text protokolliert, bzw. der zeitbasierte Index von Tonband oder Dokumentarfilm wird durch das Protokoll der »textuellen Erzählung« hier erst verhandelbar und aufschreibbar: Die *Bottroper Protokolle* sind Texte im Protokollstil, weil ihnen ein Übertragungsprotokoll vorausgeht, das regelt, wie nicht-literarische Sachverhalte Text werden können.

Es ist daher kein zufälliger, sondern ein für die nicht-literarische Eigenständigkeit der ›operierenden Texte‹ relevanter Aspekt, dass auch Farocki bereits Jahre vor der Begriffsbildung ›operatives Bild‹ Sequenzen dokumentarfilmisch aufgenommen hat, in denen er einzelne Situationen, Gesten und Sprachhandlungen aus geschlossenen Interaktionen des Alltags herauspräpariert hat. Seine Filme *Die Schulung* (1986) oder *Leben BRD* (1990) sind so montiert, dass diese Sequenzen isoliert und dekontextualisiert erscheinen, um die automatisierten Handlungen in den gezeigten alltäglichen Abläufen hervorzuheben. Mit Blick auf die ›operierenden Texte‹ der *Bottroper Protokolle* lässt sich also auch bereits bei Farocki die Tendenz, wenn nicht zu ›operierenden Texten‹, so doch zu ›operierenden Szenen‹ erkennen – und natürlich der anhaltende Einfluss der Lektüre von Barthes und Brecht. Zwar besteht bei allen genannten Beispielen von Runge bis Farocki ein Einfluss des epischen Theaters, sowie eine Nähe zum postdramatischen Dokumentartheater, aber trotzdem lässt sich – anders als bei Röggla – keine Rahmung erkennen, die diese Werke bereits mit in die gesellschaftliche Institution der Literatur hineingenommen hätte. Sie verbleiben außerhalb am Rand, weil aus ihnen noch die transitive Verbundenheit der Sprache mit den aktiven Leben, Arbeiten, Taten der Sprechenden zu hören ist. Stattdessen eröffnet ihr Zwischenstatus zwischen ihrer vormaligen Nicht-Textualität und ihrer noch nicht eingetretenen Literarizität einen Zwischenraum zwischen Welt und Literatur, den das Protokoll als Reglement von Übertragungs- und Transkriptionsmodalitäten aufgespannt hat und über den es mit seinen Regeln wacht. Das Protokoll als unsichtbares Regelwerk ist also immer mit am Werk beim Protokoll als sichtbarer und sonderbarer Textsorte.

Damit lassen sich diese Protokolltexte auch insofern als eigenständige Akteure verstehen, als sie uns dabei stören, nicht an unsere eigene Lebenswelt zu denken, um mit Hans Blumenbergs Definition der durch kleine Formen, insbesondere durch fabelartige Texte, induzierten Nachdenklichkeit zu sprechen.[39] Vielmehr entlarven sie die gültige Literatur als Metasprache und helfen uns dabei, die von Autor*innen geformte Prosa als bereits literarische zu verstehen. Statt in einer wie auch immer repräsentativen, vermittelnden Funktion zwischen Welt und Leser zu stehen, vermag der operierende Text als autonomer Akteur zu agieren, weil er die repräsentative Funktion der Literatur und mit ihr die Vorläufer Rhetorik und Poetik umgeht. Das Protokoll agiert unabhängig von der Welt und unabhängig von uns, und gerade deswegen müssen wir uns zu ihm verhalten. Selbst indem wir ihn gezielt ignorieren, reagieren wir auf einen Protokolltext. Und nicht zuletzt lässt sich das Protokoll auch mit Hans-Jörg Rheinberger und Bruno Latour als ein »epistemisches Ding« beschreiben, das immer schon in eine Interaktionskette mit anderen Akteuren eingebunden ist.[40] Die Lektüre eines Protokolls macht uns deshalb nicht zu einem Rezipienten von Literatur innerhalb eines gesellschaftlichen Systems, sondern zunächst zu einem Lese-Akteur, der einem Protokoll-Akteur gegenübertritt. Nicht immer, aber in Fällen von gelungener Störung ereilt uns dieser Protokoll-Akteur dann als ein Phänomen, dass uns seine gewisse lebensweltliche

39 Blumenberg, Hans (1980): Nachdenklichkeit. In: *Jahrbuch der Deutschen Akademie für Sprache und Dichtung*, S. 57–61.

40 Rheinberger, Hans-Jörg (2008): Epistemic Objects/Technical Objects. In: Feest, Uljana/Rheinberger, Hans-Jörg/Abel, Günter (Hgg.): *Epistemic Objects*. Berlin: Max-Planck-Institut für Wissenschaftsgeschichte, S. 93–98.

Autonomie oder Eigensinnigkeit spüren lässt. Man kann hier von Eigensinn oder Autonomie im Sinne von Negt und Kluge sprechen, denn proto-literarische Protokoll-Akteure sind eben nicht Teil der ökonomischen Zirkulation von Kultur, und können es nur unter Verlusten und Missverständnissen werden, wie man es am Fall der *Bottroper Protokolle* ablesen kann.

Vielleicht liegt es nach diesen Überlegungen nahe, den offensichtlichen Unterschied zwischen dem operativen Bild bei Farocki und dem operierenden Text des Protokolls zuletzt noch in der bei beiden grundsätzlich verschiedenen Rolle der Technologie und der Medientechnik zu sehen. Ist doch das operative Bild sozusagen indexikalisch und ontologisch durch die Maschinensicht und ihre darin mitangelegte automatisierte Verarbeitung gekennzeichnet, wohingegen das Protokoll als oft eher beiläufig oder experimentell verfasstes Schriftstück erscheint. Demgegenüber ist allerdings anzubringen, dass auch das textuelle Protokoll natürlich nicht nur das ›Was‹ der Kommunikation beinhaltet, sondern immer auch das ›Wie‹ der Kommunikation reguliert: Zunächst ist es auf einen ganz bestimmten Zweck ausgerichtet, anhand dessen Informationen organisiert, formatiert und verteilt werden sollen, wie es Alexander Galloway schon 2004 nach dem Ende der Internetutopie der 90er Jahre in seinem Buch *Protocol* formuliert hat.[41] Diese Form der dezentralen Informationskontrolle wird auch durch die textuellen Protokolle ausgeübt: Bei Runge etwa anhand der Überführung der formal und mit politischer Tendenz geführten Interviews, die über Audiobänder aufgenommen wurden und sodann verschriftlich wurden, allerdings unter Beibehaltung von Details wie dialektaler Eigenheiten. Dass Runge dabei, wie sie später schreibt, lediglich versucht habe »Materialien« zu sammeln, stellt sich nicht zuletzt dann als Form der Kontrolle heraus, wenn sie offen zugibt, dafür die Montage und Dramatisierungstechnik angewandt zu haben, die sie beim Fernsehen erlernt hatte.

Die befremdliche Unmittelbarkeit, die aus diesen Texten spricht, ist dieser Strukturierung durch das Protokoll geschuldet. Jedes Protokoll reguliert jeweils die Form seines eigenen Verständnisses, und zwar am Rand des gesellschaftlichen Systems Literatur. Wie wir uns einem Protokoll gegenüberstellen, ist nicht zuvor durch den literarischen Diskurs verbürgt. Wir müssen uns stattdessen zu jedem neuen Protokoll bzw. jedem neuen Protokollformat und seiner alteritären Operationalität verhalten, wenn es uns in unserem Alltag stört, interveniert und versucht, den Fluss seiner Informationen in unser Verstehen hinein zu kontrollieren. Die Akteursqualität, die dem Protokoll als einer Form eines operierenden Textes zuzusprechen ist, ist damit auch immer eine, die mit der Regulation von Verstehen, Rezeption und Reaktion an den

41 Galloway, Alexander R. (2004): *Protocol. How Control Exists after Decentralization.* Cambridge, MA: MIT Press. Vgl. hierzu auch den gerade erschienen Band von Plener, Peter/Werber, Niels/Wolf, Burkhardt (Hgg.) (2023): *Das Protokoll.* Stuttgart: Metzler (insbesondere den ersten Teil »Prozedere & Prozeß«).

Rändern der Literatur zusammenhängt. Wie das operative Bild ist damit auch der operierende Text am Rand der diskursiven Sichtbarkeit angesiedelt, und es ist damit zuletzt auch kein Zufall, dass Runge und Farocki diese operationalen Medien nur unter bewusster oder zufälliger Verschleierung ihrer eigenen Ansprüche und Anliegen in die Verlage, Galerien und Universitäten haben tragen können.

Literaturverzeichnis

Adelson, Leslie (2017): *Cosmic Miniatures and the Future Sense.* Berlin: De Gruyter.

Alféri, Pierre (2016): *Brefs.* Paris: P.O.L.

Bajohr, Hannes/Gilbert, Annette (Hgg.) (2021): *Digitale Literatur II.* Sonderband *Text+Kritik.* München: edition text+kritik.

Balint, Iuditha (2017): Die Frage literarhistorischer Genrezuordnungen: Erika Runges *Bottroper Protokolle* (1968) und Kathrin Rögglas *wir schlafen nicht* (2004). In: Balint, Iuditha/Nusser, Tanja/Parr, Rolf: *Kathrin Röggla.* München: edition text+kritik, S. 15–32.

Barthes, Roland (2010): *Mythen des Alltags.* Berlin: Suhrkamp.

Barthes, Roland (1957): *Mythologies.* Paris: Seuil.

Berghahn, Klaus L. (1980): Operative Ästhetik. In: Lützeler, Paul Michael/Schwarz, Egon (Hgg.): *Deutsche Literatur in der Bundesrepublik seit 1965. Untersuchungen und Berichte.* Königstein (Ts.): Athenäum 1980, S. 270–281.

Blumenberg, Hans (1980): Nachdenklichkeit. In: *Jahrbuch der Deutschen Akademie für Sprache und Dichtung*, S. 57–61.

Distelmeyer, Jan (2022): Which Operativity? On Political Aspects of Operational Images and Sounds. In: *Interface Critique* 4, S. 23–33.

Dumitrescu, Irina/Holsinger, Bruce (Hgg.) (2019): *In Brief. New Literary History* 50.3, Special Issue.

Farocki, Harun (2004): »Phantom Images«. In: *Public* 29: *New Localities*, S. 12–22.

Farocki, Harun (2022): *Schriften*, Bd. 6: *Lerne das Einfachste! Texte 2001–2014.* Hg. v. Volker Pantenburg. Köln: Verlag der Buchhandlung Walther König.

Faroqhi, Harun (1965): »Mythen des Alltags« von Roland Barthes. SFB, 26.6.65, Ts., Harun Farocki Archiv.

Frey, Christiane/Fuchs, Florian/Martyn, David (Hgg.) (2023): *Below Genre: Short Forms and Their Affordances. Colloquia Germanica* 56.2–3, Special Issue.

Fuchs, Florian (2023): *Civic Storytelling: The Rise of Short Forms and the Agency of Literature.* New York: Zone Books.

Fuller, Matthew/Weizman, Eyal (2021): *Investigative Aesthetics: Conflicts and Commons in the Politics of Truth.* London/New York: Verso.

Galloway, Alexander R. (2004): *Protocol. How Control Exists after Decentralization.* Cambridge, MA: MIT Press.

Goyet, Florence (2014): *The Classic Short Story, 1870–1925: Theory of a Genre.* Cambridge: Open Book.

Grant, Ben (2016): *The Aphorism and Other Short Forms.* London: Routledge.

Hahn, Ulla (1978): *Literatur in der Aktion. Zur Entwicklung operativer Literaturformen in der Bundesrepublik.* Wiesbaden: Akad. Verl.-Ges. Athenaion.

Helms, Hans G. (1973): Vom Proletkult zum Bio-Interview. Sergej Tretjakovs Entwicklung einer ›operativen‹ Literatur unter dem Aspekt ihrer heutigen praktischen Anwendung. In: Hübner, Raoul/Schütz, Erhard (Hgg.): *Literatur als Praxis? Aktualität und Tradition operativen Schreibens.* Opladen: Westdeutscher Verlag, S. 71–95.

Hui, Andrew (2019): *A Theory of the Aphorism: From Confucius to Twitter.* Princeton, NJ: Princeton University Press.

Huyssen, Andreas (2015): *Miniature Metropolis: Literature in the Age of Photography and Film.* Cambridge, MA: Harvard University Press.

Jäger, Maren/Matala de Mazza, Ethel/Vogl, Joseph (Hgg.) (2021): *Verkleinerung: Epistemologie und Literaturgeschichte kleiner Formen.* Berlin: De Gruyter.

Killick, Tim (2008): *British Short Fiction in the Early Nineteenth Century: The Rise of the Tale.* London: Routledge.

Kittler, Friedrich (1985): *Aufschreibesysteme 1800/1900.* München: Wilhelm Fink.

Košenina, Alexander/Zelle, Carsten (Hgg) (2011): *Kleine anthropologische Prosaformen der Goethezeit (1750–1830).* Hannover: Wehrhahn.

Latour, Bruno (2016): *How Better to Register the Agency of Things.* University of Utah Press.

Lucchi, Nicola (2023): ChatGPT: A Case Study on Copyright Challenges for Generative Artificial Intelligence Systems. In: *European Journal of Risk Regulation,* 1–23. doi:10.1017/err.2023.59.

Martus, Steffen/Spoerhase, Carlos (2022): *Geistesarbeit: Eine Praxeologie der Geisteswissenschaften.* Berlin: Suhrkamp.

Mersch, Dieter (2015): *Epistemologien des Ästhetischen.* Zürich/Berlin: diaphanes.

Montgomery, Blake (2023): OpenAI offers to pay for ChatGPT customers' copyright lawsuits. In: *The Guardian,* 06.11.2023. https://www.theguardian.com/technology/2023/nov/06/openai-chatgpt-customers-copyright-lawsuits. 27.06.2024.

Muse, John H. (2017): *Microdramas: Crucibles for Theater and Time.* Ann Arbor: University of Michigan Press.

Niehaus, Michael (2005): Protokollstile. Literarische Verwendungsweisen einer Textsorte. In: *DVjS* 79, 4, S. 692–707.

Paglen, Trevor (2014): Operational Images. In: *e-flux journal* #59.

Pantenburg, Volker (2016): Working images: Harun Farocki and the operational image. In: Eder, Jens/Klonk, Charlotte (Hgg.): *Image Operations: Visual media and political conflict.* Manchester: Manchester University Press, S. 49–62.

Parikka, Jussi (2023): *Operational Images: From the Visual to the Invisual.* Minnesota UP.

Paulhan, Jean (alias Jean Guérin) (1955): Mythologies, Roland Barthes. In: *Nouvelle Revue Française* 30, S. 1118–1119.

Plener, Peter/Werber, Niels/Wolf, Burkhardt (Hgg.) (2023): *Das Protokoll.* Stuttgart: Metzler.

Rheinberger, Hans-Jörg: (2008) Epistemic Objects/Technical Objects. In: Feest, Uljana/Rheinberger, Hans-Jörg/Abel, Günter (Hgg.): *Epistemic Objects.* Berlin: Max-Planck-Institut für Wissenschaftsgeschichte, S. 93–98.

Runge, Erika (1968): *Bottroper Protokolle. Aufgezeichnet von Erika Runge.* Frankfurt a.M.: Suhrkamp.

Runge, Erika (1976): Überlegungen beim Abschied von der Dokumentarliteratur. In: Timm, Uwe/Fuchs, Gerd (Hgg.): *Kontext 1: Literatur und Wirklichkeit.* München: Bertelsmann, S. 97–119.

Runge, Erika (2023): Überlegungen beim Abschied von der Dokumentarliteratur. In: Ehleiter, Regine/Nicastro, Clio/titre provisoire (Schuster, Cathleen/ Dickhage, Marcel) (Hgg.): *Erika Runge: Überlegungen beim Abschied von der Dokumentarliteratur. Dokument Kommentar Gespräch.* Berlin: bierke Verlag, S. 3–16.

Schumacher, Eckhard (2018): »ich wählte ein großes Mikrophon ...« Interview und Protokoll als literarische Verfahren. In: Assmann, David-Christopher/Menzel, Nicola (Hgg.): *Textgerede. Interferenzen von Mündlichkeit und Schriftlichkeit in der Gegenwartsliteratur.* Paderborn: Wilhelm Fink, S. 95–110.

Stein, Peter (1998): Operative Literatur. In: Sautermeister, Gert/Schmid. Ulrich (Hgg.): *Hansers Sozialgeschichte der deutschen Literatur vom 16. Jahrhundert bis zur Gegenwart.* Bd. 5: *Zwischen Restauration und Vormärz 1815–1848.* München: Hanser, S. 485–504.

Stierle, Karlheinz (1975): *Text als Handlung.* München: Wilhelm Fink.

Wolff, Paul (Hg.) (2023): *Digitale Autor:innenschaft. Praktiken und Politiken schriftstellerischer Selbstinszenierung.* Bielefeld: transcript.

Filme

Auge/Maschine I (2000). Harun Farocki. Deutschland.

Claudia Öhlschläger

(Toten-)Masken als Archivalien des Ungleichzeitigen: physiognomische Miniaturen und fotografische Porträts der 1920er und 1930er Jahre zwischen Heroismus und kritischer Intervention

ABSTRACT: The article examines feuilletonistic and short prose texts about the incommensurability of death. These small pieces that appeared in scattered places are united by their exploration of the forms of symbolic behavior and thus the historically changing attitudes towards the dead and the past. The article discusses the memorial functions of these 1920s texts that are shaped by nationalistic and masculinist codes. The cult surrounding the death-mask plays a central role. The readings presented here show how the small modernist form, in its brevity, scarcity, and ephemerality, takes on an archival function which allows it, in the age of the masses, to go beyond commemorating the »individual spirit« (Hofmannsthal). In conclusion, the article contrasts the 1920s pieces with Helmar Lerski's photographic project *Metamorphosis through Light* (1936). The series shows physiognomic studies of a single man, and, despite its ambivalent aesthetics, is read as a counterpoint to the interwar period's heroic, masculinist death-mask cult.

KEYWORDS: Feuilleton, Physiognomik, Totenmaske, Ahnenkult, Nationalismus, Lichtfotografie

1. Möglichkeiten der kleinen Form

Stephen Greenblatt hat einmal bemerkt, dass es »verborgene kulturell[e] Transaktionen« seien, die »großen Werken der Kunst ihre Macht verleihen«. Kulturelle Austausch-, Sinngebungs- und Normierungsprozesse, die *social energy* freisetzen, ließen sich an der »Peripherie«, an den »Rändern des Texts« ausmachen. Zu derart kollektiv geteilten Erzählmustern und Sprachkonventionen zählt Greenblatt beispielsweise Danksagungen und Vorworte (»prefatory acknowledgments«), also von den »Hauptsachen« (Musil) abgegrenzte Paratexte. Sie bildeten allererst den Kontext, von dem aus sich die »sozial[e] Dimension der Macht von Literatur« (»the social dimension of literature's power«) erschließe.[1] Diese von Greenblatt für das Zeitalter der

1 Greenblatt, Stephen (1990): *Verhandlungen mit Shakespeare. Innenansichten der englischen Renaissance.* Aus dem Amerikanischen von Robin Cackett. Berlin: Wagenbach, S. 10f. Greenblatt, Stephen (1988): *Shakespearean Negotiations. The Circulation of Social Energy in Renaissance*

Renaissance gestellte Diagnose besitzt erst recht für kleine Formen der Moderne, wie das Feuilleton, das Fragment, den Essay, den Aufsatz, die Skizze, das Prosagedicht, das Denkbild, die Rede etc., Geltung. Solche kleinen Formen sind, wie Althaus, Bunzel und Göttsche herausgestellt haben, Schwellenphänomene, die sich einer eindeutigen Gattungsdefinition entziehen und oftmals an der ›Peripherie‹ des literarischen Marktes erscheinen. Sie bilden »ein immer stärker miteinander vernetztes genetisches Textfeld, dessen Elemente durch Überlagerungen, Übergänge und gegenseitige Beeinflussungen vielfältig miteinander in Beziehung stehen«.[2] Insbesondere Essays, darauf hat Andreas Mahler hingewiesen, suchen nach vorläufigen, nicht aber nach endgültigen ›Wahrheiten‹ und eröffnen im Prozess gedanklicher Realisation Möglichkeitsräume.[3] Kleine Prosaformen dienen jedoch nicht nur der »experimentellen Erkundung der Möglichkeiten und Grenzen des sprachlich Darstellbaren«,[4] sondern erlangen aufgrund ihrer Ubiquität ein hohes Maß an Aussagekraft über das diskursive Geflecht einer historischen Epoche.[5] In ihnen sammelt sich gewissermaßen kollektiv geteiltes Wissen, dessen vermeintliche Sicherheit unterlaufen, auf die Probe gestellt wird. »Kürze« ist, so Althaus, Bunzel und Göttsche, »formgewordene Reaktion auf den Verlust geschichtlich und theoretisch verbürgter Ordnungen der Literatur und Reaktion auf den Verlust von ganzheitlichen Weltdeutungsmodellen überhaupt.«[6] Und doch stiften auch »Aufzeichnungen aller Art«, »Brief«, »Denkschrift«, »Anekdote«, das »Schlagwort« als politisches oder geistiges »Glaubensbekenntnis, wie es das Zeitungsblatt bringt«, einen großen historischen »Zusammenhang [...] zwischen den Geschlechtern«. So jedenfalls schätzte Hugo von Hofmannsthal in seiner im Januar 1927 gehaltenen Rede *Das Schrifttum als geistiger Raum der Nation* den gattungsspezifischen Transformationsprozess der Moderne hinsichtlich seiner ideengeschichtlichen Tragfähigkeit ein.[7]

England. Oxford: Clarendon Press, S. 4f.

2 Althaus, Thomas/Bunzel, Wolfgang/Göttsche, Dirk (2007): Ränder, Schwellen, Zwischenräume. Zum Standort Kleiner Prosa im Literatursystem der Moderne. In: dies. (Hgg.): *Kleine Prosa. Theorie und Geschichte eines Textfeldes im Literatursystem der Moderne.* Tübingen: Max Niemeyer Verlag, S. IX-XXVII, hier S. X.

3 Diese These entwickelt Andreas Mahler von Montaigne herkommend für die europäische Renaissance. Vgl. Mahler, Andreas (2020): ›Commençant sans projet‹/›beginning without project‹. Der Essay als ›neue‹ Form. In: ders. (Hg.): *Der Essay als ›neue‹ Form.* Wiesbaden: Harrassowitz Verlag, S. 7–26, hier S. 15.

4 Althaus/Bunzel/Göttsche: Ränder, Schwellen, Zwischenräume, S. IX.

5 Schulze, Holger (2020): *Ubiquitäre Literatur. Eine Partikelpoetik.* Berlin: Matthes & Seitz. Vgl. auch Autsch, Sabiene/Öhlschläger, Claudia/Süwolto, Leonie (Hgg.) (2014): *Kulturen des Kleinen. Mikroformate in Literatur, Kunst und Medien.* Paderborn: Fink. Gamper, Michael/Mayer, Ruth (Hgg.) (2017): *Kurz & Knapp. Zur Mediengeschichte kleiner Formen vom 17. Jahrhundert bis zur Gegenwart.* Bielefeld: transcript Verlag.

6 Althaus/Bunzel/Göttsche: Ränder, Schwellen. Zwischenräume, S. XIII.

7 Hofmannsthal, Hugo von (1980): Das Schrifttum als geistiger Raum der Nation. In: ders.: *Ge-*

2. Totengedenken in der kleinen Form

In diesem Beitrag möchte ich mich zunächst mit feuilletonistisch-essayistischen Texten und Kurzprosa auseinandersetzen, die als kleine Formen ein großes Thema verhandeln: den Tod, und noch genauer: die Kunst, das Andenken an Tote zu bewahren. Es handelt sich hierbei um physiognomische Miniaturen Verstorbener, die, anders als handgemalte Miniaturen, Fotografien[8] oder Totenmasken, aus Sprache modelliert sind. Diese feuilletonistisch-essayistischen Totenporträts lassen sich zugleich als Medien des Historiografischen lesen, da sie uns, wie die amerikanische Autorin Mary Ruefle in einem anderen Zusammenhang bemerkt, Auskunft über das jeweilige »symbolische Verhalten gegenüber Toten«[9] geben und damit über den jeweiligen Standpunkt, der gegenüber der Vergangenheit und den Verstorbenen eingenommen wird. Diese physiognomischen Miniaturen sind, wie dies Robert Musil einmal im Zusammenhang mit der Feuilletonproduktion der Moderne bezeichnet hat, »*Skizzen in der Art von Denkmale über die verschiedenen Erscheinungen des heutigen Lebens*« [Hervorhebung CÖ].[10] Denn indem Texte publizistischen Zuschnitts in einen weit verzweigten medialen Zirkulationsprozess hineingeraten, protokollieren sie, wie Musil sagt, die »verschiedenen Erscheinungen des [...] Lebens« ihrer Epoche als denkwürdig und bedenkenswert. Sie nehmen die Form kleiner Archive des (Alltags-)Wissens an. Auch wenn sie den Gesetzen flüchtiger Lektüre folgen, geben sie Anlass zu nachhaltiger Reflexion und dehnen auf der Ebene der Rezeption die knappe Ökonomie ihrer Erscheinungsform.

Ich werde im Folgenden zunächst Textminiaturen der 1920er Jahre betrachten, die zuerst in Zeitschriften publiziert wurden und dem Muster eines Memorialprojekts meist männlich kodierter Genealogie- und Identitätsstiftung folgen. Denn sie richten ihre Aufmerksamkeit auf männliche Berühmtheiten und Persönlichkeiten, Dichter, Künstler, aber auch auf vergessene Protagonisten des Weltgeschehens. Auf Menschen

---

sammelte Werke. Reden und Aufsätze III, 1925–1929: Buch der Freunde. Aufzeichnungen 1889–1929, hg. von Bernd Schoeller und Ingeborg Beyer-Ahlert (Aufzeichnungen) in Beratung mit Rolf Hirsch. Frankfurt a.M.: Fischer Verlag, S. 24–41, hier S. 24.

8 Zur Totenfotografie: Sykora, Katharina (2005): *Die Tode der Fotografie. Bd. 1: Totenfotografie und ihr sozialer Gebrauch.* München: Fink. Dies. (2015): *Die Tode der Fotografie. Bd. 2: Tod, Theorie und Fotokunst.* München: Fink.

9 Ruefle, Mary (2022): Mein Privatbesitz. In: dies.: *Mein Privatbesitz.* Aus dem Englischen von Esther Kinsky. Berlin: Suhrkamp, S. 65–81, hier S. 75. Dies. (2016): My Private Property. In: dies.: *My Private Property.* Seattle, New York: Wave Books, S. 51–65.

10 Musil, Robert: KA/Lesetexte/Bd. 17: Späte Hefte 1928–1942/I. Wien/Berlin (1927–1939)/31: Verschiedene Notizen (1930–1940); Eintrag vom »6. April 1930«. Zit. n. Nübel, Birgit (2019): Vom *Vogel* zum *Querschnitt* – der Essay als kleine Form. In: *Musil-Forum* 35 (2017/2018), S. 27–47, hier S. 33f.

also, die, wie Durs Grünbein es einmal formuliert hat, aus dem »Gros der Normalsterblichen« herausgelöst werden,[11] und denen eine nationale, ›geistige‹ oder kulturelle Vorbildfunktion zugesprochen wird. Hugo von Hofmannsthal und Stefan Zweig treten hier als prominente Verfasser solcher ›Denkmale‹ für verstorbene Dichter, Künstler, Musiker, Schauspieler, Komponisten, Historiker und Philosophen in Erscheinung. Es folgt eine genauere Betrachtung zweier essayistischer Kurzprosatexte von Stefan Zweig und Arnold Zweig. Zeigen möchte ich, dass hier ausgerechnet die auf Kürze, Knappheit und Flüchtigkeit abgestellte kleine Form der Moderne die von Musil angesprochene Archivierungsfunktion übernimmt und Geschichte als einen ganzheitlichen Gesamtprozess modelliert. Die Lektürebefunde sollen dann zu den bemerkenswerten Porträtfotografien des jüdisch-schweizerischen Schauspielers, Fotografen, Kameramanns und Filmregisseurs Helmar Lerski (1871–1956) aus den späten 1930er Jahren ins Verhältnis gesetzt werden. Es wird zu zeigen sein, dass Lerskis skulptural erscheinende, fotografische Physiognomien aus der Serie *Metamorphosis through Light*[12] einem Konzept fluider Identität auch in geschlechterpolitischer Perspektive aufruhen. Sie werden in meinem Beitrag als ästhetische Kontrafaktur zu heroisch sowie männlich attribuierten Masken und Physiognomien der Vergangenheit betrachtet, wie sie von Hugo von Hofmannsthal, Stefan Zweig und Arnold Zweig beschrieben und erschrieben werden.

3. Die physiognomische Miniatur als Medium (national-)historiografischer Reflexion: Hugo von Hofmannsthal, Stefan Zweig, Arnold Zweig

Mein erstes Beispiel führt zu Hugo von Hofmannsthal, der 1926 ein auf zwei Bände hin angelegtes *Deutsches Lesebuch* herausgab.[13] In der *Vorrede des Herausgebers* macht der Autor unmissverständlich deutlich, dass in Zeiten einer historischen Krise nur in der Literatur die Physiognomie nationaler Identität gefunden werden könne:

11 Durs Grünbein spricht von der »Hegemonie männlicher Geisteshelden«. Grünbein, Durs (2000): Das aufgegebene Gesicht. In: *Archiv der Gesichter. Toten- und Lebendmasken aus dem Schiller-Nationalmuseum.* Eine Ausstellung des Deutschen Literaturarchivs und der Stiftung Museum Schloß Moyland in Verbindung mit dem Museum für Sepulkralkultur in Kassel (1999, 2000, 2001). 3. durchgesehene und ergänzte Auflage. Marbach am Neckar: Deutsche Schillergesellschaft, S. 11–20. Wieder erschienen in: Grünbein, Durs (2005): *Antike Dispositionen. Aufsätze.* Frankfurt a.M.: Suhrkamp, S. 171–180, hier S. 173 und 177. Zitiert wird aus dieser Ausgabe unter Angabe der Sigle <G> und Seitenzahl im Text.

12 Es kursieren verschiedene Titel, die Lerski selbst variierte: *Verwandlungen durch Licht, Metamorphosis through Light* oder nur *Metamorphose.* Vgl. Ebner, Florian (2002): *Metamorphosen des Gesichts. Die ›Verwandlung durch Licht‹ von Helmar Lerski.* Göttingen: Steidl Verlag, S. 90.

13 Hofmannsthal, Hugo von (Hg.) (1952): *Deutsches Lesebuch.* Frankfurt a.M.: Fischer Verlag. Die erste Ausgabe des *Deutschen Lesebuchs* erschien 1923 im Verlag der Bremer Presse.

> Es ist nichts Geringes, ob eine Nation ein waches literarisches Gewissen besitze oder nicht, und gar die unsere: denn wir haben nicht die Geschichte, die uns zusammenhalte [...] – die ferne Geschichte aber, die des Mittelalters, ist zu schattenhaft: mit alten Märchen kann man eine Nation nicht zusammenbinden. Nur in der Literatur finden wir unsere Physiognomie, da blickt hinter jedem einzelnen Gesicht, das uns bedeutend und aufrichtig ansieht, noch aus dunklem Spiegelgrund das rätselhafte Nationalgesicht hervor.[14]

Während die Erstausgabe des *Deutschen Lesebuchs* als Anthologie ausgewählter kurzer Prosatexte von über 70 deutschen Autoren angelegt ist, fügte Hofmannsthal der zweiten Auflage 28 »Stücke« und 43 »Gedenktafeln« hinzu.[15] Mit diesen »Gedenktafeln« verbindet sich für Hofmannsthal die Hoffnung, »manche edle geistige Gestalt, ehe ihre Umrisse für die Nation völlig verdämmern, ins Gedächtnis der Aufnehmenden kräftiger zurückzurufen«.[16] Es handelt sich hier um biografische Miniaturen von überwiegend männlichen Dichtern, Juristen, Philosophen, Kriegsherren, Altertums-

---

14 Hofmannsthal: *Deutsches Lesebuch*, S. VII.

15 Hofmannsthal, Hugo von (1980): Notiz zum ›Deutschen Lesebuch‹. In: ders.: *Gesammelte Werke in zehn Einzelbänden: Reden und Aufsätze III 1925–1929: Buch der Freunde. Aufzeichnungen (1889–1929).* Frankfurt a.M.: Fischer Verlag, S. 99–118, hier S. 99 sowie den Kommentar S. 636f.

16 Hofmannsthal: Notiz zum ›Deutschen Lesebuch‹, S. 99. Thomas Mann lobt diese »Auswahl deutscher Meister – und Muster-Prosa-Stücke« in seiner Rolle als Korrespondent der amerikanischen Zeitschrift *The Dial*, für die er zwischen 1922 und 1928 acht in englischer Sprache verfasste »German Letters« schreibt. Man könne in der Beschäftigung mit Hofmannsthals *Lesebuch* »sich über die Wirren und wüsten Mißverständnisse der Zeit erhebend, Berührung mit dem höheren, dem ewigen Deutschland suchen«. Diesen Hinweis verdanke ich Dr. Tillmann Heise, Institut für Germanistik und Vergleichende Literaturwissenschaft, Universität Paderborn. Ich zitiere hier aus der GKFA, in der nur die ersten sechs Briefe in deutscher Sprache abgedruckt sind. Die Briefe sieben und acht sind nach 1926 erschienen und werden im noch ausstehenden Essay-Band der GKFA publiziert. Alle acht Briefe, allerdings auch nur in deutscher Übersetzung, finden sich bei Wysling, Hans (1974): *Dokumente und Untersuchungen. Beiträge zur Thomas-Mann-Forschung.* Bern, München: Francke Verlag. Mann, Thomas (2002): Briefe aus Deutschland [II]. In: ders.: *Große kommentierte Frankfurter Ausgabe.* Bd. 15.1: *Essays II (1914–1926)*, hg. und textkritisch durchgesehen von Hermann Kurzke. Frankfurt a.M.: Fischer Verlag, S. 653–661, hier S. 658. Andere feuilletonistische Essays von Hofmannsthal widmen sich dem Andenken Wilhelm Diltheys, Robert von Liebens (einem Naturforscher und Erfinder) und dem Gedächtnis an den Berliner Philosophen Raoul Richter, dem Hofmannsthal 1896 in Bad Aussee begegnet war. In der von Bernd Schöller besorgten Ausgabe der *Gesammelten Werke* Hofmannsthals in zehn Bänden werden sie unter der Rubrik »In Memoriam« versammelt. Hofmannsthal, Hugo von (1979): Wilhelm Dilthey. In: ders: *Gesammelte Werke in zehn Einzelbänden: Reden und Aufsätze I. 1891–1913*, hg.v. Bernd Schoeller. Frankfurt a.M.: Fischer Verlag, S. 451–454. Ders. (1979): Robert von Lieben. Naturforscher und Erfinder. Gestorben in Döhling, den 20. Februar 1913. In: ders.: *Gesammelte Werke*, S. 455–457. Ders. (1979): Raoul Richter, 1896. In: ders.: *Gesammelte Werke*, S. 458–465.

und Naturforschern u.a.,[17] die der nationalen Identitätsstiftung dienlich sein sollen. Ein weiterer Feuilleton-Essay Hofmannsthals ist aufschlussreich für das Projekt, aus der Porträtierung Verstorbener ein ganzheitliches Geschichtsbild zu generieren. Er erschien 1925 unter dem Titel *Der Schatten der Lebenden* in der *Neuen Freien Presse.* Hofmannsthal rühmt hier als Vorbilder physiognomischer Miniaturen die Österreicher Felix Salten, Ferdinand Kürnberger und Friedrich Uhl (Chefredakteur der *Wiener Zeitung*).[18] »In jedem der Aufsätze« aus Felix Saltens *Geister der Zeit. Erlebnisse* (1924) komme »eine Person auf uns zu«, trete »gleichsam auf ihrer Lebensbühne hervor«. Solche »mimische[n] Biographie[n]« seien »richtige physiognomische Kunststücke«, ihre Tradition führe bis in die Antike zurück und das Theater Lessings und Nestroys sei die Schule dieser mimischen Biografien Wiens. Diese Kunststücke führten zur »lebendige[n] Begegnung« mit der »Zeitgenossenschaft«.[19] Das Beispiel Hofmannsthal steht für eine historisierende Denkweise, die sich im 19. Jahrhundert parallel zu der Entstehung der Geschichtswissenschaft etabliert und bis in das erste Drittel des 20. Jahrhunderts nachwirkt – obwohl unter dem Einfluss von Nietzsche der »Historisierungszwang« zunehmend kritisch gesehen wird.[20]

---

17 Vgl. das Inhaltsverzeichnis in: Hofmannsthal: *Deutsches Lesebuch.* Goethes Mutter, Karoline von Günderode, Bettina Brentano, Caroline Schlegel, Annette von Droste-Hülshoff und Henriette Feuerbach bilden die weiblichen Ausnahmen in der Reihe der Repräsentanten des »Jahrhunderts deutschen Geistes«, das Hofmannsthal zwischen 1750 und 1850 ansetzt. (S. VII.)

18 Salten, Felix (1924): *Geister der Zeit. Erlebnisse.* Berlin, Wien, Leipzig: Paul Zsolnay. Kürnberger, Ferdinand (1967): *Feuilletons.* Ausgewählt und eingeleitet von Karl Riha. Frankfurt a.M.: Insel Verlag.

19 Hofmannsthal, Hugo von (1980): Der Schatten der Lebenden [1925]. In: ders.: *Gesammelte Werke in zehn Einzelbänden: Reden und Aufsätze III (1925–1929): Buch der Freunde. Aufzeichnungen (1889–1929).* Frankfurt a.M.: Fischer Verlag, S. 49–55, hier S. 51f. Hofmannsthal rekurriert auf Saltens Porträt des Dramaturgen, Theaterdirektors und Schriftstellers Alfred Freiherr von Berger, wo aus dem Antlitz, »das gelegentlich der Widerschein einer rätselhaften Dämonie erhellen konnte […] [,] ein eigenwilliger Glaube an die Zukunft« sprach. Die unmittelbare Begegnung mit dem Toten erfolgt über den imaginierten Klang seiner Stimme. Salten, Felix (1924): Alfred Freiherr v. Berger. In: ders., *Geister der Zeit,* S. 134–140, hier S. 134. Stefan Zweig schreibt 1910 einen bemerkenswerten Essay zum Gedenken an den Schauspieler Josef Kainz mit dem Titel *Die Stimme.* Er berichtet hier von der Macht der Stimme des Toten, die auf einer Grammophonplatte gespeichert ist und von dessen Antlitz, das beim Hören der Stimme förmlich vor ihm aufsteigt. Vgl. Zweig, Stefan (1990): Die Stimme. In memoriam Josef Kainz [1910]. In: ders.: *Zeiten und Schicksale. Aufsätze und Vorträge aus den Jahren 1902–1942,* hg. und mit einem Nachwort versehen von Knut Beck. Frankfurt a.M.: Fischer Verlag, S. 67–75, hier S. 74: »Mystisches Gefühl, in tiefster Einsamkeit Zwiesprache zu halten mit einem geliebten Toten, ihn nah zu fühlen, seine Stimme zu hören! Unvergleichliches Geheimnis unserer von Schwätzern klein gescholtenen Zeit, die den Toten die Stimme entreißt und sie, die vergängliche, dauerhaft heimisch macht in den Jahren, klingend von Geschlecht zu Geschlecht, nie mehr versiegbar, stets zu erneuern!«

20 Vgl. etwa Troeltsch, Ernst (2002): Die Krisis des Historismus [1922]. In: ders.: *Kritische Ge-*

Auch der Kosmopolit Stefan Zweig verfasste umfangreiche biografische Essays über historische Vorbilder wie etwa Montaigne, Erasmus von Rotterdam, Castellio, Calvin, Magellan, Balzac, Nietzsche, Freud, Kleist u. a., aber auch zahlreiche kleine biografische Porträts über europäische und amerikanische Dichter, Denker, Künstler, Musiker, Schauspieler, Politiker und Intellektuelle des 18. und 19. Jahrhunderts.[21] Diese kleinen Porträts erschienen in den meisten Fällen zunächst in Zeitungen und Zeitschriften, wie *Magazin für Literatur, Neue Rundschau, Das literarische Echo* oder *Neue Freie Presse*, um später dann in Anthologien aufgenommen oder in der von Knut Beck besorgten Ausgabe der Werke Stefan Zweigs beispielsweise unter die Titel *Zeiten und Schicksale* oder *Das Geheimnis des künstlerischen Schaffens* subsumiert zu werden.[22] Mit rhetorischen Elementen der Rhythmisierung und Dynamisierung modelliert Zweig Figuren und ›Bildnisse‹ von Verstorbenen, um deren unerschütterliche, männlich attribuierte Schöpferkraft herauszustellen, die den Tod überleben wird. Entscheidend ist dabei, dass die infinite Offenheit dieser feuilletonistisch-essayistischen Porträts der finalen Logik des Todes strikt entgegensteht. Der Kontrast zwischen der tagesaktuellen Flüchtigkeit der kleinen Form und diesem literarischen Archivierungsprojekt könnte größer nicht sein. Der Gefahr des Vergessens begegnet man hier also mit der Verdichtung eines humanistischen Erbes Europas auf kleinstem Raum und mit einem Personenkult, der sich auf die Tradition des romantischen Genies mit seiner Fokussierung des »einzigartigen Individuums« (Grünbein) beruft (G, 13).[23]

Ein eindrückliches Beispiel solcher formaler Konzentration einer großen Idee ist der am 12. Dezember 1917 in der *Neuen Zürcher Zeitung* erschienene Feuilletonartikel

---

samtausgabe. Bd. 15, hg. von Gangolf Hübinger. Berlin, New York: De Gruyter, S. 433–455. Dazu: Baumstark, Moritz /Forkel, Robert (2016): Einleitung. In: dies. (Hgg.): *Historisierung. Begriff – Geschichte – Praxisfelder*. Stuttgart: Metzler Verlag, S. 1–16, hier S. 8f.

21 Etwa Marceline Desbordes-Valmore (1920), Balzac (1920/1946), Joseph Fouché (1929), Marie Antoinette. Bildnis eines mittleren Charakters (1932), Erasmus von Rotterdam (1934), Maria Stuart (1935), Magellan (1938), Montaigne (1942) und Amerigo (1944). Biografische Porträts über Balzac, Dickens, Dostojewski wurden unter dem Titel *Drei Meister* (1920) veröffentlicht, Porträts über Casanova, Stendhal und Tolstoi unter dem Titel *Drei Dichter ihres Lebens* (1925), Hölderlin, Kleist und Nietzsche wurden unter dem Titel *Der Kampf mit dem Dämon* porträtiert und die Porträts über Mesmer, Mary Baker Eddy und Freud unter dem Titel *Die Heilung durch den Geist* (1931). Zweigs so genannte »historische Miniaturen« erschienen in Teilen zuerst 1927 unter dem Titel *Sternstunden der Menschheit*.

22 Zweig, Stefan (1937): *Begegnungen mit Menschen, Büchern, Städten*. Wien, Leipzig, Zürich: Herbert Reichner Verlag. Ders. (1990): *Zeiten und Schicksale*. Frankfurt a. M.: Fischer Verlag. Ders. (1993): *Das Geheimnis des künstlerischen Schaffens: Essays*, hg. und mit einer Nachbemerkung versehen von Knut Beck. Frankfurt a. M.: Fischer Verlag.

23 Vgl. auch: »denn was sind die wahren Hieroglyphen, wo nicht die Mienen und Gebärden der Menschen, wodurch sich uns ihr Individualgeist verrät?« Hofmannsthal: Der Schatten der Lebenden, S. 51.

Tolstois Antlitz von Stefan Zweig. Dieses »unter dem Strich« platzierte Feuilleton berichtet im Kollektivplural »Wir« von einer Zusammenkunft von Freunden aus allen Nationen während des Ersten Weltkriegs in Genf. Im Gespräch taucht die »Gestalt« Tolstois, seine Person und sein Lebenswerk, als Inbegriff von Humanität und sich erfüllender Prophetie auf: Zunächst als gedankliche Referenz (»und da wir von Dichtern sprachen, kam eines Gestalt immer wieder in unser Wort: des Dichters Gestalt, der uns der notwendigste schien für diese Tage, Tolstoi«[24]), dann als Bildnis, gezeichnet von dem belgischen Künstler Frans Masereel, und schließlich als Totenmaske. Im Haus des Tolstoi-Freundes und Biografen Paul Birukoff (1860–1931) sehen die Freunde den verehrten Dichter Tolstoi in verschiedenen Rollen auf museal arrangierten Fotografien und Bildern, dann seine Totenmaske, durch deren Anblick sich die Emanation der Persönlichkeit Tolstois, eine Transzendierung, vollzieht. Es folgt die Evokation einer Qualität von Präsenz, die sich vom sprachlichen Bedeutungszwang befreit sieht. Die Totenmaske repräsentiert nicht den Verstorbenen, sondern scheint, darin einer Ikone ähnlich, auf einer anderen Bewusstseinsstufe der Verstorbene selbst zu sein.[25]

In eine vergleichbare Richtung weist ein 1926 erschienener Essay von Arnold Zweig, der anlässlich der Zwanzigjahrfeier der Begründung des Lessing-Museums in Berlin erschien. In einem Buch also, das der Erhaltung des kulturellen Erbes einer Nation gewidmet ist, feiert Arnold Zweig, Anhänger eines humanistisch geprägten Sozialismus, die Totenmaske Lessings als Medium einer unvergänglichen deutschen Geistesgeschichte. Die Totenmaske sei »der einzige Weg, unmittelbar und auf der Stelle Zugang zu ihm zu haben«, schreibt Arnold Zweig, und wem daran gelegen sei, »Gotthold Ephraim Lessing für sich wiederzugewinnen, [...] der lege sich diese Maske auf ein Kissen und blicke sie an«. Es folgt eine genaue, gleichsam intime Beschreibung der Gesichtszüge, die Ähnlichkeiten zu Schiller und Goethe aufwiesen. Das Typische eines »deutschen Schriftstellers« zeige sich in diesem Antlitz, das »die Marschmusik der Deutschen hin zur Internationale« verkörpere, »sie zugleich deutscher« mache, »nämlich selbstsicherer, und humaner«.[26] Auch hier wird deutlich, dass die Toten-

---

24 Zweig, Stefan (1917): Tolstois Antlitz. In: *Neue Zürcher Zeitung* 138, Erstes Abendblatt vom 12. Dezember 1917, o.S. Ich danke Dr. Stephan Resch, Universität Auckland (Neuseeland), für den Hinweis auf dieses Feuilleton Stefan Zweigs.

25 Vgl. dazu Belting, Hans (1990): *Bild und Kult: Eine Geschichte des Bildes vor dem Zeitalter der Kunst.* München: Beck Verlag. Heidegger bezeichnet die Totenmaske als einen bestimmten Modus des Abbildes: Auch wenn die Totenmaske medial reproduziert werden könne, wie in der Zeichnung oder der Fotografie, sei durch das entsprechende Medium hindurch »das primär Dargestellte und Gemeinte, nämlich das Antlitz des Toten selbst« und dieser selbst sichtbar. Heidegger, Martin (1976): *Logik. Die Frage nach der Wahrheit.* Frankfurt a.M.: Vittorio Klostermann, S. 361f.

26 Vgl. auch: »denn das Vergängliche daran mag immer aufgesogen worden sein – das Unvergängliche aber leuchtet mit dem bleibenden Glanz dieser Maske aus den Zügen, den längst verwesten, das Männliche, das Geistige, das Befreiende – einmalige Person und unvergänglicher

maske als Medium einer mystischen Wahrheitsfindung zugleich Symbol eines nationalkollektiven Gedächtnisses ist.

Beide Textbeispiele bestätigen einen sich im 19. Jahrhundert etablierenden heroischen Ahnenkult, der in der kleinen Form des Physiognomischen ausgetragen wird.[27] Die Aporie des Versuchs absoluter historischer Vergegenwärtigung liegt darin, dass die Totenmaske zwar naturalisiert, d.h. für echt genommen wird, andererseits aber doch als »ein Konstrukt der Kultur«[28] erscheint. Paradox mutet es an, dass sich die absolute, Sinn stiftende Präsenz des Menschlichen gerade in der Erfahrung von dessen größter Abwesenheit zu erfüllen scheint. Denn der Anschein, in der Totenmaske inkarniere sich der Verstorbene in seiner historischen Präsenz, trügt doch insofern, als die Maske ihn »wieder zum (Kunst-)Objekt verdinglicht«.[29] Die Oberflächengestaltung der Gipsmaske, die Zufälligkeit des eingefangenen Augenblicks in den ersten Sekunden nach Eintritt des Todes und der bloße Abdruck eines Gesichts[30] entziehen sich einer letztgültigen Authentifizierbarkeit, scheinen aber gerade deshalb Tote in Realpräsenz zu verkörpern. So werden Totenmasken, wie im Tolstoi-Essay Stefan Zweigs, zu Trägern

---

Typus« Zweig, Arnold (1959): Lessings Totenmaske [1926], in: ders.: *Essays.* Erster Band. Literatur und Theater. Berlin: Aufbau-Verlag, S. 80–83, hier S. 82f.

27 Über die Geschichte des Gesichts und seiner Masken erteilt aus kunstwissenschaftlicher Perspektive Auskunft: Belting, Hans (2019): *Faces. Eine Geschichte des Gesichts.* München: Beck. Zur »Positivierung des Gesichts« im 19. Jahrhundert unter Berücksichtigung des kriminalistischen Diskurses: Regener, Susanne (2001): Physiognomie des Todes. Über Totenabbildungen. In: Drackle, Dorle (Hg.): *Bilder vom Tod. Kulturwissenschaftliche Perspektiven.* Hamburg: LIT Verlag, S. 49–65, hier S. 50f. und dies. (1993): Totenmasken. In: *Ethnologia Europaea* 23, S. 153–170. Vgl. auch: Jansen, Hans Helmut (Hg.) (1978): *Der Tod in Dichtung, Philosophie und Kunst.* Darmstadt: Dr. Dietrich Steinkopff Verlag. Zum »Abdruck« als »Paradigma«, als »Prozeß« und »Prozedur«: Didi-Huberman, Georges (1999): *Ähnlichkeit und Berührung. Archäologie, Anachronismus und Modernität des Abdrucks.* Köln: DuMont Verlag.

28 Regener: Physiognomie des Todes, S. 51. Hertl, Michael (2002): *Totenmasken. Was vom Leben und Sterben bleibt.* Stuttgart: Jan Thorbecke Verlag. Katharina Sykora weist in ihrer zweibändigen Studie zur Totenfotografie darauf hin, dass sich das Herstellen mimetischer Abbilder bei der Abnahme von Totenmasken mit der auf dem Ähnlichkeitsprinzip basierenden Postmortemfotografie bis in die Mitte des 20. Jahrhunderts vergleichen lasse. Auch hier versuche man, dem Totenbildnis gegen die Zeit »ein letztgültiges Bildnis der individuellen Persönlichkeit« abzutrotzen. Vgl. dies.: *Die Tode der Fotografie Bd. I.*, S. 31.

29 Bertschik, Julia (2013): Das Gesicht als mediales Artefakt. Die Totenmaske der ›Inconnue de la Seine‹. Faciale Kontexte und Schreibweisen. In: *Maske und Kothurn* 59, H. 3, S. 89–102, hier S. 91. Zur Reproduzierbarkeit und Artifizialität der Totenmaske: Weigel, Sigrid (Hg.) (2013): *Gesichter. Kulturgeschichtliche Szenen aus der Arbeit am Bildnis des Menschen.* München: Fink.

30 Vgl. das Kapitel *Das Abnehmen von Totenmasken,* in: Hertl: *Totenmasken,* S. 60–63, insbesondere S. 62 in Anlehnung an Beschreibungen des deutschen Bildhauers Georg Kolbe (1877–1947): »Der ideale Zeitpunkt zur Maskenabnahme wird leider oft versäumt. Der Künstler kommt zu spät. [...] So gleicht die Abnahme einer Maske nicht der Kopie eines starren Körpers, sondern der einfühlsamen Wiedergabe seines letzten Lebens.«

eines numinosen Geheimnisses[31] oder, wie im Essay Arnold Zweigs über Lessings Totenmaske, zu Medien göttlicher Epiphanie,[32] zu Reliquien, Fetischen, leeren Stellvertretern.

4. Ambivalente Intervention: Helmar Lerskis physiognomische Masken aus der fotografischen Serie *Verwandlungen durch Licht* (1936)

Der jüdisch-schweizerische Schauspieler, Fotograf, Kameramann und Filmregisseur Helmar Lerski, der als Wegbereiter der modernen Fotografie in Arnold Zweig und Bertolt Brecht Fürsprecher fand,[33] entwickelte 1936 ein fotografisches Projekt mit dem Titel *Metamorphosis through Light*, das über hundert fotografische Gesichtsporträts eines einzigen Mannes in Nahaufnahmen umfasst. Lerski wählte den 24jährigen Hochbautechniker Leo Uschatz als Modell und als Ort der Aufnahmen das Flachdach eines Hauses in der Ahad-Ha'am Street 42 in Tel Aviv.[34] Die Bildgröße der Fotos liegt nach Beschnitt des Negativrandes bei 29 x 23 cm, Lerski fertigte jedoch abhängig von den Kontexten, in denen Teile der fotografischen Serie oder diese in Gänze gezeigt wurden, Abzüge in verschiedensten Formaten an, zum Teil sogar nur in Fingernagelgröße.[35] Diesen fotografischen Miniaturen in Serie, denen keine feste Anordnung zugrunde liegt,[36] eignet etwas theatralisch Maskenhaftes und Stereotypisierendes, da sie das Angesicht des männlichen Modells durch ein raffiniertes Spiel von Licht und Schatten unter Einsatz »aufwendiger Spiegelapparaturen«[37] skulptural und zuweilen

---

31 Zweig: Tolstois Totenmaske. Vgl. auch Kolbe, Georg (1926): Geleitwort. In: Benkard, Ernst: *Das ewige Antlitz. Eine Sammlung von Totenmasken.* Berlin: Frankfurter Verlags-Anstalt, S. XLI-XLV.

32 »das Unvergängliche aber leuchtet mit dem bleibenden Glanz dieser Maske aus den Zügen, die längst verwesten« Zweig: Lessings Totenmaske, S. 82.

33 Ebner: *Metamorphosen des Gesichts*, S. 42 und 44.

34 Ebner: *Metamorphosen des Gesichts*, S. 10f. Der Nachlass im Museum Folkwang in Essen, so Ebner, »verfügt über 125 unterschiedliche Motive aus der Serie, die als Originalabzüge Lerskis in zum Teil mehrfacher Auflage und unterschiedlichen Varianten vorhanden sind, so daß ein Gesamtbestand von 476 Aufnahmen zu verzeichnen ist. Des Weiteren befinden sich in der Fotografischen Sammlung 89 Glasplattennegative der *Metamorphose* im Formt 24 x 30 cm. [...] Die Anzahl der bekannten Motive aus den *Verwandlungen durch Licht* beträgt somit 137 Aufnahmen, die sich anhand von Originalabzug, Glasplatte/Reprint oder Repronegativ differenzieren lassen. [...] Nach dieser rekonstruierten Systematik von Lerskis Inventarisierung scheinen nur zwei Motive der *Verwandlungen* verloren zu sein.« (S. 17.)

35 Ebner: *Metamorphosen des Gesichts*, S. 18 und S. 91f.

36 Lerski ordnete Reproduktionen seiner Bilder u.a. in zwei etwa DIN A5 großen Layout-Büchern an. Darin finden sich »kleinformatige, oftmals nur briefmarkengroße Bildvignetten« der *Metamorphosen* eingeklebt. Vgl. Ebner: *Metamorphosen des Gesichts*, S. 15.

37 Schröder, Klaus Albrecht (2021): Vorwort. In: Moser, Walter (Hg.): *Faces – Die Macht des Gesichts. Helmar Lerski und die Porträtfotografie der Zwischenkriegszeit.* Wien: Hirmer Verlag, S. 6–7, hier

als soziales Rollenbild wie eingefroren erscheinen lassen. Ich möchte zeigen, dass Lerskis fotografische Ästhetik mit politischen Implikationen versehen ist,[38] insofern sie sich im bisher eröffneten physiognomischen Kontext zwischen affirmativem Heroismus und kritischer Intervention situieren lässt.

Israel Schmuklerski war der Sohn eines polnisch-jüdischen Auswandererehepaars, das sich 1876 in der Nähe von Zürich niederließ. Er nannte sich, nachdem er 1893 in die USA übergesiedelt war und in deutschsprachigen Theatern Charakterrollen übernahm, Helmar Lerski. 1915 kehrte er mit seiner ersten Frau Käte Lerski nach Europa zurück und arbeitete als Kameramann, Experte für Spiegeltechnik und Fotograf in Berlin.[39] Ab 1928 wandte sich Lerski wieder der Porträtfotografie zu und veröffentlichte Bilder von Künstlern, Schauspielern, Politikern, Intellektuellen, aber auch Stadtfotografien in illustrierten Zeitschriften. Es entstand in dieser Zeit eine Serie mit ›namenlosen‹ Menschen, die unter dem Titel *Köpfe des Alltags* in Übergröße gezeigt und 1930 in der Berliner Kunstbibliothek ausgestellt und veröffentlicht wurde.[40] Im Verlauf dieses Jahres arbeitete Lerski an einem fotografischen Buchprojekt, welches das *Antlitz des Judentums* zeigen sollte, später aber zum Stagnieren kam. Auch seinen beiden Filmen *Awodah* (1933–35) und *Hebrew Melody* (1934–35) wurde keine anhaltende Anerkennung zuteil.[41] 1936 zeigte Lerski schließlich in der Divan Gallery in Jerusalem seine Fotoserie *Metamorphose*, der Bildband *Metamorphosis through Light* erschien jedoch erst 1982, ein entsprechender Ausstellungskatalog in deutscher Sprache, der eine Retrospektive im Museum Folkwang in Essen unter dem Titel *Helmar Lerski, Lichtbildner*

S. 6. Neben Licht setzte Lerski auch Bekleidung ein, Tücher, Umhänge, Kopfbedeckungen und Brillen. Vgl. Ebner: *Metamorphosen des Gesichts*, S. 14f.

38 Klaus Albrecht Schröder betont zurecht, dass das Gesicht der Weimarer Republik »eine Verschmelzung ästhetischer Diskurse einerseits und politischer Narrative andererseits darstellt«. Vgl. Schröder: Vorwort, S. 6. Vgl. hierzu auch: Puttnies, Hans (2000): *Das Gesicht der Weimarer Republik. Menschenbild und Bildkultur 1918–1933.* Katalog einer Ausstellung des Deutschen Historischen Museums, Berlin und des Einstein Forums, Potsdam sowie das Standardwerk von Schmölders, Claudia/Gilman, Sander (Hgg.) (2000): *Gesichter der Weimarer Republik. Eine physiognomische Kulturgeschichte.* Köln: DuMont.

39 Lerski wirkte in zahlreichen Stummfilmen als Kameramann mit, u.a. in Paul Lenins *Wachsfigurenkabinett* (1923), Bertolt Viertels *Die Perücke* (1924), Arno Fancks *Der heilige Berg* (1926) und als technischer Leiter des »Schüfftanschen Kombinationsverfahrens«, eines speziellen Aufnahmeverfahrens unter Einsatz von Spiegeln, in Fritz Langs *Metropolis* (1925/26). Vgl. Ebner: *Metamorphosen des Gesichts*, S. 9 und 90.

40 Lerski, Helmar (1931): *Köpfe des Alltags: Unbekannte Menschen:* 80 Lichtbilder, mit einer Einleitung von Curt Glaser. Berlin: Hermann Reckendorf.

41 Ebner: *Metamorphosen des Gesichts*, S. 9.

begleitet, folgte im selben Jahr.[42] Ein von Lerski geplantes Buchprojekt der *Metamorphose* ließ sich nicht realisieren.[43]

Mit diesem experimentellen Projekt, das sein Hauptwerk werden sollte, wollte Lerski nach dem ebenfalls nicht realisierten Buchprojekt der *Jüdischen Köpfe* auf sich aufmerksam machen.[44] Inzwischen nach Tel Aviv ausgewandert, erhielt er für die *Metamorphose* großen Zuspruch. Ein Rezensent der *Bourse Égyptienne* spricht von »ausdrucksstarken Masken [...], von denen jede einen Seelenzustand, eine Persönlichkeit, eine Epoche freizulegen scheint, einen Menschentypus, der sich vom jeweils anderen unterscheidet«.[45]

Lerskis Projekt ist gleichermaßen provokant wie ungewöhnlich. Es nutzt die Physiognomie des Leo Uschatz[46] als vergrößerte Projektionsfläche, um auf ihr durch Einsatz von gespiegeltem Sonnenlicht das Typische eines sozial kodierten Menschen in theatralischer Manier erscheinen zu lassen. Analogien zu August Sanders Fotoprojekt *Menschen des 20. Jahrhunderts* sind von der Forschung identifiziert worden.[47] Während Sander jedoch seine Protagonisten im Ganzkörperformat zeigt,[48] konzentriert sich Lerski ganz auf die Großaufnahme des Gesichts. Unzweifelhaft lässt sich eine Entsprechung zur Ästhetik der filmischen Großaufnahme erkennen, der Béla Balázs 1924 unter dem Titel *Der sichtbare Mensch* eine breit rezipierte Studie gewidmet hat.[49] Die Großaufnahme, so Balázs, sei »die technische Bedingung der Kunst des Mienenspiels und mithin der höheren Filmkunst überhaupt« und das »intime Gesicht [...] der

42 Ebner: *Metamorphosen des Gesichts*, S. 38.

43 Ebner: *Metamorphosen des Gesichts*, S. 44ff.

44 Ebner: *Metamorphosen des Gesichts*, S. 9f.

45 Anonym (1936): Les révélations d'un maître photographe. In: *La Bourse Égyptienne*, 14. April 1936. Zit. n. Ebner: *Metamorposen des Gesichts*, S. 39, S. 92.

46 Leo Uschatz, das Modell, wurde 1911 in der Ukraine geboren und gelangte 1922 mit seiner Familie auf der Flucht vor antisemitischen Repressionen in die Schweiz. Er wanderte als junger Ingenieur, der sich mit dem Zionismus identifizieren konnte, 1935 nach Palästina aus. Vgl. Ebner: *Metamorphosen des Gesichts*, S. 10.

47 Morris-Reich, Amos (2022): The Boundaries of Photographic Intention: Helmar Lerski's ›Failed‹ Project. In: ders.: *Photography and Jewish history, five Twentieth-Century cases.* Philadelphia, Pennsylvania: University of Pennsylvania Press, S. 58–86, hier S. 67.

48 Sander, August (2002): *Menschen des 20. Jahrhunderts:* Ein Kulturwerk in Lichtbildern eingeteilt in sieben Gruppen. Bearbeitet und neu zusammengestellt von Susanne Lange, Gabriele Conrath-Scholl und Gerd Sander. 7 Bände. Hg. von Die Photographische Sammlung/SK Stiftung Kultur. München: Schirmer/Mosel. Vgl. auch ders. (1990): *Antlitz der Zeit.* München: Schirmer/Mosel.

49 Rezensiert wurde sie beispielsweise von Robert Musil (*Ansätze zu einer neuen Ästhetik. Bemerkungen über eine Dramaturgie des Films* [1925]), von Andor Kraszna-Krausz (*Béla Balázs: Der sichtbare Mensch* [1926]), von Siegfried Kracauer (*Bücher vom Film* [1927]) und von Erich Kästner (*Ästhetik des Films* [1928]). Abgedruckt sind diese in: Balázs, Béla (2001): *Der sichtbare Mensch oder die Kultur des Films.* Frankfurt a.M.: Suhrkamp, S. 48f.

lebendigen Gebärden« sei Träger unbekannter seelischer Ausdrucksgebärden.[50] Von ›Pathosformeln‹ im Sinne Aby Warburgs ließe sich weiterhin sprechen, von »visuelle[n] Formeln [...], die im kulturellen Gedächtnis latent nachleben und in bestimmten Momenten als Anachronismen in der Geschichte der Bilder wieder auftauchen«.[51] Pathosformeln fungieren, wie Karine Winkelvoss im Rekurs auf Aby Warburg ausführt, als Träger »psychischer Energien«.[52] Ein Vortrag des Journalisten Elieser Lubrani zur Eröffnung der Ausstellung am 4. April 1936 in der Divan Gallery legt entsprechend nah, dass es sich bei Lerskis Lichtprojekt um ›Gesichtslandschaften‹ handelt, um Landschaften der Seele ließe sich präzisieren, die durch spezifische Beleuchtungsstrategien plastisch werden und soziale Rollenbilder aufrufen.[53] So wurden in Lerskis Aufnahmen eines durchschnittlichen »workman« u.a. die sozialen Rollen Fliegerpilot, Mönch, ein gealterter Künstler, junges Mädchen, reife Frau, Napoleon, Baudelaire oder ein Décadent erkannt.[54] Einige Aufnahmen mit geschlossenen Augen erwecken den Eindruck, als ob wir es mit Totenmasken des Fotomodells zu tun hätten.[55]

Der Vielfalt dieser Rollen und physiognomischen Studien entspricht auf formaler Ebene die Serialität des Projekts: Lerski war davon überzeugt, dass seine revolutionäre Technik der Lichtsetzung in Serie narrative Handlungselemente generiere,[56] ohne dass der Künstler jemals eine feste Anordnung ihrer Teile vorsah.[57] Dabei weist die serielle Anordnung der *Metamorphose* »eine gewisse fortschreitende Verfremdung« auf, insofern das Gesicht immer mehr hinter sein Äußeres, hinter eine Maske zurücktritt.[58] In technischer Hinsicht mag dies dem Umstand geschuldet sein, dass sich die Verwand-

50 Balázs, *Der sichtbare Mensch*, S. 48f. Zur Rolle der Großaufnahme im Film ab den 1910er-Jahren und ihrer Bedeutung für Lerskis ›Mikrophysiognomien‹: Moser, Walter (2021): Verwandlungen durch Licht. Helmar Lerskis Fotografien als Experimentierfeld für den Film. In: ders. (Hg.): *Faces – Die Macht des Gesichts*, S. 58–72, insbesondere S. 59–67.

51 Winkelvoss, Karine (2022): *W.G. Sebald. Formen des Pathos.* Paderborn: Brill/Fink, S. XXIV.

52 Winkelvoss: *W.G. Sebald*, S. XXIV und dies. (2025): Sebald und das Pathos. In: Niehaus, Michael/ Öhlschläger, Claudia/ Winkelvoss, Karine/Wolfinger, Kay (Hgg.): *Traditionen des Pathos? W.G. Sebald und die Literatur der Gegenwart.* Würzburg: Königshausen & Neumann. Außerdem Warburg, Aby (2010): *Werke in einem Band*, hg. von Perdita Ladwig, Martin Treml und Sigrid Weigel. Berlin: Suhrkamp. Ohrt, Roberto/Heil, Axel (2021): *Aby Warburg. Bilderatlas Mnemosyne.* Das Original. Katalog zur Ausstellung 21.08.–31.10.2021, Deichtorhallen Hamburg, Sammlung Falckenberg. Köln: Verlag der Buchhandlung Walther und Franz König.

53 Ebner: *Metamorphosen des Gesichts*, S. 38f.

54 Vgl. hierzu Ebner: *Metamorphosen des Gesichts*, S. 39.

55 Eskildsen, Ute (2002): Vorwort. In: Ebner: *Metamorphosen des Gesichts*, S. 5. Vgl. Anonym: Les révélations d'un maître photographe. Zit. n. Ebner: *Metamorphosen des Gesichts*, S. 39.

56 Vgl. Ebner: *Metamorphosen des Gesichts*, S. 41.

57 Selbst die numerische Abfolge, wie sie sich aus Lerskis Inventarisierung ablesen lässt, scheint, so Ebner, nicht »durch einen roten Faden« strukturiert zu sein. Vgl. Ebner: *Metamorphosen des Gesichts*, S. 14.

58 Ebner: *Metamorphosen des Gesichts*, S. 14f.

lungen des durch Lichttechnik szenisch ins Bild gerückten Modells ausschließlich auf der äußerlichen Ebene der Projektion vollziehen, Leo Uschatz also in den wenigsten Fällen den Ausdruck, den Lerski zu erzeugen versuchte, mimisch nachstellte.[59] In anthropologisch-politischer Hinsicht gewinnt die Hinwendung zur Maske Plausibilität, wenn man sich daran erinnert, dass Helmut Plessner unter dem Eindruck der barbarischen Zerstörungen des Ersten Weltkriegs zu dem Schluss gelangte, dass der Mensch ein »Recht auf Maske« habe,[60] dass er sich wappnen müsse gegen eine feindselige Umgebung: Anonymität und Entfremdung werden zu Techniken einer Lebenskunst, die zu viel Nähe verhindert. Lerskis Fotoprojekt fügt sich ein in den Diskurs einer philosophischen Anthropologie, die soziale Distanz und Reserviertheit, Künstlichkeit und Verdinglichung nicht als das Andere des Humanen begreift, sondern als dessen Axiom.[61] So ist denn Lerskis Fotoprojekt eher universalistisch denn individualistisch angelegt. Er wurde von dem Gedanken geleitet, dass in jedem Menschen alles stecke und die unbegrenzten Wandlungen des Gesichts »zusammen nur das Gesicht des Menschen zum Ursprung haben«.[62]

Es ergibt sich demnach, was Lerskis Stellung innerhalb des bisher nachgezeichneten physiognomischen Totenmasken-Diskurses der Zwischenkriegszeit anbelangt, ein ambivalentes Bild. Einerseits geht es Lerski ganz offensichtlich um ein anthropologisches sowie humanistisches Projekt, das die Idee des Individuums in eine universalistische Vorstellung von Mensch-Sein transformiert.[63] Das stilistische Mittel ist das der visuellen Erstarrung, einer Art Mortifizierung der physiognomischen Studie als Maske durch eine mittels raffinierter Belichtungstechniken hervorgebrachte Dialektik von mikroskopischer Detailaufnahme und makroskopischer Übersicht. Dieses Verfahren der ästhetischen Universalisierung des *einen* Gesichts, dem hunderte verschiedene Gesichter entsteigen,[64] könnte, berücksichtigt man Lerskis unvollendetes Projekt eines

59 Vgl. Ebner: *Metamorphosen des Gesichts*, S. 11.

60 Seibt, Gustav (1992): Vom Recht auf Maske. Besser spät als nie: Heute muß man Plessner lesen. In: *FAZ*, 04.09.1992. Zit. n. Lethen, Helmut (1994): *Verhaltenslehren der Kälte. Lebensversuche zwischen den Kriegen*. Frankfurt a.M.: Suhrkamp, S. 271.

61 Vgl. die Auseinandersetzung mit Helmut Plessners Menschenbild in *Grenzen der Gemeinschaft. Eine Kritik des sozialen Radikalismus* (1924) bei Lethen: *Verhaltenslehren der Kälte*, S. 8.

62 »Every human being embodies everything; it is only a question of how the light falls.« Zit. n. Ebner: *Metamorphosen des Gesichts*, S. 38.

63 In diese Richtung eines ganzheitlichen, »reale[n] Humanismus als Anschauung« weist die Lesart des sozialistischen Kunsthistorikers und Essayisten Farner, Konrad (1962): Maxima Humania. In: *Sinn und Form* Heft 4, S. 601–623, hier S. 613.

64 Vgl. Kracauer, Siegfried (1985): *Theorie des Films. Die Errettung der äußeren Wirklichkeit*. Frankfurt a.M.: Suhrkamp, S. 220: »Eine Änderung in der Belichtung, und ein und dasselbe Gesicht erscheint in neuer Gestalt. (Dies wird durch ein faszinierendes Experiment bestätigt, das der deutsche Fotograf Helmar Lerski während der dreißiger Jahre in Palästina machte. […] Als Großaufnahmen gaben Bilder die Beschaffenheit der Haut so detailliert wieder, daß Wangen und

Antlitzes des Judentums, als Intervention gegen den rassistischen Antisemitismus der 1930er Jahre gelesen werden. Andererseits folgen Lerskis Aufnahmen einer Lichtästhetik des Gesichts, die durchaus an den gestählten Gesichtsausdruck, wie ihn beispielsweise Leni Riefenstahls nationalsozialistische Propagandafilme kolportieren, erinnern.[65]

Im Zusammenhang des oben dargestellten Physiognomie-Diskurses der Zwischenkriegszeit lässt sich festhalten, dass Lerskis »Verwandlungen durch Licht« jenen Zug zur absoluten historischen Vergegenwärtigung konterkarieren, wie er dem historistischen Ahnenkult eines Hugo von Hofmannsthal, Stefan Zweig oder Arnold Zweig zugrunde liegt. Vielmehr kann im Fall Lerkis von physiognomischen Archivalien eines Bewusstseins historischer Ungleichzeitigkeit gesprochen werden, da sich in der Vielfalt seiner physiognomischen Studien weder ein verbindliches Identifikationsangebot noch eine klare Ordnung ausmachen lassen.

Die amerikanische Germanistin Dagmar Barnouw gibt in ihrer Kracauer-Studie *Critical Realism* den entscheidenden Denkanstoß, indem sie eine Parallele zwischen Lerskis Fotoprojekt und Kracauers Geschichtsverständnis einer historischen Ungleichzeitigkeit zieht.[66] Kracauer konstatiere in seiner geschichtstheoretischen Studie *Geschichte – Vor den letzten Dingen*, dass sich der Historiker anders als der Literat (Kracauer nennt hier vorzugsweise Marcel Prousts *Auf der Suche nach der verlorenen*

Augenbrauen sich in ein Labyrinth unerforschlicher Runen verwandelten, die an Erd-Formationen erinnerten, wie sie vom Flugzeug aus erscheinen. Das Ergebnis war erstaunlich. Keine der Aufnahmen hatte Ähnlichkeit mit dem Modell, und alle unterschieden sich voneinander. Durchs stetig veränderte Licht erweckt, entstiegen dem Originalgesicht hundert verschiedene Gesichter.)« Kracauer, der Lerski wahrscheinlich 1938 in Paris begegnet war, zeigt sich insbesondere von der starken Suggestions- und Manipulationskraft der *Metamorphosen* beeindruckt. Er reflektiert sie im Kontext seines Exkurses über Propaganda und Film und wertet sie als Beispiel der Ununterscheidbarkeit von Wahrheit und Lüge durch den Einsatz fotografischer Mittel.

65 Eine ausführliche Diskussion um Ähnlichkeiten und Differenzen zwischen Lerskis *Metamorphosen* und deutschen *Face of the Nation*-Projects der 1920er und 1930er Jahre, in denen »artistically, scientifically, and politically [...] the essential features of a given society, nation, or ›race‹« erfasst und dokumentiert werden sollten, liefert Morris-Reich: The Boundaries of Photographic Intention, insbes. S. 65–72.

66 Kracauer, Siegfried (2009): *Geschichte – Vor den letzten Dingen*. In: ders.: *Werke*. Hg. von Inka Mülder-Bach und Ingrid Belke. Bd. 4. Hg. von Ingrid Belke. Frankfurt a.M.: Suhrkamp, hier S. 164: »Wie zu erwarten, herrscht auch kein Mangel an Erklärungen, die den heterogenen Charakter des historischen Zeitraums anerkennen. Marx spricht von der ›Ungleichzeitigkeit‹ des ideologischen Überbaus.« Zur Theoretisierung der räumlichen Konnotation von Geschichte als Zeitschichten-Modell im Sinne einer »Gleichzeitigkeit des Ungleichzeitigen« vgl. Koselleck, Reinhart (2003): *Zeitschichten. Studien zur Historik*. Mit einem Beitrag von Hans-Georg Gadamer. Frankfurt a.M.: Suhrkamp, S. 9.

Zeit)[67] mit dem Dilemma konfrontiert sehe, die Unterschiedlichkeit ungleichzeitiger Zeiten am Paradigma der Chronologie messen zu müssen:

> The profound desire to articulate a continuity that could resist the rush of time and mitigate the inequities of human temporality has driven the cultural construction of history since its beginnings. But modern historiography has been challenged to acknowledge the terrifying confusions of this ›eternally‹ shifting face whose reality the historian then cannot escape.[68]

Kracauer bringt als »verläßliche[n] Gewährsmann« dieser Ungleichzeitigkeitserfahrung die mythische Figur des Ewigen Juden Ahasver ins Spiel, der

> allein [...] in der gesamten Geschichte unfreiwillig Gelegenheit [hatte], den Prozeß des Werdens und Vergehens an sich zu erfahren. (Wie unsagbar schrecklich er aussehen muß! Gewiß, sein Gesicht kann nicht durch den Prozeß des Alterns gelitten haben, aber ich denke es mir aus vielen Gesichtern zusammengesetzt, von denen jedes einen der Zeiträume spiegelt, die er durchquerte und die alle immer neue Muster ergeben, während er auf seiner Wanderung ruhelos und vergeblich versucht, aus den Zeiten, die ihn formten, jene Zeit zu rekonstruieren, die er zu verkörpern verdammt ist.)[69]

Ahasver ist für Kracauer somit das »Sinnbild der Vielschichtigkeit historischer Zeiten und Prozesse«[70] und könnte durchaus – im Sinne Barnouws – Lerskis in Szene gesetzten Metamorphosen eines Porträtierten entsprechen, der in verschiedenen historischen Rollen gezeigt wird.

So gesehen ließe sich Lerskis Projekt als eine visuelle Historiografie deuten, die »das A-priori-Vertrauen in historische Kontinuität«, wie Kracauer sagt,[71] widerruft zugunsten einer simultanen Schau ungleichzeitiger historischer Epochen und ihrer Physiognomien. Lerski widerruft mit seiner Serie physiognomischer Fotografien damit die für Hugo von Hofmannsthal, Stefan Zweig und Arnold Zweig gezeigte historistische Vergegenwärtigung männlicher Hoffnungsträger der Vergangenheit, das Prinzip der Individuation sowie eine sich chronologisch erfüllende Geschichtslogik. Vielmehr stehen die ins Maskenhafte gewendeten »imaginäre[n] Projektionsflächen«[72] bei Lerski für eine auch in formaler Hinsicht intendierte Vielfalt, die als kritische Inter-

---

67 Kracauer: *Geschichte – Vor den letzten Dingen*, S. 176–180.

68 Barnouw, Dagmar (1994): *Critical Realism. History, Photography and the Work of Siegfried Kracauer.* Baltimore, London: The Johns Hopkins University Press, S. 179.

69 Kracauer: *Geschichte – Vor den letzten Dingen*, S. 174.

70 Ebner: *Metamorphosen des Gesichts*, S. 47.

71 Kracauer: *Geschichte – Vor den letzten Dingen*, S. 173.

72 Ebner: *Metamorphosen des Gesichts*, S. 38.

vention gegenüber einem individualistisch und männlich getönten Heroenkult der Zeit aufgefasst werden kann, zumal Leo Uschatz des Öfteren effeminiert bzw. androgyn erscheint.[73] Andererseits bedienen sie auch Stereotype, dienen sie der vereinfachenden Charakterisierung sozialer Rollen und Typen, womit der in kulturkonservativen Diskursen als heikel betrachtete Befund moderner Massenbildungen aufgerufen wird.

Eine das subversive Potential der *Metamorphose* hervorstreichende Deutung gibt eine Kolumne mit dem Titel *Mensch als Möglichkeit* der 1970 in Kiew geborenen, jüdischen Journalistin und Literatin Katja Petrowskaja, die Lerskis Fotoserie eine »grenzenlose Vielfalt«[74] und Verwandlungsfähigkeit attestiert. Selbst die fotografischen Anmutungen an eine Totenmaske scheinen bei Lerski an den »unergründlichen Möglichkeiten«,[75] ein *anderer* zu sein, festzuhalten, das in einer Rolle erstarrte Gesicht verliere »seine Objektivität, wird zu einer unfassbaren Erscheinung,«[76] in der sich Reales und Irreales vermischt. Für Petrowskaja ergibt sich andererseits aus der unheimlichen Nähe zu »den olympischen Sichtweisen von Leni Riefenstahl oder sogar der faschistischen Ästhetik von Arno Breker« eine Ambivalenz, von der weiter oben schon die Rede war. Petrowskaja schlägt vor, sie im Sinne einer performativen Mimikry zu deuten: »Zwei Juden auf einem Dach in Tel Aviv loten 1936 die heroische Ästhetik aus, die sich zu dieser Zeit in Europa gegen sie wendet.«[77] Angesichts der Maskeraden-Accessoires wird in Lerskis Fotoprojekt durchaus eine Geste des performativen Transvestismus im Sinne Judith Butlers wirksam, insofern hier eine verbindliche Unterscheidung von Original und fotografischem Abbild unterlaufen wird. In der Imitation von sozialen und geschlechtlich markierten Stereotypen werden aufgerufene kulturelle und soziale Imagines als Konstruktionen lesbar.[78]

---

73 Einen Impuls für diese nicht zuletzt durch entsprechende Verkleidungen evozierte Aufbrechung »reduktive[r] Rollenzuweisungen« gibt Mahler, Astrid (2021): Rollenspiele durch Kostüm, Maske und Licht. Helmar Lerski im Kontext der Erneuerung des Porträts. In: Moser: *Faces – Die Macht des Gesichts*, S. 11–16, hier S. 14. Mahler fokussiert jedoch experimentelle Werke der Fotografinnen Marta Astfalck-Vietz und Gertrud Arndt, deren Fotos nur für den privaten Gebrauch bestimmt waren.

74 Petrowskaja, Katja (2022): Mensch als Möglichkeit. In: dies.: *Das Foto schaute mich an.* Kolumnen. Frankfurt a.M.: Suhrkamp, S. 132–135, hier S. 133.

75 Kracauer: *Theorie des Films*, S. 221.

76 Petrowskaja: Mensch als Möglichkeit, S. 135.

77 Petrowskaja: Mensch als Möglichkeit, S. 133f.

78 Butler, Judith (1991): *Das Unbehagen der Geschlechter.* Frankfurt a.M.: Suhrkamp, S. 203. In postkolonialer Perspektive taucht der Begriff ›Mimikry‹ bei Homi Bhabha auf als doppelte Geste der normalisierten Annäherung an das Fremde und als dessen possenhafte, karikative Distanzierung. Vgl. Bhabha, Homi K. (2000): *Die Verortung der Kultur.* Mit einem Nachwort von Elisabeth Bronfen. Tübingen: Stauffenburg Verlag, insbesondere S. 125–136.

Literaturverzeichnis

Althaus, Thomas/Bunzel, Wolfgang/Göttsche, Dirk (2007): Ränder, Schwellen, Zwischenräume. Zum Standort Kleiner Prosa im Literatursystem der Moderne. In: dies. (Hgg.): *Kleine Prosa. Theorie und Geschichte eines Textfeldes im Literatursystem der Moderne.* Tübingen: Harrassowitz Verlag, S. IX-XXVII.

Anonym (1936): Les révélations d'un maître photographe. In: *La Bourse Égyptienne*, 14. April 1936.

Autsch, Sabiene/Öhlschläger, Claudia/Süwolto, Leonie (Hgg.) (2014): *Kulturen des Kleinen. Mikroformate in Literatur, Kunst und Medien.* Paderborn: Fink.

Balázs, Béla (2001): *Der sichtbare Mensch oder die Kultur des Films.* Frankfurt a.M.: Suhrkamp.

Barnouw, Dagmar (1994): *Critical Realism. History, Photography and the Work of Siegfried Kracauer.* Baltimore, London: The Johns Hopkins University Press.

Baumstark, Moritz/Forkel, Robert (2016): Einleitung. In: dies. (Hgg.): *Historisierung. Begriff-Geschichte-Praxisfelder.* Stuttgart: Metzler Verlag, S. 1–16.

Belting, Hans (1990): *Bild und Kult: Eine Geschichte des Bildes vor dem Zeitalter der Kunst.* München: Beck Verlag.

Belting, Hans (2019): *Faces. Eine Geschichte des Gesichts.* München: Beck Verlag.

Bertschik, Julia (2013): Das Gesicht als mediales Artefakt. Die Totenmaske der ›Inconnue de la Seine‹. Faciale Kontexte und Schreibweisen. In: *Maske und Kothurn* 59, H. 3, S. 89–102.

Bhabha, Homi K. (2000): *Die Verortung der Kultur.* Mit einem Nachwort von Elisabeth Bronfen. Tübingen: Stauffenburg Verlag.

Butler, Judith (1991): *Das Unbehagen der Geschlechter.* Frankfurt a.M.: Suhrkamp.

Didi-Huberman, Georges (1999): *Ähnlichkeit und Berührung. Archäologie, Anachronismus und Modernität des Abdrucks.* Köln: DuMont Verlag.

Ebner, Florian (2002): *Metamorphosen des Gesichts. Die ›Verwandlung durch Licht‹ von Helmar Lerski.* Göttingen: Steidl Verlag.

Eskildsen, Ute (2002): Vorwort. In: Ebner, Florian (2002): *Metamorphosen des Gesichts. Die ›Verwandlung durch Licht‹ von Helmar Lerski.* Göttingen: Steidl Verlag, S. 5.

Farner, Konrad (1962): Maxima Humania. In: *Sinn und Form* Heft 4, S. 601–623.

Gamper, Michael/Mayer, Ruth (Hgg.) (2017): *Kurz & Knapp. Zur Mediengeschichte kleiner Formen vom 17. Jahrhundert bis zur Gegenwart.* Bielefeld: transcript Verlag.

Greenblatt, Stephen (1988): *Shakespearean Negotiations. The Circulation of Social Energy in Renaissance England.* Oxford: Clarendon Press.

Greenblatt, Stephen (1990): *Verhandlungen mit Shakespeare. Innenansichten der englischen Renaissance.* Aus dem Amerikanischen von Robin Cackett. Berlin: Wagenbach Verlag.

Grünbein, Durs (2000): Das aufgegebene Gesicht. In: *Archiv der Gesichter. Toten- und Lebendmasken aus dem Schiller-Nationalmuseum.* Eine Ausstellung des Deutschen Literaturarchivs und der Stiftung Museum Schloß Moyland in Verbindung mit dem Museum für Sepulkralkultur in Kassel (1999, 2000, 2001). 3. durchgesehene und ergänzte Auflage. Marbach: Deutsche Schillergesellschaft, S. 11–20.

Grünbein, Durs: Das aufgegebene Gesicht. In: ders.: *Antike Dispositionen.* Aufsätze. Frankfurt a.M.: Suhrkamp, S. 171–180.

Heidegger, Martin (1976): *Logik. Die Frage nach der Wahrheit. (Versinnlichung von Erscheinungen.)* Frankfurt a.M.: Vittorio Klostermann.

Hertl, Michael (2002): *Totenmasken. Was vom Leben und Sterben bleibt.* Stuttgart: Jan Thorbecke Verlag.

Hofmannsthal, Hugo von (1979): Raoul Richter, 1896. In: ders.: *Gesammelte Werke in zehn Einzelbänden: Reden und Aufsätze I. 1891–1913,* hg.v. Bernd Schoeller. Frankfurt a.M.: Fischer Verlag, S. 458–465.

Hofmannsthal, Hugo von (1979): Robert von Lieben. Naturforscher und Erfinder. Gestorben in Döhling, den 20. Februar 1913. In: ders.: *Gesammelte Werke in zehn Einzelbänden: Reden und Aufsätze I. 1891–1913,* hg.v. Bernd Schoeller. Frankfurt a.M.: Fischer Verlag, S. 455–457.

Hofmannsthal, Hugo von (1979): Wilhelm Dilthey. In: ders: *Gesammelte Werke in zehn Einzelbänden: Reden und Aufsätze I. 1891–1913,* hg.v. Bernd Schoeller. Frankfurt a.M.: Fischer Verlag, S. 451–454.

Hofmannsthal, Hugo von (1980): Das Schrifttum als geistiger Raum der Nation. In: ders.: *Gesammelte Werke. Reden und Aufsätze III, 1925–192:. Buch der Freunde. Aufzeichnungen 1889–1929,* hg. von Bernd Schoeller und Ingeborg Beyer-Ahlert (Aufzeichnungen) in Beratung mit Rolf Hirsch. Frankfurt a.M.: Fischer Verlag, S. 24–41.

Hofmannsthal, Hugo von (1980): Der Schatten der Lebenden [1925]. In: ders.: *Gesammelte Werke in zehn Einzelbänden: Reden und Aufsätze III (1925–1929): Buch der Freunde. Aufzeichnungen (1889–1929).* Frankfurt a.M.: Fischer Verlag, S. 49–55.

Hofmannsthal, Hugo von (1980): Notiz zum ›Deutschen Lesebuch‹. In: ders.: *Gesammelte Werke in zehn Einzelbänden: Reden und Aufsätze III 1925–1929: Buch der Freunde. Aufzeichnungen (1889–1929).* Frankfurt a.M.: Fischer Verlag, S. 636–637.

Hofmannsthal, Hugo von (Hg.) (1952): *Deutsches Lesebuch.* Frankfurt a.M.: Fischer Verlag.

Jansen, Hans Helmut (Hg.) (1978): *Der Tod in Dichtung, Philosophie und Kunst.* Darmstadt: Dr. Dietrich Steinkopff Verlag.

Kolbe, Georg (1926): Geleitwort. In: Benkard, Ernst: *Das ewige Antlitz. Eine Sammlung von Totenmasken.* Berlin: Frankfurter Verlags-Anstalt, S. XLI-XLV.

Koselleck, Reinhart (2003): *Zeitschichten. Studien zur Historik.* Mit einem Beitrag von Hans-Georg Gadamer. Frankfurt a.M.: Suhrkamp.

Kracauer, Siegfried (2009): Geschichte – Vor den letzten Dingen. In: ders.: *Werke.* Hg. von Inka Mülder-Bach und Ingrid Belke. Bd. 4. Hg. von Ingrid Belke. Frankfurt a.M.: Suhrkamp.

Kürnberger, Ferdinand (1967): *Feuilletons.* Ausgewählt und eingeleitet von Karl Riha. Frankfurt a.M.: Insel Verlag.

Lerski, Helmar (1931): *Köpfe des Alltags: Unbekannte Menschen:* 80 Lichtbilder, mit einer Einleitung von Curt Glaser. Berlin: Hermann Reckendorf.

Lethen, Helmut (1994): *Verhaltenslehren der Kälte. Lebensversuche zwischen den Kriegen.* Frankfurt a.M.: Suhrkamp.

Mahler, Andreas (2020): ›Commençant sans projet‹/›beginning without project‹. Der Essay als ›neue‹ Form. In: ders. (Hg.): Der Essay als ›neue‹ Form. Wiesbaden: Harrassowitz Verlag, S. 7–26.

Mahler, Astrid (2021): Rollenspiele durch Kostüm, Maske und Licht. Helmar Lerski im Kontext der Erneuerung des Porträts. In: Moser, Walter (Hg.): *Faces – Die Macht des Gesichts. Helmar Lerski und die Porträtfotografie der Zwischenkriegszeit.* Wien: Hirmer Verlag, S. 11–16.

Mann, Thomas (2002): Briefe aus Deutschland [II]. In: ders.: *Große kommentierte Frankfurter Ausgabe.* Bd. 15.1: *Essays II (1914–1926),* hg. und textkritisch durchgesehen von Hermann Kurzke. Frankfurt a.M.: Fischer Verlag, S. 653–661.

Morris-Reich, Amos (2022): The Boundaries of Photographic Intention: Helmar Lerski's ›Failed‹ Project. In: Ders.: *Photography and Jewish history, five Twentieth-Century cases.* Philadelphia, Pennsylvania: University of Pennsylvania Press, S. 58–86.

Nübel, Birgit (2019): Vom *Vogel* zum *Querschnitt* – der Essay als kleine Form. In: *Musil-Forum* 35 (2017/2018), S. 27–47.

Ohrt, Roberto/Heil, Axel (2021): *Aby Warburg. Bilderatlas Mnemosyne.* Das Original. Katalog zur Ausstellung 21.08.-31.10.2021, Deichtorhallen Hamburg, Sammlung Falckenberg. Köln: Verlag der Buchhandlung Walther und Franz König.

Petrowskaja, Katja (2022): Mensch als Möglichkeit. In: Dies.: *Das Foto schaute mich an.* Kolumnen. Frankfurt a.M.: Suhrkamp, S. 132–135.

Puttnies, Hans (2000): *Das Gesicht der Weimarer Republik. Menschenbild und Bildkultur 1918–1933.* Katalog einer Ausstellung des Deutschen Historischen Museums, Berlin und des Einstein Forums, Potsdam.

Regener, Susanne (2001): Physiognomie des Todes. Über Totenabbildungen. In: Dracklé, Dorle (Hg.): *Bilder vom Tod. Kulturwissenschaftliche Perspektiven.* Hamburg: LIT Verlag, S. 49–65.

Ruefle, Mary (2016): My Private Property. In: dies.: *My Private Property.* Seattle, New York: Wave Books, S. 51–65.

Ruefle, Mary (2022): Mein Privatbesitz. In: dies.: *Mein Privatbesitz.* Aus dem Englischen von Esther Kinsky. Berlin: Suhrkamp, S. 65–81.

Salten, Felix (1924): Alfred Freiherr v. Berger. In: ders., *Geister der Zeit. Erlebnisse.* Berlin, Wien, Leipzig: Insel Verlag, S. 134–140.

Salten, Felix (1924): *Geister der Zeit. Erlebnisse.* Berlin, Wien, Leipzig: Insel Verlag.

Sander, August (2002): *Menschen des 20. Jahrhunderts:* Ein Kulturwerk in Lichtbildern eingeteilt in sieben Gruppen. Bearbeitet und neu zusammengestellt von Susanne Lange, Gabriele Conrath-Scholl und Gerd Sander. 7 Bände. Hg. von Die Photographische Sammlung/SK Stiftung Kultur. München: Schirmer/Mosel.

Schmölders, Claudia/Gilman, Sander (Hgg.) (2000): *Gesichter der Weimarer Republik. Eine physiognomische Kulturgeschichte.* Köln: DuMont Verlag.

Schröder, Klaus Albrecht (2021): Vorwort. In: Moser, Walter (Hg.): *Faces – Die Macht des Gesichts. Helmar Lerski und die Porträtfotografie der Zwischenkriegszeit.* Wien: Hirmer Verlag, S. 6–7.

Schulze, Holger (2020): *Ubiquitäre Literatur. Eine Partikelpoetik.* Berlin: Matthes & Seitz.

Sykora, Katharina (2005): Die Tod*e der Fotografie. Bd. 1: Totenfotografie und ihr sozialer Gebrauch.* München: Wilhelm Fink Verlag.

Sykora, Katharina (2015): *Die Tode der Fotografie. Bd. 2: Tod, Theorie und Fotokunst.* München: Wilhelm Fink Verlag.

Troeltsch, Ernst (2002): Die Krisis des Historismus [1922]. In: ders.: *Kritische Gesamtausgabe.* Bd. 15. Berlin, New York: De Gruyter, S. 433–455.

Warburg, Aby (2010): *Werke in einem Band,* hg. von Perdita Ladwig, Martin Treml und Sigrid Weigel, Berlin: Suhrkamp.

Weigel, Sigrid (Hg.) (2013): *Gesichter. Kulturgeschichtliche Szenen aus der Arbeit am Bildnis des Menschen.* München: Wilhelm Fink Verlag.

Winkelvoss, Karine (2022): *W.G. Sebald. Formen des Pathos.* Paderborn: Brill/Fink Verlag.

Winkelvoss, Karine (2025): Sebald und das Pathos. In: Niehaus, Michael/Öhlschläger, Claudia/Winkelvoss, Karine/Wolfinger, Kay (Hgg.): *Traditionen des Pathos? W.G. Sebald und die Literatur der Gegenwart.* Würzburg: Königshausen & Neumann.

Wysling, Hans (1974): *Dokumente und Untersuchungen. Beiträge zur Thomas-Mann-Forschung.* Bern, München: Francke Verlag.

Zweig, Arnold (1959): Lessings Totenmaske [1926], in: ders.: *Essays.* Erster Band. Literatur und Theater. Berlin: Aufbau-Verlag, S. 80–83.

Zweig, Stefan (1937): *Begegnungen mit Menschen, Büchern, Städten.* Wien, Leipzig, Zürich: Herbert Reichner Verlag.

Zweig, Stefan (1993): *Das Geheimnis des künstlerischen Schaffens:* Essays, hg. und mit einer Nachbemerkung versehen von Knut Beck. Frankfurt a.M.: Fischer Verlag.

Zweig, Stefan (1990): Die Stimme. In memoriam Josef Kainz [1910]. In: ders.: *Zeiten und Schicksale. Aufsätze und Vorträge aus den Jahren 1902–1942,* hg. und mit einem Nachwort versehen von Knut Beck. Frankfurt a.M.: Fischer Verlag, S. 67–75.

Zweig, Stefan (1917): Tolstois Antlitz, in: *Neue Zürcher Zeitung* 138, o.S.

Zweig, Stefan (1990): *Zeiten und Schicksale.* Frankfurt a.M.: Fischer Verlag.

Anja Gerigk

Gattungsökonomien und Schreibgestus. Scheerbarts visionäre *Glasarchitektur*-Prosa

ABSTRACT: *Glasarchitektur* (1914) by Paul Scheerbart has already been thoroughly contextualized with regard to architectural and avant-garde discourse; this article proposes the first in-depth reading along the lines of modernist short prose. Beyond an appraisal of the volume's hybrid blend of genres or its ironically utopian vein, the »Textur« exemplifies several core problems in the field of small forms: 1) challenges of communicating in a compact, efficient manner; 2) the conceptual difference between creating small aesthetics by means of »Verkleinerung« and the textual event of having this kind of prose emerge, as demonstrated by the striking Veranda-piece of *Glasarchitektur*. Finally, Scheerbart's futuristic writing prompts the question 3) whether some type of intervention takes place. A passage from Walter Benjamin's *Einbahnstraße* (1928) helps to elucidate a version of »Geistesgegenwart« that shares those activating as well as visionary affinities on a more theoretical level.

KEYWORDS: Formästhetik, Verkleinerung, Emergenz, Intervention, Geistesgegenwart

Das »Textfeld«[1] der Kurzprosa im frühen 20. Jahrhundert zeichnet sich zum einen dadurch aus, dass die Vielfalt auf diesem Gebiet zunimmt, indem neue Varianten eingeführt werden; darunter die Formate Skizze oder Studie, das Denkbild sowie das Feuilleton als Prosastück. Zum anderen trägt jene Diversifizierung dazu bei, dass Generizität zurücktritt, wenn es um relevante Ansätze, um Produktion und Rezeption modernistischer Literatur geht. Fraglich sei, »ob der Kategorie der Gattung selbst [...] nach dem Durchgang durch die emphatische Moderne denn tatsächlich immer noch derselbe Status zukommt«[2] wie im 19. Jahrhundert bzw. in der ebenfalls kurz und knapp produktiven Phase um 1800. Moritz Baßler betont die experimentelle Ausrichtung, eingegrenzt auf jene Spielart, die »nicht dominant narrativ oder essayistisch strukturiert ist«.[3] Beide Befunde zur Epochenschwelle um 1900 erlauben indessen keinen unmittelbaren Zugriff auf Paul Scheerbarts strahlkräftige, unkonventionelle

1 Diesen Sammelbegriff führt der Aufriss von Althaus, Thomas/Bunzel, Wolfgang/Göttsche, Dirk (2007): Ränder, Schwellen, Zwischenräume. Zum Standort Kleiner Prosa im Literatursystem der Moderne. In: dies. (Hgg.): *Kleine Prosa. Theorie und Geschichte eines Textfeldes im Literatursystem der Moderne.* Tübingen: Niemeyer, S. IX-XXVII. In ihrer Einleitung zielen die Herausgeber darauf, das skizzierte »Gattungsspektrum‹ erstmals »integrativ« zu behandeln (ebd., S. X).

2 Baßler, Moritz (2007): Kurzprosa im 20. Jahrhundert – Kontinuitäten außerhalb einer Gattungstradition. In: Althaus/Bunzel/Göttsche: *Kleine Prosa*, S. 187–196, hier S. 188.

3 Baßler: Kurzprosa im 20. Jahrhundert, S. 189.

Schrift *Glasarchitektur* (1914). Weder entspricht sie einem einzigen der innovativen Miniatur-Genres ihrer Zeit noch verhält sie sich indifferent zur Gattungsfrage, wie Baßlers Korpus unter dem Formbegriff der »Textur«.[4] Eine Fülle von Gattungsbezügen wurden herangezogen bei diesem Werk, das singulär bleibt, obwohl der Autor in seinen Erzählfiktionen viel über gläserne Architekturen geschrieben hat.

Im Kontext der kleinen Formen wurden die 111 Kapitel über die ideale (Bau-)Kultur bisher noch nicht betrachtet. Klassifikationen wie »Manifest«[5] können eine solche systematische Perspektive nicht ersetzen, wie folgender Beitrag nachweisen möchte. Um die Ausnahme der Forschungsdiskussion zu erwähnen: Charlotte Kurbjuhn gelangt zu dem Schluss, dass eine spezielle Art von Kurzprosa-Zyklus vorliegt: »*Glasarchitektur* präsentiert sich eher als neoromantische Fragment-Sammlung, die immer wieder das Propagierte zu ironisieren scheint, denn als Manifest neuen Bauens.«[6] Obwohl der durchgreifende Schreibgestus Ironie damit angemessen gewürdigt ist, verstellen die »Fragmente« mit ihren frühromantischen Implikationen die Einsicht, dass Scheerbarts kleinteilig gegliederte Prosa womöglich näher an zeitgenössische, ebenfalls formal eigenwillige Zyklen wie Walter Benjamins *Einbahnstraße* (1928) heranreicht als sogleich ins Auge fällt. Das ersichtliche Sondermerkmal der *Glasarchitektur* liegt in ihrer Gattungshybridität.[7] Diese mehrfache Codierung soll der erste Abschnitt auswerten, allerdings nicht, um die Zuordnung erneut zu problematisieren. Vielmehr stellt sich so erst der kommunikative Rahmen heraus, in dem die ›Kleine Form‹ – hier bewusst im Singular – ein Ereignis der Textur darstellt, wobei sie in eine Situation eingreift, die gattungsbedingt zustande gekommen ist.

1. Interferenzen: zwischen Form und Funktion

Bindungen an mehr als ein Genre wären keineswegs außerordentlich und könnten ebenso wenig als Hybridität gelten. Die Verhältnisse deuten aber darauf hin, dass

4 Vgl. Baßler, Moritz (1994): *Die Entdeckung der Textur. Unverständlichkeit in der Kurzprosa der emphatischen Moderne 1910–1916.* Tübingen: Niemeyer (= Studien zur deutschen Literatur; 134), S. 12–16. Der Titelbegriff meint nicht lediglich die Machart, er erarbeitet ein Gegenkonzept zu hermeneutisch leitenden »Strukturen«, wozu man auch die Gattungszüge rechnen könnte.

5 Kurbjuhn erkennt ein »architekturpoetisches Manifest«, bezieht sich damit aber nicht auf *Glasarchitektur*, sondern auf die 14 Verse, die Scheerbart im Jahr der Veröffentlichung als Schriftzüge am Bau für Bruno Tauts Umsetzung eines Glashauses gedichtet hat. Kurbjuhn, Charlotte (2020): Hinter Glas. Imaginationen des modernen Hauses in utopischen Romanen Paul Scheerbarts und frühen Architekturentwürfen Bruno Tauts. In: *Zeitschrift für Germanistik/Neue Folge* 30/1, S. 24–49, hier S. 27.

6 Kurbjuhn: Hinter Glas, S. 46.

7 Vgl. Gerigk, Anja (2014): *Architektur liest Literatur. Intermediale Diachronien vom 19. ins 20. Jahrhundert.* Würzburg: Ergon (= Literatur – Kultur – Theorie; 20), S. 137f.

Scheerbarts Prosa divergente bis disparate textuelle Strategien verfolgt. In kombinierenden Bestimmungen wie ›utopisches Sachbuch‹ oder ›essayistisches Manifest‹ kann *Glasarchitektur* nicht aufgehen, weil sie unterkomplex bleiben; mehr noch, weil gemäß einer hybriden Logik die Binarität einer entweder doppelten Zugehörigkeit (Sowohl-als-auch) oder einer wechselseitigen Ausschließung (Weder-noch) unterlaufen wird. Obwohl es einer analytischen Reduktion der Gemengelage gleichkommt, lohnt es sich, anhand der genannten Kreuzungen vorläufig zwei Leitachsen zu rekonstruieren. Sie verdeutlichen in ihrer Konstellation, inwiefern die mobilisierten Gattungsformate mindestens in Spannung zueinander geraten oder sogar als inkompatibel zu begreifen sind. Dies leistet einen Zwischenschritt auf der Grundlage der bereits identifizierten Formaspekte; darüber hinaus soll jedoch eine genauere begriffliche Beschreibung hergestellt werden, in der die textinterne Exposition der kleinen Form als distinkter Faktor des Intervenierens nachvollziehbar wird.

Glasarchitektur liest sich – auch dies wäre nur eine Teillektüre – als technisch interessiertes ›Sachbuch‹, das zugleich ein utopisches Traktat entfaltet. Ein Sachbuch-Signal geben die Kapitel-Überschriften, da sie öfter Materialien und Verarbeitungsweisen berücksichtigen. Beispielhaft stehen die Stichworte »Verkleidung des Baumaterials« (XIV), »Politur des Eisenbetons und seine plastische Bearbeitung« (XV) sowie der detailliert erläuterte Komplex »Heiz- und Kühlvorrichtungen« (XXXII).[8] Auf derselben Ebene, der strukturierten Darbietung von Informationen, ergibt sich dennoch eine Irritation:

> Die genaue Kapiteleinteilung wird durch die völlig unsystematische Anordnung der Inhalte ad absurdum geführt, die Sachhinweise werden durch den unausgeführten, vagen Charakter unzweckdienlich, die zu werblichen Zwecken angeführten pragmatischen Aspekte [...] durch das Abgleiten in den Nonsens fragwürdig.[9]

›Interferenzen‹ sind hier noch nicht gegeben, sofern die Gegeneffekte innerhalb einer Gattungsreferenz statt zwischen den beteiligten Genres wirksam werden. Korber lässt durchblicken, dass trotz der Bauexpertise Scheerbarts nicht nur formale Abweichungen auftreten, sondern ebenso die Tendenz, den gesamten Text »unzweckdienlich« zu machen. Form und Funktion sind grundsätzlich interdependent; der konkrete Fall prägt

---

8 Die unangefochtene Kompetenz der Ausführungen Scheerbarts u.a. zu Fragen von »Heizung, Klimatisierung, Ausbildung der Fensterprofile, Verwendung von Glasbausteinen« unterstreicht der Beitrag von Pehnt, Wolfgang (1992): Paul Scheerbart, ein Dichter der Architekten. In: Lörwald, Berni/Schardt, Michael M. (Hgg.): *Über Paul Scheerbart. 100 Jahre Scheerbart-Rezeption in drei Bänden.* Bd. I. *Einführungen, Vorwort, Nachworte.* Paderborn: Igel Verlag, S. 68–83, hier S. 69.

9 Korber, Tessy (1999): Paul Scheerbarts Glasarchitektur. Technik mit religiösem Auftrag. In: Sorg, Reto/Würffel, Stefan Bodo (Hgg.): *Gott und Götze in der Moderne.* München: Fink, S. 139–150, hier S. 148.

sich daran aus, in welchem Maße die geformte Funktionseinheit irritierbar wird. In dieselbe Lage geraten verschärft die intergenerischen Beziehungen, sobald sich das subvertierte Sachbuch-Schema und die utopische Botschaft in ihrer Vermittlung überlagern.

Die »unsystematische« Gliederung mit diversen Einzelkapiteln steht quer zu dem Aufbau, den eine Abhandlung der Glasarchitektur als Utopie verlangt. Obwohl die kurzen Abschnitte dies überdecken oder durchkreuzen, gibt es einen geordneten Argumentationsgang, d.h. eine einleitende Vorstellung des Gegenstandes, die Erörterung sachdienlicher Gründe im Mittelteil sowie den Abschluss, der den idealen Kulturstatus der neuen Bauästhetik noch einmal gesteigert zur Geltung bringt. Diese Gestaltung nach dem Muster eines Traktats dient der überzeugenden Absicht, genauso wie rhetorische Mittel, die mit ihrer Hyperbolik oder Metaphorik einem informierenden ›Sachstil‹ – hier schreibtechnisch statt architektonisch verstanden – fremd bleiben müssen. Jene beispielhafte Einrichtung der *Glasarchitektur*-Prosa überschreitet Textstellen oder konträre Merkmale der besagten Gattungen. Man kann das Ganze nicht mehr ungestört als Publikation zum Fachwissen lesen, wenn die großen Gesten und Strukturen der Idealisierung ständig dazwischenkommen.

Auf der zweiten Schlüsselachse treffen sich bzw. widerstreben einander Manifest und Essay; damit treten zwei Typen relativ kleiner Prosa auf den Plan. Als Programmschrift setzt sich die originale Buchfassung unverkennbar in Szene, bevor man den schmalen Band überhaupt aufgeschlagen hat: Eine Broschur verkündet in prominent lesbarer, roter Schrift das »Programm der Glasarchitektur in einhundertelf Kapiteln«.[10] So verspricht der Paratext auch eine Eindeutigkeit der Gattungsintention, von der sich das Werk selbst auf verschiedenen Wegen wieder distanziert. Intergenerisch ist interessant, dass die »Kapitel« recodiert werden: von Informationseinheiten im etwaigen Sachbuch zu den ebenfalls nummerierten Artikeln einer Grundsatzerklärung. In dem Punkt liegt ein Vergleich zum *Futuristischen Manifest* (1909) von Filippo Tommaso Marinetti nahe, das seine Sache in elf Postulaten oder Paragraphen vertritt.[11] Gegen den avantgardistischen Zug zur Verknappung nimmt sich *Glasarchitektur* mit 125 Druckseiten beinahe umfangreich aus.

Ansonsten kommuniziert Scheerbart manifest-typisch, d.h., er formuliert thesenhaft, apodiktisch, im objektiven Duktus. Der Anspruch, alles neu zu machen, äußert sich im emphatischen Appell: »Aber auch das Neue wollen wir erstreben – mit allen

---

10 Vgl. Angaben und Abbildung zum Auktionslos (Nr. 3639) eines Exemplars der Erstausgabe: https://bassenge.com/extras/artistindexquery?search=Scheerbart,%20Paul&page=2&limit=15&view=list&lotFilter=bestMatch. 16.10.2023.

11 Zu einer deutschsprachigen Übertragung des Dokuments vgl. Marinetti, F.T.: Gründung und Manifest des Futurismus. In: Asholt, Wolfgang/Fähnders, Walter (Hgg.): *Manifeste und Proklamationen der europäischen Avantgarde (1909–1938).* Stuttgart/Weimar: Metzler 1995, S. 3–7, hier S. 4f.

Kräften, die uns zu Gebote stehen – mögen diese immer größer werden!«[12] Damit ist das Finale zitiert, doch erzeugt der allerletzte Kurzsatz trotz seines entschiedenen, performativen Ausrufs (»Schluß!«) eine der zahlreichen ironischen Brechungen. Greifbar wird am vorigen Abschlusszitat außerdem das »Wir«, die übliche Sprecher-Position der Textsorte:

> Das Manifest gibt also nicht nur das Programm der Gruppierung nach außen hin bekannt, sondern trägt [...] auch wesentlich zu ihrer Konstituierung bei. Dies gilt insbesondere dann, wenn es in einem Aufruf gipfelt, der (tatsächliche oder potentielle) Anhänger der vertretenen Positionen zu entsprechenden Handlungen veranlassen will.[13]

Angesichts jener Stichproben kann kein Zweifel bestehen, dass Scheerbart absichtlich nach dem Prinzip eines Manifests schreibt, zwar konsequent, jedoch nicht ohne Interferenzen von anderer Seite, sobald der Essay-Modus zum Zuge kommt.

Essayistisch verfährt *Glasarchitektur* immer dann, wenn sich die subjektive Haltung und Ausdrucksweise bemerkbar macht. Formeln wie »Ich bin der Meinung, daß« (G 87), »Ich weiß es nicht« (G 28), »Jedenfalls möchte ich behaupten« (G 24) geben diese gebundene, statt überpersönliche, unangreifbare Sicht der Dinge zu lesen. So wird die Divergenz zur Stimme und Adressierung eines herkömmlichen Manifests stärker wahrnehmbar. Die umfassende Relativierung durch eine subjektive Perspektive untergräbt offenkundig die fordernde Gewissheit der Programmschrift. Selbst der knappe Ausruf »Hoffen wir's!« (G 24) birgt interferierendes Potenzial: einerseits kollektiv gewendet, mit Nachdruck versehen und appellativ auf das Künftige gerichtet; andererseits ein persönliches Eingeständnis, dass die propagierte Bauästhetik doch nicht so sicher und selbstverständlich kommt, wie die Sätze im Stil eines Manifests es zur Sprache bringen. Solche Rhetorik hat demnach Auswirkungen auf die Funktionalität der jeweils aktivierten Gattungsbezüge.

Nicht nur stilistisch, auch strukturell verträgt sich der Essay weder mit der transparenten Ordnung des Manifests (111 Artikel) noch mit der klassischen Dreiteilung eines Traktats. Während die Abfolge der Kapitel gewisse Schwerpunkte und Zusammenhänge anzeigt, erlauben sich die einzelnen Abschnitte manche Abschweifungen. Jenes digressive Vorgehen nutzt Übergänge, die mehr assoziativ gestiftet sind, als dass sie schlüssig der Argumentation folgen. Das bezeugt die häufiger gesetzte Bemerkung »Doch dieses nur nebenbei!« (G 42) Eben hat sich Scheerbart Aschingers verspiegelten

---

12 Scheerbart, Paul (1914): *Glasarchitektur.* Berlin: Verlag der Sturm, S. 125; zitiert unter der Sigle G.

13 Spörl, Uwe (2007): Manifest. In: Braungart, Georg/et al. (Hgg.): *Reallexikon der deutschen Literaturwissenschaft. Neubearbeitung des Reallexikons der deutschen Literaturgeschichte.* Bd. II. H – O. Berlin/Boston: de Gruyter, S. 535–537, hier S. 535.

Bierhallen gewidmet – ein Hauptthema innerhalb des Kapitels »Aschingers Bauten in Berlin 1893« – da erwähnt der nächste Absatz die Behandlung von Irrsinnigen im Orient. Das Folgekapitel unterbricht die Abwägung von »Glasmosaik« und »Eisenbeton« mit der fraglichen Zerstörbarkeit von Telegraphendrähten und dem Nachsatz: »Doch dieses auch nur so nebenbei.« (G 43)

Nach der Analyse auf Gattungsdifferenzen sowie funktionale Gegenläufigkeiten soll ein Syntheseversuch die Textur anders kennzeichnen als durch Genre-Hybridität. Es wäre gut möglich, die beobachteten Interferenzen mit dem Begriff ›Störung‹ zu belegen. Diese Option scheint unter der Annahme plausibel, dass die Schrift eine kommunikative Funktionseinheit darstellt oder ein System, das sich aufgrund interner Komplexität als vielfach irritierbar erweist. Wäre es nicht zielführender gewesen, einfach ein Manifest zu schreiben,[14] als zwischen den Formaten dysfunktionale Rezeptionsmomente zu riskieren? Diese simple Lösung unterschlägt jedoch die soziokulturelle und ästhetische Produktivität von Störungen:[15] Nur weil der Autor das Risiko eingeht, kann man seinen Text auch dann neu erschließen, wenn das universelle Zukunftsideal der gläsernen Bauten längst *passé* ist. Die Vorstellbarkeit einer fundamentalen Umgestaltung der Welt, wie sie Scheerbart mit der »Glaskultur« (G 125) vorschwebt, mag auf den disruptiven Einsatz angewiesen sein.

Ein zentrales Wirkungselement der *Glasarchitektur* als literarisches Gebilde spielt in keiner der soweit vorgeschlagenen Konzeptionen eine Rolle: Ironie, wahlweise der Humor. Beides lässt sich nicht gattungsmäßig einhegen und affiziert alle Teilkapitel sowie das nach dem Inhaltsverzeichnis (Sachbuch) eingestellte Motto: »Hony soit qui mal y pense.« (G 9) Scheerbart reflektiert die für ihn unverzichtbare Haltung wie beiläufig, wenn er das Los der »Zukunftserfinder«, zu denen er sich als Schriftsteller mit seinen fantastisch-utopischen Dichtungen selbst zählen darf, bedenkt: »Schließlich ist der total verarmte Erfinder trotz allem ein ganz vereinzelter Ausnahmefall. Mißerfolge produzieren auch Humor. Und solange der da ist, ist alles noch nicht so schlimm. Dies nur nebenbei.« (G 85) Für den nächsten Schritt der Revision von *Glasarchitektur* muss man sich vom landläufigen Verständnis des Humors lösen, genauso von ›humoristischen‹ Vorstellungen und Bezeichnungen, wie sie innerhalb der jüngeren Sekundärliteratur mitunter kursieren.[16]

---

14 Avantgardistische Manifeste gestalten sich als »extrem ›offene‹ Form«, sodass sie nicht immer diskursiv, sondern z.B. poetisch oder szenisch verfasst sind. Asholt, Wolfgang/Fähnders, Walter (1995): Einleitung. In: dies. (Hgg.) *Manifeste und Proklamationen*, S. XV-XXX, hier S. XVI; vgl. ebd., S. XV.

15 Vgl. Koch, Lars/Nanz, Tobias (2014): Ästhetische Experimente. Zur Ereignishaftigkeit und Funktion von Störungen in den Künsten. In: Habscheid, Stephan/Koch, Lars (Hgg.): *Zeitschrift für Literaturwissenschaft und Linguistik* 44/173. *Krisen, Katastrophen, Störungen*, S. 94–115, hier S. 100.

16 Zum Eindruck »humoristischer Programmatik« vgl. Kurbjuhn: Hinter Glas, S. 28.

Das zugrunde gelegte Modell komischer Kommunikation besitzt den Vorzug, dass es beide Seiten hervorheben kann:[17] zum einen Strategien, mit denen die Wahrscheinlichkeit von Anschlusskommunikation – hier über Genre-Bahnen geleitet – gefährdet wird, zum anderen die anschlussfördernden Maßnahmen und Impulse. Erst aus dieser Gleichzeitigkeit von gezielter Irritation und kommunikativen Anstößen erwächst Komik in jenem Sinne. Daher praktiziert sie stets ein Kalkül, das sich präzise auf die medienspezifischen oder situativen Verhältnisse einstellen muss, um effektiv zu sein. Das mag im Nachhinein die ausführlich vorangestellte genrespezifische Zergliederung rechtfertigen. Der Schreibgestus Ironie sorgt bei Scheerbart für den Gegenpol zur provozierten textuellen Unwahrscheinlichkeit. Weil keine der divergierenden Gattungen die Dominanz gewinnt, eröffnet die allgegenwärtige Ironisierung den Spielraum, quasi nach allen Seiten hin anschlussfähig zu bleiben, indem sie die Formate wechselseitig in der Schwebe zu halten vermag.[18]

2. Mediale Ökonomie(n) und Zukunftsrede

In der Gesamtsicht wie im Durchgang der Gattungsanalyse schärft sich der Blick für ein übergreifendes Formproblem, das nicht nur *Glasarchitektur* angeht, sondern auch die Erforschung der kleinen Formen vielfach beschäftigt hat. Das Feld differenziert sich mediengeschichtlich vor dem Hintergrund einer »Neuordnung der Kommunikations- und Informationsökonomie«.[19] Auch der Einzelfall verspricht Aufschlüsse darüber, in welchem Verhältnis die eingesetzten Mittel zur Vermittlungsleistung stehen. Der Zusatz ›medial‹ markiert eine Betrachtungsweise, welche aufgrund der untersuchten Mehrfachcodierung eine primäre Diskrepanz ausmachen kann. Wenn es dem Verfasser darum geht, das Wissen um das kulturell transformative Vermögen der Glasbauten möglichst effizient zu verbreiten, so handelt er sich mit den generischen Interferenzen ein funktionales Defizit ein. Diese Lage schlägt im Ansatz auf die Reflexion durch, vor allem aber reagiert der Text darauf, indem er zwischenzeitlich ein originäres Kleinformat herausbildet.

---

17 Zum komiktheoretischen Grundgedanken vgl. Gerigk, Anja (2008): *Literarische Hochkomik in der Moderne. Theorie und Interpretationen.* Tübingen: Francke, S. 101.

18 Im Effekt herrscht eine der Frühromantik verwandte Ironie; die Voraussetzungen dafür sind dennoch als Komik besser gefasst, da sie an kommunikativen Codes oder medialen Formaten ansetzen, um die Ambivalenz von Anschlussförderung und riskiertem Abbruch freizusetzen.

19 Gamper, Michael/Mayer, Ruth (2017): Erzählen, Wissen und kleine Formen. In: dies. (Hgg.): *Kurz & Knapp. Zur Mediengeschichte kleiner Formen vom 17. Jahrhundert bis zur Gegenwart.* Bielefeld: transcript (= Edition Kulturwissenschaft), S. 7–22, hier S. 7.

Um in Teilen zu rekapitulieren: Während das Manifest gemäß »konzise[r] Darstellung«[20] organisiert ist, schert das Essayistische dadurch aus, dass es »ausgiebige[n] Gebrauch von poetischen und rhetorischen Mitteln«[21] macht. Wo sich das Sachbuch auf bautechnische, materialkundliche, jedenfalls pragmatische Details einlassen darf, leidet darunter der programmatische, der Utopie den Vorzug gebende Impetus. Obendrein betreibt Scheerbart zu viel Aufwand, wenn er all diese Formate – den Kurzprosa-Zyklus vorläufig ausgenommen – in den Dienst seiner bauästhetischen Weltsicht stellt. *Glasarchitektur* reproduziert folglich textintern den Brennpunkt medialer Ökonomien, der maßgeblich zum Entwicklungsschub der kleinen Formen in der frühen Moderne geführt hat. Damit verschränken sich, dies wurde noch nicht festgehalten, der medienhistorische Kontext und die individuelle Textur. Im Übrigen ist Scheerbarts Schreibweise keineswegs auf die ästhetisch-poetische Alternative entweder ›Weniger ist mehr‹ oder ›Mehr ist mehr‹ zu reduzieren.

Autoreflexiv kommentiert die Schreibinstanz den Widerstreit von formaler Effizienz und sinnförmiger Redundanz. Im Kapitel zur doppelten Wandkonstruktion wird über deren Energiebilanz und aisthetischen Mehrwert angemerkt: »das habe ich jetzt so oft gesagt, daß ich um Entschuldigung bitten muß. Aber ich wollte betonen und unterstreichen.« (G 45) Was ›doppelt‹, d.h. überschüssig erscheint, ist funktional gleich mehrfach gerechtfertigt. Punktuell kommt es zu solchen selbstkritischen Erwägungen. Wenngleich es die Kohärenz des utopischen Traktats steigert, einige Argumente und Fakten wiederholt vorzutragen, schwächt es Fokus und Durchschlagkraft des angelegten Manifests. Ein Indikator liegt intertexuell womöglich an der Oberfläche: Scheerbarts 111 Kapitel, in deren Anzahl die Ziffern wiederkehren, wären im Vergleich zu Marinettis elf gezählten Thesen so zu interpretieren,[22] dass *Glasarchitektur* die Knappheit sprengt und stattdessen die Vorzüge der gläsernen Bauweise nicht doppelt, sondern quasi dreifach propagiert.

Die Wahl der Mittel sowie das Maß der medialen Einsätze wird über den Reflex baulicher Materialität und Technik indirekt thematisiert. »Der Botanische Garten zu Dahlem« (III) befürwortet die im Palmenhaus umgesetzte fortschrittliche Konstruktion aus Glas und Eisen. Leider trägt das Gebäude noch einen Rückstand; das innere »Holzsprossenwerk« verhindert die zweifache Verglasung und verursacht immensen Kohleverbrauch: »Man wird zugeben, daß das ein wenig viel ist und nicht mit Stolz betont werden dürfte. Einem derartigen Heizaufwande hätte mit doppelten Glaswän-

20 Spörl: Manifest, S. 535.

21 Schlaffer, Heinz (2007): Essay. In: Braungart, Georg/et al. (Hgg.): *Reallexikon der Deutschen Literaturwissenschaft. Neubearbeitung des Reallexikons der deutschen Literaturgeschichte.* Bd. I. A – G. Berlin/Boston: de Gruyter, S. 522–525, hier S. 522.

22 Die genaue Anzahl des 11-Punkte-Programms ist ein Spezialmerkmal futuristischer Manifeste, sie wiederholt sich bei Marinetti und anderen; daher die erwogene intertextuelle Referenz.

den begegnet werden müssen.« (G 13) Die ironische Quantität »ein wenig viel« wäre genauso passend für die heterogenen Genres. Überstiege vom Gegenstand zur Schreibweise treten öfter auf. Kapitel XIII preist die warme Farbwirkung der Glasbauten mit den Worten: »Damit das bislang Gesagte eine etwas wärmere Atmosphäre bekommt, möchte ich hier in der hitzigsten Weise den ornamentalen, sogenannten ›Sachstil‹ bekämpfen, da er unkünstlerisch ist.« (G 24)

Die strapazierte Ökonomie der *Glasarchitektur*-Prosa ist nicht zu durchdringen ohne deren Zukunftsorientierung in ihren Verfahren und Voraussetzungen. Scheerbart bezieht sich geradlinig auf das Zukünftige, wenn er im Futur I bekundet: »Die Ornamentik im Glashause wird sich also wohl ganz selbständig entwickeln« (G 24). Teilweise stößt man auf Aussagen, die grammatikalisch genauso Gegenwärtiges meinen könnten, aus dem siebten Kapitel: »Die Verwendung des Eisens im Eisenglasbau liegt aber einfach in der Entwicklungslinie.« (G 18) Die mit dem Satz behauptete Evidenz unterschlägt allerdings, dass *Glasarchitektur* jene häufiger berufene ›Linie‹ nicht bloß zur Kenntnis nimmt oder in Aussicht stellt, sondern aktiv herbeiführen will. Der Text investiert schließlich eine ganze Menge – stilistisch, argumentativ, mit generischer Polyvalenz – im Vorgriff auf einen Weltzustand, der angeblich ohnehin eintreten wird. Diese Unstimmigkeit oder Unverhältnismäßigkeit ist nicht zu unterschätzen und gipfelt in der Fragestellung, ob der Schreibgestus lediglich antizipatorisch sein kann oder vielmehr interventionistisch agieren muss? Damit wird sich der folgende Abschnitt am Beispiel des verkleinernden Prosastücks befassen.

Die Rede von der »Entwicklungslinie« beweist, dass die auffallende Zeitbehandlung des Zyklus geschichtsphilosophisch fundiert ist, und zwar durch eine als selbstverständlich angenommene historische Progressivität. Ein zusätzlicher Beleg soll diese Basis untermauern. Zum rostschützenden Anstrich der Eisengerüste, der auch »ästhetisch« zu wirken habe, wird angemerkt, »daß der Glasarchitekt wohl darauf bedacht sein muß, Besseres zu bieten. Dieses können wir aber ruhig der Entwicklung überlassen.« (G 16) Der technische Fortschritt wird es schon richten, mehr noch, der Gang der Kulturgeschichte hin zur gläsernen Transformation vollzieht sich anscheinend selbsttätig und unaufhaltsam. Trotzdem ist dem Text eine Gegenposition eingeschrieben: das Wissen um die Notwendigkeit, in den Verlauf der Geschichte, d.h. nicht nur der Architekturgeschichte einzugreifen. Die zugehörigen von Intervention handelnden Passagen sind aber nur die Vorbereitung für das, was anschließend als eine Art Durchbruch zur kleinen Form beschreibbar wird.

»Das Mobiliar in der Mitte des Zimmers« (VIII) folgt direkt auf den Schlusssatz des vorigen Kapitels und die zitierte Formulierung »liegt aber einfach in der Entwicklungslinie« (G 18). Diese Übergangsstelle illustriert mithin, dass die Prosa-Bausteine weder streng sachlich geordnet noch rein assoziativ gefügt sind. Sie formieren sich nach einem zyklischen Bildungsgesetz, in Variationen von durchlaufenden Elementen. Dagegen zielt die Sachthese darauf, raumgestaltende Bestandteile wie Möbelstücke oder gar Bilder an den Wänden radikal abzuschaffen, weil sie im Farblicht-Design der Glasarchitektur keinen Platz mehr haben. Beim Widerstand gegen die neuartige Raumordnung kommt der Avantgardist auf die notwendige »Revolution im Milieu« (G 19) zu sprechen:

> Da wird die Glasarchitektur einen schweren Kampf auszufechten haben. Doch die Macht der Gewohnheit muß überwunden werden. [...] Alles Neue hat eben mit dem eingewurzelten Alten einen schweren Kampf auszufechten; es geht nicht anders, wenn das Neue sich durchsetzen will. (G 19)

Die modernistische Grundhaltung argumentiert hier nicht mehr nur progressiv, sondern mit ästhetischer Stoßrichtung revolutionär, sofern sie auf dem »schweren Kampf« insistiert, der zur Durchsetzung des Neuen unumgänglich sein wird. Merkwürdig scheint indessen, welcher Instanz die historische *agency* zugewiesen wird: weder einem geschichtlichen Kollektiv noch der qualifizierten Gruppe der Architekten, sondern der personifizierten Baulichkeit als Inbegriff des erstrebten »Neuen«. Dass überhaupt ein Widerstand existiert, dem die Kräfte zur Überwindung gewachsen sein müssen, steht im Widerspruch zur mühelosen Verlängerung der »Entwicklungslinie«, von der anhaltend die Rede war. Der zeitbezogene Schreibansatz changiert somit zwischen antizipatorisch und aktivistisch.

Zwei Bedingungen und Antriebe für die bemerkenswerte Verkleinerung des Prosatextes hat die Scheerbart-Lektüre bisher zutage gefördert: Zum einen stellt sich die Formfrage, wie die Schrift über eine bahnbrechende Bauweise sich mediale Ökonomien zunutze macht und wie sie zugleich deren Grenzwerte experimentell ermittelt. Zum anderen birgt die emphatische Zukunftsrede der literarischen Äußerungen im Kern das Paradox, etwas herbeischreiben zu wollen, was angeblich von selbst ›kommen wird‹.[23] Der entsprechende prophetische Gestus mag »humoristisch« modifiziert sein, wie Korber notiert;[24] dennoch verkündet der Verfechter der »Zukunftsstuhlindustrie« (G 39) eine weitreichende, weltweite Umwälzung, die deshalb – dem trägt die »Revolution im Milieu« (G 19) Rechnung – zum Konflikt mit den kulturellen wie wirtschaftlich-industriellen Mächten der Beharrung führen muss. Um den Wortführer der Erneuerung in aller Kürze sprechen zu lassen: »Es soll aber eben nicht so weiter gehen, wenn es weiter gehen soll.« (G 40) Visionäre Parolen oder schillernde Metaphern allein werden

---

23 Diese Wendung oder temporale Konstruktion begegnet häufiger, z.B. wenn die baugeschichtlichen Vorstufen der Glasarchitektur erwähnt werden bzw. das, was noch fehlt: »Aber auch die Farbe wird kommen ...« (G 30). Hier gibt sich sogar die Zeichensetzung antizipatorisch.

24 Vgl. Korber: Technik mit religiösem Auftrag, S. 148: Die laut Korber bereits von Mechthild Rausch erfasste Funktion der Ironie, »die nicht mehr sagbare Utopie andeutend zu umkreisen«, stecke »hinter der Ablösung des priesterlichen durch den humoristischen Gestus bei Scheerbart«.

kaum ausreichen, um das Glas-Szenario mehr als vorstellbar zu machen, es vielmehr historisch zu verwirklichen. Aus der doppelt prekären Lage, Medialität und Zeitlichkeit, erklärt sich der Vorstoß zum Kleinen im Textgefüge.

3. Verkleinerung und Emergenz: Veranda-Komplex

Über Intervention wurde geschrieben, es bleibt aber zu klären, wo und vor allem wie eine intervenierende Kurzprosa realisiert ist. An dem Teilstück »Die größere Veranda und ihre Unabhängigkeit vom Hauptgebäude« (IX) manifestiert sich ebenjener Qualitätssprung. Damit ist nicht gesagt, dass ausschließlich diese Stelle infrage kommt, doch bringt sie Kapazitäten der kleinen Form äußerst prägnant zum Tragen. Wie eine Veranda tektonisch nicht für sich stehen kann, muss man das Textelement vorerst einbetten in die Abhandlung. Das Motiv hat Scheerbart bereits eingeführt, in dem Kapitel mit dem schlichten Titel »Die Veranda« (II). Der lichte Vorbau, oftmals nach hinten zum Garten eines Hauses, repräsentiert bei Scheerbart den bedeutsamen »erste[n] Schritt« zur anvisierten gläsernen »Umwandlung« (G 12) im größeren Stil und Maßstab. Die Ästhetik der Farbglas-Fassade lässt sich an dem baulichen Modul »leicht und bequem« (G 12) umsetzen, wie der Verfasser mit der werktypischen Verbindung von Pragmatismus und Utopismus vorschlägt.

Der Komplex spielt mit den Skalierungen,[25] sowohl der Bauverhältnisse als auch des avantgardistischen Projekts. Dies wird spätestens im Hauptstück sinnfällig, dem bereits hervorgehobenen neunten Kapitel, das sich in gewisser Weise emanzipiert. Während die Veranda im Vergleich zum ganzen Haus und zur Reichweite der Glasarchitektur das Kleinere darstellt, wird sie nun textuell vergrößert. Darin spiegelt sich konträr jene Operation, die im Vergleich von Zyklus und Einzeltext am Werk ist. Technische Varianten der ›Verkleinerung‹ unterscheidet der gleichnamige Forschungsband, darunter die Machart der »*Verdichtungen*«; derartige Mittel handhaben in erster Linie »den Proporz von Quantität und Qualität. Ihr Ideal ist die Minimierung des darstellerischen Aufwands bei gleichzeitiger Vermeidung von Sinn- und Informationsverlust. Die Qualität soll gleich bleiben, nur die Quantität abnehmen.«[26] Dieser

---

25 Der Ansatz stellt die »grundlegende Frage danach, wie ein beliebiger Bezugsgegenstand auf die Veränderung seiner Größe reagiert«. Spoerhase, Carlos (2020): Skalierung. Ein ästhetischer Grundbegriff der Gegenwart. In: Spoerhase, Carlos/Siegel, Steffen/Wegmann, Nikolaus (Hgg.): *Ästhetik der Skalierung*. Hamburg: Meiner (= Zeitschrift für Ästhetik und Allgemeine Kunstwissenschaft; Sonderheft 18), S. 5–15, hier S. 14.

26 Jäger, Maren/Matala de Mazza, Ethel/Vogl, Joseph (2020): Einleitung. In: dies. (Hgg.): *Verkleinerung. Epistemologie und Literaturgeschichte kleiner Formen*. Berlin/Boston: de Gruyter, S. 1–12, hier S. 8.

grundsätzlichen Vorgabe, im Unterschied etwa zu Selektion oder Reduktion,[27] kommt die Präsentation der *Glasarchitektur* im Text Nr. 9 am nächsten.

In der These wie in der Darstellungsweise greift das verdichtende Prinzip, wenn das Element Veranda für die Glasarchitektur als Ensemble einsteht. Der mit Fenstern durchsetzte, dem Haus angefügte Baukörper besitzt die gleichen oder zumindest ähnliche räumlich-ästhetische Eigenschaften wie der fortschrittliche Baustil. Vielleicht muss man in diesem Fall von intermedialer Effektivität sprechen: Die Resonanzen der Veranda-Metapher laufen parallel zur architektonischen Kompaktheit und lenken mithilfe des Medien-Unterschieds das Augenmerk auf die wirksame Verkleinerungslogik. Obgleich »Unabhängigkeit« im Titel als Zustand oder Status postuliert wird, spielt das Entwicklungsmoment eine Rolle, da es an die vorgebahnte kulturgeschichtliche Progression anschließt. Das Attribut »größere« bedeutet eigentlich die größer werdende, sich allererst unabhängig machende, durchsetzende: »Und so wird denn die Veranda immer größer werden und sich schließlich ganz vom Hauptgebäude emanzipieren und selber Hauptgebäude sein mögen.« (G 20)

Mit dieser Äußerung wird das Baumotiv metaphorisch; sie überträgt die historische Durchsetzungsfähigkeit der Glasarchitektur auf das Verhalten der Veranda, die sich vom Hauptgebäude abkoppeln oder es ersetzen kann, jedenfalls im bauästhetischen Anspruch und kulturellen Stellenwert. Die kurze Prosaeinheit besteht aus lediglich vier Sätzen sowie aus zehn Druckzeilen, sodass allein daran die Verknappung der Anteile des designierten Zyklus erkennbar sein dürfte. Metaphorisierung greift erst im genannten dritten Satz, während die einleitende Aussage noch ohne bildhaften Transfer die zu erwartende Konjunktur der Baupraxis thematisiert: »Wer seine Veranda auf drei Seiten mit farbig ornamentiertem Glas versehen hat, wird sehr bald mehr von der Glasarchitektur haben wollen.« (G 20) Das Zwischenglied zwischen wörtlicher Referenz und Metaphorik reaktiviert das begriffliche Bedeutungspotenzial der »Entwicklungslinie« (G 18): »Das eine ergibt das andere, und ein Stillstand in der Entwicklung ist nicht denkbar.« (G 20)

Die Verdichtung kehrt plastisch hervor, wie sehr Scheerbarts Überzeugungsarbeit vom Fortschrittsdenken und von der Eigendynamik der durch ihn entworfenen Baukultur abhängt. Daraus erwächst eine uneingestandene Reibung zwischen ungesteuerten, aber zielgewissen historischen Prozessen einerseits und *agency* andererseits. Wer oder was aktualisiert an dieser entscheidenden Stelle zur Durchsetzung die latente Intervention? Darauf antwortet offenbar der schließende Absatz: »Diese Entwicklung der Veranda zu fördern, wird Aufgabe eines jeden Glasarchitekten sein.« (G 20) ›Fördern‹ statt eingreifen oder umlenken; um eine Lesart im Sinne des Intervenierens anzustrengen, müsste man die Passage vom »schweren Kampf« (G 19) aus dem Vor-

27 Vgl. Jäger/Matala de Mazza/Vogl: Einleitung, S. 6–7.

gängerstück »Das Mobiliar in der Mitte des Zimmers« (VIII) bemühen. Allerdings ändern solche Querverweise wenig daran, dass Scheerbarts Aufruf zur Ausbreitung eines Baustils das politisch-ästhetische Problem des aktiv herbeigeführten Umbruchs durch das Brechen von Routinen vernachlässigt.[28]

Anders sieht es womöglich aus, wenn bereits die Ausgangslage auf der Formebene statt kulturhistorisch »im Milieu« (G 19) angesiedelt wird. Dann ergibt sich eine Rollenverteilung, bei der das Veranda-Modell als Stellvertretung der kleinen Form angesichts der Proliferation von genretypischen Codierungen interveniert. Es läuft darauf hinaus, dass diese kleine Ausprägung der *Glasarchitektur*-Prosa das störanfällige Durcheinander oder Gegeneinander der von Scheerbart erstellten Textur produktiv unterbricht. Dennoch ist dies sicher nicht die einzige Art und Weise, den Vorgang bzw. den Akt zu konzipieren. Das Bild der Veranda, die sich vom Hauptgebäude freimacht, um selbst Hauptgebäude zu werden, korrespondiert einer Erscheinungsweise des Dazwischenfahrens eher nicht. Dafür drückt sich eine formale Absetzbewegung aus, wonach anstelle von Verkleinerung als schreibtechnische Maßnahme die eigenständige ästhetische Ökonomie des Kleinen einrückt. Damit verdichtet sich das architekturpoetische Manifest zu einem literarischen Programm.

Auf die Gefahr hin, zu viele Begriffsangebote einzuspannen, trifft ein Theorem es eventuell besser als »Intervention«. Der Veranda-Komplex emergiert gegenüber der Glasbau-Textur: »Emergente Phänomene sind aus den vorhandenen Vorgaben weder ableitbar, geschweige denn vorhersagbar, weil im wechselseitigen Einwirken der Vorgaben diese zwangsläufig eine Veränderung erfahren.«[29] Keine direkte Entstehungslogik kann erklären, weshalb die Gesamtheit der Gattungsinterferenzen nicht nur irgendeine Kurzprosa, sondern genau diese kleine Form hervortreibt. Die Einsicht bezieht sich auf das Strukturphänomen und heißt keineswegs, dass Part IX ohne Bezug auf das textuelle Umfeld interpretierbar wäre. Auch die befragte Metapher erlaubt eine Auffassung als Emergenz; der Veranda in Beziehung zum Hauptgebäude eignet »Neuartigkeit, Irreduzibilität und Struktur-Unvorhersehbarkeit«.[30] Nicht das Element

---

28 Vgl. Brokoff, Jürgen (2020): Literarische Form und Intervention. Zur Formdiskussion im Kontext der proletarisch-revolutionären Literaturtheorie um 1930. In: Hahn, Thorsten/Pethes, Nicolas (Hgg.): *Formästhetiken und Formen der Literatur. Materialität – Ornament – Codierung.* Bielefeld: transcript (= Literatur – Medien – Ästhetik; 2), S. 101–114, hier S. 114: Dies stützt sich auf die theoretische Einschätzung, dass angesichts der Begriffe ›Form‹ und ›Intervention‹ »eine endgültige Unterscheidung zwischen dem Künstlerischen und dem Politischen nicht mehr getroffen werden kann.«

29 Wägenbaur, Thomas (2002): Emergenz in Kommunikation, Ästhetik und Literaturwissenschaft oder was es heißt, »daß nur als ästhetisches Phänomen das Dasein der Welt gerechtfertigt« sei. In: Moog-Grünewald, Maria (Hg.): *Das Neue. Eine Denkfigur der Moderne.* Heidelberg: Winter (= Neues Forum für Allgemeine und Vergleichende Literaturwissenschaft; 11), S. 143–157, hier S. 153.

30 Petzer, Tatjana (2017): Emergenz und Zukunft. In: *Forum Interdisziplinäre Begriffsgeschichte. E-*

Veranda ist das Neue, sondern die Tatsache, dass sie sich als Vorhut der Glasarchitektur sowie als kompakte Prosaeinheit verselbständigt.

Nach diesen Beschreibungsansätzen liegt die Überlegung nahe, ob man sich für eine der Konzeptionen entscheiden muss oder ob sie miteinander vereinbar sind. »Verkleinerung« bezieht sich auf Verfahrensweisen und deren ökonomische Effekte; für Textgestaltung erfüllen diese Aufgabe »redaktionelle Eingriffe« wie etwa »das Streichen von Redundantem oder die Entschlackung von Syntax und Stil durch den Abbau komplexer Satzgefüge, die Ersetzung gewundener Girlanden durch eine geradlinige Prosa«.[31] Von stilistischen Girlanden oder redundanten Informationen ist *Glasarchitektur* gewiss nicht frei, die verdichtende Arbeit hat genügend Material und eine lesbare Wirkung. Das beantwortet die Frage: »Wie wird das Kleine *klein?*«[32] Emergenz kümmert sich hingegen um das, was es als notwendige Ergänzung ebenfalls zu ergründen gilt: Wie wird das Kleine *Form?*[33] Um die Unterscheidung zu erweitern: Verkleinerung praktiziert mediale Kontextsensibilität, Emergenz unterstreicht den Ereignis-Charakter dessen, was als klein in Erscheinung tritt.

4. Geistesgegenwärtig vorausdenken/-schreiben

»Visionär« als Kennzeichen des Textes *Glasarchitektur* trifft den zutage liegenden Punkt, dass Scheerbart eindringlich über das in der Zukunft Mögliche und Machbare schreibt, mit der zusätzlichen Motivation, einen universellen Idealzustand der Kultur vorwegzunehmen. Damit begibt er sich in den Bereich des Utopischen, was aber seiner Ansicht nach nicht mit weltverbessernden Phantastereien zu verwechseln ist: Wie der »Vacuumstaubsauger« schon in »50 Jahre[n]« zu jedem Haushalt gehören mag, so wird »vieles andre […] da sein, was uns heute noch immer utopistisch vorkommt, obgleich doch die Dinge, die ausgeführt werden können wie die Glasarchitektur, nie und nimmer utopistisch genannt werden dürfen.«[34] (G 37) Weit entfernt von Benja-

Journal 6/1, S. 49–57, hier S. 52. Die Theorie- bzw. Wissensgeschichte von ›Emergenz‹ beginnt im frühen 20. Jahrhundert, wo der Begriff erstmals ein Erklärungsmodell dafür anbietet, »wie das Neue in die Welt kommt« (ebd., S. 49). Im Blick auf Scheerbarts Prosa fokussiert sich insbesondere der Kreuzungspunkt zwischen dem Hervortreten der innovativ verkleinerten Darbietungsweise (literarische Form) und der kulturell durchdringenden Neuheit einer durch Glasarchitektur umgestalteten Welt (futurologischer Diskurs).

31 Jäger/Matala de Mazza/Vogl (2020) Einleitung, S. 8.

32 Jäger/Matala de Mazza/Vogl (2020) Einleitung, S. 2.

33 Vgl. Jäger/Matala de Mazza/Vogl (2020) Einleitung, S. 2.

34 Vgl. »Immer wieder klingt uns manches so märchenhaft, während es gar nicht phantastisch oder utopistisch ist. Vor achtzig Jahren kam die Dampfbahn und wandelte […] die ganze Erdoberfläche um.« (G 115)

mins angewandter Geschichtsdialektik eröffnet »Die Türe« (XXVI) immerhin eine Ansicht, in der sich Vorwärtsparolen der Avantgarden relativieren, da kulturhistorische, sogar interkulturelle Dimensionen und unterschiedliche Geschwindigkeiten den temporal einsinnigen, monochronen Fortschritt hinterfragen.[35]

Als letztes, aber nicht unbedingt abschließendes Lektüre-Experiment versteht sich der Versuch, das Stück aus Scheerbarts Prosaband mit einer an Visionäres rührenden Passage aus Benjamins *Einbahnstraße* in Beziehung zu setzen. Es geht um einen Gedankengang aus »Madame Ariane zweiter Hof links«. Die Titelfigur der Wahrsagerin oder Hellseherin bietet den Anlass, über das Vorherwissen von Zukünftigem hinaus einen Interventionsmodus zu skizzieren: »der gefährliche, hurtige Handgriff, mit dem der Mutige die Zukunft stellt«.[36] Dieses zukunftsorientierte, akut gegenwärtige Ergreifen und Erfassen nennt Benjamin »Geistesgegenwart«, die Fähigkeit, »genau zu merken, was in der Sekunde sich vollzieht, entscheidender als Fernstes vorherzuwissen«.[37] Vielleicht darf die intertextuelle Überleitung darauf hinweisen, dass *Glasarchitektur* damit korrespondiert, keine Spekulationen über zeitlich weit abgelegene Zukunftsbilder anstellen zu wollen. Die von Scheerbart akzentuierte Machbarkeit und der geistesgegenwärtige »Handgriff«, der bei Benjamin geschrieben steht, erzeugen eine weitere, ästhetisch umsetzende Verbindung: Das hervorstechende Exempel der Kurzprosa zur Glasbaukunst trägt einen performativen Zug.

Mit dem Veranda-Stück gelingt der Schritt vom Sagen zum Zeigen. Im Möbel-Kapitel war der nicht kampflos zu erreichende Wandel bzw. Umsturz noch eine Art »Prophezeiung oder Warnung«,[38] um die *Einbahnstraße* mitzuführen. Im Moment der Veranda-Metapher wird die Emanzipation des Neuen vom Alten hingegen vorgeführt. Schreibtechnisch ist dies eingelöst im Sich-Durchsetzen des Kleinformats, wie im vorigen Abschnitt erläutert. Innerhalb der metaphorischen Relation verschiebt sich außerdem der Zeitmodus. »Und so wird denn die Veranda immer größer werden« beruht auf einem fortschreitenden Prozess, ausgehend von der »Entwicklungslinie«; und doch erreicht der allmähliche Vorgang einen Punkt, an dem die Veranda ihre Unabhängigkeit vom Hauptgebäude »schließlich ganz« (G 20) geltend macht. Hier könnte Benjamins

35 Zum interkulturellen Zeitfaktor: »Das klingt sehr phantastisch und utopistisch, ist es aber ganz und gar nicht, wenn der Eisenbeton als unverwüstlicher Schiffskörper die Architektur trägt. Boote [...] aus Eisenbeton sind bereits in Deutsch-Neuguinea hergestellt. Das ist eine Tatsache.« (G 71)

36 Walter Benjamin (2009): Madame Ariane zweiter Hof links. In: ders.: *Werke und Nachlaß. Kritische Gesamtausgabe.* Bd. 8: *Einbahnstraße,* hg. v. Schöttker, Detlev. Berlin: Suhrkamp, S. 69–71, hier S. 69.

37 Benjamin (2009) Madame Ariane, S. 69.

38 Benjamin: Madame Ariane, S. 69. Benjamin bezieht sich an dieser Stelle allerdings nicht auf Zukunftsrede oder sonstige Objektivierungen, sondern auf »Vorzeichen, Ahnungen, Signale«, welche noch nicht artikuliert sind, sprich eine »innere Kunde vom Kommenden«.

Hinweis einhaken, mit dem entscheidenden Sensorium für das, »was in der Sekunde sich vollzieht«. Aufgabe der *Glasarchitektur*-Prosa wäre es demnach, die Wahrnehmung für das Umschlagen des Gegenwärtigen ins Zukünftige zu schulen, um daraus einen Handlungsimpuls zu gewinnen. Dies entwirft eine regelrechte Alternative zu den bekannten Appell-Sätzen, mit denen der Zyklus ansonsten operiert.

Bei aller Annährung kann es kaum überraschen, dass Benjamins Denkbild als spezifischer Typus moderner Kurzprosa sowohl mit seinem Geschichtsbewusstsein als auch im Grad der Medienreflexion die untersuchten Auszüge bei Scheerbart übersteigt. Dies geschieht im Nachtrag zur handgreiflichen Intention, die Zukunft zu stellen, mit folgender Wendung: »Denn ehe solche Prophezeiung oder Warnung ein Mittelbares, Wort oder Bild, ward, ist ihre beste Kraft schon abgestorben, die Kraft, mit der sie uns im Zentrum trifft und zwingt, kaum wissen wir es, wie, nach ihr zu handeln.«[39] Die zeitliche Verschränkung nimmt der Zukunftsbotschaft bereits vor jeder Mediatisierung die visionäre Vorwärtsbewegung, wenn ihre handlungsfordernde Präsenz »schon abgestorben« ist. Es bleibt dennoch unmöglich, den Vorgang der schriftlichen oder bildlichen Vermittlung gänzlich auszublenden, um die Zeitdimensionen im Direktzugriff gleichsam kurzzuschließen. Mit dieser Unmöglichkeit, Geistesgegenwart unvermittelt auszuschöpfen, bekommt es Scheerbart ebenfalls zu tun. Vielleicht liegt darin der Grund dafür, die intervenierende, zeitdynamische Rolle der Veranda-Metapher als Medium der kleinen Form herauszustellen.

Ein damit verbundenes Dilemma wirft zusätzliches Licht auf inhärente Lektüre-Dispositionen zur *Glasarchitektur*. Benjamin zielt auf die Aufnahmefähigkeit für jegliche Art von Zeichen, die als Zukunftssignale verstanden werden können. Der thesenhafte Anschluss treibt den im Phänomen selbst enthaltenden Widerspruch auf die Spitze: »Sie deuten oder sie nutzen, das ist die Frage. Beides aber ist unvereinbar.«[40] Von dieser Unvereinbarkeit ist Scheerbarts Kurzprosa-Zyklus deutlich stärker affiziert als beispielsweise ein Essay oder eine formal eindeutig verfasste Programmschrift. Wenn die Struktur oder einzelne Sprachbilder deutungsintensiver werden, verliert sich darin womöglich die appellierende Kraft, die laut *Einbahnstraße* die zukunftsträchtige Geistesgegenwart ausmacht. *Glasarchitektur* kann das verschärfte Entweder-oder von Handeln oder Interpretieren kaum ignorieren. Stattdessen dürften die entwickelten Schreibgesten – ironisierende wie verdichtende – das mit Benjamin aufgedeckte Paradox ins Kalkül ziehen oder kompensieren. Selbst im Wort ›Schreibgestus‹, hier nicht strikt terminologisch gebraucht,[41] steckt eine aktive, aktivierende Gebärde genauso wie der mediale Auftrag, das Geschriebene zu entziffern.

---

39 Benjamin: Madame Ariane, S. 69f. Hier erscheint die visionäre Geistesgegenwart, falls begrifflich umschreibbar, als intuitives Geschehen, d.h. diesseits der Mediatisierung.

40 Benjamin: Madame Ariane, S. 70.

41 Zur ›Geste‹ im Zusammenspiel einer verkörperten, kontextualisierten Instrumentalität und

Literaturverzeichnis

Althaus, Thomas/Bunzel, Wolfgang/Göttsche, Dirk (2007): Ränder, Schwellen, Zwischenräume. Zum Standort Kleiner Prosa im Literatursystem der Moderne. In: Dies. (Hgg.): *Kleine Prosa. Theorie und Geschichte eines Textfeldes im Literatursystem der Moderne.* Tübingen: Niemeyer, S. IX-XXVII.

Asholt, Wolfgang/Fähnders, Walter (1995): Einleitung. In: Dies. (Hgg.): *Manifeste und Proklamationen der europäischen Avantgarde (1909–1938).* Stuttgart/Weimar: Metzler, S. XV-XXX.

Baßler, Moritz (1994): *Die Entdeckung der Textur. Unverständlichkeit in der Kurzprosa der emphatischen Moderne 1910–1916.* Tübingen: Niemeyer (= Studien zur deutschen Literatur; 134).

Baßler, Moritz (2007): Kurzprosa im 20. Jahrhundert – Kontinuitäten außerhalb einer Gattungstradition. In: Althaus, Thomas/Bunzel, Wolfgang/Göttsche, Dirk (Hgg.): *Kleine Prosa. Theorie und Geschichte eines Textfeldes im Literatursystem der Moderne.* Tübingen: Niemeyer, S. 187–196.

Benjamin, Walter (2009): Madame Ariane zweiter Hof links. In: Ders.: *Werke und Nachlaß. Kritische Gesamtausgabe.* Bd. 8: *Einbahnstraße,* hg.v. Schöttker, Detlev. Berlin: Suhrkamp, S. 69–71.

Brokoff, Jürgen (2020): Literarische Form und Intervention. Zur Formdiskussion im Kontext der proletarisch-revolutionären Literaturtheorie um 1930. In: Hahn, Thorsten/Pethes, Nicolas (Hgg.): *Formästhetiken und Formen der Literatur. Materialität – Ornament – Codierung.* Bielefeld: transcript (= Literatur – Medien – Ästhetik; 2), S. 101–114.

Campe, Rüdiger (1991): Die Schreibszene. Schreiben. In: Gumbrecht, Hans Ulrich/Pfeiffer, K. Ludwig (Hgg.): *Paradoxien, Dissonanzen, Zusammenbrüche. Situationen offener Epistemologie.* Frankfurt am Main: Suhrkamp, S. 759–772.

Gamper, Michael/Mayer, Ruth (2017): Erzählen, Wissen und kleine Formen. In: Dies. (Hgg.): *Kurz & Knapp. Zur Mediengeschichte kleiner Formen vom 17. Jahrhundert bis zur Gegenwart.* Bielefeld: transcript (= Edition Kulturwissenschaft), S. 7–22.

Gerigk, Anja: *Literarische Hochkomik in der Moderne. Theorie und Interpretationen.* Tübingen: Francke 2008.

Gerigk, Anja (2014): *Architektur liest Literatur. Intermediale Diachronien vom 19. ins 20. Jahrhundert.* Würzburg: Ergon (= Literatur – Kultur – Theorie; 20).

Jäger, Maren/Matala de Mazza, Ethel/Vogl, Joseph (2020): Einleitung. In: Dies. (Hgg.): *Verkleinerung. Epistemologie und Literaturgeschichte kleiner Formen.* Berlin/Boston: de Gruyter, S. 1–12.

Koch, Lars/Nanz, Tobias (2014): Ästhetische Experimente. Zur Ereignishaftigkeit und Funktion von Störungen in den Künsten. In: Habscheid, Stephan/Koch, Lars (Hgg.): *Zeitschrift für Literaturwissenschaft und Linguistik* 44/173. *Krisen, Katastrophen, Störungen,* S. 94–115.

Materialität des Schrift-Produzierens vgl. Campe, Rüdiger (1991): Die Schreibszene. Schreiben. In: Gumbrecht, Hans Ulrich/Pfeiffer, K. Ludwig (Hgg.): *Paradoxien, Dissonanzen, Zusammenbrüche. Situationen offener Epistemologie.* Frankfurt am Main: Suhrkamp, S. 759–772, hier S. 760.

Korber, Tessy (1999): Paul Scheerbarts Glasarchitektur. Technik mit religiösem Auftrag. In: Sorg, Reto/Würffel, Stefan Bodo (Hgg.): *Gott und Götze in der Moderne.* München: Fink, S. 139–150.

Kurbjuhn, Charlotte (2020): Hinter Glas. Imaginationen des modernen Hauses in utopischen Romanen Paul Scheerbarts und frühen Architekturentwürfen Bruno Tauts. In: *Zeitschrift für Germanistik/Neue Folge* 30/1, S. 24–49.

Marinetti, F.T. (1995): Gründung und Manifest des Futurismus. In: Asholt, Wolfgang/ Fähnders, Walter (Hgg.): *Manifeste und Proklamationen der europäischen Avantgarde (1909–1938).* Stuttgart/Weimar: Metzler, S. 3–7.

Pehnt, Wolfgang (1992): Paul Scheerbart, ein Dichter der Architekten. In: Lörwald, Berni/ Schardt, Michael M. (Hgg.): *Über Paul Scheerbart. 100 Jahre Scheerbart-Rezeption in drei Bänden.* Bd. I. *Einführungen, Vorwort, Nachworte.* Paderborn: Igel Verlag, S. 68–83.

Petzer, Tatjana (2017): Emergenz und Zukunft. In: *Forum Interdisziplinäre Begriffsgeschichte. E-Journal* 6/1, S. 49–57. //www.zfl-berlin.org/tl_files/zfl/downloads/publikationen/forum_begriffsgeschichte/ZfL_FIB_6_2017_1.pdf 23.10.2023

Scheerbart, Paul (1914): *Glasarchitektur.* Berlin: Verlag der Sturm.

Schlaffer, Heinz (2007): Essay. In: Braungart, Georg et al. (Hgg.): *Reallexikon der Deutschen Literaturwissenschaft. Neubearbeitung des Reallexikons der deutschen Literaturgeschichte.* Bd. I. A – G. Berlin/Boston: de Gruyter, S. 522–525.

Spoerhase, Carlos (2020): Skalierung. Ein ästhetischer Grundbegriff der Gegenwart. In: Spoerhase, Carlos/Siegel, Steffen/Wegmann, Nikolaus (Hgg.): *Ästhetik der Skalierung.* Hamburg: Meiner (= Zeitschrift für Ästhetik und Allgemeine Kunstwissenschaft; Sonderheft 18), S. 5–15.

Spörl, Uwe (2007): Manifest. In: Braungart, Georg et al. (Hgg.): *Reallexikon der deutschen Literaturwissenschaft. Neubearbeitung des Reallexikons der deutschen Literaturgeschichte.* Bd. II. H – O. Berlin/Boston: de Gruyter, S. 535–537.

Wägenbaur, Thomas (2002): Emergenz in Kommunikation, Ästhetik und Literaturwissenschaft oder was es heißt, »daß nur als ästhetisches Phänomen das Dasein der Welt gerechtfertigt« sei. In: Moog-Grünwald, Maria (Hg.): *Das Neue. Eine Denkfigur der Moderne.* Heidelberg: Winter (= Neues Forum für Allgemeine und Vergleichende Literaturwissenschaft; 11), S. 143–157.

https://bassenge.com/extras/artistindexquery?search=Scheerbart,%20Paul&page=2&limit=15&view=list&lotFilter=bestMatch 16.10.2023

Annika Hildebrandt

Der Sänger als Produzent

Stimme und Intervention in Hanns Eislers Konzept des revolutionären Kampflieds

ABSTRACT: This article examines the proletarian-revolutionary song as a small form of intervention situated between literature and music and dependent on physical performance. Around 1930, Hanns Eisler developed a new aesthetic of the proletarian song designed for class conflict, contributing to the current discussion about an operative art which also engaged Bertolt Brecht und Walter Benjamin. A key concept of Eisler's »Kampfmusik« is the medium of voice, which he both reflects on in lectures, essays and critiques and shapes in detailed instructions for vocal performance. The paper discusses two functions of voice in Eisler's song aesthetics: 1.) its understanding as an artistic means of production (»Produktionsmittel«) available to the proletariat, and 2.) the engaging quality of vocal performance, opening up various opportunities for physical and political activation as explored by Brecht and Eisler in their cooperation with workers' choirs in *Die Maßnahme* (1930).

KEYWORDS: Lied, Stimme, Performanz, Intervention, proletarisch-revolutionäre Ästhetik

Als Sergej Tretjakov 1930 und 1931 nach Berlin reiste, um für sein Konzept einer operativen Kunst zu werben, traf er in der linken Avantgarde der späten Weimarer Republik auf aufmerksame Gesprächspartner.[1] In seiner Porträtsammlung *Menschen eines Scheiterhaufens* (1936) präsentierte der sowjetische Schriftsteller fünf Jahre später ein Netzwerk von Gleichgesinnten, die seither auch hier die Arbeit an einer politischen Ästhetik aufgenommen hatten; ihr Ziel war es, eine proletarische Revolution zu befördern und den inzwischen an die Macht gelangten Nationalsozialisten Widerstand zu leisten. Unter den Genannten findet sich erwartungsgemäß Bertolt Brecht, der den Russen kurz darauf im Gedicht *Ist das Volk unfehlbar?* (1939) als seinen »Lehrer«[2] bezeichnete und nicht zuletzt darum als zentraler Vertreter einer operativen Literatur in Deutschland gilt.[3] Für Tretjakov, das zeigen seine Porträts, wäre die Konstellation

---

1 Vgl. Heinritz, Alena (2018): Form als revolutionäre Praxis: Zu Tret'jakov-Rezeptionen in Deutschland am Beispiel von Benjamin und Brecht. In: *Links. Rivista di letteratura e cultura tedesca. Zeitschrift für deutsche Literatur- und Kulturwissenschaft* 18/1, S. 29–36, hier S. 30.

2 Brecht, Bertolt (1993): Ist das Volk unfehlbar? [1939]. In: ders.: *Große kommentierte Berliner und Frankfurter Ausgabe.* Bd. 14: *Gedichte 4. Gedichte und Gedichtfragmente 1928–1939.* Bearb. von Jan Knopf und Brigitte Bergheim. Frankfurt a.M.: Suhrkamp, S. 435f. Anlass für das Gedicht war die Nachricht von Tretjakovs Verhaftung und Hinrichtung durch die Stalinisten im Jahr 1937. Vgl. Lehmann, Jürgen (2015): *Russische Literatur in Deutschland. Ihre Rezeption durch deutschsprachige Schriftsteller und Kritiker vom 18. Jahrhundert bis zur Gegenwart.* Stuttgart: Metzler, S. 199.

3 Vgl. Hübner, Raoul/Schütz, Erhard (1976): Vorbemerkung. In: dies. (Hgg.): *Literatur als Praxis?*

jedoch so nicht vollständig. Denn Lob erhält Brecht von ihm vor allem dann, wenn es um seine Zusammenarbeit mit einem bestimmten Komponisten geht.[4] Die Rede ist von Hanns Eisler, der nach einem Studium bei Arnold Schönberg von Wien nach Berlin gekommen war, um dort eine politische Musik zu entwickeln, die mit der Konzertform brach und – wie er 1932 im Vortrag *Die Erbauer einer neuen Musikkultur* formulierte – »als Lehrmeisterin, als Kampfmittel in der schwierigsten Situation der Klassengeschichte«[5] fungieren sollte.

Tretjakovs besondere Wertschätzung für Eisler beruhte dabei auf der Aufmerksamkeit für kleine Formen, die dieser in die Kooperation mit Brecht einbrachte. Der Autor und der Komponist waren zu Beginn der 1930er Jahre in eine Arbeitsgemeinschaft eingetreten, die darauf zielte, überlieferte Kunstformen zu revolutionären Zwecken umzugestalten. Im Fokus standen durchweg intermediale Genres, die von Vertonungen einzelner Brecht-Gedichte bis zum spektakulären Lehrstück *Die Maßnahme* (1930) reichten, das beide gemeinsam konzipierten.[6] Absicht war es, die religiöse Gattung des Oratoriums in einen »politischen Schulungskurs mit den Mitteln der Musik und des Theaters« zu überführen, der vielfältige kurze Formen in ein abendfüllendes Großformat integrierte und neben professionellen Schauspielenden, Sängerinnen und Sängern ganze Chöre von Arbeiterinnen und Arbeitern auf die Bühne brachte.[7] In seiner *Geschichte der deutschen Arbeitermusikbewegung seit 1848* (1933/34)

Aktualität und Tradition operativen Schreibens. Opladen: Westdeutscher Verlag, S. 7–12, hier S. 7–9 sowie jüngst in neuer Terminologie Hippe, Christian/Puschke, Cornelius/Streisand, Marianne et al. (Hgg.) (2023): *Brecht und das Theater der Interventionen.* Berlin: Verbrecher Verlag.

4 Zu Brechts zahlreichen Kooperationen mit Musikern vgl. Riethmüller, Albrecht (Hg.) (2000): *Brecht und seine Komponisten.* Laaber: Laaber; Lucchesi, Joachim/Shull, Ronald K. (1988): *Musik bei Brecht.* Frankfurt a.M.: Suhrkamp; Dümling, Albrecht (1985): *Laßt euch nicht verführen. Brecht und die Musik.* München: Kindler.

5 Eisler, Hanns (2007): Die Erbauer einer neuen Musikkultur [1931]. In: ders.: *Gesamtausgabe. Complete Edition.* Serie IX, Bd. 1.1: *Gesammelte Schriften 1921–1935.* Hg. von Tobias Faßhauer und Günter Mayer. Wiesbaden/Leipzig/Paris: Breitkopf & Härtel, S. 132–152, hier S. 151. Aus dieser Ausgabe wird im Folgenden mit der Sigle HEGA, gefolgt von Serien-, Band- und Seitenangabe direkt im Text zitiert. Zu Eislers Werdegang vgl. Mayer, Hans (1994): Versuch über Hanns Eisler. In: ders.: *Der Widerruf. Über Deutsche und Juden.* Frankfurt a.M.: Suhrkamp, S. 286–347; Schebera, Jürgen (1998): *Hanns Eisler. Eine Biographie in Texten, Bildern und Dokumenten.* Mainz/London/Madrid u.a.: Schott; Wagner, Manfred (2012): Zum kulturgeschichtlichen Umfeld des jungen Hanns Eisler. In: Krones, Hartmut (Hg.): *Hanns Eisler – ein Komponist ohne Heimat?* Wien u.a.: Böhlau, S. 15–20.

6 Vgl. Betz, Albrecht (1998): »Der Text ist primär und die Musik nicht sekundär«. Über Brecht und Eisler. In: *Germanistische Mitteilungen* 48, S. 35–44; Krabiel, Klaus-Dieter (2001): Die Maßnahme. In: Knopf, Jan (Hg.): *Brecht-Handbuch.* Bd. 1: *Stücke.* Stuttgart: Metzler, S. 253–266, hier S. 254.

7 Vgl. Lucchesi, Joachim (2014): »Ins Licht treten die Änderbaren.« Klangraum, Partizipation und Hör-Erfahrung: *Die Maßnahme.* In: *The Brecht Yearbook/Das Brecht-Jahrbuch* 39, Sonderheft: *The Creative Spectator/Der kreative Zuschauer,* S. 112–135.

notiert Eisler: »Die schon vorher entstandenen neuen Musiktypen (wie: kompliziertere polyphone Choere, einstimmige Kampflieder, Sprechchoere, aggressive Chansons und Balladen) erhielten erst in dieser neuen Form eine richtige Funktion.« (HEGA IX, 1.1, S. 202) In diesem Wechselspiel von kleiner und großer Form ist es aus Tretjakovs Sicht der Dichter Brecht, der in der Rolle eines »Denker[s]« die Wirkung des Gesamtarrangements auf den »Zuschauer« kalkuliert.[8] Demgegenüber vertritt der Komponist für ihn die einzelne Einheit des Lieds, das den Fokus auf die Aufführenden verschiebt: Wo Eisler Chöre auftreten lasse, da verwandle sich »die auf der Bühne singende Menge in Kampftrupps, die fähig sind, auf die Straße zu gehen«.[9]

Mit dieser Schilderung verdeutlicht Tretjakov die zentrale Funktion der kleinen Form Lied für die Entwürfe einer proletarisch-revolutionären Ästhetik, die an der Schwelle von der Weimarer Republik zur nationalsozialistischen Herrschaft entstanden. In der germanistischen Forschung zu diesem Komplex besetzt das Lied dennoch bislang eine marginale Position, die doppelt begründet ist. Disziplinär bedingt, dominiert in den meisten thematisch angelegten Arbeiten zu den Brecht-Eisler'schen Kooperationen die Frage nach Brechts Dramenpoetik, der die musikalischen Anteile funktional untergeordnet werden.[10] Auch in die systematische Auseinandersetzung mit den ästhetischen Potenzialen kleiner Formen hat die Gattung Lied noch keinen Eingang gefunden. Nachdem das Konzept der kleinen Form zunächst ausdrücklich auf Prosa begrenzt wurde,[11] ist es mittlerweile sowohl für »Verbindungen und Übergänge zwischen Prosa und Poesie«[12] als auch für intermediale Formate geöffnet worden, sodass verstärkt Text-Bild-Relationen erkundet werden.[13] Zur Lyrik besteht in der Forschungspraxis jedoch weiterhin ebenso große Distanz wie zu Verbindungen von Text

8 Tretjakov, Sergej (1972): Bert Brecht [1934]. In: Ders.: *Die Arbeit des Schriftstellers. Aufsätze. Reportagen. Porträts.* Hg. von Heiner Boehncke. Deutsch von Karla Hielscher u.a. Reinbek bei Hamburg: rowohlt, S. 146–158, hier S. 155f.

9 Tretjakov, Sergej (1972): Hanns Eisler [1935/36]. In: ders.: *Die Arbeit des Schriftstellers*, S. 171–187, hier S. 185.

10 Kritisch dazu vgl. Dümling, Albrecht (2000): Eisler/Brecht oder Brecht/Eisler? Perspektiven, Formen und Grenzen ihrer Zusammenarbeit. In: Riethmüller, Albrecht (Hg): *Brecht und seine Komponisten*, S. 93–110.

11 Althaus, Thomas/Bunzel, Wolfgang/Göttsche, Dirk (2007): Ränder, Schwellen, Zwischenräume. Zum Standort Kleiner Prosa im Literatursystem der Moderne. In: dies. (Hgg.): *Kleine Prosa. Theorie und Geschichte eines Textfeldes im Literatursystem der Moderne.* Tübingen: Niemeyer, S. IX-XXVII.

12 Forschungsprogramm des GRK 2190 »Literatur- und Wissensgeschichte kleiner Formen«: https://www.kleine-formen.de/forschungsprogramm. 15.12.2023.

13 Gamper, Michael/Mayer, Ruth (2017): Erzählen, Wissen und kleine Formen. Zur Einleitung. In: dies. (Hgg.): *Kurz & Knapp. Zur Mediengeschichte kleiner Formen vom 17. Jahrhundert bis zur Gegenwart.* Bielefeld: transcript, S. 7–22, hier S. 14–16.

und Musik, die sich der latenten Engführung von kleiner Form, Schriftmedialität und Visualität widersetzen.[14]

In dieser Lücke verortet sich der vorliegende Beitrag, der das proletarische Kampflied um 1930 als kleine Form in den Blick nimmt, deren »Zirkulieren« paradigmatisch »soziale Energien [...] freisetzt«[15] beziehungsweise freisetzen soll, wie es im Forschungsprogramm des GRK 2190 »Literatur- und Wissensgeschichte kleiner Formen« heißt. Damit zählt das revolutionäre Lied zugleich zum Kernbestand jener »Formen von Kunst und Literatur«, die »Formen der politisch-ästhetischen Kollektivbildung« durchzusetzen versuchen und für die aktuell der Begriff ›Intervention‹ diskutiert wird.[16] Mit anderen Worten: Es handelt sich um eine kleine Form der Intervention *par excellence.*

Anknüpfend an Eislers Bestimmung der neuen »Musik des Proletariats« als sozial »angewandte Kunst«, bei der es auf das »Verhältnis von Wort und Ton« ankomme (HEGA IX, 1.1, S. 114),[17] soll das Interventionspotenzial des Lieds versuchsweise weder primär auf der textuellen noch auf der musikalischen Seite sondiert werden.[18] Erprobt werden soll eine Perspektive, die den Fokus auf den intermedialen Berührungspunkt vom beidem lenkt, der Eisler während der Zusammenarbeit mit Brecht verstärkt theoretisch beschäftigte: den Akt des Singens, der die entworfenen Lieder in den Mund von Arbeiterchören legte und somit körperliche und politische Intervention verband. Ausgehend von Essays, Vorträgen und Kritiken, in denen Eisler um 1930 seine Neukonzeption von proletarischen Kampfliedern umriss, und von seinen detaillierten Überlegungen zu deren erwünschter Vortragsweise soll das eingreifende Potenzial der Gattung ausgehend von den Funktionen des Mediums Stimme erkundet werden, die derzeit als essenzielle, aber noch unterkonturierte Kategorie für die literaturwissen-

---

14 Jäger, Maren/Matala de Mazza, Ethel/Vogl, Joseph (2021): Einleitung. In: dies. (Hgg.): *Verkleinerung. Epistemologie und Literaturgeschichte kleiner Formen.* Berlin/Boston: De Gruyter, S. 1–12, hier S. 4–6. Beide maßgebliche Sammelbände zum Thema, der von Jäger, Matala de Mazza und Vogl sowie der von Gamper und Mayer, enthalten keine Beiträge zu Lyrik oder Liedern.

15 Forschungsprogramm des GRK 2190 »Literatur- und Wissensgeschichte kleiner Formen«.

16 Brokoff, Jürgen (2020): Literarische Form und Intervention. Zur Formdiskussion im Kontext der proletarisch-revolutionären Literaturtheorie um 1930. In: Hahn, Torsten/Pethes, Nicolas (Hgg.): *Formästhetiken und Formen der Literatur. Materialität – Ornament – Codierung.* Bielefeld: transcript, S. 101–114, hier S. 109.

17 Vgl. Phleps, Thomas (2012): »Eine neue Nützlichkeit«. Der »Sektor der angewandten Musik« bei Hanns Eisler. In: Tadday, Ulrich (Hg.): *Hanns Eisler. Angewandte Musik.* München: edition text + kritik, S. 5–28, bes. S. 6.

18 Den musikalischen Kompositionstechniken Eislers widmen sich die sehr guten Einleitungen zur aktuellen Gesamtausgabe. Vgl. Johannes Galls Einführung zum Band *A-cappella-Chöre 1925–1932* (HEGA I, 5, S. XI-XXVI) und die von Knud Breyer zum Band *Lieder für Singstimme und Klavier* (HEGA III, 2.1, S. XI-XXIII).

schaftliche Lied- und Songforschung in den Blick rückt.[19] Im Zentrum der Überlegungen stehen zwei Dimensionen, in deren Zeichen die Stimme in der Debatte um das proletarische Kampflied um 1930 reflektiert wurde: zum einen ihre materialistische Bestimmung als künstlerisches Produktionsmittel der Arbeiterklasse (1.), zum anderen die Körperlichkeit der Performanz (2.), die auf ihre Funktionen für Eislers Interventionsästhetik befragt werden soll.

1. Stimme als Produktionsmittel

In einer handschriftlichen Thesensammlung notierte Eisler 1931 die Eckpunkte für eine Musik, die den Anforderungen des Klassenkampfs gerecht werden sollte. Im Sinne des historischen Materialismus wirft die vierte der acht Thesen dabei die Frage nach dem Zugang zu künstlerischen Produktionsmitteln auf, die dem Lied musik- wie sozialgeschichtlich eine neue Funktion zuweist. Die »Kunstmusik« des großen Orchesters bilde demnach das »Privileg der herrschenden Klasse«. Eine revolutionär orientierte Musik, so Eisler, müsse sich dagegen schon darum anderer Mittel bedienen, weil angesichts der »ökonomische[n] Situation des Proletariats« kein Besitz von Instrumenten vorauszusetzen sei. »Sie wird sich«, notiert er, »vor allem des musikalischen Produktionsmittels bedienen, das auch die Arbeiterschaft besitzt[,] nämlich der menschlichen Stimme« (HEGA IX, 1.1, S. 114, Klammer i.O.). In den Fokus rückt damit die Kategorie ›Stimme‹, deren ästhetisches Potenzial in Liedern und Songs darin liegt, dass sie nicht nur eine textuelle Instanz bezeichnet, sondern auch »Quelle und Medium eines physischen Ereignisses« ist, bei dem eine oder mehrere Personen Text und Melodie gesanglich aktualisieren.[20] Der »natürlich[e]« Charakter dieses Mediums, der seit Kurzem auch die Literaturwissenschaft beschäftigt,[21] wird bei Eisler sogleich klassenspezifisch gerahmt.

Eislers Definition der Stimme als Produktionsmittel einer neuen, proletarisch-revolutionären Musik ist nicht nur werkgeschichtlich aufschlussreich, da sie begründet, warum der von Schönberg in Lied- und Chormusik geschulte Komponist seine Arbeit seit dem Beginn der 1930er Jahre fast vollständig auf politische Kampflieder konzentrierte.[22] Auch theoriegeschichtlich ist sie von Bedeutung, weil das Stichwort ›Pro-

19 Vgl. Achermann, Eric (2019): ›How can we know the singer from the song?‹ Zu Song, Lyrics und Stimme. In: Hillebrandt, Claudia/Klimek, Sonja/Müller, Ralph et al. (Hgg.): *Grundfragen der Lyrikologie 1. Lyrisches Ich, Textsubjekt, Sprecher?* Berlin/Boston: De Gruyter, S. 242–269.

20 Achermann: ›How can we know the singer from the song?‹, S. 243f.

21 Achermann: ›How can we know the singer from the song?‹, S. 244.

22 Vgl. John, Eckhard (1994): *Musikbolschewismus. Die Politisierung der Musik in Deutschland 1918–1938.* Stuttgart/Weimar: Metzler, S. 311f.; Hart, Heidi (2018): *Hanns Eisler's Art Songs. Arguing with Beauty.* Rochester, N.Y.: Camden House, S. 7f. Politisch war Eisler dem Kommunismus seit

duktionsmittel‹ seine Überlegungen zum Interventionspotenzial des Lieds im Gesprächsraum um die berühmteste Skizze einer operativen Ästhetik verortet, die zu dieser Zeit im deutschsprachigen Raum entstand. Die Rede ist von Walter Benjamins Vortrag *Der Autor als Produzent*, gehalten 1934 am Institut zum Studium des Fascismus [sic] in Paris, der Ideen zu einer Umgestaltung der »Produktionsformen und Produktionsinstrumente[ ]« bürgerlicher Kunst entwirft, die »dem Klassenkampf dienlich[ ]« sein soll.[23] Seit seinem postumen Erscheinen ist dieser Text breit rezipiert worden und hat in der Germanistik vor allem die Aufmerksamkeit für die intellektuelle Partnerschaft von Benjamin und Brecht geschärft, die im gemeinsamen Anschluss an Tretjakov mit Hochdruck an einer materialistisch fundierten Kunsttheorie arbeiteten.[24] Tatsächlich tritt Brecht in *Der Autor als Produzent* gleich zweimal als Vorreiter für eine revolutionär wirksame Kunst in Erscheinung: zum einen mit seinem Entwurf des epischen Theaters, zum anderen als Mitverfasser der *Maßnahme*.[25]

Bei näherem Blick auf den Vortrag wird deutlich, dass Eisler in Benjamins Thesenbildung allerdings ebenso mitgedacht ist wie in der von Tretjakov.[26] Denn das intervenierende Potenzial von Brechts Dramatik wird gerade im Aufeinandertreffen von Text und Musik identifiziert, das auf dessen Zusammenarbeit mit Komponisten verweist. Das »Prinzip der Unterbrechung« im epischen Theater, das »Hörer« wie »Akteur« zur »Stellungnahme« zwinge und eine Umstellung von Illusion auf Reflexion forciere, realisiert sich demnach vor allem in den eingefügten »Songs«[27] – ein ästhetisches Modell, das Brecht und Eisler kurz zuvor in der Gorki-Bearbeitung *Die Mutter* (1932) umgesetzt hatten.[28] Hier geht es um eine Störung der großen Form durch

---

seiner Studienzeit in Wien verbunden, wo er seit 1918 mehrere Arbeiterchöre geleitet hatte. Vgl. Mugrauer, Manfred (2012): »Regelung der Parteiangelegenheit«. Hanns Eisler und die Kommunistische Partei Österreichs. In: Krones, Hartmut (Hg.): *Hanns Eisler – ein Komponist ohne Heimat?* Wien u.a.: Böhlau, S. 157–185, hier S. 158–162.

23 Benjamin, Walter (1991): Der Autor als Produzent. Ansprache im Institut zum Studium des Fascismus in Paris am 27. April 1934. In: Ders.: *Gesammelte Schriften*. Bd. II/2: *Aufsätze, Essays, Vorträge*. Hg. von Rolf Tiedemann und Hermann Schweppenhäuser. Frankfurt a.M.: Suhrkamp, S. 683–701, hier S. 691. Zu Entstehung und Publikation vgl. Kambas, Chryssoula (2011): Positionierung des Linksintellektuellen im Exil. In: Lindner, Burkhardt (Hg.): *Benjamin-Handbuch. Leben – Werk – Wirkung. Sonderausgabe*. Stuttgart/Weimar: Metzler, S. 420–436, hier S. 431f.

24 Vgl. Lange, Wolfgang (2000): Intellektueller Terrorismus: der Benjamin-Brecht-Pakt. In: Grimminger, Rolf (Hg.): *Kunst – Macht – Gewalt. Der ästhetische Ort der Aggressivität*. München: Fink, S. 157–177; Sinirlioglu, Abdullah (2016): *Benjamin und Brecht. Eine politische Begegnung*. Würzburg: Königshausen & Neumann; Kambas: Positionierung des Linksintellektuellen im Exil; Heinritz: Form als revolutionäre Praxis.

25 Vgl. Brokoff: Literarische Form und Intervention, S. 112f.

26 Zur Dreierkonstellation, die durch die Gesprächspaare Brecht/Eisler und Brecht/Benjamin entstand, vgl. Mayer: Versuch über Hanns Eisler, S. 316f.

27 Benjamin: Der Autor als Produzent, S. 697.

28 Vgl. Dümling, Albrecht (2001): Die Mutter. In: Knopf (Hg.): *Brecht-Handbuch*. Bd. 1: *Stücke*,

eine kleine, die durch ihre melodische Bindung als anderer, abgegrenzter Artikulationsmodus markiert ist. Und an der *Maßnahme* interessiert Benjamin besonders die »Umfunktionierung der Konzertform«,[29] die umgekehrt auf den Faktor Text verweist, der das gefühlsbezogene Erleben von Musik gezielt durchkreuze. Dabei greift der Theoretiker auf Eislers Abriss einer *Geschichte der deutschen Arbeitermusikbewegung von 1848* zurück, der fast zeitgleich zu *Der Autor als Produzent* in Paris entstand und der im Vortrag wie folgt paraphrasiert wird: »Die Aufgabe, das Konzert zu verändern, ist nicht ohne Mitwirkung des Wortes möglich.«[30] Auch an dieser Stelle wird ein Durchbrechen passiver Rezeptionshaltungen mit Verfahren intermedialer Montage begründet, die ein Wegfallen von »Kompetenzschranken« zwischen literarischen und musikalischen »Produktivkräften« voraussetze.[31]

Das Ergebnis dieser Überlegungen zu Intermedialität ist ein Konzept von ästhetischer Intervention, das effektiv dann aber doch Brecht den Vorzug gibt. Denn im Zentrum steht für Benjamin die Wirkung auf die Zuschauenden, die Tretjakov wenig später als zentrale Orientierung der Brecht'schen Dramenpoetik herausstellt. Dieser Befund ist insofern wichtig, als sich daraus eine interne Spannung im Vortrag ergibt, auf die Jürgen Brokoff aufmerksam gemacht hat. Wie er zeigt, macht Benjamin im Laufe von *Der Autor als Produzent* einen »bemerkenswerten Rückzieher«[32] vom Ziel einer »Vergesellschaftung der geistigen Produktionsmittel«,[33] das zunächst umfassender angelegt ist. Mit Tretjakov, der eine kollektive Autorschaft in der Zeitung der Sow-

---

S. 294–309, hier S. 298; ders. (1998): »Im Stil der Lehrstücke«. Zu Entstehung und Edition von Eislers Musik für Brechts Gorki-Bearbeitung ›Die Mutter‹. In: Dürr, Walther (Hg.): *Der Text im musikalischen Werk. Editionsprobleme aus musikwissenschaftlicher und literaturwissenschaftlicher Sicht.* Berlin: Erich Schmidt, S. 361–381, hier S. 366–368. Brecht verwendete den Begriff schon seit dem ›Songspiel‹ *Mahagonny* (1927), das er mit dem Komponisten Kurt Weill konzipierte und aus dem die Oper *Aufstieg und Fall der Stadt Mahagonny* (1930) hervorging, vgl. Dümling: Laßt euch nicht verführen, S. 122–127; S. 136–175.

29 Benjamin: Der Autor als Produzent, S. 694.

30 Bei Eisler heißt es: »Die Konzertmusik und ihre gesellschaftliche Form, das Konzert ist eine historische Epoche der Musikentwicklung. Ihre spezifische Ausbildung ist verknuepft mit dem Entstehen der modernen buergerlichen Gesellschaft. Die Vorherrschaft der Musik ohne Worte, auch vulgaer ›absolute Musik‹ genannt, die Trennung zwischen Musik und Arbeit, zwischen Professionels und Diletanten [sic], sind typisch für die Musik im Kapitalismus« (HEGA IX, 1.1, S. 200). Eine Fassung in französischer Sprache entstand 1933 in Paris und wurde dort im Dezember als Vortrag auf einer Konferenz gehalten, in der sich revolutionär orientierte Musiker in Frankreich zusammenschlossen (vgl. die Anmerkungen in HEGA IX, 1.1, S. 425f.). Eine deutsche Bearbeitung der *Geschichte* folgte im Januar 1934; diese bildete die Grundlage für eine Publikation des Texts auf Englisch im Jahr 1935 (vgl. HEGA IX, 1.1, S. 431).

31 Benjamin: Der Autor als Produzent, S. 693.

32 Brokoff: Literarische Form und Intervention, S. 113.

33 Benjamin: Der Autor als Produzent, S. 701.

jetunion in Aussicht stellte,[34] imaginiert Benjamin zwischenzeitlich eine Annäherung von »Autor und Publikum«, in der jeder »Lesende [...] bereit [ist], ein Schreibender zu werden«[35] – und stellt damit eine Überwindung der Grenze von Produzierenden und Rezipierenden in den Raum, die eine künstlerische Aktivität der Arbeiterklasse einschließen würde. Am Ende beschränkt er sich indessen doch auf den Aufruf an Künstler – an die »besten Techniker ihres Fachs« –,[36] traditionelle Formen so umzugestalten, dass ein produktiver Rezeptionsakt angeregt werde.[37]

Diese konzeptionelle Ambivalenz von *Der Autor als Produzent* veranschaulicht die rege Debatte um Ästhetiken der Intervention um 1930, in der offensichtlich mehrere Optionen diskutiert wurden. Als Gewährsmann für einen weitergehenden Ansatz der künstlerisch-politischen Aktivierung hätte sich im Prinzip schon der zitierte Eisler angeboten, der in der Zusammenarbeit mit Brecht die Liedästhetik und -performanz gestaltete und dafür seit der *Maßnahme* auch semiprofessionelle Chöre aus der Berliner Arbeiterbewegung einbezog.[38] Damit weitet Eislers Perspektive sich von Fragen der Rezeption auf solche der gesanglichen (Re-)Produktion der Lieder, die auf eine körperliche wie politische Aktivierung der Singenden zielte und dazu systematisch die Stimme als klassenspezifisches Produktionsmittel in den Blick rückte. In Variation von Benjamins Vortragstitel ließe sich sagen: Im Fokus steht bei ihm nicht der schreibende Autor, sondern der Sänger als (re-)produzierende Instanz einer Kunst, deren Text und Melodie ihm als fest definierte kleine Form in den Mund gelegt werden können und die dadurch eigene Modi der Intervention zeitigt.

Dieser Gedanke steht im Mittelpunkt von Eislers Überlegungen zu einer neuen Ästhetik des Arbeiterlieds, die er seit dem Ende der 1920er Jahre in KPD-nahen Zeitungen und Zeitschriften publizierte.[39] Im Aufsatz *Die Fortschritte in der Arbeitermusikbewegung*, der 1931 im Journal *Kampfmusik* erschien, legt der Komponist in knappen Thesen dar, zu welchen Positionen die von ihm geleitete Arbeitsgemeinschaft ›Dialektischer Materialismus und Musik‹ an der Marxistischen Arbeiterschule in Berlin gelangt war.[40] Im Hintergrund steht die Abspaltung einer kommunistischen Fraktion vom bisher sozialdemokratisch dominierten Deutschen Arbeitersängerbund (DAS), die Eisler maßgeblich mitbetrieben hatte.[41] Entsprechend fordert er eine Abkehr vom

---

34 Heinritz: Form als revolutionäre Praxis, S. 33.

35 Benjamin: Der Autor als Produzent, S. 688.

36 Benjamin: Der Autor als Produzent, S. 699.

37 Brokoff: Literarische Form und Intervention, S. 113f.

38 Krabiel, Klaus-Dieter (1993): *Brechts Lehrstücke. Entstehung und Entwicklung eines neues Spieltyps.* Stuttgart/Weimar: Metzler, S. 168; Lucchesi: »Ins Licht treten die Änderbaren«, S. 116.

39 Vgl. die Einleitung von Tobias Faßhauer und Günter Mayer zur neuen Edition seiner frühen Schriften (HEGA IX, 1.1, S. XVII-XXXIV); Phleps: »Eine neue Nützlichkeit«, S. 11.

40 Vgl. die Anmerkungen in HEGA IX, 1.1, S. 397f.

41 John: Musikbolschewismus, S. 316; Schebera: Hanns Eisler, S. 74f.; Dümling: Laßt euch nicht

gängigen Repertoire der Arbeiterchöre im DAS, das zum großen Teil aus bürgerlichen Kunstliedern bestand,[42] und zugleich eine Umkehrung in der ästhetischen Zielrichtung des kollektiven Singens. »Es genügte uns nicht mehr, dass ein Stück von einem Chor gut vorgetragen auf den Zuhörer Wirkung ausübte«, formuliert er (HEGA IX, 1.1, S. 109). Entscheidend für den politischen Zweck sei vielmehr die Orientierung auf die Produzierenden, die im Fall des Arbeiterlieds mit den Adressierten zusammenfalle. »[W]ir mußten Methoden finden, auch den Sänger selbst nicht nur als Interpreten zu betrachten, sondern ihn zu revolutionieren«, hält er fest: Der »aktivierende Zweck eines Kampfliedes« könne »nur durch das Selbersingen« erreicht werden (HEGA IX, 1.1, S. 109f.).

Diese aktivierende Funktion des Selbersingens bestimmte Eisler ein Jahr später genauer. In einem schriftlichen Impuls für eine Konferenz des Internationalen Arbeiter-Theater-Bundes in Moskau (MRTO) plädierte er 1932 dafür, dass sich eine Musik für den Klassenkampf in Ermangelung von »technischen Produktionsmittel[n] [...] der natürlichen bedienen« müsse: »des Gesanges als primitivstes musikalisches Produktionsmittel«.[43] Diese Konzentration auf die »primitivsten Methoden« des Musizierens verspreche insofern einen »ungeheuren Fortschritt«, als sie die »Aufhebung des Gegensatzes zwischen Musikkonsumenten und Musikproduzenten« bewirke und die »Musik-Produktion und -Konsumption zu einer allgemein menschlichen Sache« mache (HEGA IX, 1.1, S. 162). Damit rückte Eisler erneut die Stimme ins Zentrum seiner Ästhetik der Intervention, um sie um einen entscheidenden Punkt zu erweitern.[44] Beide genannten Aspekte weisen der Vokalmusik die Affordanz einer produktiven Rezeption zu, die sich im Mit- und Nachsingen bekannter Lieder äußert und dank der universalen Verfügbarkeit des Instruments Stimme klassen- und situationsübergreifend jederzeit realisiert werden kann.

Die mobilisierenden Effekte, die aus dieser allgemeinen Verfügbarkeit des Instruments Stimme erwachsen können, führt exemplarisch der Film *Kuhle Wampe oder:*

---

verführen, S. 282f. Zur neugegründeten kommunistischen Fraktion im DAS, der ›Kampfgemeinschaft der Arbeitersänger‹ (KdA), vgl. Meyer, Ernst Hermann (1971): Aus der Tätigkeit der »Kampfgemeinschaft der Arbeitersänger«. In: *Sinn und Form*, Sonderheft: *Hanns Eisler*, S. 152–160.

42 Zur Geschichte der sozialdemokratischen Arbeitersängerbewegung vgl. John: Musikbolschewismus, S. 304f.; Hake, Sabine (2017): *The Proletarian Dream. Socialism, Culture, and Emotion in Germany, 1863–1933.* Berlin, Boston: De Gruyter, S. 84–99; Garratt, James (2010): *Music, Culture and Social Reform in the Age of Wagner.* Cambridge: Cambridge University Press, S. 197–215.

43 Zur Einordnung proletarischer Kunst in Deutungsmuster eines positiv kodierten Primitivismus im frühen 20. Jahrhundert vgl. Hildebrandt, Annika (2022): Neue Menschen, neue Poeten. Expressionismus, Genie und Arbeiterdichtung. In: *German Life and Letters* 75/3, S. 430–447, hier S. 438–443.

44 Vgl. Krabiel: Brechts Lehrstücke, S. 181.

Wem gehört die Welt vor, für den Brecht und Eisler 1932 mit dem bulgarischen Regisseur Slatan Dudow zusammenarbeiteten. Darin wandert das *Solidaritätslied* mit seinem berühmten Refrain auf die Eingangsformel »Vorwärts und nicht vergessen«, das Eisler auf einen Text von Brecht komponierte, instruktiv durch die Handlung. Sukzessive erklingt erst die Melodie, dann der Refrain und schließlich das gesamte Lied samt Strophen, das von vielfältigen Stimmen aufgenommen und weitergetragen wird:[45] Eingeführt von einer Gruppe marschierender Arbeiter, erhält das *Solidaritätslied* ein erstes Echo beim Vortrag der Agitprop-Truppe »Das rote Sprachrohr«, wird dann in einem vollbesetzten Stadion von Arbeitersportlern angestimmt und begleitet zuletzt den Abspann als Sololied mit der markanten Stimme von Ernst Busch – von wo es sich durch Einspielungen auf Schallplatte auch außerhalb des Films weiterverbreiten und in politischen wie privaten Kontexten nachgesungen werden konnte.[46]

Diese filmische Inszenierung realisiert beispielhaft das Konzept der produktiven Rezeption, das Eisler bei seinem Einsatz für die kleine Form Lied und ihr Medium Stimme im Blick hatte. Vorgeführt wird eine Dynamik, bei der ein politisches Kampflied dank seiner kompakten, melodisch gebundenen Form von den Stimmen verschiedener Personen und Gruppen aufgegriffen wird, die beim Singen des Lieds zu Aussageinstanzen seiner revolutionären Botschaft werden und dadurch zumal in kollektiven Gesangssituationen eine politische Aktivierung erfahren können. Besonders deutlich veranschaulicht der Film zugleich, dass der Appell an die Stimme als Medium einer produktiven Rezeption zwei Dimensionen der Intervention einschließt: Als Voraussetzung für die revolutionäre Aktivierung, die von der Verbreitung der Kampflieder ausgehen soll, fungiert eine Intervention in die Körper der Singenden, die als (Re-)Produzierende in Anspruch genommen werden. Entsprechende Aufmerksamkeit widmete Eisler der konkreten körperlich-stimmlichen Realisierung seiner Kampflieder. Diese Überlegungen sollen in einem zweiten Schritt betrachtet und in sein Konzept der ästhetischen Intervention eingeordnet werden.

2. Stimme, Körper und Revolution

Fragen der Körperlichkeit beschäftigten Eisler, Brecht und Benjamin in ihrem Nachdenken über ästhetische und politische Intervention gleichermaßen. Entsprechend

45 Vgl. Phleps: »Eine neue Nützlichkeit«, S. 18f.; Hake: The Proletarian Dream, S. 325–327; Dümling: Laßt euch nicht verführen, S. 320, 325.

46 Vgl. Bräuml, Stefanie (2017): Agitation und Erziehung. Zur Funktionalität von Musik am Beispiel von Hanns Eislers Solidaritätslied. In: *Österreichische Musikzeitschrift* 72/2, S. 51–55. Zu den erfolgreichen Schallplatten-Einspielungen der Lieder von Busch und Eisler vgl. Schebera: Hanns Eisler, S. 72–74, zum *Solidaritätslied* S. 101.

ihrer jeweiligen Profession rückten die drei Akteure dabei verschiedene Potenziale der Körperlichkeit in den Blick. In *Der Autor als Produzent* weist Benjamin darauf hin, dass der Dramatiker Brecht eine »große alte Chance« der Bühne neu zu nutzen wisse, die in der »Exponierung des Anwesenden«[47] vor dem Publikum bestehe. Parallel dazu versuchte er selbst in den Notizen zu seinem *Passagen-Werk* (1927–1940), Prozesse der produktiven Unterbrechung von Routinen philosophisch anhand des Begriffs ›Geistesgegenwart‹ zu ergründen, der eigentlich eine »Gegenwart des Leibes«[48] bezeichnet. Wenn die bewusste Tätigkeit des Geists zugunsten eines »rein reflektorischen Verhaltens« aussetze, dann könne Raum für eine »neue, originale Reaktion« des Körpers«[49] entstehen, die Benjamin sich nicht zuletzt von der Arbeiterklasse erhoffte. In seinen Thesen *Über den Begriff der Geschichte* (1940) bestimmt er Geistesgegenwart darum als Bedingung für eine proletarische Revolution. Der historische »*Augenblick der Gefahr*«, dem die »*kämpfende unterdrückte Klasse*« im Nationalsozialismus ausgesetzt sei, berge demnach die Chance für eine »*unwillkürliche*« Erkenntnis, die politische Aktionen zeitigen könne.[50]

Dieses Verhältnis von Körperlichkeit und revolutionärer Bereitschaft interessierte ebenfalls Eisler, der sich ihm seinerseits als Komponist und erfahrener Chorleiter von der praktisch-gesanglichen Seite her näherte. So fällt auf, dass seine Überlegungen zu einer aktivierenden Kampfmusik von eingehenden Reflexionen zur körperlich-stimmlichen Performanz begleitet werden, die konstitutiv zur kleinen Form Lied gehört.[51] Entsprechende Hinweise finden sich bei ihm in großer Zahl; neben seinen theoretischen Äußerungen durchziehen sie die Vortragsbezeichnungen der Notendrucke für Chöre, in denen sie bisweilen zu flankierenden Paratexten anwachsen. Nicht zuletzt kommentierten Zeitgenossen aber auch den ungewöhnlichen Einsatz der Singstimme, mit dem ihnen Sänger wie Ernst Busch oder Eisler selbst politische Lieder und Balladen im Solovortrag präsentierten.

Zu Beginn von Eislers politischer Werkphase stand dabei noch, analog zu Brecht, eine Aktivierung der Zuhörenden durch den Stimmeinsatz im Vordergrund. Als der Österreicher Ende der 1920er Jahre begann, A-cappella-Chöre auf revolutionäre Lied-

---

47 Benjamin: Der Autor als Produzent, S. 698. Zum Konzept der »leibliche[n] Präsenz« bei Benjamin vgl. Kambas: Positionierung des Linksintellektuellen im Exil, S. 433.

48 Weidmann, Heiner (1992): Geistesgegenwart: Das Spiel in Walter Benjamins Passagenarbeit. In: *MLN* 107/3,
S. 521–547, hier S. 532.

49 Benjamin, Walter (1986): Aufzeichnungen und Materialien. In: ders.: *Gesammelte Schriften*, Bd. V/1: *Das Passagen-Werk*. Hg. von Rolf Tiedemann. Frankfurt a.M.: Suhrkamp, S. 639.

50 Benjamin, Walter (1974): Über den Begriff der Geschichte: Varianten. Ms. 474. In: ders.: *Gesammelte Schriften*, Bd. I/2: *Abhandlungen*. Hg. von Rolf Tiedemann und Hermann Schweppenhäuser. Frankfurt a.M.: Suhrkamp, S. 1242f., hier: S. 1243. Hervorh. i.O.

51 Achermann: ›How can we know the singer from the song?‹, S. 259–261.

texte zu komponieren, ging es ihm zunächst um die Störung einer genussvollen, passiven Konzerthaltung aufseiten des Publikums. Den Auftakt dafür bilden die *Zwei Männerchöre* in op. 14, die Eisler 1929 für den Berliner Schubert-Chor schrieb: einen Arbeitergesangsverein unter der Leitung des Dirigenten Karl Rankl, der wie er selbst in Wien bei Schönberg studiert hatte.[52] Die Notendrucke dazu enthalten detaillierte Vorgaben zu Stimme und Körperhaltung, die eine konsequente Durchbrechung des gewohnten Bühnenhabitus fordern.

In die Terminologie der literaturwissenschaftlichen Stimmforschung gefasst, macht Eisler sich damit das spezifische »Spannungsgeflecht zwischen Songs, Lyrics, ›performance‹ und situativem Umfeld (der jeweiligen Öffentlichkeit)« zunutze; Ziel ist es, durch eine Änderung der Performanz die Konzertsituation insgesamt politisch umzukodieren.[53] Zum ersten Chorlied mit dem Titel *Bauernrevolution*, das der Komponist irrtümlich für ein Lied aus dem Bauernaufstand von 1525 hielt,[54] merkt er entsprechend an, es sei »sehr derb und wild« zu singen (HEGA I, 5, S. 33, Hervorh. i.O.). Zum zweiten Stück von op. 14, einem *Lied der Arbeitslosen* mit der Überschrift *Kurze Anfrage* und Worten von Eisler selbst,[55] formuliert er einen regelrechten Paratext: »Dieses Lied singt man eigentlich am besten so: Zigarette im Mundwinkel, Hände in den Hosentaschen, lässige, etwas gebeugte Haltung, leicht gröhlend, damit es nicht zu schön wird und niemand erschüttert wird.« (HEGA I, 5, S. 38) Durch eine körperlich-stimmliche Performanz, die einen operativen Gebrauch der Lieder außerhalb des Konzertsaals nachahmt – derb und wild bei der Bauernrevolution, lässig und gröhlend auf den Straßen der Gegenwart –, sollen die Zuhörenden zu einem aktiven, politisch aufmerksamen Rezeptionsmodus bewegt werden.

Eine Aufmerksamkeitsverschiebung auf die Singenden selbst lässt sich ein Jahr später bei den Planungen zur Aufführung des Lehrstücks *Die Maßnahme* beobachten, in

52 Vgl. Gall: Einleitung. In: HEGA I, 5, S. XVII; Schebera: Hanns Eisler, S. 53f.; Dümling: Laßt euch nicht verführen, S. 284f.

53 Achermann: ›How can we know the singer from the song?‹, S. 259.

54 Wie Johannes Gall im *Kritischen Bericht* zur Edition anführt, folgt Eisler dem Lied *Florian Geyers schwarze Haufen* aus dem *Arbeiter- und Freiheitsliederbuch* von August Albrecht, das 1929 in achter Auflage erschienen war (HEGA I, 5, S. 143–145). Tatsächlich entstand das Lied zu Beginn des 20. Jahrhunderts im Umfeld nationaler Jugendbewegungen und gelangte aufgrund seiner Auflehnung gegen Adel und Kirche z.T. in adaptierter Form sowohl in das linke Liedrepertoire von KPD und NVA als auch in das rechte der SA. Vgl. Hobsbawm, Eric (2003): *Gefährliche Zeiten. Ein Leben im 20. Jahrhundert.* Übs. von Udo Rennert. München: Hanser, S. 95f.; Prieberg, Fred K. (2015): *Musik und Macht.* Frankfurt a.M.: Fischer, S. 393; Roth, Alfred (1993): *Das nationalsozialistische Massenlied. Untersuchungen zur Genese, Ideologie und Funktion.* Würzburg: Königshausen & Neumann, S. 250, Anm. 3.

55 Bei der Uraufführung des *Lieds der Arbeitslosen* durch den Berliner Schubert-Chor am 27. Januar 1929 wurde ein Programmzettel mit folgendem Vermerk ausgegeben: »*Worte vom Komponisten*« (HEGA I, 5, S. 145).

dem einem von Arbeiterinnen und Arbeitern besetzten ›Kontrollchor‹ die Funktion eines Parteigerichts zukommt.[56] Nach der titelgebenden Maßnahme, der Tötung eines jungen Genossen wegen revolutionsgefährdenden Verhaltens, prüft dieser Chor die Rechtmäßigkeit des Vorgehens und formuliert zentrale Grundsätze der marxistischen Lehre. Ziel des politischen Oratoriums ist mithin eine »Agitation«,[57] die sich nicht nur an die Zuhörerschaft richtet, sondern auch an die Männer und Frauen des Chors, der die politischen Devisen artikuliert. In ihrer niemals realisierten Reinform als Lehrstück sollte die *Maßnahme* darum sogar ohne Publikum auskommen und, wie Brecht noch 1956 gegenüber dem schwedischen Regisseur Paul Patera betonte, allein auf die »Belehrung der Aufführenden« ausgerichtet sein.[58]

Zu dieser ästhetischen Orientierung auf die Singenden passt, dass der gesangliche Vortrag nun noch stärker reflektiert und reglementiert wird. So entwarfen Eisler und Brecht für die *Maßnahme* einen klar konturierten Vortragsstil, den der auch hier als Dirigent fungierende Rankl mehr als drei Monate lang mit »drei- bis vierhundert Sängerinnen und Sänger[n]« einübte,[59] unter denen Eisler selbst mitsang.[60] Neben dem Schubert-Chor, mit dem Rankl gewöhnlich arbeitete, waren auch der Gemischte Chor Groß-Berlin und der Gemischte Chor Fichte beteiligt.[61] Für mögliche weitere Inszenierungen des Lehrstücks, die sich der direkten Kontrolle der Urheber entzogen, wurden zudem schriftliche Vortragshinweise festgehalten. In den von Brecht, Eisler und dem Regisseur Dudow verfassten *Anmerkungen* zur *Maßnahme,* die 1931 im 4. Heft von Brechts *Versuchen* erschienen, heißt es mit Blick auf die Musik:

> Bei den Stücken »Lob der U.S.S.R«, »Lob der illegalen Arbeit«, »Ändere die Welt: sie braucht es« und »Lob der Partei« wurden der Musik Theorien überliefert. Es handelte sich darum, den Chören nicht zu gestatten, »sich auszudrücken«, also waren Modulationen in der Tonstärke vorsichtig anzuwenden und auch melodische Buntheit zu vermeiden. Die Chöre sind hier mit voller Stimmstärke unter Anstrengung zu singen. Sie haben organisatorischen Charakter, die Theorien selber sind nicht bloße Widerspiegelungen (»wie sie es sehen«), sondern Kampfmittel. (HEGA IX, 1.1, S. 117)

---

56 Dümling: Laßt euch nicht verführen, S. 290.

57 Krabiel: Brechts Lehrstücke, S. 288.

58 Bertolt Brecht an Paul Patera, 21. April 1956. In: Brecht, Bertolt: *Große kommentierte Berliner und Frankfurter Ausgabe.* Bd. 30: *Briefe 3. 1950–1956.* Bearb. von Günter Glaeser. Frankfurt a.M.: Suhrkamp, S. 447. Vgl. Wirth, Andrzej (1999): The Lehrstück As Performance. In: *The Drama Review* 43/4, S. 113–121, hier S. 114. Kritisch zur behaupteten idealen Aufführungspraxis vgl. Lucchesi: »Ins Licht treten die Änderbaren.«, S. 114, 118–120.

59 Lucchesi: »Ins Licht treten die Änderbaren.«, S. 116.

60 Schebera: Hanns Eisler, S. 81.

61 Vgl. Krabiel: Brechts Lehrstücke, S. 182f.

Ergänzend dazu publizierte Eisler in der Zeitschrift *Kampfmusik* einen Beitrag mit dem Titel *Einige Ratschläge zur Einstudierung der Maßnahme* (1932). Thesenartig plädiert er hier statt für eine »gefühlvolle Darstellung« für eine »deutliche«. Diese fordere von den Arbeiterchören ein »straffes, rhythmisches, präzises Singen«, bei dem sich die Singenden nicht an der Musik orientieren dürften, sondern permanent auf den Text achten müssten (HEGA IX, 1.1, S. 154): »Jeder Sänger muß sich über den politischen Inhalt seines Gesanges völlig im Klaren sein und ihn auch kritisieren« (HEGA IX, 1.1, S. 155). Dazu passt, dass der Komponist riet, die Texte zunächst als Sprechchöre einzustudieren, wie sie seit der Weimarer Republik große Popularität besaßen,[62] und erst in einem zweiten Schritt zum gemeinsamen Gesang überzugehen: »Am besten ist, wenn der Chor, bevor er die Noten lernt, den Text im Rhythmus der Musik entsprechend übt« (HEGA IX, 1.1, S. 154f.).[63]

Diese Zielrichtung bekräftigte auch der Dirigent Rankl, der in derselben Zeitschrift eigene Anmerkungen *Ueber den musikalischen Vortrag unserer neuen Chormusik* (1932) veröffentlichte. Darin betont er den Vorrang der »gedanklichen Inhalte des Textes« über die Musik, der ein »völliges Abstrahieren von den herkömmlichen Vortragsprinzipien und Bekämpfen der bei allen Chören eingebürgerten Geschmacklosigkeiten des ›schönen Singens‹« fordere.[64] Konkret heiße das für die Sängerinnen und Sänger: »[p]räziseste, schärfste Textaussprache sowohl im Forte als auch im Piano, unabhängig vom Tempo«, »übertriebenste Silbentrennung«, »Überbetonung der im gewöhnlichen Sprechen unbetonten Silben« und in der Konsequenz »[s]traffster, energischster, man möchte fast sagen fanatischster Rhythmus«.[65] Als Ideal gilt ein »stampfender Forte-Rhythmus«, wie er in der *Bauernrevolution* umgesetzt worden war –[66] was sich so paraphrasieren lässt, dass Rankl den Männerchor »eigentlich brüllen ließ«.[67]

---

62 Vgl. Clark, Jon (1984): *Bruno Schönlank und die Arbeitersprechchorbewegung.* Köln: Prometheus Verlag. Zu den Einflüssen der Sprechchorbewegung auf Brechts und Eislers *Maßnahme* vgl. Müller, Sabine (2020): Verkehrende Praktiken vertiefter Kollektivität. Brecht und Benjamin, Kafka und Schönlank. In: Kimmich, Dorothee/dies. (Hgg.): *Tiefe. Kulturgeschichte ihrer Konzepte, Figuren und Praktiken.* Berlin/Boston: De Gruyter, S. 267–290, hier S. 285f.

63 An die praktische Umsetzung dieser Empfehlung bei den Chorproben zur *Maßnahme* erinnert sich Meyer: Aus der Tätigkeit der »Kampfgemeinschaft der Arbeitersänger«, S. 156.

64 Rankl, Karl (1932): Ueber den musikalischen Vortrag unserer neuen Chormusik. In: *Kampfmusik. Organ der revolutionären Arbeiter-Sänger und Musiker Deutschlands* 2/4, S. 4. Publiziert ist der Text unter dem Kürzel »K.R.«, das sich Rankl zuordnen lässt. Meyer: Aus der Tätigkeit der »Kampfgemeinschaft der Arbeitersänger«, S. 156, Anm. 3.

65 Rankl: Ueber den musikalischen Vortrag unserer neuen Chormusik, S. 4.

66 Rankl: Ueber den musikalischen Vortrag unserer neuen Chormusik, S. 4.

67 Deeg, Peter (2012): »In eurer Kunst ist keine Faust ...« Hanns Eislers Weg vom bürgerlichen Komponisten zum Politrebellen – und retour. In: *Österreichische Musikzeitschrift* 67/4, S. 21–30, hier S. 24.

All diese Anweisungen machen klar, dass der Vortrag revolutionärer Lieder in der *Maßnahme* auf einen äußerst fordernden Einsatz der Stimme festgelegt wird: Die Sängerinnen und Sänger wurden unter enorme körperliche Anspannung gestellt, die alle Aufmerksamkeit auf die präzise, bewusst anstrengend gestaltete Artikulation der revolutionären Botschaft richten sollte. Wie groß der geforderte Kraftaufwand war, lässt sich daraus erahnen, dass der Schubert-Chor nach erfolgter Aufführung der *Maßnahme* im Februar 1931 seinem Dirigenten die Gefolgschaft versagte. Wie das erhaltene Protokollbuch des Chores dokumentiert, hatte der Männerchor zuletzt »circa 30 Mitglieder verloren«; die noch verbliebenen Sänger wollten von nun an wieder »das Volkslied [...] pflegen«, kehrten zu einem sozialdemokratischen Repertoire zurück und trennten sich von Rankl.[68] Neben der politischen Unzufriedenheit mit der radikal kommunistischen Programmatik unter ihm und Eisler[69] mögen bei diesem Schritt auch die gesanglichen »Zumutungen«[70] eine Rolle gespielt haben.

Darüber hinaus zeichnen Schilderungen von Eislers eigener Vortragstechnik ein plastisches Bild davon, dass die Forderung der *Anmerkungen zur Maßnahme*, die Chorlieder seien »mit voller Stimmstärke unter Anstrengung« zu singen, wörtlich gemeint war. Einen ähnlichen Eindruck vermittelte nämlich sein Sologesang. Plastisch illustriert dies ein Bericht von Tretjakov, dem der Komponist am heimischen Klavier die *Ballade von der Krüppelgarde* (1930) vortrug, der ein Text des österreichischen Liederdichters Robert Gilbert (publiziert unter dem Pseudonym David Weber) zugrunde liegt.[71] Diese Szene beschreibt der Besucher als Demonstration einer körperlichen wie stimmlichen Verausgabung. Der betriebene Kraftaufwand zeigt sich bereits in Eislers Klavierspiel. »Er tritt nicht aufs Pedal, er zertritt es, als sei es eine Otter«, erinnert sich Tretjakov.[72] Passend zu dieser brachialen Performanz fällt der Gesang aus, bei dem der Komponist die eigene Stimme an ihre Grenzen bringt: »Er schnauft laut im Takt seines Liedes. Seine Stimme ist heiser, rasend.« Weil Eisler, wie es Tretjakov scheint, beim Singen imaginär »mit den Krüppeln« – den kriegsversehrten, aber nicht minder revolutionsbereiten Kämpfern in Gilberts Text – »immer weitermarschiert«, sei er am Ende der lediglich sechs Strophen umfassenden Ballade »wie aus dem Wasser gezogen«. Die stimmlich-körperliche Performanz erfordert eine so starke Beteiligung des

---

68 Deeg, Peter (2008): Sangesbruder Broschinski schließt die Versammlung. Aus dem Protokollbuch des Berliner Schubert-Chors (1928–1933). Ausgewählt und transkribiert v. Peter Deeg. In: *Eisler-Mitteilungen* 45, S. 24–26, hier S. 26.

69 Vgl. den Nachtrag von Deeg: Sangesbruder Broschinski schließt die Versammlung, S. 26.

70 Deeg: »In eurer Kunst ist keine Faust ...«, S. 24.

71 Vgl. Walther, Christian (2019): *Ein Freund, ein guter Freund. Robert Gilbert – Lieddichter zwischen Schlager und Weltrevolution. Eine Biographie.* Mit einem Vorwort v. Max Raabe. Berlin: Ch. Links Verlag, S. 35–46; Schebera: Hanns Eisler, S. 52; Dümling: Laßt euch nicht verführen, S. 277.

72 Hier und im Folgenden Tretjakov: Hanns Eisler, S. 180f.

Körpers, dass sie nur über die kleine Form des Lieds, maximal der Ballade, durchzuhalten ist.

Die genauen Vorgaben zum Stimmeinsatz in den Chorliedern der *Maßnahme* und der eindrückliche Bericht über den Solovortrag der *Ballade von der Krüppelgarde* demonstrieren damit, dass die Entwürfe eines revolutionären Lieds um 1930 gezielt auf die spezifische, physisch gebundene Medialität dieser kleinen Form setzten. Sowohl in seinen liedtheoretischen Schriften als auch in seinen Kompositionen lancierte Eisler das Lied systematisch als ›angewandte Kunst‹, die eine praktische Realisierung von Text und Melodie durch die menschliche Stimme forderte und sich dadurch für den konkreten politischen Gebrauch innerhalb der Arbeiterbewegung anbot: Die hohen Erwartungen, die der Komponist an die Interventionspotenziale einer neuen ›Kampfmusik‹ für das Proletariat hegte, gründeten auf dem Konzept einer körperlichen Aktivierung der Arbeiterinnen und Arbeiter durch das ›Selbersingen‹, das zugleich eine Bereitschaft zur politischen Aktion stiften sollte.

Maßgeblich für Eislers Verknüpfung von Stimme, Körper und Revolution war dabei eine neue Art der Performanz, die auf eine Verausgabung der Singenden zielte. Die Funktion der enormen Anstrengung, Lautstärke und artikulatorischen Präzision, die von den Sängerinnen und Sängern der Arbeiterchöre gefordert wurde, wird dabei nicht explizit erklärt. Was Eislers und Rankls Vorgaben zum gesanglichen Vortrag jedoch eindeutig verbindet, ist eine Fokussierung der körperlichen Anspannung auf den Liedtext, dessen revolutionäre Botschaften unter einem physischen Druck zu artikulieren waren, der symbolisch dem diagnostizierten historischen Handlungsdruck auf die Arbeiterklasse entsprach. Die Verbindung von körperlicher Anspannung, spontaner Erkenntnis und Revolution, die auch Benjamin etwa zeitgleich in seinen Überlegungen zur Geistesgegenwart umkreist, wird hier in eine konkrete Interventionsästhetik übersetzt, bei der Text, Musik und Körperlichkeit in der kleinen Form des Lieds verschränkt sind. Mehr noch: In den strapaziösen Chorproben zur *Maßnahme* wurden die Effekte einer solchen Ästhetik direkt an den erhofften Akteurinnen und Akteuren der Revolution erprobt, den Mitwirkenden der Berliner Arbeiterchöre. Dass diese allerdings zu selbstbestimmt waren, um sich auf diese Weise zur Revolution zwingen zu lassen, zeigt sich in der Reaktion des Schubert-Chores, der dem hergestellten Druck mit einem anderen Aufstand begegnete: mit der künstlerischen Trennung von Eisler und Rankl.

Literaturverzeichnis

Achermann, Eric (2019): ›How can we know the singer from the song?‹ Zu Song, Lyrics und Stimme. In: Hillebrandt, Claudia/Klimek, Sonja/Müller, Ralph et al. (Hgg.): *Grundfragen der Lyrikologie 1. Lyrisches Ich, Textsubjekt, Sprecher?* Berlin/Boston: De Gruyter, S. 242–269.

Althaus, Thomas/Bunzel, Wolfgang/Göttsche, Dirk (2007): Ränder, Schwellen, Zwischenräume. Zum Standort Kleiner Prosa im Literatursystem der Moderne. In: Dies. (Hgg.): *Kleine Prosa. Theorie und Geschichte eines Textfeldes im Literatursystem der Moderne.* Tübingen: Niemeyer, S. IX-XXVII.

Benjamin, Walter (1991): *Gesammelte Schriften.* Unter Mitwirkung von Theodor W. Adorno und Gershom Scholem. Hg. von Rolf Tiedemann und Hermann Schweppenhäuser. 14 Bde. Frankfurt a.M.: Suhrkamp.

Betz, Albrecht (1998): »Der Text ist primär und die Musik nicht sekundär«. Über Brecht und Eisler. In: *Germanistische Mitteilungen* 48, S. 35–44.

Bräuml, Stefanie (2017): Agitation und Erziehung. Zur Funktionalität von Musik am Beispiel von Hanns Eislers Solidaritätslied. In: *Österreichische Musikzeitschrift* 72/2, S. 51–55.

Brecht, Bertolt (1988–2000): *Große kommentierte Berliner und Frankfurter Ausgabe.* Hg. von Werner Hecht, Jan Knopf, Werner Mittenzwei et al. 30 Bde. Frankfurt a.M: Suhrkamp.

Brokoff, Jürgen (2020): Literarische Form und Intervention. Zur Formdiskussion im Kontext der proletarisch-revolutionären Literaturtheorie um 1930. In: Hahn, Torsten/Pethes, Nicolas (Hgg.): *Formästhetiken und Formen der Literatur. Materialität – Ornament – Codierung.* Bielefeld: transcript, S. 101–114.

Clark, Jon (1984): *Bruno Schönlank und die Arbeitersprechchorbewegung.* Köln: Prometheus Verlag.

Deeg, Peter (2012): »In eurer Kunst ist keine Faust …« Hanns Eislers Weg vom bürgerlichen Komponisten zum Politrebellen – und retour. In: *Österreichische Musikzeitschrift* 67/4, S. 21–30.

Deeg, Peter (2008): Sangesbruder Broschinski schließt die Versammlung. Aus dem Protokollbuch des Berliner Schubert-Chors (1928–1933). Ausgewählt und transkribiert v. Peter Deeg. In: *Eisler-Mitteilungen* 45, S. 24–26.

Dümling, Albrecht (2001): Die Mutter. In: Knopf, Jan (Hg.): *Brecht-Handbuch.* Bd. 1: *Stücke.* Stuttgart: Metzler, S. 294–309.

Dümling, Albrecht (2000): Eisler/Brecht oder Brecht/Eisler? Perspektiven, Formen und Grenzen ihrer Zusammenarbeit. In: Riethmüller, Albrecht (Hg.): *Brecht und seine Komponisten.* Laaber: Laaber, S. 93–110.

Dümling, Albrecht (1998): »Im Stil der Lehrstücke«. Zu Entstehung und Edition von Eislers Musik für Brechts Gorki-Bearbeitung ›Die Mutter‹. In: Dürr, Walther (Hg.): *Der Text im musikalischen Werk. Editionsprobleme aus musikwissenschaftlicher und literaturwissenschaftlicher Sicht.* Berlin: Erich Schmidt, S. 361–381.

Dümling, Albrecht (1985): *Laßt euch nicht verführen. Brecht und die Musik.* München: Kindler.

Eisler, Hanns (2002ff.): *Gesamtausgabe. Complete Edition* (HEGA). Hg. von der Internationalen Hanns Eisler-Gesellschaft. Wiesbaden/Leipzig/Paris: Breitkopf & Härtel.

Forschungsprogramm des GRK 2190 »Literatur- und Wissensgeschichte kleiner Formen«: https://www.kleine-formen.de/forschungsprogramm. 15.12.2023.

Gamper, Michael/Mayer, Ruth (2017): Erzählen, Wissen und kleine Formen. Zur Einleitung. In: Dies. (Hgg.): *Kurz & Knapp. Zur Mediengeschichte kleiner Formen vom 17. Jahrhundert bis zur Gegenwart.* Bielefeld: transcript, S. 7–22.

Garratt, James (2010): *Music, Culture and Social Reform in the Age of Wagner.* Cambridge: Cambridge University Press.

Hake, Sabine (2017): *The Proletarian Dream. Socialism, Culture, and Emotion in Germany, 1863–1933.* Berlin/Boston: De Gruyter.

Hart, Heidi (2018): *Hanns Eisler's Art Songs. Arguing with Beauty.* Rochester, N.Y.: Camden House.

Heinritz, Alena (2018): Form als revolutionäre Praxis: Zu Tret'jakov-Rezeptionen in Deutschland am Beispiel von Benjamin und Brecht. In: *Links. Rivista di letteratura e cultura tedesca. Zeitschrift für deutsche Literatur- und Kulturwissenschaft* 18/1, S. 29–36.

Hildebrandt, Annika (2022): Neue Menschen, neue Poeten. Expressionismus, Genie und Arbeiterdichtung. In: *German Life and Letters* 75/3, S. 430–447.

Hippe, Christian/Puschke, Cornelius/Streisand, Marianne et al. (Hgg.) (2023): *Brecht und das Theater der Interventionen.* Berlin: Verbrecher Verlag.

Hobsbawm, Eric (2003): *Gefährliche Zeiten. Ein Leben im 20. Jahrhundert.* Übs. von Udo Rennert. München: Hanser.

Hübner, Raoul/Schütz, Erhard (1976): Vorbemerkung. In: Dies. (Hgg.): *Literatur als Praxis? Aktualität und Tradition operativen Schreibens.* Opladen: Westdeutscher Verlag, S. 7–12.

Jäger, Maren/Matala de Mazza, Ethel/Vogl, Joseph (2021): Einleitung. In: Dies. (Hgg.): *Verkleinerung. Epistemologie und Literaturgeschichte kleiner Formen.* Berlin/Boston: De Gruyter, S. 1–12.

John, Eckhard (1994): *Musikbolschewismus. Die Politisierung der Musik in Deutschland 1918–1938.* Stuttgart/Weimar: Metzler.

Kambas, Chryssoula (2011): Positionierung des Linksintellektuellen im Exil. In: Lindner, Burkhardt (Hg.): *Benjamin-Handbuch. Leben – Werk – Wirkung. Sonderausgabe.* Stuttgart/Weimar: Metzler, S. 420–436.

Krabiel, Klaus-Dieter (2001): Die Maßnahme. In: Knopf, Jan (Hg.): *Brecht-Handbuch.* Bd. 1: *Stücke.* Stuttgart: Metzler, S. 253–266.

Krabiel, Klaus-Dieter (1993): *Brechts Lehrstücke. Entstehung und Entwicklung eines neues Spieltyps.* Stuttgart/Weimar: Metzler.

Lange, Wolfgang (2000): Intellektueller Terrorismus: der Benjamin-Brecht-Pakt. In: Grimminger, Rolf (Hg.): *Kunst – Macht – Gewalt. Der ästhetische Ort der Aggressivität.* München: Fink, S. 157–177.

Lehmann, Jürgen (2015): *Russische Literatur in Deutschland. Ihre Rezeption durch deutschsprachige Schriftsteller und Kritiker vom 18. Jahrhundert bis zur Gegenwart.* Stuttgart: Metzler.

Lucchesi, Joachim (2014): »Ins Licht treten die Änderbaren.« Klangraum, Partizipation und Hör-Erfahrung: *Die Maßnahme.* In: *The Brecht Yearbook/ Das Brecht-Jahrbuch* 39, Sonderheft: *The Creative Spectator/ Der kreative Zuschauer,* S. 112–135.

Lucchesi, Joachim/Shull, Ronald K. (1988): *Musik bei Brecht.* Frankfurt a.M.: Suhrkamp.

Mayer, Hans (1994): Versuch über Hanns Eisler. In: Ders.: *Der Widerruf. Über Deutsche und Juden.* Frankfurt a.M.: Suhrkamp.

Meyer, Ernst Hermann (1971): Aus der Tätigkeit der »Kampfgemeinschaft der Arbeitersänger«. In: *Sinn und Form,* Sonderheft: *Hanns Eisler,* S. 152–160.

Mugrauer, Manfred (2012): »Regelung der Parteiangelegenheit«. Hanns Eisler und die Kommunistische Partei Österreichs. In: Krones, Hartmut (Hg.): *Hanns Eisler – ein Komponist ohne Heimat?* Wien u.a.: Böhlau, S. 157–185.

Müller, Sabine (2020): Verkehrende Praktiken vertiefter Kollektivität. Brecht und Benjamin, Kafka und Schönlank. In: Kimmich, Dorothee/Dies. (Hgg.): *Tiefe. Kulturgeschichte ihrer Konzepte, Figuren und Praktiken.* Berlin/Boston: De Gruyter, S. 267–290.

Phleps, Thomas (2012): »Eine neue Nützlichkeit«. Der »Sektor der angewandten Musik« bei Hanns Eisler. In: Tadday, Ulrich (Hg.): *Hanns Eisler. Angewandte Musik.* München: edition text + kritik, S. 5–28.

Prieberg, Fred K. (2015): *Musik und Macht.* Frankfurt a.M.: Fischer.

Rankl, Karl (1932): Ueber den musikalischen Vortrag unserer neuen Chormusik. In: *Kampfmusik. Organ der revolutionären Arbeiter-Sänger und Musiker Deutschlands* 2/4, S. 4.

Riethmüller, Albrecht (Hg.) (2000): *Brecht und seine Komponisten.* Laaber: Laaber.

Roth, Alfred (1993): *Das nationalsozialistische Massenlied. Untersuchungen zur Genese, Ideologie und Funktion.* Würzburg: Königshausen & Neumann.

Schebera, Jürgen (1998): *Hanns Eisler. Eine Biographie in Texten, Bildern und Dokumenten.* Mainz/London/Madrid u.a.: Schott.

Sinirlioglu, Abdullah (2016): *Benjamin und Brecht. Eine politische Begegnung.* Würzburg: Königshausen & Neumann.

Tretjakov, Sergej (1972): *Die Arbeit des Schriftstellers. Aufsätze. Reportagen. Porträts.* Hg. von Heiner Boehncke. Deutsch von Karla Hielscher u.a. Reinbek bei Hamburg: rowohlt.

Wagner, Manfred (2012): Zum kulturgeschichtlichen Umfeld des jungen Hanns Eisler. In: Krones, Hartmut (Hg.): *Hanns Eisler – ein Komponist ohne Heimat?* Wien u.a.: Böhlau, S. 15–20.

Walther, Christian (2019): *Ein Freund, ein guter Freund. Robert Gilbert – Lieddichter zwischen Schlager und Weltrevolution. Eine Biographie.* Mit einem Vorwort v. Max Raabe. Berlin: Ch. Links Verlag.

Weidmann, Heiner (1992): Geistesgegenwart: Das Spiel in Walter Benjamins Passagenarbeit. In: *MLN* 107/3, S. 521–547.

Wirth, Andrzej (1999): The Lehrstück As Performance. In: *The Drama Review* 43/4, S. 113–121.

KULTURWISSENSCHAFTLICHE ZEITSCHRIFT

Herausgegeben von der Kulturwissenschaftlichen Gesellschaft (KWG)

Die *Kulturwissenschaftliche Zeitschrift* versteht sich als ein offenes Forum der kulturwissenschaftlichen Debatte, in dem historische wie gegenwartskulturelle Themen, Theorien und Forschungsansätze aus allen Bereichen und Strömungen der Kulturwissenschaften vorgestellt und verhandelt werden. Neben Tagungsberichten und Rezensionen versammelt die KWZ halbjährlich mehrere durch ein doppelt-blindes Peer-Review-Verfahren qualitätsgesicherte Aufsätze in deutscher oder englischer Sprache sowie einen Gastbeitrag zu aktuellen fachbezogenen Trends oder Forschungsgegenständen. Neben den regulären Ausgaben erscheinen pro Jahr 1–2 Schwerpunkthefte, die von Gastherausgeberschaften begleitet werden.

Vorschläge für Beitragsmanuskripte werden erbeten an:
manuskripte@kulturwissenschaftlichezeitschrift.de

Vorschläge für Rezensionsmanuskripte werden erbeten an:
rezensionen@kulturwissenschaftlichezeitschrift.de

Bei Fragen wenden Sie sich gerne an die Redaktion unter:
redaktion@kulturwissenschaftlichezeitschrift.de

Felix Meiner Verlag GmbH, Richardstraße 47, D-22081 Hamburg
Tel. +49 (40) 29 87 56-0 · vertrieb@meiner.de · www.meiner.de/kwz

www.ingramcontent.com/pod-product-compliance
Lightning Source LLC
La Vergne TN
LVHW091411190726
843491LV00006B/1384

* 9 7 8 3 7 8 7 3 4 7 1 8 6 *